O ÚLTIMO VOO DO C-47 2023
O DESASTRE AÉREO QUE ABALOU O BRASIL

Editora Appris Ltda.
1.ª Edição - Copyright© 2022 do autor
Direitos de Edição Reservados à Editora Appris Ltda.

Nenhuma parte desta obra poderá ser utilizada indevidamente, sem estar de acordo com a Lei nº 9.610/98. Se incorreções forem encontradas, serão de exclusiva responsabilidade de seus organizadores. Foi realizado o Depósito Legal na Fundação Biblioteca Nacional, de acordo com as Leis nos 10.994, de 14/12/2004, e 12.192, de 14/01/2010.

Catalogação na Fonte
Elaborado por: Josefina A. S. Guedes
Bibliotecária CRB 9/870

C268u 2022	Cardoso, Silvio Adriani O último voo do C-47 2023 : o desastre aéreo que abalou o Brasil / Silvio Adriani Cardoso. - 1. ed. - Curitiba : Appris, 2022. 425 p. ; 23 cm. Inclui referências. ISBN 978-65-250-3920-6 1. Acidentes aéreos. 2. Aeronáutica – História. 3. Aviões. 4. Alpinismo. I. Título. CDD – 629.13

Livro de acordo com a normalização técnica da ABNT

Imagem capa: Destroços do C-47 2023 no alto do Morro do Cambirela.
Fonte: Arquivo fotográfico do Colégio Catarinense.

Appris editora

Editora e Livraria Appris Ltda.
Av. Manoel Ribas, 2265 – Mercês
Curitiba/PR – CEP: 80810-002
Tel. (41) 3156 - 4731
www.editoraappris.com.br

Printed in Brazil
Impresso no Brasil

Silvio Adriani Cardoso

O ÚLTIMO VOO DO C-47 2023
O DESASTRE AÉREO QUE ABALOU O BRASIL

FICHA TÉCNICA

EDITORIAL
Augusto Vidal de Andrade Coelho
Sara C. de Andrade Coelho

COMITÊ EDITORIAL
Marli Caetano
Andréa Barbosa Gouveia (UFPR)
Jacques de Lima Ferreira (UP)
Marilda Aparecida Behrens (PUCPR)
Ana El Achkar (UNIVERSO/RJ)
Conrado Moreira Mendes (PUC-MG)
Eliete Correia dos Santos (UEPB)
Fabiano Santos (UERJ/IESP)
Francinete Fernandes de Sousa (UEPB)
Francisco Carlos Duarte (PUCPR)
Francisco de Assis (Fiam-Faam, SP, Brasil)
Juliana Reichert Assunção Tonelli (UEL)
Maria Aparecida Barbosa (USP)
Maria Helena Zamora (PUC-Rio)
Maria Margarida de Andrade (Umack)
Roque Ismael da Costa Güllich (UFFS)
Toni Reis (UFPR)
Valdomiro de Oliveira (UFPR)
Valério Brusamolin (IFPR)

SUPERVISOR DA PRODUÇÃO
Renata Cristina Lopes Miccelli

ASSESSORIA EDITORIAL
Priscila Oliveira da Luz

REVISÃO
Ana Cristina da Costa
Valdir Canoso Portásio
Camila Dias Manoel
Stephanie Ferreira Lima

PRODUÇÃO EDITORIAL
William Rodrigues

DIAGRAMAÇÃO
Jhonny Alves dos Reis

CAPA
Marcella Sholl de Freitas Lima

ADAPTAÇÃO DA CAPA
Eneo Lage

ILUSTRAÇÕES A NANQUIM
Plínio Westphal Verani

REVISÃO DE PROVA
Stephanie Lima
William Rodrigues

AGRADECIMENTOS

Dizem que um dos segredos da felicidade é a gratidão, por isso dedico este espaço para expressar minha profunda gratidão a pessoas muito especiais que tornaram possível a realização do meu sonho em materializar este livro.

Em primeiro lugar, a Deus, por tudo de bom que ele me proporcionou nesta vida! Os agradecimentos iniciais vão para meus pais, José Silvio Cardoso (*in memoriam*) e Martinha Albino Cardoso, por despertarem em mim, desde a infância e a adolescência, a paixão pela leitura, pela Aviação, pela natureza e pela vida ao ar livre. À minha esposa, Marlúcia Costa Luiz Cardoso, e aos meus filhos, Douglas Luiz Cardoso e Daniel Luiz Cardoso, pelo apoio incondicional.

Ao jornalista Celso Martins da Silveira Jr. (*in memoriam*), pela inspiração e por me motivar a pesquisar e escrever a história do C-47 2023. À equipe de profissionais de excelência que ajudaram na criação deste livro: Marcella Sholl, pelo belo *design* da capa, além das artes para a campanha de financiamento coletivo; Ana Cristina Costa e o jornalista Valdir Portásio, pela valiosa parceria na primeira revisão dos textos; Plínio Westphal Verani, grande artista plástico josefense, pelos belos desenhos a nanquim; e Alexandre Guedes, pela pesquisa e pelo desenvolvimento dos *profiles* do USAAF 45-1095 e FAB 2023.

À Força Aérea Brasileira (FAB), por forjar em mim valores éticos e morais que levarei para a vida inteira. Aos meus amigos da saudosa 1ª Turma de 1988 da Base Aérea de Florianópolis (BAFL), pelas histórias únicas e pela amizade verdadeira. Aos ex-companheiros do 2º Esquadrão do 7º Grupo de Aviação, soldados, cabos, sargentos, suboficiais e oficiais, pelos aprendizados.

Aos amigos que estiveram comigo no alto do Morro do Cambirela tentando me ajudar a desvendar alguns dos segredos que a montanha guardava há décadas, em especial a Jefferson Espíndola, Marcelo Alejandro Muniz e Diego Juncks, por dividirem comigo a experiência de escalar o Cambirela pela primeira vez em 6 de junho de 1999, quando o desastre completou 50 anos; a Alberto Cesconetto e Oscar Lobo, que escalaram o Cambirela comigo quando o desastre completou 60 anos; e a Andreia Demarchi, Djalmo da Silva, Maicon Celso de Souza, Marcio Soldatelli (biólogo), Rafael Junges, Rodrigo da Rosa Conti, Vinicius Ocker Ribeiro (*drone*), Wellington "TOM" Lima (fotógrafo), pela parceria. Aos companheiros do GMVP - Grupo de Montanhistas Voluntários do Parque Estadual da

Serra do Tabuleiro: Bruno Buratto, Edézio Silva, Everton Vieira, Luiz Fernando dos Santos, Rafael Bion e Sargon Scheidt.

Ao Instituto do Meio Ambiente, por intermédio de Carlos Alberto Cassini, coordenador do Parque Estadual da Serra do Tabuleiro. À Federação de Escalada e Montanhismo de Santa Catarina, por meio de Ricardo Garcia, presidente; e à Associação Catarinense de Escalada e Montanhismo, por meio de Juliano Fábio Florêncio da Silva, presidente, por autorizarem as minhas pesquisas no Morro do Cambirela; a Reginaldo Carvalho, geógrafo, montanhista e parceiro nas pesquisas relacionadas à história do montanhismo em Santa Catarina; e aos colaboradores nas pesquisas sobre o Parque Estadual da Serra do Tabuleiro e Cambirela: Luiz Henrique Fragoas Pimenta, Rodrigo Dalmolin, Anastácio da Silva Jr. e Aracídio de Freitas Barbosa Neto (Cid Neto).

Às bibliotecas: Biblioteca Nacional (BN) do Rio de Janeiro, por intermédio da BN Digital. Biblioteca do Exército Brasileiro, na pessoa do servidor Luiz Claudio Carvalho. Biblioteca Pública de Santa Catarina e seus funcionários Alzemi Machado, Almeri Machado (*in memoriam*) e Cristiano Guiraldelli. Biblioteca Central – Padre Aloísio Kolberg, do tradicional Colégio Catarinense, por intermédio do professor Fábio Luiz Marian Pedro, diretor administrativo; Suellen Santos, bibliotecária; e Patrícia Grumiche Silva, assistente de biblioteca, que em muito contribuíram com as minhas pesquisas sobre a história do colégio, bem como me possibilitaram encontrar documentos e fotos históricas dos destroços do C-47 2023 no Cambirela. Biblioteca Pública de Palhoça, Biblioteca da Faculdade Municipal de Palhoça e Secretaria de Cultura de Palhoça. Arquivo Público do Estado de Santa Catarina, por meio da servidora Neusa Schimidt. Arquivo Histórico do Município de Florianópolis. Arquivo Histórico de Joinville, por meio de Jacson de Borba e Leandro Brier Correia. Arquivo Histórico da Polícia Militar de Santa Catarina, representado pelos militares tenente-coronel Falco Barrozo Tolentino, chefe da seção; suboficial Souza; e sargento Alceu. À Prof.ª Dr.ª Walkiria Costa Fucilli Chassot, do Acervo Histórico do Instituto de Física da Universidade de São Paulo (USP), e ao Prof. Dr. Ivã Gurgel – Grupo de Teoria e História dos Conhecimentos Universidade de São Paulo (TeHCo-USP), por cederem o uso das fotos do C-47 2023. À Flávia Eduarda Suarez Baptista, do Centro de Pesquisa e Documentação de História Contemporânea do Brasil, da Fundação Getulio Vargas. À Marli Lima Barroso, do Centro de Memória da Assembleia Legislativa do Estado de Santa Catarina, pela pesquisa e pelo envio de documentos históricos.

A Alexandre Magno, chefe de Divisão do Cemitério do Itacorubi, por me disponibilizar as pesquisas no livro de registros do cemitério. Aos médicos Dr. Rodinei Cassio Bricki Tenório, diretor do Instituto Médico Legal de Florianópolis, e Dr. Paulo Renato Morgado, cirurgião-geral, 2º tenente--médico R2 da Reserva do 58º Batalhão de Infantaria (BI) Motorizado de Aragarças/GO, por me ajudarem a compreender como funcionava a medicina legal na década de 1940. A Renato Oliveira Elias, oficial substituto do Cartório de Registro Civil de Palhoça, pela ajuda com as pesquisas no livro de registro de óbitos de Palhoça.

Às testemunhas oculares civis que viveram momentos importantes desta história e as quais tive o privilégio de conhecer ainda em vida e entrevistá-las pessoalmente, Arnoldo Leonel e Alcides Manoel de Quadros, o Dinho (in memoriam), residentes na comunidade do Furadinho; Eduvirges Souza Medeiros, moradora da Guarda do Cubatão; Alípio Quadros, o "João do Lipo", morador do Aririú; Gedalvo José dos Passos (in memoriam), morador de Palhoça; Roberto André Rodrigues, morador do Pontal; Samiro Arcanjo da Silva, da Guarda do Cubatão; e João José Machado, morador da Praia de Fora. Entre as testemunhas oculares do Exército, representado pelo 14 BC, estão o ex-2º tenente (hoje coronel) Murilo de Andrade Carqueja, da Companhia de Metralhadoras e Morteiros, que, do alto dos seus 96 anos, tem uma incrível vivacidade e uma impressionante memória, conseguindo lembrar de detalhes importantes e relevantes da sua participação na missão de busca e resgate dos corpos; bem como os carismáticos ex-soldados do 14 BC que com muito orgulho sensação de dever cumprido me contaram suas histórias; Waldir Weiss, soldado-enfermeiro-padioleiro n.º 930 da Companhia de Metralhadoras e Morteiros e Irineu Adolpho Brüggemann (in memoriam), o soldado n.º 867 da 1ª Cia. Entre os militares da FAB também testemunhas oculares, estão o Sr. Alcebíades de Barros Calhao, sargento radiotelegrafista que fez parte de várias tripulações de C-47 na FAB na década de 1940 e 1950; e Francisco Bernardo Botelho, ex-soldado do DBAFL.

Aos familiares dos militares que atuaram no Cambirela. Graças a eles, tive a oportunidade conhecer as histórias de seus antepassados que já não estão mais entre nós. Meus agradecimentos à Ceci Vieira da Rosa Ulyssea, filha do tenente-coronel Paulo Gonçalves Weber Vieira da Rosa. A Carlos Osvaldo de Farias, filho do 3º sargento Carlos Oswaldo de Farias. Agradeço também à Cida Espíndola, filha de Maurino Leovegildo de Espíndola e Ademir Sgrott, sobrinho do soldado Alcides Sgrott. Da FAB conversei com dois dos familiares do comandante do C-47 2023, 1º tenente-aviador Carlos Augusto Freitas Lima, o Cazuza; Marcella Sholl, a neta que tem uma profunda admiração e respeito pela história do seu avô (foi ela que fez o belo *design* da capa deste livro); e Carlos Luiz Sholl de Freitas Lima, filho do comandante do Douglas C-47 2023. A Miguel Sampaio Passos Jr. e Marcos Miguel Sampaio Passos, filhos do 1º tenente-aviador Miguel Sampaio Passos. A Estevão de Luna, sobrinho de Cristovam de Luna Freire. A Claudio Coelho Costa, filho de Maria Silva Costa e do sargento de Infantaria da Guarda da FAB Conrado Coelho Costa. A Júlio Capobianco, irmão do 2º tenente meteorologista da FAB Damião Capobianco, que estava entre os tripulantes do C-47 2023; e à Vitória Lunardi, sobrinha do 3º sargento da FAB Deodato Correa Haag, um dos passageiros. Aos irmãos Literjar Gonçalves Serapião e Lindanir Gonçalves Serapião, filhos do soldado do Destacamento da Base Aérea de Florianópolis Nacor Oliveira Serapião.

Dos familiares dos militares da Marinha do Brasil, o agradecimento vai para Isabel Cristina Sant'Anna e Sydnei Sant'Anna, que contaram um pouco sobre a história do seu pai, o militar da Escola de Aprendizes Marinheiros de Santa Catarina Sydney Sant'Anna.

Aos familiares dos civis que tiveram suas respectivas vidas marcadas pelo desastre aéreo no Morro do Cambirela e me concederam valiosas entrevistas, Ricardo Augusto da Silva e Maria de Fátima da Cunha, filhos de Augusto Manoel da Silva, do Serviço da Malária; Maria Irene Soares, filha de Manoel Joaquim Soares; Ricardo Vildi, filho de Selma Castro, noiva do sargento Assis; Maria Bossle, filha do jornalista Alírio Barreto Bossle.

Aos moradores da comunidade do Furadinho que me ajudaram a desvendar muitas histórias, Marcio José Paulo, por me ajudar a encontrar os destroços do C-47 2023; Maria das Graças da Silva (Lilia), filha do Sr. Manuel José da Silva, o "Manuel Silvino" (*in memoriam*); e Maria Regina, uma verdadeira apaixonada pelo Morro do Cambirela e suas histórias, que não mediu esforços em me ajudar a encontrar antigos moradores nas comunidades de Guarda do Cubatão, Pontal e Praia de Fora.

Às instituições do Exército Brasileiro, representadas pelo 63º Batalhão de Infantaria (63º BI), sob o comando do tenente-coronel Jaques Flório Simplício e do subcomandante tenente-coronel Volney Vieira de Mello Filho. Estendo meus agradecimentos ao capitão Cleder Joselito Winkler da Silva, da seção de Comunicação Social do 63º BI, e ao tenente Dagoberto Simon Patrício, ex-Comunicação Social do 63º BI. Aos cabos Jhonatan

Felipe, Guilherme Conte, Martins, Loss e Evandro Pereira Dias, e ao soldado Caio Henrique Oliveira, do Arquivo Histórico do 63 BI/14º Batalhão de Caçadores. Um agradecimento especial ao sargento honorário do Exército Brasileiro Dudevant dos Santos Teixeira (fundador do Pelotão Cívico do 14 BC e do Parque Histórico e Cultural 14º Batalhão de Caçadores em Tijucas), e ao major Arlei Miguel Rockenbach diretor do Hospital de Guarnição de Florianópolis.

À FAB, por intermédio de suas instituições e pessoas, comandante da BAFL, tenente-coronel-aviador Ricardo Felzcky, da seção de Comunicação Social da BAFL, por meio do suboficial Ivan José Seelig Jr. e terceiro-sargento Tafarel Hornung. Do Centro de Investigação e Prevenção de Acidentes Aeronáuticos, o coronel-aviador R1 Franz Luiz Matheus e suboficial Augusto. Estendo meus agradecimentos ao tenente-coronel-aviador Denys Martins de Oliveira, chefe da subdivisão de Relações Públicas do Centro de Comunicação Social da Aeronáutica. À 2ª tenente Elaine Piovesan de Almeida, do Centro de Documentação da Aeronáutica, bem como ao 3º sargento Leandro Amim. Ao 2º sargento Gaspar, auxiliar da Biblioteca do Instituto Cultural da Aeronáutica, e a Marcelo Câmera, suboficial meteorologista da FAB, por me ajudar a entender em parte o complexo universo da meteorologia aeronáutica.

Aos amigos pesquisadores da história aeronáutica no Brasil: coronel da Reserva da FAB Aparecido Camazano Alamino, pelas fotos e informações do C-47 2023; coronel Rl Claudio Passos Calaza, da divisão de Ensino – História Militar e Aeronáutica da Academia da Força Aérea; suboficial José de Alvarenga, Rudnei Dias da Cunha, Roger Terlizzi, Vito Cedrini, Jonas Liasch, Fred Nicolau. Minha homenagem póstuma a Abrão Aspis (*in memoriam*), que valeu-se de suas últimas forças para dedicar-me o seu inspirador livro *Acidente no Morro do Chapéu*. A Telmo Fortes, pesquisador e escritor. À Mônica Cristina Correa, pesquisadora, escritora e fundadora da Associação e Memória da Aéropostale no Brasil; e Alejandro Mazza, do Museu da Aviação de Florianópolis. Aos coronéis-aviadores da Reserva da FAB Carlos Ari Germano e Ivan Irber, bem como a José Lourenço dos Santos Jr., pela valiosa ajuda na análise dos documentos oficiais e fotografias que apontavam os possíveis fatores contribuintes que levaram o C-47 2023 a colidir contra o Morro do Cambirela. Ao historiador, pesquisador especializado em história militar e escritor Cristiano Rocha Affonso da Costa. Aos palhocenses Antônio Manoel da Silva, popularmente conhecido como "Biéli"; a João José da Silva, do Projeto Memória Palhocense; e a Gelci José Coelho (Peninha), por colaborar no resgate da história da antiga Palhoça, bem como ao pesquisador José Amaro Quint. A Daniel S. de Araújo, pelo seu inspirador artigo publicado no *site* Autoentusiastas.

Nos Estados Unidos da América: Smithsonian National Air and Space Museum, em Washington D.C., por meio de Brian Nicklas, do departamento de Arquivos, e de Elizabeth C. Borja, arquivista do departamento de Arquivos Raros, pela pesquisa e pelo envio do histórico do C-47 45-1095. A meu amigo Sander Schambeck, pelas traduções de documentos originais em inglês para o português e pelo envio da revista *Time Magazine*, de 20 de junho de 1949, que publicou uma pequena nota na seção "The hemisphere" intitulada "Peak disaster" (p. 36). Aos especialistas internacionais Bob Leicht, Eli Josephs, Glen Moss, Jason Howe, Joe Garcia, John Rodgers, Mark Stoltzfus, Trev Morson e Tyler Pinkerton, pela ajuda na identificação dos fragmentos encontrados no Morro do Cambirela. Na Holanda, o agradecimento vai para Hans Wiesman (*in memoriam*), "The Dakota hunter" (O caçador de Dakotas), por me esclarecer muitas dúvidas sobre o velho "Warbird".

A Bernadete Dei Svaldi Lazzarotto e Isair Paulo Lazzarotto, pela valiosa ajuda na recuperação dos meus arquivos, sem a qual eu teria que recomeçar meu livro praticamente do zero. Antônio Carlos Malagoli, por me ceder a autorização para a publicação da foto do C-47 USAAF 45-1095 para este livro; Humberto Paulo Moritz, aluno do curso Científico do Colégio Catarinense; Edegar Nienkotter, por me acompanhar na minha primeira visita à comunidade do Furadinho; Luiz Carlos Lacerda, por me disponibilizar as fotos dos destroços do C-47 2023 que o seu sogro, o Sr. Edgar Della Giustina (*in memoriam*), registrou no Morro do Cambirela. A Ana Caldatto, pela doação das fotos raríssimas dos destroços do C-47 2023 no Cambirela; a Kako Aransegui, pela doação de valiosos e raros documentos do Ministério da Aeronáutica. A meu estimado sobrinho Fernando Luiz e Paulo Leandro Rodrigues pelo inestimável apoio. A Jackson Lee Simas, da Fundação Cambirela do Meio Ambiente, vinculada à Prefeitura Municipal de Palhoça. A José Carlos dos Santos Júnior do Museu do Montanhismo Edson "Dubois" Struminski de Siderópolis –SC.

Por fim, minha eterna gratidão a todos os que de algum modo me incentivaram a seguir em frente, em especial aos que apoiaram a minha campanha de financiamento coletivo, viabilizando a publicação deste livro.

Agradecimento especial aos Benfeitores que ajudaram a realizar este sonho:

Apoio especial:
Ceci Vieira da Rosa Ulyssea
Hellen Livia Drumond Marra Capobianco e Julio Capobianco
Isair Paulo Lazzarotto e Bernadete Lazzarotto (Keka)
José José Fernando Xavier Faraco

Nas estrelas:
Amélia dos Santos
Alejandro Mazza
Fred Harry Schauffert
Luiz Fernando Smidt
Marcia luz
Paulo Sérgio Royer
Virgílio Deloy Capobianco Gibbon

Nas Nuvens:
Diulliany Rosa
Eduardo Beppler
Jean Gilberto Mazurkievicz
Júlio Cesar Nozabieli
Márcio Lorenço Lins
Roca corretora de seguros
Sander Schambeck

Voo de Cruzeiro:
Alexandre Costa Luiz
Ana Maria da Silva
Estevão De Luna Freire
Fernando Maciel Brüggemann
José Lourenço dos Santos, Jr
Mario Aleixo Corrêa da Motta
Mauricio Roque da Silva

Robson Nunes Reinert

Sergio Ricardo Marques Goncalves

William Wollinger Brenuvida

EM HONRA À MEMÓRIA...

Dos 6 tripulantes do C-47 2023, que tombaram no Morro do Cambirela; em honra ao cumprimento de sua missão pela Força Aérea Brasileira e a serviço do Correio Aéreo Nacional;

Dos 22 passageiros, entre militares da Força Aérea Brasileira, do Exército Brasileiro e da Marinha do Brasil, além dos civis; homens, mulheres e crianças que encontraram no Cambirela o eterno descanso.

Dos militares do 14º Batalhão de Caçadores do Exército Brasileiro, da Força Aérea Brasileira, da Marinha do Brasil, da Polícia Militar e do Corpo de Bombeiros de Santa Catarina que, com bravura e heroísmo, arriscaram a vida e a integridade física para cumprir a árdua missão de resgatar e devolver os corpos das vítimas a seus familiares para um sepultamento digno.

De todos os civis que, direta ou indiretamente, de forma honrosa e corajosa, superaram as encostas vertiginosas do Cambirela colaborando com os militares nas dificílimas tarefas de busca e resgate das vítimas do acidente aéreo.

Do meu amado pai, José Silvio Cardoso (1941-2020), por despertar em mim, quando ainda criança, a fascinação pela Aviação, o amor pela natureza e o hábito da leitura.

Do jornalista, historiador e escritor Celso Martins da Silveira Jr. (1956-2018), por, com a sua reportagem investigativa, inspirar-me e motivar-me a escrever este livro.

VÍTIMAS DO DESASTRE NO MORRO DO CAMBIRELA[1]

6 de junho de 1949

Tripulantes do Douglas C-47 2023 da FAB (ordem hierárquica militar):

Carlos Augusto de Freitas Lima, 26 anos, 1º tenente-aviador, comandante;

Miguel Sampaio Passos, 28 anos, 1º tenente-aviador, copiloto;

Damião Capobianco Neto, 26 anos, 2º tenente meteorologista;

Francisco de Assis Villas Bôas Santos, 24 anos, 2º sargento, 1º mecânico;

Haroldo Oliveira de Almeida, 3º sargento, radiotelegrafista;

Orlando Augusto Borges, 3º sargento, 2º mecânico.

Passageiros militares (ordem hierárquica militar):

Carlos Rufino Rabelo, 1º tenente intendente do Exército Brasileiro;

Rosenthal Gonçalves, 1º tenente da Infantaria da Guarda do Exército Brasileiro;

Pedro Arnaldo Scheffer, 2º tenente da Infantaria da Guarda da FAB;

Cristovam Fernandes de Luna Freire, 35 anos, aspirante a oficial-mecânico da FAB;

Olavo de Assis, 24 anos, 2º sargento Q AT, meteorologista da FAB;

Antônio Sérgio Nems, 19 anos, 3º sargento da FAB;

Ciloy João Pedrosa, 39 anos, 3º sargento da FAB;

Deodato Corrêa Haag, 19 anos, 3º sargento da Infantaria da Guarda da FAB;

João Alberto Ribas, 21 anos, 3º sargento do Exército Brasileiro;

Francisco Antônio, 24 anos, 3º sargento paraquedista do Exército Brasileiro;

---

[1] Fonte: livro de registro de óbitos do Cartório de Registro Civil de Palhoça; Centro de Investigação e Prevenção de Acidentes Aeronáuticos; Centro de Documentação da Aeronáutica; ficha médica do acidente (documento da Comissão Acidentes Aeronáuticos); ficha dos tripulantes (documento oficial da FAB).

José Serafim Frutuoso, cabo-fuzileiro naval da Marinha do Brasil;

Agenor da Silva, soldado 2ª Classe da Base Aérea de Porto Alegre/ Florianópolis;

Jair Luzia Amaral, 18 anos, taifeiro de 2ª Categoria (T2) da FAB.

Passageiros civis (ordem alfabética):

Lélia Pereira Campelo, 66 anos;

Lenora Maria Toshi, 3 anos, filha de Lorena Rufino;

Lorena Rufino Toshi;

Maria Elizabete Fontoura, 19 anos;

Maria Regina Gomes Neves, 2 anos e 8 meses, filha de Wilma Neves;

Mauricio Cordeiro Cysneiro, 21 anos, ex-praça da FAB;

Nelson Rodrigues da Cunha, 31 anos;

Olívio Lopes, 23 anos, oficial da Reserva do Exército, ex-combatente;

Wilma Maria Gomes Neves, 21 anos.

HINO DOS AVIADORES[2]

Letra: capitão-aviador Armando Serra de Menezes

Música: tenente-músico João Nascimento

Vamos filhos altivos dos ares
Nosso voo ousado alçar
Sobre campos cidades e mares
Vamos nuvens e céus enfrentar

D'Astro-Rei desfaiamos os cimos
Bandeirantes audazes do azul
Às estrelas, de noite, subimos
Para orar ao Cruzeiro do Sul

Contato! Companheiros!
Ao vento, sobranceiros
Lancemos o roncar
Da hélice a girar
(Estribilho 2x)

Mas se explode o corisco no espaço
Com a metralha, na guerra, a rugir
Cavaleiros do século do aço
Não nos faz o perigo fugir

Não importa a tocaia da morte
Pois que a Pátria, dos céus no altar
Sempre erguemos de ânimo forte
O holocausto da vida, a voar

Contato! Companheiros!
Ao vento, sobranceiros
Lancemos o roncar
Da hélice a girar
(Estribilho 2x)

---

[2] O *Hino dos Aviadores* foi apresentado pela primeira vez em 15 de novembro de 1935, no Rio de Janeiro.

APRESENTAÇÃO

Em uma bela tarde ensolarada do ano de 1975, meus pais me levaram para visitar pela primeira vez o Aeroclube de Santa Catarina, na época situado em Campinas (atual Kobrasol), em São José, região da Grande Florianópolis. Eu tinha apenas 6 anos de idade e fiquei fascinado com a movimentação dos aviões no pátio indo e voltando do hangar Aderbal Ramos da Silva, decolando ou pousando na velha e empoeirada pista de terra do Aeródromo Nereu Ramos (atual Avenida Delamar José da Silva). Foi amor à primeira vista; o cheiro do combustível no ar, o som incessante dos motores dos aviões e o colorido das aeronaves emoldurado pelo céu azul praticamente sem nuvens aguçaram profundamente meus sentidos e foram sensações que marcaram minha vida para sempre.

Em 1975, meu pai, o grande incentivador do meu hábito pela leitura, presenteou-me com o *Manual do escoteiro mirim* (publicado pela primeira vez no Brasil em julho de 1971). Na mesma época, minha mãe deu-me de presente uma mochila de lona de cor verde-oliva, a "mochila do Exército", dizia. Esses dois presentes foram, por muitos anos, pertences inseparáveis quando eu excursionava pelas trilhas no litoral catarinense ou passava as férias escolares explorando o sítio de meus avós paternos na localidade de Cerro Verde, em Ponte Alta, na Serra Catarinense. Em suma, não restam dúvidas de que, durante minha fase infantojuvenil, as primeiras visitas ao aeroclube de Santa Catarina despertaram em mim a curiosidade e o fascínio pela Aviação tanto quanto o *Manual do escoteiro mirim* e a mochila de lona, que despertaram em mim o espírito aventureiro e o profundo encantamento pela natureza, pela vida ao ar livre, principalmente pelas montanhas. São memórias afetivas que não esquecerei jamais.

O fascínio pela Aviação fez-me ingressar em janeiro de 1988, aos 18 anos, na Força Aérea Brasileira (FAB); e em junho de 1999 o fascínio pelas montanhas fez-me alcançar, pela primeira vez, aos 30 anos de idade, os 874 metros de altitude da Escarpa da Bandeira, no Morro do Cambirela. Motivado pela curiosidade, queria encontrar os destroços de um avião da FAB que, segundo meu pai, havia se acidentado naquela região. Com o passar dos anos, acabei encontrando muito mais do que esperava encontrar; apaixonei-me profundamente pelo Cambirela, conheci pessoas fantásticas, histórias incríveis e experienciei momentos inesquecíveis. Algumas décadas depois, após anos de intensas pesquisas e investigações, acabei percebendo a grandeza e a importância desta história e decidi que deveria resgatá-la e divulgá-la por intermédio de um livro.

Mesmo diante das inúmeras adversidades, "arregacei as mangas" e lancei-me de corpo e alma neste projeto literário. A minha motivação de encontrar o que restou do C-47 2023 e consequentemente respostas para muitas perguntas foi bem maior do que qualquer obstáculo. Em suma, fiquei muito satisfeito com o resultado, pois acabei indo muito além do que contar apenas a história do C-47 2023; na verdade, consegui reunir em uma única obra temas inéditos ou pouco abordados em outras produções literárias catarinenses, temas esses que foram distribuídos em 11 capítulos da seguinte forma.

No primeiro capítulo, "O início", faço uma breve porém valiosa narrativa dos primórdios da Aviação em Santa Catarina, da minha paixão pela Aviação e do meu curto (mas intenso) tempo de serviço militar na FAB, onde servi entre 1988 e 1991 na Base Aérea de Florianópolis.

No segundo capítulo, "Morro do Cambirela", descrevo algumas curiosidades históricas e fatos marcantes que ocorreram antes e depois do desastre aéreo em junho de 1949, nessa impressionante e majestosa elevação natural que domina a porção continental de fronte à Ilha de Santa Catarina.

No terceiro capítulo, "O avião", revelo detalhes sobre o protagonista desta história, o Douglas C-47 2023 — ou o United States Army Air Force (USAAF) 45-1095 —, desde o momento em que ele deixa a linha de montagem da Douglas Aircraft Company, na cidade de Oklahoma, Estados Unidos (EUA), em 19 de agosto de 1945, até o fatídico desfecho em 6 de junho de 1949, no Morro do Cambirela, em Palhoça, Santa Catarina. Além disso, abordo fatos curiosos que relacionam o avião Douglas C-47 com a USAAF e, por conseguinte, com a Segunda Guerra Mundial; além, é claro, da honrosa contribuição do C-47 2023 para a FAB e para a nação brasileira.

No quarto capítulo, "A tripulação", apresento um resumo biográfico de cada um dos tripulantes que participaram do último voo do C-47 2023, militares da FAB que serviam no 2º Grupo de Transportes do Rio de Janeiro.

No quinto capítulo, "Resgatando a história do C-47 2023", exponho ao leitor as principais etapas realizadas ao longo de décadas para que o gigantesco "quebra-cabeça" pudesse ser montado e o sonho de produzir este livro pudesse materializar-se.

No sexto capítulo, dedico-me à história principal, "O último voo do C-47 2023", no qual relato as últimas horas de voo, bem como as de seus tripulantes e passageiros, o fatídico acidente e a laboriosa missão das equipes de resgate que, durante quatro longos dias, procuraram, localizaram e resgataram os corpos no Cambirela, devolvendo-os aos familiares e permitindo, assim, a última despedida e um enterro digno.

No sétimo capítulo, "O acidente e os possíveis fatores contribuintes", apresento trechos de documentos oficiais, a opinião de especialistas, relatos de familiares e procuro esclarecer alguns aspectos relacionados a acidentes ocorridos no maciço do Morro do Cambirela e no Morro da Virgínia, em Ratones.

No oitavo capítulo, abordo um dos temas mais polêmicos, "Profanação e saques", no qual comento minhas impressões sobre a enorme repercussão que ocorreu no Brasil e no exterior sobre os saques ocorridos em meio aos destroços do C-47 2023.

No nono capítulo, "Números finais", revelo ao leitor os impressionantes dados relacionados à missão de busca e resgate no Morro do Cambirela.

No capítulo 10, "O 14º Batalhão de Caçadores", apresento um inédito e breve histórico do "14 BC" desde a sua chegada a Florianópolis, em 1919, além de aspectos relevantes do batalhão nas décadas de 1920, 1930 e 1940 e, é claro, do seu engajamento na maior força-tarefa de busca e resgate de um acidente aéreo já realizada em Santa Catarina.

Por derradeiro, no capítulo 11, apresento uma homenagem póstuma em forma de listagem com mais de 500 nomes entre autoridades militares do alto escalão, políticos, religiosos e, principalmente, militares e civis que atuaram indireta ou diretamente na missão de busca e resgate dos corpos, esses, sim, os verdadeiros "heróis do Cambirela".

Passados mais de 70 anos, a história do C-47 2023 é escrita com o auxílio de diferentes tecnologias, baseada em anos de pesquisas e com a ajuda de especialistas, pesquisadores, escritores tanto da Aviação civil como militar, tanto do Brasil como do exterior.

O maior desastre aeronáutico até então registrado no Brasil deixou marcas profundas: a FAB perdeu seis de seus valorosos homens, e muitas famílias jamais puderam reencontrar-se em vida com seus entes queridos. Vinte e cinco horas decorreram desde o momento do acidente, às 14h do dia 6, até a chegada das equipes de socorro ao local do desastre, às 15h do dia 7, em função das péssimas condições climáticas, das falhas de comunicação, da carência de equipamentos e pessoal especializado em socorro em ambiente de montanha.

Muitas pessoas sofreram (ou continuam sofrendo) com as sequelas daquele desastre. Todavia, nem tudo é dor e sofrimento. Esta história revela também feitos heroicos, surpreendentes, de dedicação ao próximo e de superação. Trata-se de uma história real, baseada em praticamente três décadas de intensas pesquisas que resultaram na criação de um arquivo digital com 269 *megabytes* contendo mais de 100 mil arquivos, distribuídos em 550 pastas, envolvendo dezenas de documentos oficiais, fotografias, jornais, gravações de relatos orais, entrevistas com familiares das vítimas, dos socorristas, bem como de pesquisadores e historiadores da Aviação civil e militar no Brasil e nos EUA, entre outras fontes de informação que contribuíram com a contextualização e fundamentação desta história.

Por fim, este livro é também uma singela homenagem aos pilotos e tripulantes do C-47 2023 por tudo que eles representaram para a Força Aérea Brasileira e para o Correio Aéreo Nacional.

O autor

PREFÁCIO

Acidente. Ocorrência inevitável devido à ação de imutáveis leis naturais.
– Ambroise Bierce (1842-1914), Dicionário do diabo

Voar é muito perigoso, porque as consequências de inevitáveis falhas humanas tendem a ser catastróficas. Falhas de projeto dos aviões, precariedade dos auxílios à navegação aérea e de aproximação para pouso, de controle de tráfego aéreo, de treinamento e de supervisão podem vir a se constituir no elo que faltava para completar a corrente do desastre. Inútil buscar culpados. Há que se buscar o aperfeiçoamento do sistema no qual se insere a atividade aérea. Foi graças a essa abordagem realista e pragmática que a Aviação, atualmente, atingiu nível de segurança jamais alcançado por outro meio de transporte em toda a história.

O trágico acidente do FAB 2023 ocorreu em uma época em que os auxílios à navegação aérea, tanto os embarcados nos aviões quanto os de terra, eram primitivos e precários. Colisões de aviões com terreno ou água eram frequentes, e assim continuou sendo até pouco mais de 30 anos atrás, quando os aviões de passageiros passaram a ser equipados com alertas aurais de proximidade com o terreno, o *Ground Proximity Warning System* (GPWS).

O Aeroporto de Florianópolis, cercado por montanhas, sempre inspirou cuidados aos aviadores. Trinta e um anos depois do acidente do FAB 2023, um Boeing 727 da Transbrasil colidiu com o Morro da Virgínia, quando se preparava para pousar em Florianópolis, à noite, em meio a uma tempestade. Fosse o trijato equipado com GPWS, o acidente provavelmente não teria se consumado.

É de se louvar o trabalho desenvolvido pelo autor deste livro, Silvio Adriani Cardoso, incansável pesquisador, que escalou o Cambirela dezenas de vezes, localizou e determinou o exato local do impacto do avião com a montanha; entrevistou antigos moradores das cercanias que ajudaram a resgatar os corpos; estudou manuais de C-47; contatou familiares dos tripulantes; consultou especialistas; escritores; veteranos-aviadores; conseguindo reunir informações dispersas e quase perdidas para resgatar a história do destino trágico do FAB 2023 e das vítimas do desastre. Seu livro constitui-se em preciosa fonte de informação sobre a história de Florianópolis, da Força Aérea e da Aviação Brasileira.

Carlos Ari César Germano da Silva
Ex-aviador da FAB, pesquisador e escritor

LISTA DE ABREVIATURAS E SIGLAS

2º/7º GAv – 2º Esquadrão do 7º Grupo de Aviação (Esquadrão Phoenix)

5º DN – Distrito Naval

ACEM – Associação Catarinense de Escalada e Montanhismo

ADF – *Automatic Directional Fanding*

ALESC – Assembleia Legislativa de Santa Catarina

AFA – Academia da Força Aérea

AVGAS – Gasolina de Aviação

BACO – Base Aérea de Canoas

BAFL – Base Aérea de Florianópolis

BC – Batalhão de Caçadores

BI – Batalhão de Infantaria

CAA – Comissão de Acidentes Aeronáuticos

CAC – Clube Atlético Catarinense

CAM – Correio Aéreo Militar

CAN – Correio Aéreo Nacional

Cap. – Capitão

CAvNSC – Centro de Aviação Naval de Santa Catarina

CBMSC – Corpo de Bombeiros Militar de Santa Catarina

CCCM – Clube de Caça Couto Magalhães

CCS – Companhia de Comandos e Serviços

CENIPA – Centro de Investigação e Prevenção de Acidentes Aeronáuticos

CFIT – *Controlled Flight Into Terrain* (Colisão com o Solo em Voo Controlado)

CFS – Curso de Formação de Soldados

CMA – Caminho da Mata Atlântica

CMM – Companhia de Metralhadoras e Morteiros

COMAR – Comando Aéreo Regional

DBAFL – Destacamento da Base Aérea de Florianópolis

DC – Douglas Commercial

DOPS – Departamento de Ordem Política e Social

EAMSC	–	Escola de Aprendizes Marinheiros de Santa Catarina
EB	–	Exército Brasileiro
EDIPUCRS	–	Editora da Pontifícia Universidade Católica do Rio Grande do Sul
EEAR	–	Escola de Especialistas da Aeronáutica
Embraer	–	Empresa Brasileira de Aeronáutica
ENNH	–	Empresa Nacional de Navegação Hoepcke
Epagri	–	Empresa de Pesquisa Agropecuária e Extensão Rural de Santa Catarina
EQV	–	Equipamento de Voo
FCAM	–	Fundação Cambirela do Meio Ambiente
ETAv	–	Escola Técnica de Aviação
FAB	–	Força Aérea Brasileira
FSR	–	Formação Sanitária Regimental
FEB	–	Força Expedicionária Brasileira
Femesc	–	Federação de Montanhismo de Santa Catarina
GAv	–	Grupo de Aviação
GT	–	Grupo de Transportes
HMF	–	Hospital Militar de Florianópolis
IFUSP	–	Instituto de Física da Universidade de São Paulo
IG	–	Infantaria da Guarda
IFR	–	*Instrument Flight Rules* (Regras de Voo por Instrumento)
IMA	–	Instituto do Meio Ambiente
IPM	–	Inquérito Policial Militar
Metar	–	*Meteorological Aerodrome Report*
Musal	–	Museu Aeroespacial
Nyrba	–	New York-Rio-Buenos Aires
Paest	–	Parque Estadual da Serra do Tabuleiro
PB	–	Pedra da Bandeira
PMSC	–	Polícia Militar de Santa Catarina
RDFL	–	Rádio Florianópolis
Real	–	Rede Estadual Aérea Limitada
RI	–	Regimento de Infantaria
SAR	–	*Search And Rescue* (Busca e Salvamento)
Senai	–	Serviço Nacional de Aprendizagem Industrial

Sesc – Serviço Social do Comércio

Snam – Smithsonian National Air and Space Museum (Museu Nacional do Ar e do Espaço)

SNM – Serviço Nacional da Malária

TABA – Transportes Aéreos Bandeirantes

TAL – Transportes Aéreos Ltda.

Ten. – Tenente

USAAF – United States Army Air Forces (Forças Aéreas do Exército dos Estados Unidos)

Varig – Viação Aérea Rio-Grandense

SUMÁRIO

1

O INÍCIO 33
   1.1 PRIMÓRDIOS DA AVIAÇÃO EM SANTA CATARINA 33
   1.2 O PRINCÍPIO DE TUDO 51
   1.3 FAB, BAFL e 2º/7º GAv 54

2

MORRO DO CAMBIRELA 61
   2.1 PRIMEIROS RELATOS E ASCENSÕES 61
   2.2 AS TRILHAS E OS SETORES HISTÓRICOS
   DO MORRO DO CAMBIRELA 70

3

O AVIÃO 83
   3.1 O NASCIMENTO DO DOUGLAS C-47 83
   3.2 A ODISSEIA DO DOUGLAS C-47 USAAF 45-1095 87
   3.3 O DOUGLAS C-47 NA FAB 91
   3.4 FICHA TÉCNICA DO DOUGLAS C-47 2023 97

4

A TRIPULAÇÃO 103
   4.1 TRIPULANTES DO C-47 2023, O ÚLTIMO VOO 103
   4.2 A BORDO, UMA TRIPULAÇÃO DE EXCELÊNCIA 112

5

RESGATANDO A HISTÓRIA DO C-47 2023 115
   5.1 AS PRIMEIRAS PESQUISAS 115
   5.2 PEDRA DA BANDEIRA 131
   5.3 REDESCOBRINDO A PEDRA DA BANDEIRA 160
   5.4 PROVAS DOCUMENTAIS DA COLISÃO DO C-47 2023
   NA PEDRA DA BANDEIRA 174
   5.5 O EMPREGO DA TECNOLOGIA 70 ANOS DEPOIS 177

6

O ÚLTIMO VOO DO C-47 2023 181

6.1 RIO DE JANEIRO, SEGUNDA-FEIRA, 6 DE JUNHO DE 1949 181

6.1.1 Aeroportos de São Paulo e Curitiba 193

6.2 MINUTOS FATAIS 212

6.3 AS EQUIPES DE SOCORRO CHEGAM À GUARDA DO CUBATÃO. 221

6.4 PEDRA DA BANDEIRA, O CENÁRIO DA TRAGÉDIA 237

6.5 SETOR 5 259

6.6 O PEDIDO DE SOCORRO É LANÇADO 283

6.7 MISSÃO DADA, MISSÃO CUMPRIDA. 292

6.8 DESTACAMENTO DA BASE AÉREA 302

6.9 O RECONHECIMENTO DO COMANDO DA BASE
AÉREA DE FLORIANÓPOLIS 307

7

O ACIDENTE E POSSÍVEIS FATORES CONTRIBUINTES. 317

7.1 O OLHAR DOS ESPECIALISTAS 317

7.2 RELATOS DE FAMILIARES. 333

7.3 AS TRAGÉDIAS DO MACIÇO DO CAMBIRELA
E DO MORRO DA VIRGÍNIA. 339

8

PROFANAÇÃO E SAQUES 345

8.1 ENTRE O BEM E O MAL 345

8.2 REPERCUSSÕES NO BRASIL E NO EXTERIOR. 349

9

NÚMEROS FINAIS DA OPERAÇÃO CAMBIRELA 359

9.1 DO INÍCIO AO FIM 359

9.2 DESASTRES AÉREOS OCORRIDOS NA DÉCADA DE 1940 362

10

O 14º BATALHÃO DE CAÇADORES. 365

10.1 RESUMO HISTÓRICO. 365

10.2 A SEGUNDA FASE DO 14 BC EM FLORIANÓPOLIS:
DE AGOSTO DE 1936 AOS DIAS ATUAIS. 370

10.3 OS HERÓIS DA VIDA REAL 377

10.4 O EFETIVO DO 14 BC EM JUNHO DE 1949. .385

11

OS HERÓIS DO CAMBIRELA 389

**HOMENAGEM PÓSTUMA AOS HERÓIS
DO MORRO DO CAMBIRELA** 393

**ANEXO A – TERMO DE RECONHECIMENTO DE RISCO
DOS CONDUTORES DE VISITANTES CREDENCIADOS
PELO IMA E PAEST** 422

ANEXO B – GUIA DE EXPEDIÇÃO CAN NÚMERO 023 423

**ANEXO C – CORRESPONDÊNCIA OFICIAL E BAGAGENS
A BORDO DO C-47 2023** 424

O INÍCIO

1.1 PRIMÓRDIOS DA AVIAÇÃO EM SANTA CATARINA

A Aviação militar e civil tem raízes profundas no contexto histórico do estado de Santa Catarina. Curiosamente, o primeiro registro de voos com aeroplanos em território catarinense ocorreu em 1915 durante a campanha do Contestado[3]. Tudo começou quando o general Fernando Setembrino de Carvalho decidiu convocar o civil italiano Ernesto Darioli e o próprio então diretor da Escola de Aviação do Aeroclube do Brasil, o aviador-tenente Ricardo Kirk para realizar voos de reconhecimento estratégico sobre o reduto dos caboclos revoltosos, fato esse que certamente pouparia a vida de muitos soldados das tropas federais nos futuros combates.

Pela primeira vez na história, aviões seriam empregados em uma guerra no Brasil e certamente nas Américas[4]. No dia 1º de março de 1915, na presença do general Setembrino de Carvalho, os aviadores Kirk e Darioli decolaram de Porto União/SC para uma missão de reconhecimento. Só Darioli retornou. Voando sob condições desfavoráveis de visibilidade, o Morane-Saulnier "Iguaçu", pilotado pelo tenente Kirk, teria sofrido uma violenta rajada de vento que forçou o aeroplano a sair totalmente da rota em mais de 45 graus por boreste, fazendo com que este batesse com a asa esquerda na copa de um pinheiro, colidindo fatalmente contra o solo, a aproximadamente 900 metros de altitude na localidade de General Carneiro/PR. Ocorria ali a primeira tragédia com avião em missão militar na América e confirmava-se também a profecia dos sertanejos que diziam: "O gavião do governo cairá quando pretender voar para nos jogar bombas".

Por ser o primeiro oficial-aviador a tombar em uma missão a serviço do EB, Ricardo Kirk é considerado o patrono da Aviação do Exército

---

[3] Conflito armado ocorrido de outubro de 1912 a agosto de 1916 entre sertanejos e representantes dos poderes estadual e federal brasileiro, travado em uma região rica em erva-mate e madeira, contestada pelos brasileiros do Paraná e de Santa Catarina.

[4] Somente após o término da Primeira Guerra Mundial, em 1919, é que o EB formaria a sua Escola de Aviação Militar.

Brasileiro. Para o Comando de Aviação do Exército, o tenente Kirk foi promovido *"post mortem"* ao posto de capitão em reconhecimento ao seu pioneirismo e a inúmeros feitos.

Foi no século XVI que os primeiros navegadores europeus consideraram que a Ilha de Santa Catarina tinha uma posição geográfica estratégica, por situar-se entre o Rio de Janeiro e o Rio da Prata e, principalmente, por disponibilizar nas Baías Sul e Norte águas tranquilas, ideais para reabastecimento de provisões, reparos de suas caravelas, suas naus e seus galeões, além do repouso de tripulações, entre outras facilidades e comodidades.

Com o surgimento da Aviação no século XX, aviadores militares e civis, assim como os marinheiros, também perceberam que o entorno e a própria a Ilha de Santa Catarina reunia condições ideais não só para a navegação marítima, mas para a navegação aérea, já que a planície que se situa praticamente no centro da ilha era perfeita para pousos e decolagens. Foi a partir do início da década de 1910 que aviadores de diversas nacionalidades, tais como italianos, argentinos, chilenos, brasileiros, franceses, ingleses, alemães, norte-americanos, entre outros, começaram a incluir a Ilha de Santa Catarina em suas rotas. Inicialmente, os locais que mais chamavam a atenção eram as planícies da Ressacada e do Campeche, ambas no sul da ilha, além das águas tranquilas das Baías Sul e Norte, que também serviram para abrigar hidroaviões de diversas nacionalidades, principalmente entre as décadas de 1920 a 1950.

De fato, os primeiros aviadores que passaram pela Ilha de Santa Catarina no início da década de 1910 não o fizeram a bordo de aeroplanos, mas, sim, viajando pela costa brasileira, embarcados em navios, com o objetivo de conhecer antecipadamente as rotas e as cidades consideradas estratégicas que pudessem servir como bases de apoio para os futuros *raids* aéreos[5]. Nessas cidades, os aviadores analisavam e registravam as condições das planícies ou campinas que permitissem pousos e decolagens com segurança, elaboravam mapas, faziam os primeiros contatos com autoridades locais e principalmente com pessoas que pudessem prestar serviços de assistência como mecânicos, transporte de combustível ou peças de reposição (elementos raríssimos de encontrar naquela época). Também procuravam conhecer onde se localizavam as estações de radiotelegrafia que, no futuro, serviriam para obter preciosas informações (antecipadas)

---

[5] Voos de longa distância realizados pelos pioneiros da Aviação com aeronaves precárias e pouco potentes, com recursos de solo e auxílios à navegação incipientes. Os *raids* aéreos mais concorridos eram aqueles que ligavam uma capital à outra.

sobre as condições climáticas predominantes das regiões por onde o avião deveria passar ou enviar informações para a estação que ficava no próximo destino a ser alcançado.

Entre os lendários aviadores que por aqui passaram está o paulista Edu Chaves, que, entre outros prêmios e títulos, foi o primeiro civil brasileiro a obter o brevê de aviador da Federation Aeronautique Internacionale, na França. Como pretendia realizar um *raid* para o Sul do país, Edu Chaves esteve em Florianópolis, em outubro de 1913, para conhecer um local plano a sudoeste da Ilha de Santa Catarina, com grande potencial para pousos e decolagens, ao qual os jornais da época já se referiam como "Campo de Aterrissage da Ressacada". No ano seguinte, em julho de 1914, Edu Chaves torna-se o primeiro aviador a percorrer o *raid* de São Paulo ao Rio de Janeiro, sem escalas. Um verdadeiro feito para a Aviação brasileira! O aviador Cícero Marques também passou por Florianópolis a bordo do vapor Itapucá em 23 de maio de 1914; seu objetivo, assim como o de Edu Chaves, era conhecer a ilha e a infraestrutura local.

Com o passar dos anos, aviadores como Edu Chaves e Cícero Marques não se contentavam mais em voar de uma cidade para a outra, muito menos de uma capital para outra. Motivados por um intenso espírito de aventura e utilizando aviões que eram importados da Europa (principalmente da Itália e da França), estavam determinados a superar distâncias cada vez maiores. Vencer um *raid* internacional na América do Sul (viagem considerada na época uma verdadeira epopeia, já que os aviões e o apoio em solo eram precários) configurava-se a grande meta de aviadores sul-americanos e europeus.

Em março de 1918, o aviador civil Gentil Filho, diretor do Aeroclube Brasileiro, seguia de navio para a capital Buenos Aires, onde pretendia conhecer o aeroclube argentino. A bordo do paquete[6] inglês Vestris e de passagem por Florianópolis, manifestou publicamente o desejo de um dia retornar a essa cidade com seu aeroplano Blériot. Tal notícia empolgou os florianopolitanos, afinal já havia decorrido mais de uma década desde que Santos Dumont, a bordo do 14-bis, havia realizado, no campo de Bagatelle, Paris, o primeiro voo homologado da história, em 12 de novembro de 1906; e os habitantes de Florianópolis ainda não tinham avistado um avião cruzar os céus do litoral catarinense. Eis que, em junho de 1919, o barão Antônio de Marchi, capitão do Exército Italiano e chefe da Missão Militar Aeronáutica

---

6   Denominação dada aos antigos navios de luxo de grande velocidade, geralmente movidos a vapor.

Italiana na Argentina, enviou um telegrama de Buenos Aires para o ministro das Relações Exteriores do Brasil Azevedo Marques comunicando que um dos seus oficiais-aviadores, seu compatriota, o tenente-aviador Antônio Locatelli[7], realizaria o *raid* aéreo da capital argentina até a então capital do Brasil, Rio de Janeiro[8], levando mensagem de cumprimento ao Excelentíssimo Senhor Presidente da República Epitácio Pessoa, pela passagem do 97º aniversário da Independência do Brasil.

Empolgado com a notícia e com o objetivo de criar meios para facilitar o apoio em solo aos futuros aviadores e suas máquinas aladas, o governador do estado de Santa Catarina Hercílio Pedro da Luz fez inúmeras visitas técnicas ao Campo da Ressacada, acompanhado de autoridades militares e de técnicos de diversas áreas. Uma das visitas mais importantes ocorreu em 16 de agosto de 1919. Com essa ação, o governo do estado e as autoridades locais já davam os primeiros passos com o intuito de viabilizar um campo de pouso na planície da Ressacada.

Às 12h 30min, segunda-feira, de 8 de setembro de 1919, o tenente-aviador Antônio Locatelli, trajando orgulhosamente uniforme militar italiano, a bordo do biplano Ansaldo SVA-5, com a matrícula de número 12.221 estampada no lado esquerdo da fuselagem do aeroplano, decolou do campo de El Palomar, em Buenos Aires, com destino ao Rio de Janeiro. No entanto, a viagem não transcorreria como planejado e o Ansaldo SVA-5 precisaria pousar diversar vezes ao longo de sua trajetória para reparos mecânicos ou em consequência do mal tempo.

Enquanto isso, no dia 10 de setembro, aviadores britânicos da Handley Page Aircraft Company[9] desembarcaram no cais do Rita Maria em Florianópolis, com o objetivo de escolher locais estratégicos e construir aeródromos para os seus aeroplanos e hidroplanos. Na ocasião, visitaram os locais mais propícios para a construção de um aeródromo: o sul da ilha e o continente; mais precisamente São José, na região de Campinas (que mais tarde confirmaria essa vocação como campo de aviação, e receberia em novembro de 1946 as instalações do Aeródromo Nereu Ramos, do Aeroclube de Santa Catarina).

---

[7] Entre inúmeros feitos, foi o primeiro a realizar a primeira travessia aérea da Cordilheira dos Andes conectando Mendoza (Argentina) a Valparaíso (Chile), um voo de 370 km a uma altitude de 6.500 m.

[8] A cidade do Rio de Janeiro foi a capital do Brasil de 1763 a 1960, quando passou o título de capital federal para a cidade de Brasília.

[9] A Handley Page Aircraft Company foi uma empresa britânica construtora de aviões civis e militares que atuou entre 1909 e 1970.

Na época, o 1º tenente Ralph L. Cobham declarou: "O Campo da Ressacada é o melhor local que encontrei na América do Sul, talvez na Inglaterra não exista outro igual"[10].

Após oito dias enfrentando problemas mecânicos e meteorológicos com o biplano, finalmente Locatelli cruzou os céus de Florianópolis às 12h 30min, terça-feira, do dia 16 de setembro[11]. Uma grande massa popular concentrava-se nas imediações da Praça XV de Novembro em Florianópolis, quando o SVA-5 foi avistado. Ao perceber o povo reunido, o tenente-aviador Locatelli realizou algumas evoluções sobre o local e foi delirantemente aplaudido pelo povo.

> Às 12h35min o aparelho do aviador Locatelli passou por esta cidade fazendo duas ligeiras curvas à grande altura. O aeroplano foi visto por milhares de pessoas, que o esperavam ansiosas, aglomeradas nas praças e nas ruas da capital.[12]
>
> E após um longo tempo de espera, apareceu à altura de alguns milhares de metros o interessante aparelho que, fazendo dificílimas manobras passou sobre a nossa principal praça tomando o rumo norte. Locatelli, embora não aterrasse foi delirantemente aplaudido pelo povo, que vivou enthusiasticamente o grande aviador.[13]

Por força do destino, o destemido piloto precisou fazer uma aterragem forçada na localidade atualmente conhecida como Copalama, em Tijucas, Santa Catarina[14]. Apesar de todos os esforços, Locatelli não conseguiu chegar ao Rio de Janeiro e concluir o tão sonhado *raid*, pois seu avião ficou completamente inutilizado. Esse incidente foi suficiente para acirrar os ânimos entre aviadores de diversas nacionalidades, principalmente entre brasileiros e argentinos. No ano seguinte, em 1920, grupos de entusiastas da Aviação no Brasil e da Argentina, apoiados pelas imprensas dos respectivos países, começaram a encorajar seus aviadores; quem seria capaz de concluir primeiro o *raid* aéreo "Rio de Janeiro-Buenos Aires", ou "Buenos Aires-Rio de Janeiro"?

O primeiro a tentar foi o aviador Alfredo Correa Daudt. Em 16 de dezembro daquele ano, Adolpho Konder, secretário de Estado da Fazenda,

---

[10]   REPUBLICA, n. 281, 11 set. 1919. p. 1.

[11]   Dezesseis de setembro de 2019 marca o Centenário da passagem do primeiro avião por Florianópolis.

[12]   O ESTADO, n. 1.301, 16 set. 1919. p.1.

[13]   REPUBLICA, n. 286, 17 set. 1919. p.1.

[14]   Para mais detalhes sobre esse voo, publiquei um artigo no site: https://amab-zeperri.com/ha-100-anos-florianopolis-avistou-um-aviao-pela-primeira-vez. Acesso em: 29 ago. 2019.

Viação e Obras Públicas e Agricultura de Santa Catarina, recebeu um telegrama de Maurício Lacerda, deputado federal e presidente do Aeroclube Brasileiro, comunicando que Daudt pretendia realizar o *raid* entre as capitais "Rio de Janeiro-Porto Alegre", e solicitava informações urgentes sobre o campo existente na Ilha de Santa Catarina. Como já vimos, a Ressacada já era considerada pelos aviadores, na década de 1910, um campo de pouso em potencial. Prontamente, Adolfo Konder enviou, pelo primeiro navio a vapor que partiu de Florianópolis para o Rio de Janeiro, uma cópia da planta da ilha com a indicação exata do Campo da Ressacada. Apesar de todos os esforços do governo do estado de Santa Catarina, Daudt teve que interromper o seu *raid* no litoral paulista em função de um acidente com o seu aeroplano.

No dia 12 agosto de 1920, o capitão-aviador inglês John Pinder, que havia se destacado como ás na Primeira Guerra Mundial (1914-1918), e o brasileiro tenente Aliathar Martins, da Aviação Naval, pousaram o hidroavião Macchi M.9 nas águas da Baía Sul, onde foram recebidos com grande festa no Cais Rita Maria por uma multidão, além de autoridades civis e militares. Esses audaciosos aviadores que ansiavam concluir o *raid* Rio-Buenos Aires, alguns dias depois, foram dados como desaparecidos e em seguida encontrados mortos na Lagoa dos Esteves, em Balneário Rincão/SC. A investigação apontou que, ao girar a hélice para dar a partida no motor, Aliathar foi atingido por ela, caindo inconsciente na água. Ao tentar ajudá-lo, John Pinder, que não sabia nadar, acabou se afogando. Coube aos oficiais do 14º Batalhão de Caçadores (14 BC) averiguar as causas desse acidente e fazer os croquis topográficos do local, anexando-os ao inquérito.

Ainda no mesmo ano, em outubro, o tenente-aviador Virgínius Brito de Lamare e o suboficial-aviador Antônio Joaquim da Silva Jr., ambos pertencentes à Aviação naval, decolaram da Baía de Guanabara a bordo do aerobote Macchi M.9. Em Florianópolis pousaram na Baía Norte e, com o aerobote danificado, alojaram-se no quartel militar da fortaleza de Anhatomirim. Alguns dias depois, em Porto Alegre, enquanto o aerobote era içado para uma revisão completa, o cabo do guindaste rompeu-se, fazendo com que a aeronave caísse no piso de concreto, o que danificou severamente a estrutura do avião, e forçou o encerramento de mais um *raid* aéreo Rio-Buenos Aires.

No dia 27 de dezembro de 1920, aproximadamente ao meio-dia, foi a vez de Edu Chaves em companhia do mecânico Robert Thierry, ambos a bordo do biplano Curtiss Oriole, passarem por Florianópolis a caminho de Buenos Aires.

Às 12 horas mais ou menos, o apparelho do destemido aviador passou majestosamente ao alto, a uns dois a três mil metros de altura, rumando com destino ao sul. Enorme foi a aglomeração popular que das imediações do trapiche municipal assistiu a passagem do aeroplano. E pouco a pouco, como um ponto negro na limpidez do céu de ontem, ele ia desaparecendo aos olhos de todos, vencendo com admirável velocidade as distâncias[15].

Por fim, no dia 29 de dezembro de 1920, após enfrentarem uma série de contratempos, Edu Chaves e Robert Thierry tornaram-se os primeiros brasileiros a realizar o "intransponível" *raid* Rio de Janeiro-Buenos Aires. Por essa e outras conquistas, Edu Chaves foi comparado aos ícones da Aeronáutica brasileira: Bartolomeu de Gusmão e Santos Dumont. A grande conquista brasileira certamente contribuiu para que o Ministério da Guerra começasse a considerar que a Ilha de Santa Catarina tinha uma grande importância estratégica para a Aviação, principalmente a região de Caiacanga Mirim (distrito do Ribeirão da Ilha), que estava de frente para a Baía Sul. Suas águas tranquilas eram perfeitas para receber os primeiros hidroaviões da Aviação naval. O mesmo aconteceu com a região do Campo da Ressacada, adquirida ainda em 1920 pelo governo do estado de Santa Catarina com a finalidade de disponibilizar ali uma infraestrutura mínima destinada à aterragem, à decolagem e à movimentação de aeronaves, fossem elas militares, fossem civis.

Essa iniciativa ganha força em 27 de fevereiro de 1921, quando o 1º tenente-aviador do Exército Brasileiro Fernando Miguel Pacheco Chaves chega a Florianópolis em uma missão especial: estava incumbido pelo Ministro da Guerra[16] Pandiá Calógeras de confirmar a vocação da Ilha de Santa Catarina como um local para a instalação de campos para aterrissagem que pudessem atender não só a Aviação militar, mas também os próximos *raids* aéreos que para o Sul ou Norte do país se destinassem. Grande entusiasta e incentivador da Aviação, Hercílio Luz recebeu com a mais viva demonstração de simpatia a iniciativa do governo federal. No dia seguinte, Pacheco Chaves acompanhado do capitão João Câncio, ajudante de Ordens do Governador, e de Adolpho Konder realizaram uma visita técnica ao Campo da Ressacada. Após a visita, o jornal *Republica* de 1º de março de 1921 publicou a seguinte impressão do aviador Pacheco Chaves:

---

[15] REPUBLICA, n. 662, 28 dez. 1920. p. 2.

[16] Ministério criado em 1815, que no governo Costa e Silva (1967-1969) teve sua denominação alterada para Ministério do Exército.

> Acha-o em condições magníficas, afirmando que, pela sua extensão e pela sua natureza, a Ressacada se presta perfeitamente bem para "campo de aterrisage" como exigem a technica e as necessidades da aviação. O ilustre militar, que também possue o curso de aviador, acha que aquelle local deve ser o preferido para a construção, no nosso Estado, do Campo de aterrissage, como é desejo do Governo Federal.

No dia 5 de março de 1921, Hercílio Luz enviou um telegrama ao ministro Pandiá Calógeras informando que já estava tomando providências para o preparo do Campo da Ressacada. Naquele mesmo período, o governo de Santa Catarina doou o imenso terreno que havia adquirido para o Ministério da Guerra. A partir daquele ano, o Campo da Ressacada (também conhecido como Fazenda da Ressacada) passaria a ser oficialmente chamado Campo de Aterrissage da Ressacada[17].

O dia 30 de maio de 1921 teria sido um dia memorável não só para a Aviação militar do Exército Brasileiro como também para a cidade de Florianópolis, que assistiria pela primeira vez ao pouso de um aeroplano na Ilha de Santa Catarina. Quando os primeiros telegramas da Western Telegraph Company anunciaram a passagem do aviador Pacheco Chaves sobre Paranaguá, centenas de populares, além do comandante do 14º Batalhão de Caçadores acompanhado de vários oficiais e praças, dirigiram-se para o Campo da Ressacada, onde aguardaram ansiosamente a aterrissagem do biplano. Desafortunadamente, enquanto se dirigia para Florianópolis, o aeroplano de Pacheco Chaves precisou fazer um pouso forçado nas proximidades do Pontal da Barra em Itajaí e acabou capotando. Apesar do susto, o aviador e o soldado-mecânico de voo Jesuíno da Silva Oliveira sobreviveram ao acidente, já o avião ficou inutilizável, o que culminou com o fim do *raid*, para a tristeza de todos, até mesmo para Hercílio Luz, que aguardava com grande expectativa a chegada de Pacheco Chaves no Palácio do Governo.

Curiosamente, o registro da primeira aterrissagem de um avião na Ilha de Santa Catarina só ocorreu na tarde do dia 6 de setembro de 1922, três anos após a passagem do italiano Antônio Locatelli por Florianópolis. Tratava-se de outro militar, dessa vez de nacionalidade argentina, Pablo Teodoro Feels, que, acompanhado do jornalista Jorge Piacentini, do jornal *La Nación*, aterrissou seu aeroplano, um Dorand Renault (AR.2) de 190 hp[18], no Campo da Ressacada em Florianópolis. O citado avião havia sido

---

[17] Tudo indica que se trata do mesmo local onde atualmente se encontra a pista 03/21 do Aeroporto Hercílio Luz.

[18] *Horse power* ou cavalos-força.

batizado de "Mitre" (em homenagem a Bartolomé Mitre Martinez, político, escritor, militar e presidente da Argentina de 1862 a 1868).

> O aviador argentino Feels, que partiu esta manhã de Porto Alegre, chegou hoje pouco depois de 14 horas ao Campo da Ressacada. O interesse que o raid de Buenos Aires ao Rio despertou nesta capital fez com que se aglomerasse grande multidão na Praça 15, que esperava ansiosa a chegada do arrojado aviador. A sua aproximação foi assignalada pela multidão às 14h e pouco, tendo-se observado perfeitamente da Praça 15 a descida de Feels sobre o Campo da Ressacada[19].

Convém dizer que nesta data Florianópolis acolheu um dos maiores aviadores não só da Argentina mas do mundo, pois, apesar de muito jovem, Pablo Teodoro Feels já havia realizado dois feitos notáveis para a história da Aviação, o primeiro em 23 de maio de 1912, quando se converteu no piloto mais jovem do mundo a obter sua licença de aviador civil, enquanto servia como soldado no Regimiento I de Ingenieros; e o segundo quando bateu o *record* mundial de voo sobre água, ao cruzar o Rio da Prata a bordo de um Blériot em um voo de Buenos Aires a Montevidéu em apenas 2 horas e 20 minutos durante a madrugada de 1º de dezembro de 1912.

Seis dias após a passagem do aviador argentino, às 11h 20min do dia 12 de setembro, foi a vez de outro aviador militar, o capitão chileno Diego Alberto Aracena, que, alguns dias após cruzar a Cordilheira dos Andes, pousou seu aeroplano De Havilland (DH-9) matrícula 92, batizado de "Brazil", na Campina do Laranjal, próximo ao Campeche[20]. Em sua companhia estava o engenheiro mecânico Arturo Ricardo Seabroock, ambos procedentes de Santiago do Chile e prestes a realizar o primeiro *raid* internacional de longo alcance na América do Sul.

> O raid dos Aviadores chilenos. O Capitão Aviador, Diego Aracena, e o Engenheiro Mecânico, Seabrook, tripulando o aeroplano n.92, aterraram hoje às 10:35 na Campina do Laranjal, districto da Lagoa. Os dois valentes aviadores, que estão fazendo um "raid" ao Rio, partirão rumo ao norte amanhã às 7 horas[21].
>
> Às 10 horas mais ou menos, apareceu ao Sul o aparelho do aviador chileno que aproximando-se cada vez mais da

---

[19] O ESTADO, n. 2.465, 6 set. 1922. p. 5.

[20] Campina, como era conhecida a região da Lagoa Pequena, entre o Porto do Rio Tavares (ou Cruz do Rio Tavares) e o Campeche.

[21] O ESTADO, n. 2.469, 12 set. 1922. p. 1.

> nossa cidade fez uma grande e elegante curva para a direção nordeste e inclinando-se para a direita, foi pouco a pouco baixando o seu voo, passando bem perto do Morro da Cruz, indo aterrar às 10:35 horas na Campina do Laranjal, três kilômetros distante da Ressacada[22].

Tanto o aviador argentino Pablo Feels como o aviador chileno Diego Aracena realizaram um *raid* de seus respectivos países de origem com destino à cidade do Rio de Janeiro para prestar homenagens aos brasileiros durante as comemorações do Centenário da Independência do Brasil. Nos anos que se seguiram, muitos outros aviadores famosos pousaram nas águas mansas da Baía Sul e da Baía Norte, ou nos campos de pouso na ilha localizados na Ressacada ou no Campeche. Cada vez mais a Ilha de Santa Catarina confirmava, efetivamente, a sua vocação como ponto estratégico para pousos e decolagens.

Em julho de 1923, atendendo ao pedido do almirante Alexandrino Faria de Alencar, ministro da Marinha, o general Setembrino de Carvalho, ministro da Guerra, resolveu transferir a área do terreno da Ressacada para o Centro de Aviação Naval de Santa Catarina (CAvNSC), entretanto foi somente em 5 de novembro de 1937 que Nereu Ramos, governador do estado, sancionou a Lei n.º 201, que autorizava o Poder Executivo estadual a doar para a União, por intermédio da Marinha, a área de terras na Ressacada, município de Florianópolis, com 2.077.134,75 m², e outra área de 148.752,19 m² em Caiacanga Mirim, onde se situava a Base de Aviação Naval[23]. Coube ao último comandante da unidade, capitão de corveta e aviador naval Epaminondas Gomes dos Santos[24], receber a escritura de doação.

A partir daí, à medida que a indústria e a tecnologia aeronáuticas se expandiam, o CAvNSC (atual Base Aérea de Florianópolis – BAFL) e o Campo da Ressacada (onde hoje se encontra o Aeroporto Internacional de Florianópolis ou Floripa Airport) passaram (e continuam passando) por inúmeras transformações. É interessante destacar que o patrono da Aviação naval, o vice-almirante Protógenes Pereira Guimarães, nasceu em Florianópolis, no dia 8 de maio de 1876, e prestou relevantes contribuições

---

[22] REPUBLICA, n. 1.155. 13 set. 1922. p. 1.

[23] REPUBLICA, n. 1069, 7 nov. 1937. p. 8.

[24] Comandou o Centro de Aviação Naval de 19 de julho de 1937 a 21 de janeiro de 1941, período em que foi criado o Ministério da Aeronáutica e o 14º Corpo da Base Aérea, primeira unidade do Ministério da Aeronáutica em Santa Catarina.

para a atividade aérea na Marinha durante a primeira fase da Aviação naval. O almirante Protógenes também foi diretor de Aeronáutica da Marinha.

Com o passar dos anos, os *raids* e outras viagens com apelos heroicos e aventureiros foram dando lugar a viagens com propósitos estritamente profissionais. Nesse caso, os aviadores geralmente estavam ligados a uma companhia aérea com fins estritamente comerciais. É o caso dos aviadores franceses dos quais podemos destacar os lendários pilotos Etienne Lafay, Henri Guillaumet, Jean Mermoz, Paul Vachet e Saint-Exupéry[25], da companhia francesa Latécoère (posteriormente Compagnie Générale Aéropostale).

A Aviação em Santa Catarina, principalmente em Florianópolis, ganhou forte impulso a partir da década de 1920, principalmente após a chegada dos primeiros aviadores franceses à Ilha de Santa Catarina. Foi no do dia 14 de janeiro de 1925 quando três Breguet 14 — sendo o 149 tripulado pelo piloto Lafay e o mecânico Estival; o 306 tripulado por Hamm e Chevallier; e o 309 tripulado por Vachet e Gauthier — pousaram na Ressacada. Os franceses tinham a nobre missão de estabelecer e operar em Florianópolis uma das escalas do Correio do Sul. Foram eles os verdadeiros pioneiros do serviço aeropostal na América do Sul e os responsáveis pela implementação, a partir de 1927, do Campo de Aviação da CGA - Compagnie Générale Aeropostale no Campeche com um terreno de 250 mil m² e o primeiro a contar com estrutura apropriada com hangar, refeitório, alojamentos para pilotos e mecânicos e estação radiotelegráfica e que a partir de julho de 1928 passaria a se chamar Aeroporto Adolpho Konder sendo considerado o primeiro Aeroporto do Estado de Santa Catarina.

A partir da década de 1930, o transporte de passageiros, cargas e malas postais é impulsionado e fortalecido com a chegada das companhias aéreas estrangeiras, como a Air France (representada em Florianópolis pela firma Ernesto Riggenbach & Cia. Ltda.); a alemã Condor-Lufhansa (representada pela firma Carlos Hoepcke S.A.); e a cia. norte-americana New York-Rio-Buenos Aires (NYRBA)[26], posteriormente absorvida pela Pan American do Brasil (ambas cias. representadas pela firma Syriaco T. Atherino & Irmão).

Os aviões da Air France pousavam no Campeche, enquanto os hidroaviões das cias. Condor-Lufthasa e NYRBA-Panair pousavam nas

---

[25] Autor dos clássicos da literatura aeronáutica *Correio do Sul, Voo noturno, Terra dos homens* e *O pequeno príncipe*. Ficou conhecido na Ilha de SC como Zé Perri.

[26] Foi uma companhia aérea que operou hidroaviões de Nova York para o Rio de Janeiro e Buenos Aires, além de localidades intermediárias da América Central e América do Sul na década de 1920. Posteriormente foi absorvida pela Panair do Brasil S.A.

Baías Sul e Norte, dividindo aquelas águas, nem sempre tranquilas, com os navios da Empresa Nacional de Navegação Hoepcke (ENNH), veleiros, *skiffs* dos Clubes de Regata Aldo Luz, Francisco Martinelli e Riachuelo e com as baleeiras que traziam passageiros e víveres do continente para a ilha. A área de pousos e decolagens no sentido longitudinal ficava delimitada por boias entre a Ilha do Carvão (o local foi aterrado na década de 1970 para dar lugar a um dos pilares da Ponte Governador Colombo Machado Salles) e o Trapiche Municipal (que foi substituído pelo Miramar em 1928 e pelo aterro da Baía Sul também na década de 1970), no centro de Florianópolis.

Naquela época, ao decolar, alguns pilotos costumavam fazer ousadas passagens com seus potentes aviões sob a Ponte Hercílio Luz. O transporte dos passageiros e tripulantes dos hidroaviões ao Trapiche Municipal (e vice-versa) era feito por pequenas embarcações a remo ou a motor.

A década de 1930 ainda foi marcada pela passagem dos impressionantes dirigíveis da Luftschiffbau-Zeppelin GmbH por Santa Catarina. Às 4h da madrugada do dia 1º de julho de 1934, depois de retornar de uma viagem experimental de Buenos Aires, o gigantesco LZ 127 Graf Zeppelin, com 236,53 m de comprimento e 30,48 de altura, cruzou os ares de Florianópolis fazendo algumas evoluções e saudações para a população local, que assistia a tudo extasiada. E não era para menos, afinal, era a primeira vez que o "Zé Pelim" passava pela América do Sul. Um dos holofotes do Graf Zeppelin iluminou toda a região central da cidade, levando a população à euforia. No dia seguinte, manchetes destacando o acontecido estampavam as capas dos principais jornais de Florianópolis: "A passagem da majestosa aeronave alemã Graf Zeppelin pelos céus de Florianópolis constituiu verdadeiro acontecimento, pelo ineditismo do espetáculo que maravilhou a curiosidade do nosso povo"[27].

Dois anos mais tarde, exatamente à 1h da madrugada do dia 30 de novembro de 1936, outro aeróstato bem maior passou por Florianópolis, o LZ 129 Hindenburg, com 245 m de comprimento[28] e 41,2 de diâmetro (altura).

> A 1 hora da madrugada a soberba aeronave germânica voou sobre Florianópolis realizando, ante a população admirada da grandiosidade das dimensões do gigantesco navio aéreo – demoradas evoluções seguindo logo após rumo ao Sul.

---

[27] REPUBLICA, n. 89, 3 jul. 1934. p. 1.

[28] O Airbus A380, o maior avião comercial do mundo, tem 73 m de comprimento.

> No nosso Estado, o Hindenburg voou sobre Florianópolis, Tijucas, Itajaí, *Blumenau, Joinville* e *Jaraguá*, não podendo fazê-lo sobre *São Bento* em virtude da forte cerração[29].

Antes de passar pela ilha, o dirigível havia cruzado os céus das colônias alemãs (destacadas supra), e, em algumas dessas localidades, existem relatos de que muitas pessoas chegaram a pensar que o fim do mundo estava próximo. Impressionantes símbolos da Alemanha nazista, os dirigíveis LZ 127 Graf Zeppelin e o LZ 129 Hindenburg haviam partido da Europa transportando passageiros em uma viagem transatlântica para a América do Sul. O LZ 127 em uma viagem experimental até Buenos Aires em 1934; e o LZ 129 em uma viagem de homenagem às colônias alemãs em Santa Catarina em 1936. Seis meses após a sua passagem por Santa Catarina, o LZ 129 incendiar-se-ia em pleno voo enquanto se preparava para pousar em Nova Jersey, Estados Unidos. Essa tragédia antecipou a aposentadoria do Graf Zeppelin.

Não existem registros fotográficos da passagem dos colossais dirigíveis LZ 127 Graf Zeppelin e LZ 129 Hindenburg por Florianópolis, uma vez que ambas ocorreram durante a madrugada, no entanto, em outras cidades catarinenses, como Blumenau e Joinville, ao longo do dia foi possível fazer vários registros fotográficos.

Em 1934, a Marinha criou o Correio Aéreo Naval, prestando relevantes serviços postais nas principais cidades litorâneas brasileiras, ligando o Rio de Janeiro ao Rio Grande do Sul e entre Rio de Janeiro e Rio Grande no Norte. Em Florianópolis, funcionava uma escala da linha tronco do Correio Aéreo Naval, cujo primeiro voo foi do Rio de Janeiro para Florianópolis, com escalas em Santos e Paranaguá. Ainda em 1934, foi inaugurada a pista[30] que ligava os hangares do Centro de Aviação Naval ao Campo de Pouso da Ressacada, que devido à sua importância foi ampliado em 1936. Os serviços de transportes de correspondências em aeronaves militares iniciaram suas atividades em 12 de junho de 1931 com a denominação de Serviço Postal Aéreo Militar, que mais tarde passou a se chamar Correio Aéreo Militar (CAM) e posteriormente Correio Aéreo Naval.

Em 1941, com a criação do Ministério da Aeronáutica em 20 de janeiro e com a nova denominação das Forças Aéreas Nacionais, pelo Decreto-Lei n.º 3.302, em 22 de maio, o Centro de Aviação Naval de Santa

---

[29] A GAZETA, n. 640, 1 dez. 1936. p. 1, grifo meu.

[30] Atual *taxiway* "C" que liga o Aeroporto Hercílio Luz à Base Aérea de Florianópolis.

Catarina deu lugar à Base Aérea de Florianópolis. No dia 20 de fevereiro, por meio da Portaria Ministerial n.º 47, ocorreu a fusão do Correio Aéreo Militar (CAM) e do Correio Aéreo Naval (CAN), surgindo, assim, o Correio Aéreo Nacional (CAN), nome que permanece consagrado até os dias de hoje. Apesar de o CAN não ter sido a primeira organização aeropostal a funcionar no Brasil, ele atingiu impressionantes marcas, fossem elas em extensões das linhas, fossem em quilômetros percorridos, horas de voo, passageiros transportados, correspondências e cargas entregues, tempo de serviço, entre outras que jamais foram alcançadas pelos serviços do Correio da Aviação Naval, da Aviação do Exército da Força Pública de São Paulo e nem mesmo da Aéropostale.

Em 1942, praticamente um ano após a criação do Ministério da Aeronáutica, foi criada uma linha dupla do CAN em Santa Catarina. Partindo da capital catarinense pelo Aeroporto de Florianópolis (era conhecido também como Aeroporto da Base Aérea), aviões Douglas Commercial-3 (DC-3) e C-47 seguiam para o sul e o norte do estado[31]. Naquela época, a direção do CAN, sediada no Rio de Janeiro, ficou subordinada à Diretoria de Rotas Aéreas[32] e era composta de dois grupos: o 1º Grupo de Transportes (GT) e o 2º GT[33].

Idealizado pelo brigadeiro Eduardo Gomes e criado pelo Decreto-Lei n.º 6.936, de 5 de outubro de 1944, o 2º GT tinha as seguintes finalidades: transporte aéreo de carga e de passageiros para diversos pontos do território nacional ou estrangeiro e transporte de tropas paraquedistas, com seus equipamentos e suprimentos. O 2º GT foi idealizado para operar com os aviões Douglas C-47, tendo em vista a grande quantidade de cargas que tinha o CAN. O C-47 2023 da Força Aérea Brasileira (FAB) pertenceu ao 2º GT.

Segundo Rudnei Dias da Cunha,

> O 2º Grupo de Transporte - 2º GT - prestou relevantes serviços na FAB até fevereiro de 1958, quando entrou na fase de desativação, transformando-se em 1º Esquadrão do 1º Grupo de Transporte de Tropa - 1º/1º GTT que continuou usando a Sede do 2º GT no Campo dos Afonsos no Rio de Janeiro.

---

[31] SOUZA, José Garcia de. *A epopeia do Correio* Aéreo. 2. ed. [*S. l.*]: Revista Aeronáutica, 1986. p. 56.

[32] Instituição que deu origem ao Departamento de Controle do Espaço Aéreo (Decea). A Diretoria de Rotas Aéreas deixa de existir em 1972 quando é substituída pela Diretoria de Eletrônica e Proteção ao Voo (DEPV). Em 5 de outubro de 2001 é criado o Decea. O órgão assume todas as atribuições do DEPV.

[33] O 2º GT prestou seus relevantes serviços à FAB até fevereiro de 1958 quando entrou na fase de desativação, transformando-se no 1º Esquadrão do 1º Grupo de Transporte de Tropa (1º/1º GTT), que continuou usando a sede do 2º GT no Campo dos Afonsos, no Rio de Janeiro.

Como veremos nos próximos capítulos deste livro, no Brasil, após a Segunda Guerra Mundial, dezenas de Douglas C-47 foram adquiridos pela FAB e centenas de DC-3 pelas companhias aéreas. Foi nessa época que Florianópolis passou a receber inúmeros voos regulares dos possantes DC-3 de companhias aéreas como: Cruzeiro do Sul, Panair do Brasil, Rede Estadual Aérea Ltda., Viação Aérea Rio-Grandense (Varig), Transportes Aéreos Catarinenses, Transportes Aéreos Ltda. (TAL), entre outras. A Transportes Aéreos Bandeirantes (Taba) operava entre o litoral gaúcho, catarinense, paulista e carioca com possantes Catalinas, entre eles o PP-BLA e o PP-BLB. Além dos voos comerciais, o Aeroporto de Florianópolis recebia também aviões militares, como o Lockheed Lodestar C-60 e os Douglas C-47 da FAB, que operavam a serviço do CAN.

À medida que a cidade de Florianópolis se desenvolvia, crescia a necessidade de construir um aeroporto com melhor infraestrutura. Como já vimos, o primeiro pouso de um avião no Campo da Ressacada, Ilha de Santa Catarina, ocorreu em setembro de 1922. Mais tarde, nas décadas de 1920 e 1930, o Centro de Aviação Naval tornaria esse local um campo de pouso oficial para os seus aeroplanos (enquanto os hidroaviões pousavam na Baía Sul e Norte). A partir da década de 1940, o Campo de Aviação da Ressacada passou a ser conhecido como Aeroporto da Base Aérea de Florianópolis ou simplesmente Aeroporto de Florianópolis. Este possuía um precário terminal de passageiros e uma torre de controle[34], ambos de madeira. A primeira pista[35] era de concreto, e o pátio de estacionamento das aeronaves era gramado.

A partir de 1947, alguns C-47 da FAB, incluindo o C-47 2023, iniciaram voos regulares a serviço do CAN, partindo do Aeroporto Santos Dumont, no Rio de Janeiro, para várias regiões do país. A linha do Sul era considerada uma das mais seguras e concorridas. Os aviões faziam escalas no Aeroporto de Congonhas, em São Paulo; na Base Aérea do Bacacheri, em Curitiba; ou no Aeroporto Afonso Pena, em São José dos Pinhais, na região metropolitana de Curitiba; no Aeroporto de Florianópolis; no Aeroporto de São João (atual Salgado Filho), em Porto Alegre; encerrando a viagem no Aeroporto Internacional de Uruguaiana. Nesta cidade, as tripulações dos C-47 pernoitavam, e no dia seguinte faziam o caminho inverso.

---

[34] Em 1964, uma nova torre de alvenaria foi inaugurada, substituindo a antiga, de madeira.

[35] Pista 02/20, atual pista 03/21.

Antônio Pereira Oliveira[36] escreveu sobre as condições do Aeroporto de Florianópolis em 1950:

> O Aeroporto ainda não tinha nome oficial, era conhecido apenas como Base Aérea de Florianópolis. As condições da estação de passageiros eram precárias. Fazia-se sentir a necessidade de construir uma nova estação de passageiros assim como de uma nova estrada do centro até a Base Aérea.

Somente a partir de 15 de setembro de 1955 é que o Aeroporto de Florianópolis passou a se chamar Aeroporto Hercílio Luz. Uma homenagem mais que merecida! Além de governar Santa Catarina por três vezes, de 1894-1898, de 1918-1922 e de 1922-1924, Hercílio Pedro da Luz era um grande entusiasta da Aviação e contribuiu significativamente com o desenvolvimento desta no estado, basta relembrar que ele foi um dos principais incentivadores da criação do Campo de Aviação da Ressacada. Além do mais, a passagem dos primeiros aviadores na Ilha de Santa Catarina ocorreu exatamente durante o segundo e o terceiro mandato do governador Hercílio Luz, que nunca mediu esforços para recebê-los da melhor forma possível. Era definitivamente um homem apaixonado pela Aviação.

Como governador, sempre fez questão de recepcionar no Palácio do Governo os intrépidos aviadores que pousavam no Campo da Ressacada, no Campo de Aviação do Campeche ou que amerrissavam nas águas do entorno da Ilha de Santa Catarina. Também prestava assistência a eles, como no caso do tenente Locatelli, quando este fez um pouso forçado em Tijucas, ocasião em que ordenou que seus representantes — Joé Collaço, oficial de Gabinete, e capitão João Câncio, ajudante de Ordens —, além do Sr. Paschoal Simone, agente consular da Itália em Florianópolis, fossem imediatamente socorrer o aviador italiano, recebendo-o algumas horas mais tarde, no Palácio Cruz e Sousa, são e salvo. Locatelli ficou tão agradecido pela atenção recebida que acabou doando o seu avião para o governo do estado de Santa Catarina[37].

Com o passar dos anos, outros aviadores foram recebidos com honras militares no Palácio do Governo e aclamados pela população, que sempre se aglomerava na Praça XV. Por sua dedicação à Aviação, Hercílio Luz

---

[36] OLIVEIRA, Antonio Pereira, *A história do turismo em Florianópolis narrada por quem vivenciou*: 1950 a 2010. Florianópolis: PalavraCom, 2011. p. 129-130

[37] Posteriormente, o governo do estado de Santa Catarina doou o avião para o Aeroclube Brasileiro no Rio de Janeiro. Este, por sua vez, o vendeu para que o aviador argentino Eduardo Hearne, que completou com êxito o *raid* Rio de Janeiro-Buenos Aires, em 12 de fevereiro de 1921.

recebeu algumas homenagens, entre elas o diploma de sócio honorário do Aeroclube Brasileiro do Rio de Janeiro, em agosto de 1920 (quando deu toda assistência aos aviadores John Pinder e Aliathar Martins), e a homenagem póstuma com a designação do Aeroporto da Ilha de Santa Catarina, Aeroporto Hercílio Luz, em setembro de 1955.

Em 7 de janeiro de 1974, o Quinto Comando Aéreo Regional passou o Aeroporto de Florianópolis à jurisdição da Infraestrutura Aeroportuária (Infraero), que deu início a uma série de reformas, e em 1976 dois terminais foram inaugurados. Em março de 1978, entrou em operação a segunda pista de pousos e decolagens do Aeroporto Hercílio Luz, a pista 14/32.

Em março de 2017, a Floripa Airport, pertencente ao grupo Zurich Airport, venceu a concessão para operar o Aeroporto de Florianópolis até 2047, tendo assumido em 3 janeiro de 2018 o comando da operação. Atualmente, o aeroporto encontra-se privatizado e rebatizado como Aeroporto Internacional de Florianópolis Hercílio Luz e já é preferência nacional entre seus usuários, pelo menos é o que comprovou a *Pesquisa de satisfação do passageiro* realizada pelo Ministério da Infraestrutura e apresentada em setembro de 2021, na qual mostrou que o Floripa Airport ocupou o primeiro lugar no *ranking* de satisfação entre os 20 maiores aeroportos do país.

Com um investimento de R$ 600 milhões, o aeroporto iniciou as operações em 1 de outubro de 2019, exatamente no centenário da passagem de Antônio Locatelli por Florianópolis, e nos 70 anos do desastre aéreo do C-47 2023 no Morro do Cambirela. O Aeroporto Internacional de Florianópolis Hercílio Luz tem capacidade para atender 8 milhões de passageiros/ano, e o novo terminal é quatro vezes maior do que o antigo. O aeroporto opera com duas pistas para pousos e decolagens: a pista principal (14/32), asfaltada, com 2.300 m de comprimento e 45 m de largura (em 2019 foi ampliada para 2.400 m e 60 m de largura). A cabeceira 14 está localizada a 1.300 m da Baía Sul; e a cabeceira 32, a 4.800 m do mar aberto (Oceano Atlântico) e a pista transversal auxiliar, a 03/21, tem 1.180 x 45 m, com pavimento de concreto - é a pista mais antiga do aeroporto[38].

Foi na pista 02 (a atual 03/21, na época conhecida como 02/20) que, na tarde do dia 6 de junho de 1949, o Douglas C-47 2023 decolou para o seu último voo. Esse lendário avião tinha dois motores radiais, que juntos somavam

---

[38] Quando a pista 03/20 (atual 03/21) foi construída, na década de 1930, pelo CAvNSC, ela era de chão batido e tinha aproximadamente 1.500 x 45 m.

2.400 hp de potência, bem diferente do monomotor do aeroplano de Antônio Locatelli, que tinha "apenas" 200 hp quando este passou por aqui pela primeira vez em 1919, ou seja, 30 anos antes que o C-47 2023. Locatelli foi forçado a terminar o seu voo (e o *raid*) próximo ao nível do mar em um imenso campo alagado em Tijucas. O C-47 2023 terminou o seu voo a aproximadamente 800 m de altitude, no alto do Cambirela, no município de Palhoça.

Apesar de alguns poucos incidentes e acidentes fatais registrados na região da Grande Florianópolis, a Ilha de Santa Catarina efetivamente confirmou a sua vocação para a Aviação tanto militar quanto civil; os números positivos foram (e continuam sendo) infinitamente maiores, e inúmeras foram as viagens ou missões bem-sucedidas ao longo destes 103 anos (1919-2022).

1.2 O PRINCÍPIO DE TUDO

Corria o ano de 1956, e meu pai, José Silvio Cardoso, então com 15 anos, trabalhava na pequena madeireira do meu avô Ângelo Hortêncio Cardoso, na comunidade de Bela Vista, em Ituporanga, Santa Catarina. Um dia, o aviador João Hermes Farias, primo mais velho do meu pai, foi visitá-los e, após uma longa conversa com meu avô, confessou-lhe que gostaria de levar meu pai para o Rio de Janeiro, a fim de que tivesse melhores condições para estudar e, quem sabe, também se tornar mais um aviador na família. Meu avô, pai de cinco filhos (uma mulher e quatro homens, dos quais meu pai era o mais velho), não concordou com a ideia e o manteve trabalhando na madeireira. O tempo passou, meu pai tornou-se um grande caminhoneiro, casou-se com minha mãe, Martinha Antônia Albino Cardoso, e veio morar no bairro Campinas, no município de São José, na Grande Florianópolis, onde trabalhou para as transportadoras Müller & Filhos e Philippi & Cia. Quis o destino que meu pai não realizasse o seu sonho de se tornar piloto de um Lockheed Constellation, um DC-3, ou quem sabe um avião militar de transporte, como o C-47. Contudo, de certo modo, meu pai acabou realizando outro sonho: "pilotar" outros possantes que "voavam baixo", como os caminhões FNM 180 ou o FMN 210[39] — alguns meu pai foi buscar, "novos em folha", na Fábrica Nacional de Motores (FNM ou "FeNeMê") no Rio de Janeiro, no início dos anos 70)[40] — ou os Scania "Jacarés" L110 e L111.

Residíamos ao lado da madeireira Philippi & Cia. (exatamente onde hoje existe um pequeno edifício comercial na esquina da Rua Irmãos Vieira e da Avenida Irineu Bornhausen) e situávamo-nos muito próximo do Aeroclube de Santa Catarina, aonde meus pais me levavam sempre que podiam. Foi nesse aeroclube que eu cheguei perto de um avião pela primeira vez, em 1975, aos 6 anos de idade. Foi amor à primeira vista.

O Aeroclube Catarinense foi fundado em 21 de setembro de 1937, na cidade de Florianópolis e iniciou suas atividades no antigo Campo de Aviação da Ressacada, que pertencia ao Centro de Aviação Naval - posteriormente, Destacamento da Base Aérea de Florianópolis (DBAF) e, por fim, Base Aérea de Florianópolis. Segundo jornais da época, no início das atividades do aeroclube, os militares-oficiais-aviadores da

---

[39] José Silvio Cardoso foi um dos primeiros caminhoneiros a trazer os recém-fabricados FNM 180 e FNM 210 para Santa Catarina, contratado por donos de madeireiras.

[40] A FNM foi uma empresa brasileira concebida para produzir motores aeronáuticos, mas ampliou a sua atuação para a fabricação de caminhões e automóveis, atividade pela qual se tornou mais conhecida.

Aviação naval ministravam ali instruções de voo para os alunos civis. Em 1939, o Aeroclube Catarinense formou a 1ª Turma de Aviadores, composta por oito integrantes. Entre eles, o então tenente Asteróide da Costa Arantes, o primeiro oficial da Polícia Militar de Santa Catarina (PMSC) a obter o brevê de piloto civil — Asteróide nasceu em 1903, em Palhoça. Em novembro de 1946, foi inaugurada a pista de pouso de terra batida do Aeródromo Nereu Ramos, do Aeroclube de Santa Catarina em Campinas[41], atual bairro Kobrasol (nome criado com a combinação dos nomes das empresas Koerich, Brasilpinho e Cassol). A pista do aeródromo funcionava onde atualmente se encontra a Avenida Lédio João Martins, também conhecida como Avenida Central do Kobrasol.

Ainda nos anos 70, sempre que os aviões passavam sobre a minha casa, eu corria para a rua e acenava euforicamente para os pilotos, mas o que mais me impressionava eram os voos acrobáticos e os paraquedistas pousando a algumas dezenas de metros de distância da minha casa com seus imponentes paraquedas redondos (T-10 e T-U). Jamais esquecerei aquela tarde do ano de 1975 quando meu pai me pegou no colo para que eu pudesse ver pela primeira vez o interior de um avião estacionado no pátio do Aeroclube de Santa Catarina. Foi um momento mágico, eu olhava para todos aqueles "relogiozinhos" e botões do painel e divagava como seria estar lá dentro voando na imensidão dos céus, livre como os pássaros.

Enquanto eu sonhava em um dia poder voar, meus pais seguiam acalentando o sonho de que eu me tornaria um aviador da FAB. Quis o destino que em 1988 eu ingressasse na FAB, não como um cadete na Academia da Força Aérea (AFA), mas, sim, como recruta na BAFL, onde alcancei o posto de soldado de 1ª Classe (S1), cumprindo com muito orgulho o meu serviço militar até solicitar a minha baixa em 1991. No fim das contas, não me tornei um "oficial da Aeronáutica", como pretendiam meus pais, mas Deus tinha outros planos para a minha vida! Quis o destino que eu me tornasse um profissional de Educação Física e bacharel em Gestão do Lazer e Eventos[42], além de condutor especialista em Turismo de Aventura[43], profissões que exerço há décadas com enorme orgulho e satisfação. Além disso, já fui reconhecido pelo meu trabalho no Brasil, na Argentina e no Uruguai.

---

[41] Em 30 de junho de 1977, o Aeroclube de Santa Catarina foi transferido do bairro Campinas para o Sertão do Maruim, também no município de São José, onde se encontra até os dias de hoje.

[42] Universidade do Vale do Itajaí, Turma 2006/II.

[43] Entre as décadas de 1990 a 2010, o autor praticou escalada, canionismo, *trekking*, *hikking* e montanhismo. Desde 2010, vem se dedicando apenas às três últimas modalidades.

Claro que a paixão pela Aviação segue latente nas minhas veias e no meu coração. É uma paixão sem fim. E o resultado dessa paixão, caro leitor, cara leitora, está agora em suas mãos: considero que escrever este livro foi a minha missão de vida, além de ter me proporcionado descobertas incríveis, amizades eternas e o sentimento de ter deixado alguma contribuição para as gerações passadas, presentes e futuras.

1.3 FAB, BAFL e 2º/7º GAv

No dia 1º de fevereiro de 1988, aos 18 anos, ingressei na Força Aérea Brasileira. Assim como eu, outros 157 jovens, cheios de sonhos e ideais, tiveram a grata oportunidade de formar a "Turma 1ª de 1988", que foi, sem sombra de dúvida, uma das maiores turmas (se não a maior) que já passaram pela Base Aérea de Florianópolis. Éramos jovens, cheios de vida e de entusiasmo! Posso afirmar que a Força Aérea foi, para muitos de nós, uma das experiências mais extraordinárias de nossa vida. Por seis meses, eu e meus companheiros permanecemos juntos no Curso de Formação de Soldados (CFS), e com os sargentos Sidnei, Ivan, Callado e Melzer (responsáveis pelo 1º, 2º, 3º e 4º Pelotões, respectivamente) aprendemos muitos valores, como espírito de corpo, disciplina e amor à pátria.

Após o CFS, fui designado para fazer parte do seleto grupo de militares que integraram o 2º Esquadrão do 7º Grupo de Aviação (2º/7º GAv) ou Esquadrão Phoenix, ativado em fevereiro de 1982 na BAFL. No período em que servi na FAB (1988 a 1991), o 2º/7º GAv chegou a dividir a responsabilidade das missões de patrulhamento do mar territorial brasileiro com operações antissubmarino e de Busca e Salvamento (SAR)[44], com outros três esquadrões similares: 1º Esquadrão do 7º GAv ou Esquadrão Orugan, ativado em 8 de novembro de 1947 na Base Aérea de Salvador; o 3º Esquadrão do 7º GAv ou Esquadrão Netuno, ativado em 27 de setembro de 1990 na Base Aérea de Belém; e o 1º Grupo de Aviação Embarcada, então sediado na Base Aérea de Santa Cruz/RJ, que operava os aviões Grumman P-16 Tracker no NAeL[45] Minas Gerais, da Marinha do Brasil.

Na época em que servi na BAFL, militares que não faziam parte da tripulação do P-95, eventualmente, podiam participar de voos locais[46] sobre a Ilha de Santa Catarina ou na Grande Florianópolis. No esquadrão eu pertencia à Seção Equipamento de Voo (EQV) e era um dos responsáveis pelas equipagens das aeronaves P-95 para as missões de busca ou patrulhamento, que realizavam, na maioria das vezes, sobre o mar e, esporadicamente, sobre a selva. O chefe da Seção EQV era o 1º sargento José Nelson Ourique de Souza (*in memoriam*), homem de poucas palavras, mas de um coração enorme!

---

[44] Do inglês, Search And Rescue.

[45] Navio Aeródromo Leve.

[46] Voo com início e fim no mesmo aeródromo, sem escalas intermediárias, efetuado em espaço aéreo controlado, que permanece sempre sob a jurisdição de uma única entidade responsável pela prestação do serviço de controle de tráfego aéreo.

Foi em meados do primeiro semestre de 1988 que realizei o meu sonho de voar. Estávamos ainda na fase de instrução do CFS na BAFL, quando ao voltar do rancho eu e o recruta Fabio Machado percebemos que havia um P-95 no pátio do 2º/7º GAv. Ao lado do P-95 estavam dois oficiais-aviadores que realizavam o pré-voo[47]. Isso significava que haveria um voo local. O 1º tenente-aviador Douglas Amílcar Travalon instruiria o então recém-chegado da AFA, 2º tenente-aviador Hélio Luís Camões de Abreu, e decidimos arriscar. Aproximamo-nos dos oficiais e garbosamente nos apresentamos ao mais antigo, o 1º tenente-aviador Douglas, e solicitamos a nossa participação no voo.

Desconfiado, o tenente Douglas olhou-nos dos pés até a cabeça, mas acabou autorizando o embarque. Assim que coloquei os pés no interior do avião, como em um passe de mágica, veio-me à lembrança a imagem do meu pai me segurando no colo, no Aeroclube de Santa Catarina, mostrando-me pela primeira vez o interior de um avião, enquanto eu, tão pequenino, já sonhava com as alturas. Agora meu sonho se tornaria realidade, e eu quase não podia acreditar.

O P-95 taxiou até uma das cabeceiras da pista 03/21, e logo decolamos. O voo foi espetacular! Ao leste, eu podia enxergar a imensidão do mar azul, que se fundia com a imensidão do céu; ao oeste, o grande manto verde das matas e das montanhas, com destaque para a Serra do Tabuleiro e o Morro do Cambirela. Abaixo de nós, a paradisíaca Ilha de Santa Catarina. O voo durou pouco mais de duas horas, e durante esse tempo eu acompanhei as etapas iniciais da instrução; do pré-voo ao procedimento de *checklist* no interior da aeronave; do acionamento ao desligamento dos motores. Jamais me esquecerei de cada minuto que passei dentro daquele Embraer[48] EMB-111 (P-95), "Bandeirulha". Mas, "como tudo o que é bom dura pouco", logo pousamos suavemente no Aeroporto Hercílio Luz, e o P-95 taxiou pela Taxiway "Charlie" até a BAFL.

Enfim, eu havia realizado o sonho que me perseguia desde a infância: Voar! Esse voo marcou minha vida de tal modo que, já casado com a minha atual esposa, Marlúcia, quando nosso primeiro filho nasceu em 23 de dezembro de 1997, nós o batizamos com o primeiro nome de Douglas[49], em

---

[47] Procedimento de testes e inspeções realizado pelos pilotos antes de um voo, para se ter certeza de que os equipamentos e sistemas da aeronave estejam em perfeitas condições de funcionamento.

[48] Empresa Brasileira de Aeronáutica.

[49] Douglas Luiz Cardoso tinha pouco mais de um ano de vida quando eu decidi escalar o Cambirela pela primeira vez, em janeiro de 1999. Aos 18, Douglas decidiu seguir meus passos e serviu na Turma 1ª de 2016

homenagem ao aviador-comandante de P-95 que me levou para voar pela primeira vez. O que jamais poderia imaginar é que, algumas décadas mais tarde, escreveria um livro cujo "personagem principal" seria um clássico da Aviação mundial chamado Douglas DC-3 ou, no caso da versão militar, Douglas C-47. Assim como seu avô e seu pai, meu filho mais velho, Douglas Luiz Cardoso (atualmente com 23 anos), também herdou a paixão pela Aviação e vem se empenhando para conseguir rendimentos financeiros que lhe permitam cursar uma Faculdade de Ciências Aeronáuticas e tornar-se aviador. Desejo, do fundo de minha alma, que Douglas realize esse sonho, que já seduziu pelo menos três gerações na nossa família.

Foi no 2º/7º GAv que tive a grata oportunidade de conviver e trabalhar com diversos sargentos especialistas, suboficiais, além, é claro, dos oficiais-aviadores. Lá aprendi que a estrutura organizacional de um esquadrão é complexa e envolve pessoal altamente especializado. Curioso por natureza, sempre que conseguia "peruar" algum voo, eu tentava observar com muita atenção todos os procedimentos que os pilotos realizavam antes e durante o voo. Além disso, eu vivia "infernizando" os oficiais-aviadores e sargentos especialistas com perguntas sobre tudo que tivesse relação com a Aviação, principalmente durante as dezenas de horas em que participei como assistente nas inúmeras inspeções de manutenção do P-95. Foi a fase em que eu mais aprendi sobre os sistemas de voo de uma aeronave. Se eu estava com o mecânico de voo na cabine do avião auxiliando em algum procedimento, perguntava as funções de praticamente cada um dos botões e instrumentos do painel. Dependendo da paciência do mecânico de voo, às vezes eu recebia verdadeiras aulas; outras vezes, apenas uma "breve" explicação, contudo jamais ninguém me negou informação. Foram três anos de muito aprendizado.

A experiência de servir na Força Aérea no primeiro ano de serviço militar obrigatório foi tão significativa para mim que decidi solicitar o engajamento e fui promovido logo em seguida, em fevereiro de 1990, a soldado de 1ª Classe (S1). Ao longo dos anos que servi no esquadrão, tive a honra de participar de algumas missões, e conhecer algumas das unidades e dos esquadrões da FAB, que estão situados de norte a sul do nosso imenso país. Conheci o Grupo de Transporte Especial em Brasília; a Academia da Força Aérea em Pirassununga e o Campo de Marte, ambos no estado de

---

(nome de guerra D. Cardoso) da Base Aérea de Florianópolis, onde permaneceu por dois anos e meio (de janeiro de 2016 a maio de 2018). Atualmente, Douglas persegue o seu maior sonho e vocação: tornar-se um piloto da Aviação comercial. Instagram: douglaslc7.

São Paulo. No Rio de Janeiro, estive no Campo dos Afonsos, no pátio de aeronaves do Museu Aeroespacial (Musal) (que infelizmente estava fechado) e nas Bases Aéreas do Galeão e de Santos Dumont. No Rio Grande do Sul, conheci a Base Aérea de Canoas (Baco) (quando participei de competições de judô na FAB, organizadas pela Comissão de Desportos da Aeronáutica, e a Base Aérea de Santa Maria, que na época sediava o 3º/10º GAv e operava os aviões AT-26 Xavante.

Foi na base Aérea de Santa Maria que participei do exercício tático em conjunto com a Força Aérea Brasileira, o Exército Brasileiro e a Marinha do Brasil. Um dos exercícios de formação dos pilotos era o lançamento de foguetes SBAT 70, um dos principais armamentos do P-95. Essa missão acontecia no Campo de Instrução Barão de São Borja, também conhecido como Campo de Saicã, em Cacequi/RS. Em uma oportunidade, tive a honra de estar a bordo de um P-95. Era emocionante sentir o avião mergulhando em direção aos alvos no solo, disparar os foguetes e arremeter. Outra aeronave com a qual tive o prazer de voar em missões de adestramento foi o helicóptero Bell UH-1H Iroquois, o lendário "Sapão" ou "Hzão". Essa aeronave multimissão honrou o lema da FAB — "Asas que protegem o País" —, tal o número de missões de busca e salvamento bem-sucedidas realizadas. Muitos heróis anônimos voaram nele em missões de busca e salvamento nas imensidões da selva ou do mar.

Entre 1989 e 1991, o Esquadrão Pelicano (2º/10º GAv), sediado em Campo Grande, realizou algumas missões de treinamento SAR na BAFL. Naquela ocasião, éramos voluntários para sermos "abandonados" no mar da Baía Sul (entre a Base Aérea e o Cambirela) ou nas "matas" do Parque Florestal do Rio Vermelho. Como voluntários, tínhamos a oportunidade de "voar baixo" — a bordo do UH-1 Huey (H-1H) ou "Hzão" — sobre as paisagens paradisíacas da Ilha de Santa Catarina. Voar nessa máquina foi uma das experiências mais incríveis da minha vida! Quem já voou no H-1H, sentindo os solavancos da rotação das pás e ouvindo o inconfundível "assobio" da turbina do motor Lycoming T53-L-13 dessa impressionante aeronave de asas rotativas, sabe muito bem do que eu estou falando. Em 1989, quando voei no H-1H, o FAB 8674[50] (proveniente da US Army e provavelmente um veterano do Vietnã), adquirido pela FAB em 1972, eu me senti como se estivesse no filme de ação *Apocalipse Now*,

---

[50] H-1H FAB 8674, do Esquadrão Pelicano, foi aposentado da FAB em 22/07/2016 em Campo Grande. A aeronave operou em missões marcantes, como no resgate das vítimas do acidente do voo Varig 254, ocorrido em 3 de setembro de 1989.

do diretor Francis Ford Coppola, enquanto a música clássica de Richard Wagner *Ride of the Valkyries* ecoava na minha cabeça. A diferença é que, em vez de avistar guerrilheiros vietnamitas em Saigon, eu admirava belas banhistas "lagarteando" nas praias da paradisíaca Ilha de Santa Catarina. Trago guardadas até hoje as lembranças deste voo.

Outra boa recordação que marcou a nossa juventude na FAB foi a canção da banda Berlin "Take my breath away", do filme *Top Gun: Asas Indomáveis*. Eu me sentia o próprio "Tom Cruise" quando saía da base ostentando orgulhosamente meu sétimo uniforme, com os sapatos brilhando e exibindo o acessório mais precioso, os óculos modelo Ray-Ban Aviador. Foi um privilégio servir na década de 1980, pois foi uma época em que a FAB possuía diversos tipos de aeronaves e, por essa razão, pude acumular dezenas de horas de voo como "caroneiro" em missões ou voos administrativos de norte a sul do país. Sinto-me honrado em ter servido no 2º/7º GAv, o Esquadrão Phoenix, e ter ajudado a escrever parte de sua história na Base Aérea de Florianópolis. Foram três anos e um dia que servi na BAFL, e sou muito grato à Força Aérea Brasileira, que em muito contribuiu para a formação do meu caráter cívico e por despertar em mim valores éticos, morais, físicos e culturais, os quais preservarei até os últimos dias da minha vida!

Foto 1 – O autor posando para a posteridade na cabine de pilotagem de um EMB-111 P-95, Bandeirante Patrulha, em 1988

Fonte: arquivo pessoal

Foto 2 – O autor no dia da formatura do CFS na BAFL, em junho de 1988, com sua mãe, Martinha Antônia Albino Cardoso, seu pai, José Silvio Cardoso (*in memoriam*) e seu irmão Rodrigo Cardoso

Fonte: arquivo pessoal

MORRO DO CAMBIRELA

2.1 PRIMEIROS RELATOS E ASCENSÕES

Como apaixonado que sou das montanhas, não poderia deixar de escrever um capítulo inteiro dedicado ao Morro do Cambirela, para que ele não seja apenas lembrado como o cenário de um trágico desastre aéreo, mas principalmente por outras histórias incríveis de superação, emoção, dedicação, beleza e poesia. Além disso, o foco deste e outros capítulos é contextualizar principalmente a década de 1940. Existe uma máxima que diz "É preciso conhecer para preservar". Esta é a contribuição que desejo deixar para a posteridade: contar apenas uma pequena parte das inúmeras histórias que existem sobre o Morro do Cambirela, esse lugar que aprendi a amar e respeitar desde que lá coloquei os pés pela primeira vez, em 6 de junho de 1999, e desde então não parei mais.

Conhecido antigamente pelos índios carijós (nação Tupi-Guarani) como *Cambi-reya* e pelo homem branco como Morro de Sant'Ana, o Morro do Cambirela, ou o "Grande Seio"[51], há milhões de anos domina, com seus imponentes 1.052 m de altitude, a paisagem continental fronteiriça à Ilha de Santa Catarina. No livro *Viagem à província de Santa Catharina (1820)*[52], o botânico August de Saint-Hilaire cita que "Cambirera" (ou "Cambirella") provém das palavras da língua geral "camby" = leite e "rerú" = vaso/pote de leite. S. H. e L. Boiteux, nas suas notas, define que *Cambi-reya significa muitos seios ou dorsos empolados, em alusão talvez ao grande número de picos da Serra do Mar*.

Na minha modesta opinião, ao contrário do que L. Boiteux imaginava, estou convencido de que os "seios" aos quais os índios se referiam eram as próprias formações naturais (Subcume e Escarpa da Bandeira) das porções do maciço do Morro do Cambirela mais próximas do litoral. A minha crença baseia-se na fotografia registrada no ano de 2020 pelo brilhante fotógrafo Osni Pereira. O impressionante registro fotográfico, feito de Ribeirão da Ilha,

---

[51] Denominação dada por Claudir Silveira, pesquisador e escritor palhocense, e adotada pela população local entre os anos 1980 a 1990.

[52] São Paulo: Companhia Editora Nacional, 1936. v. 58, p. 200. (Bibliotheca Pedagógica Brasileira).

porção norte da Ilha de Santa Catarina, revela a sublime semelhança dos dois picos (Subcume e Escarpa da Bandeira) com um par de seios. Se considerarmos que os índios carijós habitavam a Ilha de Santa Catarina e avistavam o Morro do Cambirela pela mesma perspectiva, temos aí uma forte evidência para o surgimento do nome dessa impressionante e majestosa formação natural.

Localizado no município de Palhoça, região da Grande Florianópolis, no estado de Santa Catarina, desde os primórdios o Cambirela chamava a atenção dos primeiros navegadores que chegaram à Ilha de Santa Catarina, no século XVI. Também não foi diferente com os pioneiros da Aviação, no início do século XX, pois, se o Cambirela impressionava a quem o avistava pela primeira vez da terra firme ou do mar, imagine então quando ele foi avistado pela primeira vez das alturas pelo ás da Aviação italiana tenente-a-viador Antônio Locatelli, quando, a bordo do seu Ansaldo SVA-5, sobrevoou Florianópolis pela primeira vez no dia 16 de setembro de 1919[53]. Locatelli, que também era um apaixonado por montanhas e um experiente alpinista, certamente ficou deslumbrado.

Apesar da fascinação que o Cambirela exercia sobre os destemidos aviadores desde o início do século XIX, estes, por sua vez, tratavam de manter seus aviões bem afastados dele, já que a mesma elevação natural que surpreendia e encantava também representava literalmente o "céu" ou o "inferno", dependendo das condições atmosféricas dominantes.

Quando oculto pelas nuvens (o que não é raro ocorrer), o Cambirela tornava-se um perigo real, um verdadeiro pesadelo para os aeronavegantes. Sobre os riscos que as grandes elevações representavam já na década de 1910 (quando a Aviação dava os seus primeiros passos no Brasil), o tenente-aviador Ricardo Kirk (1874-1915), patrono da Aviação do Exército Brasileiro, certa vez durante um discurso para homenagear Edu Chaves declarou:

> As montanhas se elevam em abruptas penedias, levantam-se em cercanias, precipitam-se em vertiginosos alcantis, resvalam por vales imensos que morrem nas sinuosas margens fluviais. Este é talvez o paraíso do turismo terrestre, mas é também o inferno dos aviadores[54].

O Morro do Cambirela, dependendo do ângulo que é observado (principalmente quando avistado do norte para o sul, ou do leste para o

---

[53] Para saber mais, sugiro a leitura do meu artigo publicado em: https://amab-zeperri.com/ha-100-anos-florianopolis-avistou-um-aviao-pela-primeira-vez/. Acesso em: 15 set. 2022.

[54] Gazeta de Noticias, 10 de julho de 1914, n. 00190, p. 3.

oeste), apresenta uma forma triangular, um dos símbolos geométricos mais poderosos, similar a uma pirâmide que remeta a ascensão, elevação. Talvez, isso explique por que o Cambirela exerce uma poderosa atração e um fascínio sobre tantas pessoas, e também em mim. Não é de hoje que ele desperta curiosidades, atrai olhares, encanta e surpreende por sua majestosidade e beleza. Muitos exploradores e pesquisadores fizeram importantes registros de sua fauna e flora, poetas recitaram-no em versos, músicos e compositores a ele dedicaram canções, escritores citaram-no em suas publicações, e muitos outros grandes renomados artistas eternizaram-no em suas obras.

Assim como em outras montanhas em um passado longínquo, os picos elevados, como o Morro do Cambirela, eram considerados sagrados e inacessíveis; com o passar do tempo, o homem, movido pela necessidade de alimentar-se ou até mesmo pela curiosidade, começou a explorar os trechos mais elevados em busca de caça até atingir o topo, onde certamente se impressionou com a exuberante beleza do entorno, e com o passar dos anos, cada vez que subia, fincava a sua bandeira, que na maioria dos casos era apenas um pedaço de tecido qualquer, mas que simbolizava uma conquista pessoal. Passado o tempo, os nativos denominaram este local como Pico ou Escarpa da Bandeira.

Embora os primeiros documentos registrem que as primeiras escaladas no Morro do Cambirela ocorreram no início década de 1930 (realizadas por caçadores que moravam nas proximidades da base do morro, principalmente nas comunidades do Furadinho e da Guarda do Cubatão Cambirela e posteriormente pelos jesuítas, como veremos a seguir), é muito provável que as primeiras explorações, de fato, tenham ocorrido a partir de meados do século XVIII, considerando que os primeiros imigrantes açorianos chegaram à freguesia da Enseada de Brito em 13 de maio de 1750, e as primeiras sesmarias foram implementadas na Guarda do Cubatão a partir de 1753, tendo o "Arraial do Furadinho" surgido algumas décadas depois. Com o passar dos anos, as notícias de que de lá do alto era possível avistar algumas das paisagens mais belas da região e "mapeá-la" de norte a sul e de leste a oeste, e encontrar belíssimas espécies da fauna e da flora, começaram a circular, de boca em boca.

Tais informações atravessaram o mar e chegaram à Ilha de Santa Catarina, atraindo a atenção dos jesuítas do Colégio Catarinense[55]. Foram

---

[55] O tradicional Ginásio Catarinense, antes denominado Ginásio Santa Catarina, passou à denominação de Colégio Catarinense por meio do Decreto n.º 4.245, de 9 de abril de 1942, reconhecido pelo Decreto Presidencial n.º 11.235, de 6 de janeiro de 1943.

eles e seus alunos que deixaram registrados para a posteridade os primeiros relatos históricos documentados das escaladas na face norte do Morro do Cambirela, fossem elas com interesses científicos (coleta de espécies da flora local, principalmente orquídeas), fossem com fins pedagógicos ou recreativos. Cabia aos caçadores locais, residentes nas comunidades da Guarda do Cubatão ou do Furadinho, profundos conhecedores da região, guiar os jesuítas e os alunos até o alto e trazê-los de volta com total segurança.

Manoel Joaquim Soares (nascido em 4 de outubro de 1897), conhecido como "Mané Soares", foi um dos principais guias-vaqueanos da região, nas décadas de 1930 e 1940. Na subida de 23 de junho de 1941 (descrita a seguir), os jesuítas Armando Maroco e Roberto Rambo fizeram alguns registros fotográficos com a sua Kodak no alto do Morro do Cambirela; e Mané Soares, então com 44 anos, foi fotografado entre eles. Era uma época em que a mata era quase virgem e intransponível, os obstáculos não ficavam limitados à inclinação quase abrupta do terreno, mas estendiam-se à vegetação, que era muito cerrada, e para superá-la era necessário o uso de um facão.

A seguir, reproduzo alguns relatos das expedições dos jesuítas e dos alunos do Colégio Catarinense ao Morro do Cambirela. No relatório anual do Ginásio Catarinense de 1933[56], encontramos o registro mais antigo (até agora encontrado) de uma ascensão ao morro:

> Nas férias de junho buscamos o quase inacessível e majestoso "Cambirella"... Oito rapazes, seis gaúchos e dois barriga-verdes, subiram com o Padre Affonso P. Santini e o Irmão "Chauffeur" até a altura de novecentos metros, ficando cinco outros menores, a altura duns 350m. sob o cuidado do prefeito da divisão, junto a límpida fonte, que desce alegre na encosta do rei dos montes destas regiões.

Na edição do jornal quinzenal *O Apóstolo*, de 1º de outubro de 1937[57], em trecho do artigo intitulado "Devagar se vai ao longe", assinado pelo jesuíta Arnoldo Bruxel, SJ[58], destaca-se:

> [...] e altura - não te assustes - de 1553 mts - de cinco e meia vezes o Morro da Cruz, ou quase duas vezes as primeiras cumiadas do Cambirella, desde o espelho liso da baía ao

---

[56] Relatório do Ginásio Catarinense, publicado no fim do ano de 1933, p.5.

[57] O APÓSTOLO, Ano 9, n. 175. p. 1.

[58] Sigla da congregação religiosa: *Societas Iesu*; *Jesuitae* (Companhia de Jesus; jesuítas). A Companhia de Jesus é reconhecida no mundo inteiro por seu trabalho missionário e por sua atuação nas áreas educacional, espiritual, intelectual e social.

pico escalavrado e requeimado, vestido agora de gravatás e arbustos garranchentos, onde descortinamos (em 1934 e 1936) a Ilha como um brinquedo aos nossos pés e no oeste além da christa serrilhada das Eruptivas, as lombas suaves da Serra Geral escorando o interior planítico de S. Catharina.

Entre 1905 e 1963, o Colégio Catarinense abrigava alunos que vinham de outras cidades e acolhia-os em período integral, no regime de internato[59]. Esses alunos participavam regularmente de passeios organizados pelos jesuítas, e, entre esses destinos, o Cambirela era um dos preferidos.

Entre outros relatos de jesuítas que estiveram no alto do Cambirela na década de 1940, estão os dos incansáveis padres Armando Maroco, SJ, e Roberto Rambo, SJ, que, na página 1 da edição do jornal quinzenal *O Apóstolo*, de 1º de janeiro de 1942[60], escreveu:

Dia 23 de junho de 1941, às 4:30 da madrugada. 16 rapazes corajosos e 5 escolásticos embarcam no ônibus do Ginásio. Noite cerrada. Céu estrelado. Em rápida corrida, entre gritos e cantigas alegres que alarmavam cães e gatos e talvez estorvavam o sono abençoado da gente, passam os 21 por João Pessoa[61], São José, Palhoça, Aririú, e chegam à ponte do Cubatão e ao pé do Cambirela. Noite ainda. Acordamos o "guia-vaqueano" que deveria nos mostrar o caminho – digo mal – abrir-nos uma picada pelo mato e a alta capoeira até o topo. [...]Gastamos na subida quatro horas batidinhas. Seria impossível chegar ao alto, sem o vaqueano que ia adiante com um "baita" de um facão abrindo brecha. Depois do mato, entramos na Capoeira alta com samambaias de 2 a 3 metros de altura, emaranhados de cipós capins, troncos derrubados, pedras, penhascos. Existe lá um capim "danado", muito cortante que se gruda à pele, corta uma lasca e-decerto- depois a come! (Já não é novidade que há plantas carnívoras!). [...] A crista do monte 2º[62] mede em certos trechos só 6 a 8 metros de largura. De ambos os lados, abismos horrendos. Mudos e extasiados admiramos o panorama indizivelmente belo; como imenso mapa em alto relevo espraiava-se diante do nosso olhar uma das mais lindas regiões do nosso lindo Brasil: as baías do norte e do sul, a Ilha de Santa Catarina

---

[59] Em 1970, em conformidade com a legislação em vigor, a frequência, até então exclusivamente masculina, passou a ser mista.

[60] O APÓSTOLO, ano 13, n. 279. p. 1.

[61] Atual bairro Estreito.

[62] O "monte 2º" ao qual o jesuíta Roberto Rambo faz referência em 1942, a partir de junho de 1949 passaria a se chamar Aresta da Bandeira, situada na Escarpa da Bandeira.

toda com seus 50 kms de extensão, desde a barra do sul, a ponta dos Naufragados, o farol, Pântano do Sul, a planície da Armação, Campeche com o campo de aviação, a base naval com seus hangares, a pitoresca Capital e a majestosa Ponte Hercílio Luz, montes, vales, até a ponta norte da Ilha com Canavieiras e o ancoradouro dos navios transatlânticos. Ao pé do Cambirela, serpenteia o Cubatão que pela pouca queda descreve figuras bem esquisitas. São José, Palhoça, Santo Amaro, a "Pedra branca" com sua rocha a pique de 400 metros, todo este grandioso cenário se fecha pela serra de Angelina que alcança quase 1.000 metros de altura. [...] Foi o mais belo passeio em terras catarinenses, na verdade, conhecer para amar!

Outro interessante relato da subida do jesuíta Roberto Rambo com seus alunos ao Cambirela está publicado na edição do jornal O *Apóstolo*, de 15 de julho de 1942[63], com o título "A subida ao Cambirela". Algumas passagens do texto merecem destaque:

Duas vezes subi em junho próximo passado com 26 ginasianos. Os músculos resistiram mais ou menos; sim, pernas bambas, joelhos rebeldes, membros esfolados, mas aguentaram. [...] O primeiro pico está tomado, Ah! Que vista deslumbrante sobre as baías, Florianópolis, a Ilha, o Oceano! Alguns querem aí ficar duma vez, mesmo como os Apóstolos no Monte Tabor: "Mestre, aqui estamos bem"! Não pode ser! Avante até o topo do Cambirela! Vitória! Vencemos! [...] A descida foi vertiginosa, numa nuvem de poeira e terra, por imprevistas "curvas da morte". [...] Graças a Deus e aos anjos da Guarda chegamos todos bem e contentes ao pé do monte. Só um ou outro comentou, o Cambirela me pegou uma vez, mas nunca mais!". [...] Para os 26 valorosos jovens, o Cambirela não é mais aquele gigante de granito mudo e misterioso, mas o monte com panorama indescritivelmente lindo da parte mais pitoresca da Terra Catarinense!

Transcorridos praticamente cinco meses do acidente com o avião C-47 2023, mais precisamente em 1º de novembro de 1949, Bento Ernesto Krueger, aluno do Curso Médio do Colégio Catarinense, escalou o Cambirela em companhia dos seus colegas de curso (entre eles o aluno Filinto José Caldeira Bastos, do 3º ano B do curso ginasial) e dos jesuítas Armando Maroco, Antônio e Lino. Munidos de uma câmera Kodak, fizeram várias

---

[63] O APÓSTOLO, ano 13, n. 290. p. 1.

fotos dos destroços do C-47 2023 — em 2018, transcorridos 69 anos do citado registro fotográfico e após décadas de buscas e pesquisas, graças a essas fotos, além da valiosa ajuda de Marcio Paulo e Diego Juncks, consegui encontrar o local exato do desastre aéreo no Morro do Cambirela; sem falar que as fotos da empenagem e das hélices coadjuvaram para que os investigadores pudessem concluir algumas teorias sobre os fatores contribuintes do acidente. A atividade intitulada "Passeio ao Cambirela" foi descrita pelo próprio Bento Ernesto Krueger, que assim escreveu[64] sobre o que viu lá no alto:

> Uma turma de alunos do ginásio comandada pelos padres Maroco, Antônio e Lino, realizou um agradável passeio ao elevado do Morro do Cambirela. Seguimos de caminhão até o trecho onde se inicia a picada que dá acesso ao Morro. A subida foi difícil e penosa; os componentes da caravana eram obrigados a usar um bastão para facilitar a subida. Se não fosse o Pe Lino, que me puxou com um bastão, acho que não teria chegado até em cima. Após algumas horas de caminhada, chegamos até o local onde se acha o avião sinistrado há poucos meses, cujo desastre enlutou a aviação brasileira. O avião está espatifado, pois ele esbarrou numa grande rocha. Depois disso, almoçamos muito bem e fomos ao pico do Morro onde existe uma <u>bandeira de pano</u> esfarrapado. Às duas da tarde regressamos radiantes. [...] Durante toda a descida, vinha procurando alguma fonte de água para matar a sede que me secava a garganta. Ao chegar num lugar onde os soldados tinham feito um acampamento, a turma que vinha na frente nos disse que um pouco mais abaixo havia um regato de água gelada. Fui lá com vontade de secar o arroio. Quando chegamos embaixo, o caminhão já estava nos esperando. Embarcamos e fomos até o Cubatão tomar água mineral. Depois rumamos em direção ao colégio. Às 15 horas, púnhamos ponto final no lindo passeio do Cambirela.

No passado assim como no presente, para muitas pessoas, escalar o Morro do Cambirela representava (e ainda representa) uma verdadeira prova de superação, a oportunidade de vivenciar grandes experiências, aprendizagens, de exercitar a fé, de viver a verdadeira comunhão com a natureza entre outros objetivos. Atualmente, milhares[65] de pessoas escalam

---

[64] Relatório anual do Colégio Catarinense publicado no fim do ano letivo de 1949, p. 33, grifo meu.

[65] De acordo com o livro de visitantes disponibilizado no alto da Escarpa da Bandeira entre 20 de abril a 12 de setembro de 2021, em pouco mais de cinco meses, 3 mil pessoas visitaram o local.

o Cambirela anualmente, e, para muitas delas, colocar os pés lá no alto representa apenas uma foto para exibir nas redes sociais, nada mais. Na maioria das vezes, os que criam um verdadeiro vínculo com o Cambirela regressam até ele pelo menos uma vez mais...

O Cambirela pode ser o seu "aliado" ou o seu "inimigo", você pode contemplar encantos ou ter que enfrentar os caprichos da montanha, tudo vai depender de quanto você é capaz de se conectar a ele, de como você vai se preparar fisicamente, mentalmente, espiritualmente e tecnicamente para superá-lo. Isso serve para o Cambirela ou para qualquer outra montanha, seja em Palhoça, seja no Himalaia. Para chegar até o alto do Morro do Cambirela, não é necessário ter amplo domínio técnico de escalada, mas, sim, gozar de boa saúde, ter resistência física e atitude mental positiva e encorajadora, e, se a escalada for acompanhada de um guia ou um condutor local credenciado, melhor ainda! Certamente, a sua experiência será muito mais confortável, segura e repleta de muito aprendizado. Importante lembrar que um dia ensolarado, com céu claro, pode se transformar em questão de minutos em um verdadeiro pesadelo; basta, para isso, uma simples neblina que limite a visibilidade, acompanhada de ventos com baixas temperaturas, ou, em casos mais extremos, de uma chuva torrencial acompanhada de raios e trovoadas, sem falar de outros tipos de "imprevistos" que na maioria das vezes podem ser previstos por um guia ou condutor qualificado. No montanhismo, saber lidar com situações adversas que surgem quando menos se espera pode livrar o aventureiro de verdadeiras enrascadas e certamente pode fazer a diferença entre a vida e a morte. Em tempo, se alguém julgar que estou exagerando, indico a leitura do "Termo de conhecimento de risco" (no anexo deste livro) fornecido pelo Parque Estadual da Serra do Tabuleiro (Paest)/Instituto do Meio Ambiente (IMA) para os condutores ambientais locais (dos quais faço parte), para que tirem suas próprias conclusões.

Somos insignificantes diante da força e da energia da natureza. O Morro do Cambirela, em sua grandeza, pode representar para os que escalam momentos de alegrias ou tristezas, conquistas ou derrotas, fé ou descrença, amor ou ódio, superação ou frustração, contudo, se você respeitar a montanha, certamente terá o respeito dela também.

Foto 3 – Jesuítas e alunos do Colégio Catarinense no alto do Cambirela em 1941. Ao fundo e ao centro, o caçador local e guia-vaqueano Manoel Soares ("Mané" Soares)

Fonte: acervo do Arquivo Histórico da Associação Antônio Vieira/Colégio Catarinense

2.2 AS TRILHAS E OS SETORES HISTÓRICOS DO MORRO DO CAMBIRELA

Atualmente, o Morro do Cambirela tem três trilhas "oficiais" que conduzem para o alto da Escarpa da Bandeira e Subcume: a trilha da face leste (L), a da face oeste (O) e a trilha da face norte (N). E esta última tem tudo para ser a trilha mais antiga do morro, portanto de grande interesse histórico e turístico para a região. Tal constatação baseia-se nos poucos, porém consistentes, registros disponíveis (fotos, artigos e relatórios do Colégio Catarinense e do tenente-coronel Paulo Vieira da Rosa), além de relatos de antigos moradores da região da Guarda do Cubatão e entorno.

Trilha da face norte: como já vimos, o registro mais antigo da escalada no Cambirela data de junho de 1933[66], quando os padres jesuítas alcançaram o cume com o auxílio de caçadores e mateiros locais seguindo a trilha da face norte, que iniciava na pequena comunidade da Guarda do Cubatão, próximo à ponte pênsil que cruza o Rio Cubatão do Sul. Atualmente, a parte inicial da antiga trilha foi transformada em uma servidão que leva o nome de Braz Marcílio de Souza, antigo proprietário de uma parte daquelas terras, que durante muitos anos dividiu com o guia-vaqueano Manoel Soares ("Mané" Soares) a responsabilidade de guiar vários grupos de pessoas para o alto do morro.

Foi a partir do desastre aéreo com o avião da FAB no Morro do Cambirela, em 6 de junho de 1949, que a antiga e quase abandonada trilha da face norte começou a ser amplamente frequentada. Com base em documentos oficiais, extraoficiais e relatos orais, estima-se que, ao longo de quatro dias (de 7 a 10 de junho de 1949), aproximadamente 600 homens — entre socorristas, militares do 14 BC, DBAFL, Corpo de Bombeiros Militar de Santa Catarina (CBMSC), PMSC, Marinha, inúmeros voluntários civis (além dos moradores locais) —, armados com facões, lonas, cordas de sisal e lampiões, revezaram-se dia e noite subindo e descendo o Morro do Cambirela, quando a gigantesca força-tarefa de busca e resgate do corpo das vítimas percorreu aquele caminho, resultando no primeiro forte impacto ambiental que o Cambirela sofreu. Foi no início da trilha da face norte, na Guarda do Cubatão, próximo à ponte pênsil, que os militares do 14 BC instalaram a Base de Socorro, onde funcionou uma pequena enfermaria improvisada com médicos do Exército e da FAB para atender os

---

[66] Certamente, o Morro do Cambirela foi escalado muitos anos antes, porém até o momento não foram encontrados os registros das escaladas anteriores a 1933.

socorristas, uma cozinha de campanha, bem como uma guarda para coibir o avanço dos saqueadores que rondavam o local do desastre.

Durante muito tempo, após a conclusão da missão de resgate dos corpos, a antiga trilha recebeu novas levas de pessoas agora formadas por familiares ou conhecidos das vítimas (oriundas principalmente dos estados do Rio Grande do Sul, do Paraná, de São Paulo e do Rio de Janeiro) que faziam questão de visitar o local onde seus entes queridos perderam a vida e rezar pela alma deles (alguns familiares das vítimas retornaram mais de uma vez ao Cambirela); além de centenas de curiosos, oriundos de vários municípios vizinhos, que desejavam conhecer o local do desastre com o avião da FAB.

Cabia a Braz Marcílio de Souza conduzir essas pessoas até lá, e para isso ele precisava dividir seu tempo entre o trabalho na engarrafadora da Água Mineral Santa Catarina, de Jacob Vilain, e as escaladas no Cambirela, ou seja, de segunda a sexta, Braz trabalhava na engarrafadora; e aos sábados domingos ou feriados guiava os visitantes para o local do desastre, na Pedra da Bandeira. Às vezes, Eduvirges de Souza Medeiros, sua filha, acompanhava-o nessas escaladas.

Com a chegada do novo século, as terras do Sr. Braz foram vendidas, e a antiga trilha (atual servidão Braz Marcelino de Souza), outrora amplamente utilizada pelos caçadores, pelos padres jesuítas, pelos jovens estudantes, pelos militares, pelos socorristas e pelos civis, foi fechada para dar lugar às propriedades particulares. Hoje, o início da antiga trilha tem novo endereço, ela começa na servidão José Miguel Ferreira, e está dentro de uma propriedade particular, por isso é de suma importância que os que por ali transitarem respeitem os moradores locais, pois, do contrário, atitudes irresponsáveis podem prejudicar severamente toda a comunidade montanhística, com, por exemplo, o fechamento definitivo do acesso.

Após percorrer a servidão José Miguel Ferreira por aproximadamente 100 m, é possível retomar a antiga trilha (nos fundos da servidão Braz Marcílio de Souza). Esse caminho avança mata adentro, passando pela Aresta da Bandeira (a "espinha dorsal" do Morro do Cambirela), no sentido norte-sul, até atingir a primeira grande elevação escarpada do Cambirela (Escarpa da Bandeira). Documentos antigos mostram que, na época do desastre com o C-47 2023, os militares do 14 BC encontraram no alto dessa escarpa (874 m) uma "bandeira" (na verdade, um pedaço de pano retangular de cor encarnada e esfarrapada pela ação do tempo e dos ventos). É provável que daí surgiu o nome desse local: "Escarpa da Bandeira"[67]. Alguns metros mais à frente, após o falhamento natural que separa as duas arestas (norte-sul e nordeste-sudeste), encontra-se o subcume ou cume falso[68] (que forma a aresta nordeste-sudeste), a cerca de 900 m de altitude. Entre as provas documentais que confirmam que antes do desastre aéreo no Cambirela já havia uma "bandeira" instalada na escarpa do Morro do Cambirela, também temos a reportagem "A catástrofe do Cambirela", de autoria do jornalista Alírio Barreto Bossle, publicada na revista *O Cruzeiro*, de junho de 1949[69], na qual ele descreve o seguinte:

> Quem olhava o Morro do Cambirela apontando para o céu a sua serra pontiaguda e insondável, não pensaria nunca vê-lo um dia consumando em sua integridade a maior tragédia aviatória do Brasil nestes últimos vinte anos. Quieto, sem sofrer a impertinência do homem-agricultor, apenas deixava que em sua cúpula, uma pequena bandeira encarnada, esfarrapada pelo tempo e pelo vento dissesse, ainda que paradoxalmente, dos desejos de paz e de solidariedade entre os povos.

Como vimos, o relato de Bento Ernesto Krueger, aluno do Curso Médio do Colégio Catarinense, também cita a presença de uma "bandeira de pano esfarrapado" no pico do morro quando escalou o Cambirela cinco meses após o acidente com o C-47 2023. Tanto no relato do jornalista Alírio Bossle como no relato de Bento Ernesto Krueger, fica evidente que na "escarpa" havia uma bandeira. Em vários trechos do relatório do tenente-coronel Paulo Vieira da Rosa (comandante do 14 BC), a grande aresta norte/sul também foi descrita como "ESCARPA DA BANDEIRA". Diga-se de passagem que, desde que começou a ser frequentada pelos antigos caçadores, alguns trechos dessa trilha receberam denominações que se tornaram importantes pontos de referência, mas que ao longo do tempo foram se perdendo. Relatos como o do tenente-coronel Paulo Vieira da Rosa evidenciam algumas dessas denominações e citam os perigos que os militares do 14 BC encontraram ao longo da trilha da face norte:

---

[67] Embora esse local não seja de fato o cume do Morro do Cambirela, equivocadamente foi colocado ali, em abril de 2021, o "Livro do cume do Cambirela", devidamente corrigido para "Livro de visitantes da Escarpa da Bandeira - Morro do Cambirela, 874m".

[68] Vale destacar que o verdadeiro Pico do Cambirela fica no interior do Parque Estadual da Serra do Tabuleiro e atinge 1.052 m de altitude, conforme o levantamento geodésico da altitude realizado em 26 de maio de 2019 por técnicos do Curso Técnico em Agrimensura do Instituto Federal de Santa Catarina.

[69] BOSSLE, Alírio Barreto. A catástrofe do Cambirela. *O Cruzeiro*, Rio de Janeiro, ano 21, n. 37, 2 jul. 1949. p. 50, grifo meu.

A picada atravessava quatro trechos[70] diferentes: no primeiro, o menor, galgava rapidamente, em pista quase carreteira, um amplo degrau de roçados semeado de pequenos charcos; no segundo, o mais extenso, ela atravessava a mata alta e suja, bordando fortes ravinas, e se perdia em pistas traiçoeiras; no terceiro, o mais abrupto, desembocava na macega densa da encosta rampada e subia pelas escarpas, simples pegadas ladeando grotões: no quarto, a partir do esporão agudo do norte, a trilha entrava na penha da "Bandeira" orlada de pirambeiras perigosas e intransitáveis para um trabalho noturno. Quase despercebida pelo tempo, cruzada de sendas laterais, atravancada de troncos, eivada de estirões tornados regatos, semeada de blocos escorregadios, foi se delineando ao piso contínuo dos homens, espaçando ao facão, para, enfim, a chuva constante dos trágicos dias de socorro, ir se encharcando, ensaboada, escorregadia, perigosíssima à piedosa tarefa da evacuação[71].

Trilha da face leste: está voltada para o mar (onde nasce o sol), de frente e para a comunidade do Furadinho (acesso pela BR-101). É mais uma trilha histórica no Morro do Cambirela. Segundo antigos moradores e nativos daquela comunidade, a trilha da face leste foi aberta no início da década de 1930, inicialmente apenas para permitir o acesso às roças que existiam na base do morro, sem atingir o cume. Isso começou a mudar a partir do dia 7 de junho de 1949, quando alguns moradores da região que haviam escalado o morro pela face norte e se encontravam no local dos destroços em busca por objetos de valor, temendo ser flagrados pelas autoridades e terminar presos, optaram por descer desesperadamente em "debandada" por uma rota "alternativa", ou seja, a face leste do Morro do Cambirela, abrindo como podiam um caminho na mata fechada, deixando para trás tudo o que por acaso haviam saqueado.

Tão logo o Exército e a Aeronáutica deram a missão de busca e resgate por encerrada, muitas pessoas retornaram pelo mesmo caminho na face leste inúmeras vezes para tentar encontrar os pertences anteriormente abandonados na fuga, contudo, comenta-se que muitos objetos jamais foram encontrados. Em consequência do vaivém constante, um novo caminho acabou surgindo nas densas matas da face leste. Essa trilha, com a trilha da face norte, foi amplamente utilizada, entre o início da década de 1950 e o fim da década de 1980, para acessar o local do acidente e descer com

---

[70] Ao longo da narrativa histórica, esse autor substituiu o termo "trechos" por "setores".

[71] Publicado na *Revista de Engenharia Militar*, ano 13, jan./fev. 1950, p. 35.

os destroços do avião (cerca de seis toneladas de alumínio), os quais foram vendidos para o ferro-velho ou transformados em utensílios.

A partir da década de 1980, surgem as primeiras operadoras de ecoturismo na região, que adotam prioritariamente a trilha da face leste por considerá-la menos perigosa. Logo acima do "Ombro do Cambirela" (a aproximadamente 700 m de altitude), onde a trilha da face L se funde com a trilha da face oeste, o grupo do GMVP - Grupo de Montanhistas Voluntários do Parque Estadual da Serra do Tabuleiro e do projeto Caminho da Mata Atlântica, instalou em março de 2022 uma estaca de madeira com três placas que sinalizam os caminhos das Trilhas das Faces Norte, Leste e Escarpa da Bandeira.

Por fim, eu não poderia encerrar este capítulo sem relatar a dramática e perigosa escalada que, ao que tudo indica, ocorreu seguindo a canaleta (falhamento) situada na face sudeste (SE) do Morro do Cambirela. Dita odisseia foi realizada por alguns militares do 14 BC comandados pelo capitão Jaldyr, com militares do Destacamento da Base Aérea de Florianópolis comandados pelo 1º tenente-médico Dr. Nóbrega e membros do Clube de Caça e Tiro Couto de Magalhães. Dita escalada iniciou às 15h 30min de uma terça-feira, no dia 7 de junho de 1949, partindo da Praia de Fora e chegando ao topo somente às 9h 30min de quarta-feira, dia 8[72]. Enquanto as demais equipes de socorro levavam 3 horas para superar a trilha da face norte via Guarda do Cubatão, aqueles homens liderados pelo Dr. Nóbrega levaram longas 18 horas para chegar à Pedra da Bandeira subindo pela face sudeste, partindo das proximidades da Praia de Fora.

Mas, afinal, por que as equipes que escalaram a face sudeste tardaram 15 horas a mais em relação às equipes que subiram pela face norte? Baseado em alguns documentos da época, arrisco opinar que aqueles homens subiram pelo imprevisível falhamento (canaleta) do Morro do Cambirela, repleto de imensos paredões e cachoeiras com grandes volumes de água (decorrentes das chuvas insistentes), forçando-os a desvios em uma rota que, para piorar, era totalmente desconhecida para eles. Esse e outros fatores certamente contribuíram para que a escalada durasse muito mais tempo do que o planejado. Com base no elevado tempo que os socorristas levaram para percorrer a citada rota, é possível imaginar o grau de dificuldade daquele caminho e os riscos que os homens tiveram que administrar para chegar sãos e salvos à Escarpa da Bandeira.

---

[72] Mais detalhes dessa escalada serão abordados no capítulo: "O último voo do C-47 2023".

Em 6 de junho de 2010, 61 anos depois, refiz a rota inversa[73] do "falhamento natural da face sudeste" acompanhado dos meus amigos canionistas Fábio Miguel Ferreira Rosa (Fábio do Canyon), Geovani Silveira de Aguiar (Pimpa) e Daniela Maria Veiga Juchem (Dani Juchem), e repeti a rota em 24 de janeiro de 2016 acompanhado do canionista alemão Mark Reimann. Portanto, posso garantir que, mesmo que aqueles socorristas tenham escalado o falhamento da face sudeste usando a modalidade "trepa-mato" (valendo-se das centenas de arbustos que ocorrem ao longo dos paredões), eles certamente viveram uma verdadeira odisseia na fria tarde do dia 7 e na madrugada do dia 8 de junho de 1949, considerando que era um grupo de pessoas relativamente grande caminhando em terreno acidentado, portanto o deslocamento torna-se bem mais lento, além disso, não possuíam os equipamentos de segurança adequados e certamente tinham pouco conhecimento técnico para progressão em ambiente extremamente perigoso, com vários trechos verticais, escorregadios, úmidos, confinados, com pouquíssima incidência de luz solar e consequentemente com baixas temperaturas.. Não é à toa que, desde o registro da possível escalada via face sudeste ocorrida nos dias 7 e 8 de junho de 1949 até os dias atuais, são raríssimos os registros de subida ou descida no morro por esse setor. Melhor assim. Aliás, diga-se de passagem, a canaleta da face SE não figura entre as trilhas oficiais do Paest, pois trata-se de um local pouco acessível e muito perigoso!

Para que o leitor possa se familiarizar com os nomes históricos, as faces, os setores e as trilhas do Morro do Cambirela e seu entorno, apresento a seguir três ilustrações, sendo as duas primeiras em plano aéreo. A primeira é uma fotografia do levantamento aerofotográfico executado por Serviços Aerofotogramétricos Cruzeiro do Sul S.A., em 1957, na qual enumerei alguns setores. A segunda foto (também com as respectivas marcações) é um registro feito por satélite em julho de 2021 e está disponível no Google Earth Pro (2021). A terceira foto é uma fotografia de Osni Pereira que mostra um plano frontal da face leste do Morro do Cambirela, onde se pode ver o formato que lembra claramente um par de seios (o que, a meu ver, explica a origem do nome *Cambi-reya*).

Essas fotografias destacam os principais setores que serão amplamente abordados neste livro, principalmente no capítulo "O último voo do C-47 2023". As referências utilizadas para a elaboração das ilustrações e do texto que as complementam se originaram dos relatos dos jornalistas da

---

[73] Do alto da Escarpa da Bandeira para a base do Morro do Cambirela.

época, bem como dos relatos do tenente-coronel Paulo Vieira da Rosa, de antigos moradores das comunidades do entorno do Morro do Cambirela (principalmente de Furadinho, Praia de Fora e Guarda do Cubatão), além das longas conversas com pesquisadores e historiadores/montanhistas, entre eles Rodrigo Dalmolim, Reginaldo Carvalho e Anastácio da Silva Jr., e da minha própria vivência (afinal, escalei as antigas trilhas das faces norte, oeste e leste, dezenas de vezes).

Foto 4 – Foto-índice de 1957. Escala 1:100 000. Quadrícula 40. Foto n.º 1.337

Fonte: arte de Daniel Luiz Cardoso
Agradecimento especial à Fundação Cambirela do Meio Ambiente (FCAM)

a. Antiga ponte construída em janeiro de 1924 sobre o Rio Cubatão do Sul (somente na década de 1980 é que foi inaugurada a atual Ponte Pênsil).
b. Local onde o 14 BC instalou a Base Operacional e o Posto de Socorro da Guarda do Cubatão.

c. Antigo traçado do início da trilha do Setor 1 (trilha principal da face norte), atualmente é a servidão Braz Marcílio de Souza (sem saída).[74]

Foto 5 – Plano aéreo dos setores históricos do Morro do Cambirela

Fonte: Google Earth Pro (jul. 2021). Arte de Daniel Luiz Cardoso

Foto 6 – Plano frontal. Os "grandes seios" na face leste do Morro do Cambirela. Setores históricos (Não confundir os setores de 1 a 5 da face norte, com as denominações trilha 1, 2 e 3)

Fonte: fotografia de Osni Pereira (2020)

1. **Setor 1**: o mais plano. Ocorre em uma altitude média de 6 metros (próximo ao nível do mar) e estende-se por aproximadamente 600

---

[74] A trilha da face norte mostrada na foto 5 – Plano aéreo dos setores históricos do Morro do Cambirela - mostra os Setores 1- amarelo, 2- lilás, 3- vermelho e 4- laranja. Estes setores foram citados no relatório do tenente-coronel Vieira da Rosa, comandante do 14 BC. Por sua importância histórica, decidi fazer uma singela comparação entre as condições atuais da trilha da face norte e as condições vividas em junho de 1949.

metros. Inicia na Estrada Geral da Guarda do Cubatão (atual Rua Jacob Vilain Filho), próximo à Ponte Pênsil sobre o Rio Cubatão do Sul, e segue até a entrada da mata). Em junho de 1949, esse local era uma importante área de cultivo entremeada por charcos, onde se fez necessário o emprego de um carro de boi dos irmãos Medeiros, além de cavalos e muares de padiola (cedidos pelo empresário Jacob Villain e pelo 14 BC), para auxiliar os resgatistas que desciam do Setor 2 do Cambirela.

2. **Setor 2**: o mais extenso, com aproximadamente 1.900 m. A trilha adentra a mata fechada com relativo aclive, úmida e escorregadia, por causa do terreno argiloso, repleta de blocos de rochas, grandes raízes e com algumas passagens de "escalaminhada" (caminhada e escalada). Nesse local existe um pequeno riacho que segue paralelo à trilha em alguns trechos. Era o único local na longa caminhada onde os soldados podiam reabastecer seus cantis e saciar a sede. O Setor 2 desemboca da mata na base do paredão do Setor 3, a cerca de 490 m de altitude. Dali, é possível avistar a paisagem deslumbrante do Vale do Cubatão, com destaque para os municípios de Palhoça, Santo Amaro, Águas Mornas, além das encostas da Serra Geral.

3. **Setor 3**: o mais abrupto, com vários trechos expostos ao longo da face norte. Inicia a aproximadamente 500 m de altitude, com trechos de paredões que podem chegar a 90 graus de inclinação, intercalados por pequenos platôs. Na época do resgate dos corpos, em junho de 1949, foram instalados vários metros de cordas de sisal torcido para auxiliar nas subidas e descidas das equipes de socorro. Por muito tempo (principalmente nas décadas entre 1980-2000), esse local foi "protegido" com cordas de origem e resistência duvidosa e que ficavam expostas a intempéries, o que resultou em alguns incidentes e acidentes, até que nos meses de agosto de 2019 e 2022 esse setor teve vários pontos protegidos com degraus de aço carbono, instalados ali graças à iniciativa do IMA, da Federação de Montanhismo de Santa Catarina (Femesc), da Associação Catarinense de Escalada e Montanhismo (ACEM); e do Grupo de Montanhistas Voluntários do Parque Estadual da Serra do Tabuleiro -GMVP. O Setor 3 tem 411 m de extensão e termina na base do esporão norte.

4. **Setor 4**: inicia na porção superior do <u>esporão norte</u>, situado a aproximadamente 700 m de altitude, no mesmo local onde é possível acessar a trilha da face oeste. Do esporão norte até o local onde ocorreu o desastre, na Pedra da Bandeira, a trilha tem cerca de 450 m de extensão.

4.1. <u>Ombro do Morro do Cambirela:</u> pequena área plana, menos exposta aos ventos ou às tempestades elétricas, onde alguns militares e civis acamparam na noite de 9 para 10 de junho de 1949. Entre a década de 1990 e o ano de 2018, muitos trilheiros acamparam nesse local, no entanto, desde 2019, os acampamentos no ombro ou em qualquer outro ponto do Morro do Cambirela estão terminantemente proibidos pelos órgãos ambientais. Alguns metros acima do Ombro, encontra-se a bifurcação atualmente sinalizada com três placas indicadoras; a trilha da face norte, a trilha da face leste e a Aresta ou Escarpa da Bandeira que inicia basicamente neste ponto e que tem seu ponto culminante a 874 metros. É neste local que se encontra o livro de registro dos visitantes.

5. **Setor 5**: o cenário da tragédia. Ali se encontra a Pedra da Bandeira, situada na face leste da Aresta da Bandeira, local onde ocorreu a colisão do Douglas C-47 2023, a aproximadamente 800 m de altitude sobre o nível do mar. Próximo à Pedra da Bandeira, encontra-se um dos pontos mais estreitos da aresta, o qual em 1949 o jornalista João Frainer comparou a um "lombo". Com o passar dos anos, os moradores antigos denominaram esse local de "Lombo do Cavalo".

6. **Ponto culminante da Escarpa da Bandeira** no Morro do Cambirela (874 metros de altitude) situado na Aresta da Bandeira, que se estende no sentido norte-sul desde a bifurcação (encontro) das trilhas da face norte e leste até o falhamento (canaleta) que separa a Escarpa da Bandeira do Subcume. É neste local que se encontra a caixa metálica contendo o Livro de Visitantes do Morro do Cambirela.

7. **Canaleta da Face sudeste**: ocorre no falhamento natural no prolongamento sudeste (sentido Praia de Fora) e noroeste (sentido interior da Guarda do Cubatão). Foi pelo falhamento natural da face

sudeste, com pouco mais de 800 m de desnível e 3 km de extensão, que alguns homens do 14 BC, do Clube de Caça Couto Magalhães (CCCM), da Base Aérea de Florianópolis, Polícia Militar e Corpo de Bombeiros, iniciaram a perigosa escalada no Morro do Cambirela no dia 7 de junho de 1949, escalada essa que durou 18 horas.

8. **Subcume ou dorso do prolongamento nordeste-sudoeste**: essa aresta é bem mais elevada que a Escarpa da Bandeira, atingindo aproximadamente 900 m de altitude (e ainda não é o ponto culminante do Morro do Cambirela).

9. **Interior do Parque Estadual da Serra do Tabuleiro**: região onde se encontra o <u>ponto culminante</u> do Maciço do Cambirela, com 1.052 m de altitude (distante 3 km da Escarpa da Bandeira). O acesso a esse local é proibido.

10. **Trilha da face leste:** que inicia na BR-101. Como já vimos, essa trilha começou a surgir a partir de 7 de junho de 1949.

11. **Trilha da Face Oeste (O)** ou variante da trilha da face norte (N).

12. **Rio Cubatão do Sul.**

13. **Atual traçado da BR-101.**

14. **Antiga estrada "Imbituba-Florianópolis".**

15. **Baía Sul.**

Trilha da face oeste: também conhecida por alguns locais como a "variante da trilha da face norte", pois, quando percorremos a trilha histórica da face norte no sentido norte-sul, encontramos outra trilha (n.º **11** do Plano aéreo dos setores históricos do Morro do Cambirela), que se "separa" da trilha principal (histórica) e segue quase que paralelamente à direita pelo interior do falhamento que corta o Cambirela no sentido nordeste/sudeste até chegar ao Ombro (Setor **4.1** do Plano frontal da face leste do Morro do Cambirela), fundindo-se novamente com a trilha principal na Aresta da Bandeira. É muito provável que a trilha da face oeste tenha sido aberta entre as décadas de 1950 e 1970, por caçadores, como rota alternativa para evitar a íngreme subida ou descida (ainda mais perigosa) dos paredões existentes na trilha histórica. Atualmente, a trilha da face oeste encontra-se interditada pelos órgãos ambientais para recuperação ambiental e se estuda seu fechamento definitivo.

Incluído no Parque Estadual da Serra do Tabuleiro[75] na década de 1970, por intermédio da Lei n.º 1.260, de 1 de novembro de 1975, como área de preservação ambiental, o Morro do Cambirela conta com grandes aliados, entre eles: o Instituto Chico Mendes de Conservação da Biodiversidade, IMA; Instituto Camargo Corrêa; Polícia Militar Ambiental de Santa Catarina e Corpo de Bombeiros Militar de Palhoça; Empresa de Pesquisa Agropecuária e Extensão Rural de Santa Catarina (Epagri); Defesa Civil de Santa Catarina; Fcam; Femesc; e Acem; além de organizações não governamentais como o Instituto Çarakura, Instituto do Tabuleiro e Instituto Baleia Franca; e de dezenas de trilheiros e montanhistas voluntários que lutam anonimamente e incansavelmente para manter o Cambirela e o seu entorno preservados.

---

[75] Criado na década de 1970, por intermédio da Lei n.º 1.260, de 1 de novembro de 1975, e que atualmente se encontra sob a gestão do IMA.

O AVIÃO

3.1 O NASCIMENTO DO DOUGLAS C-47

Corria o ano de 1930 quando o norte-americano Donald Wills Douglas, engenheiro, projetista e fabricante de aviões da Douglas Aircraft Company[76], uma das maiores fábricas de aviões dos Estados Unidos, começou a projetar os aviões comerciais da série Douglas Commercial, que evoluíram do DC-1 (cujo primeiro voo ocorreu em 1 de julho de 1933) ao DC-10 (primeiro voo em 10 de agosto de 1971).

O Douglas DC-3 foi lançado em dezembro de 1935 e logo se tornou uma lenda da Aviação mundial. Tratava-se de um avião bimotor, monoplano de asa baixa, cujo primeiro voo ocorreu em 17 de dezembro daquele mesmo ano de lançamento. Em 26 de junho de 1936, o DC-3 realizou o voo comercial inaugural de Nova York a Chicago. O sucesso foi tão grande que, em 1939, mais de 90% das companhias aéreas de transporte de passageiros nos EUA voavam com aeronaves DC-2 e DC-3. Esta aeronave revolucionou a tecnologia e o transporte aéreo de cargas e passageiros nas décadas de 1930 e 1940.

Com o início da Segunda Guerra Mundial na Europa, em setembro de 1939, a luta pelo domínio terrestre, marítimo e aéreo fez com que aeronaves civis fossem requisitadas. O Douglas DC-3, que até então era utilizado com sucesso para voos comerciais, foi empregado pela Força Aérea do Exército dos Estados Unidos, ou United States Army Air Force (USAAF), e pela Marinha dos Estados Unidos, US Navy, para o transporte de tropas, de cargas, de suprimentos; transporte aeromédico, lançamento de paraquedistas, reboque de planadores CG-4 Waco[77], entre outras operações militares. No entanto, para poder realizar com sucesso as inúmeras missões que lhe seriam confiadas, os engenheiros da Douglas precisariam fazer alguns ajustes para tornar o avião ainda mais versátil, aumentando

---

[76] A Douglas Aircraft Company foi uma empresa norte-americana fundada em 1921. Fundiu-se com a McDonnell Aircraft Corporation em 1967, tornando-se a McDonnell Douglas, que em 1997 se fundiu com a Boeing.

[77] Aproximadamente 12 mil planadores CG-4 foram fabricados e utilizados durante a Segunda Guerra Mundial.

a capacidade de carga, a autonomia de voo (com alcance aproximado de 2.575 km) e a velocidade de cruzeiro, de 333 km/h[78]. O avião também deveria ser capaz de voar sob quaisquer condições meteorológicas, mesmo que hostis, além de operar com base em pistas de curta distância em praticamente todo tipo de terreno.

Surge, então, a versão militar do DC-3, que na USAAF (e posteriormente na FAB) passaria a ser designado oficialmente como C-47, e na US Navy (Marinha norte-americana) como R4D. Por fim, o "Warbird" (pássaro de guerra) estava pronto para entrar em ação. Entre 1942 e 1944, a USAAF encomendou milhares de C-47A e C-47B[79]. Em fevereiro de 1944, a USAAF solicitou à Douglas Aircraft Company que fabricasse mais 2 mil C-47A e C-47B (estes fabricados na fábrica de Oklahoma City); e em junho, outro pedido de 1.100 C-47B (novamente da fábrica de Oklahoma City). O último pedido foi para 1.469 C-47B e 131 C-117 em julho de 1944 (Oklahoma City), mas nem todo esse pedido foi atendido. Em abril de 1944, a Douglas Aircraft Company entregou 2 mil C-47s a tempo da invasão do Dia D. A essa altura, a fábrica de Oklahoma City estava produzindo um recorde de 1,8 C-47 por hora, além das outras aeronaves. Em maio de 1944, duas fábricas, Oklahoma City e Long Beach, produziram 573 C-47 em apenas 31 dias, o que equivale à produção de 18,5 aviões por dia. Em maio de 1945, somente a fábrica de Long Beach produziu mais de 415 C-47, além de 120 bombardeiros Boeing B-17 no mesmo mês[80]. Os pedidos militares feitos na fábrica de Oklahoma City totalizaram 6.928, mas apenas 5.381 foram entregues, entre eles o C-47 45-1095 USAAF (que posteriormente viria a ser o FAB 2023). Uma curiosidade; durante a segunda guerra mundial, a fim de suprir a deficiência de mão de obra masculina (envolvida direta ou indiretamente com a guerra) as fábricas de aviões, convocaram milhares de mulheres norte-americanas de todos os tipos e origens para trabalhar como operárias. Elas ficaram popularmente conhecidas como "Rosie the Riveter" (Rosie a Rebitadora).

Como já vimos, algumas adaptações foram desenvolvidas para obter o melhor rendimento do C-47 nas operações militares, quais sejam: quase 150 kg de revestimento interno (principalmente o acolchoamento) foram

---

[78] Velocidade máxima com o peso limitado a 11.800 kg: 298 km/h, limitado a 13.150 kg. (*T.O. NA 01-40NC1.* Handbook flight operating instructions, 28 nov. 1944).

[79] De fato, o C-47 2023 da FAB era um C-47B, mas, para simplificar, faremos a denominação C-47.

[80] DC-3/Dakota Historical Society. Disponível em: http://www.dc3history.org/c47dakota.html. Acesso em: 19 maio 2018.

excluídos do projeto. O piso foi reforçado para o transporte de cargas; na traseira do lado esquerdo da fuselagem, foram instaladas três portas: duas portas eram suficientemente largas para possibilitar o embarque de *jeeps* e outros tipos de veículos utilitários, além de uma porta exclusiva para o lançamento de paraquedistas, a qual só podia ser aberta por dentro (e para dentro) da aeronave. Também foi instalado no teto da fuselagem do C-47 (entre a cabine de pilotagem e próximo à cabine do radiotelegrafista) um astrodomo ou domo de acrílico transparente, que tinha um suporte para a utilização de um sextante que permitia ao navegador a orientação pelos astros (navegação astronômica), bem como para comunicação com planadores rebocados ou outros aviões em voo. O compartimento dianteiro de bagagens também foi eliminado, instalando-se ali o compartimento do rádio-operador ou navegador e do mecânico de voo; assim como o compartimento de bagagens traseiro, substituído por um sanitário. Para as missões de lançamento imediato de paraquedistas (salto semiautomático, conhecido no jargão militar como salto-gancho), havia um cabo de aço estendido ao longo do teto da aeronave (*anchorage cable*), onde os paraquedistas prendiam os ganchos de seus paraquedas. Durante o salto, a abertura do paraquedas principal era realizada com o auxílio de uma fita extratora (fita de ancoragem), conectada à bolsa do velame. No Douglas C-47, também foram instalados bancos laterais posicionados um de cada lado ao longo do compartimento de passageiros/carga; eram leves, feitos de madeira compensada ou alumínio, que podiam ser dobrados, a fim de aumentar a capacidade de armazenamento e de transporte de cargas. Quando configurado para o transporte de evacuação aeromédica, o C-47 era capaz de transportar 18 macas e 2 enfermeiros. Nos transportes mistos de cargas e passageiros, a carga era amarrada no corredor do avião, entre os bancos ao longo do compartimento de passageiros.

Muitos dos milhares de aviões como o DC-3, DC-4 e o Lockheed L-049 Constellation, que haviam sido projetados para a Aviação comercial, foram adaptados para a guerra, e, ao seu fim, centenas foram novamente modificados para o transporte de cargas, de passageiros ou mistos. A capacidade operacional no transporte de passageiros no C-47 variava entre 21 e 28 militares, munidos com seus equipamentos completos de combate.

Durante a Segunda Guerra Mundial, os Douglas C-47 foram empregados em tantas missões que muitos nomes foram atribuídos a eles. Os pilotos da Royal Air Force, do Serviço Britânico (que operaram 2 mil aviões C-47) chamavam-no de "Dak" ou "Dakota", sigla para Douglas Aircraft

Company Transport Aircraft (DACoTA). Os pilotos norte-americanos, de "Skytrain", "Skytrooper", "Doug" ou "Gooney Bird", comparando-o com o Albatroz, ave marinha que vive no Pacífico Norte e que pousa de modo muito desengonçado. Segundo Alcebíades de Barros Calhao[81], "São várias as histórias que tentam explicar este apelido: "Gooney Bird" (Pássaro Tolo ou Pássaro Bobo), contudo, a mais aceita, é a de que assim foi chamado porque aceitava qualquer carga que nele se carregasse".

As proezas do DC-3 transformaram-no em uma verdadeira lenda, que em 2025 vai comemorar o 90º aniversário do voo inaugural, assim como também será marcado pelo 80º aniversário do fim da Segunda Guerra Mundial, no qual o C-47 foi um dos aviões que, sem portar nenhum tipo de arma, contribuiu de forma significativa para que os aliados pudessem vencê-la. Para o general Dwight Eisenhower (comandante-chefe das tropas americanas na Europa), o C-47 foi um dos mais importantes instrumentos que ajudaram os aliados a vencer a Segunda Guerra Mundial. Os C-47, poderosas máquinas voadoras, operaram em todos os teatros de guerra, desde missões de lançamentos de paraquedistas, reboque de planadores, de busca e resgate, em voos de evacuação médica e em operações especiais. Foi considerado um dos aviões mais versáteis operacionalmente e dos mais importantes estrategicamente. Por esses e outros inúmeros feitos, o Douglas C-47 tornou-se um dos maiores ícones da Aviação mundial.

Finalizada a Segunda Guerra Mundial, o Douglas C-47, o mesmo avião que transportou homens e suprimentos para os teatros de operação, foi utilizado como aeronave de evacuação aérea na viagem de volta. O emprego dos Douglas C-47 em missões de lançamentos de paraquedistas durante a Segunda Guerra Mundial foi representado em diversos filmes e minisséries, como no caso da minissérie *Irmãos de Armas* (*Band of Brothers*, 2001), baseado no *best-seller* de Stephen Edward Ambrose, que conta a história da Easy Company, o 506º Regimento de Infantaria Paraquedista e da 101ª Divisão Aerotransportada do Exército dos EUA; ou dos filmes *Operação Overlord* (*Overlord*, 2018), em que centenas de Douglas C-47 aparecem já nas primeiras cenas. Outro filme que impressiona pelas cenas em que centenas de aviões, entre eles o C-47, aparecem rebocando os planadores CG-4 Waco é *A Batalha Esquecida* (*The Forgotten Battle*, 2020). Várias outras produções cinematográficas estrangeiras e até do cinema nacional já tiveram um Douglas C-47 ou DC-3 como uma de suas "estrelas".

---

[81] *Momentos de decidir*: fatos e reminiscências. A fase C-47 do C.A.N. 2. ed. Corumbá: Asa, 2009. p. 35.

3.2 A ODISSEIA DO DOUGLAS C-47 USAAF 45-1095

Antes de ser empregado na FAB, em julho de 1946, e receber a matrícula 2023, o Douglas C-47, protagonista deste livro, era conhecido nos EUA apenas por seu *serial number* (número de série, s/n) 45-1095 e por seu *constrution number* (número de construção, c/n) 17098/34365[82]. O *serial number* também era o número da matrícula da aeronave na organização a qual pertencia, neste caso o 45-1095, que constava no inventário da USAAF. Esse número de série ficava no estabilizador de cauda (deriva) do C-47, e nos EUA era conhecido como "tail number". No caso específico do USAAF 45-1095 (o nosso 2023, antes de chegar ao Brasil e fazer parte do inventário da FAB), o número 45 refere-se ao ano que o avião foi fabricado e entregue; 1945, a numeração seguinte, 1095, era o número de série da aeronave, isto é, a 1095ª aeronave fabricada na linha de montagem da Douglas Aircraft Company, na cidade de Oklahoma City, EUA, sendo disponibilizada para venda em 19 de agosto de 1945. A partir daqui, é preciso que o leitor compreenda que sempre que me referir a documentos oficiais, o número de série citado será 45-1095, e sempre que citar a matricula da aeronave, será 51095. Porque? Simples, este era o sistema de numeração adotado pela USAAF ao qual o primeiro dígito (neste caso o número 4) e o hífem separador eram deixados de fora, ou seja, a matrícula pintada na cauda (deriva) do C-47 era 51095 (ver foto 8).

Antes de chegar ao Brasil, o Douglas C-47 viajou para a Base Aérea de Tinker, Oklahoma, onde permaneceu aguardando tripulação. Foi adquirido pela USAAF em 20 de agosto de 1945, em Long Beach, Califórnia, e recebeu a matrícula da USAAF 51095, sendo posteriormente transportado pela Air Transport Command. Em 1 de novembro de 1945, o C-47 chegou ao Departamento de San Bernardino, Califórnia, onde foi decidido que o avião seria enviado para o Brasil, mais precisamente para a cidade do Rio de Janeiro.

Na viagem até o destino, passou por Albuquerque, Novo México, e pousou no Aeroporto de Love Field, Texas, permanecendo até 25 de novembro na base do 5th Ferryng Group, onde foram realizadas as verificações finais para prosseguir até o Brasil. Assim, após permanecer

---

[82] Alguns C-47A e todos os C-47B receberam um c/n errado, pois foram designados c/n iguais aos Douglas A-20 produzidos pela Douglas. No caso do C-47 2023, o c/n 17098 é o incorreto; e o 43365 é o corrigido (BOWERS, Peter M. *The DC-3*: 50 years of legendary flight. [S. l.]: TAB Books, 1986).

aproximadamente cinco meses em território norte-americano desde a fabricação, o Douglas C-47 51095 decolou do Aeroporto de Morrison Field, em West Palm Beach, Flórida, em 17 de dezembro de 1945, para o Campo de Parnamirim em Natal, no Rio Grande do Norte, Brasil, sendo excluído do inventário da USAAF em 1 de junho de 1946 e incluído no inventário da FAB em 22 de julho de 1946, quando, enfim, "vestiu" as cores e as insígnias da FAB e foi oficialmente matriculado como FAB 2023. Vale destacar que, enquanto fez parte do inventário da USAAF, o Douglas C-47 51095 não chegou a participar de nenhuma missão na Segunda Guerra Mundial, tendo em vista que saiu da linha de montagem em 19 de agosto de 1945, praticamente três meses após o fim da guerra, ocorrido em 8 de maio de 1945.

Com base no *Individual Aircraft Record Card*[83] 45-1095/Oklahoma City, da Força Aérea do Exército dos EUA, que recebi do Smithsonian National Air and Space Museum (Snam), de Washington, D.C., a autonomia de voo da aeronave modelo C-47 é de 2.575 km. Pelos relatos de aviadores da FAB que transladavam aviões dos EUA para o Brasil, é possível dizer que o C-47 51095 tenha percorrido, saindo da Flórida, EUA, a rota "Transcaribeana", uma vez que a FAB contava com bases de apoio (campos ou aeroportos, os quais na maioria das vezes possuíam instalações precárias) para reabastecimento, manutenção, alojamento, entre outras facilidades. Assim sendo, é possível estimar que, desde a partida da Douglas Aircraft Company em Oklahoma City (passando por Parnamirim, onde foi incluído no inventário da FAB), até o Campo dos Afonsos, no Rio de Janeiro, Brasil, a aeronave percorreu uma distância total de 14 mil km, o que obrigou o avião a pousar pelo menos 5 vezes para reabastecimento.

Ao contrário de outros aviões da FAB que foram transladados dos EUA para o Brasil em voos de esquadrilha (pequenos grupamentos de aviões), tais como o Fairchield PT-19, AT-6, P-47, entre outros, os Douglas C-47 foram transladados de forma isolada, bem como os Lockheed C-66, C-60, Vultee A-31, entre outros. Antes, porém, muitos oficiais-aviadores e especialistas (mecânicos, radiotelegrafistas e demais profissionais da FAB) viajaram aos EUA para receber treinamento operacional completo nas fábricas de Oklahoma e Santa Mônica. Os aviões eram trazidos um a um. A viagem era longa, cansativa e considerada de alto risco. Mesmo com aeronaves novas, muita coisa podia dar errado. O primeiro-tenente

---

[83] Cartão de Registro Individual da Aeronave.

Carlos Augusto de Freitas Lima, da FAB, foi um desses intrépidos aviadores. Segundo alguns familiares, é quase certo que o C-47 51095 (posteriormente o FAB 2023) foi apenas um dos aviões C-47 que ele transladou dos EUA para o Brasil. Se essa informação for correta, Freitas Lima fez sua última missão na FAB pilotando o mesmo avião que trouxe dos EUA em 1945.

Foto 7 – Cartão de Registro Individual da Aeronave 45-1095

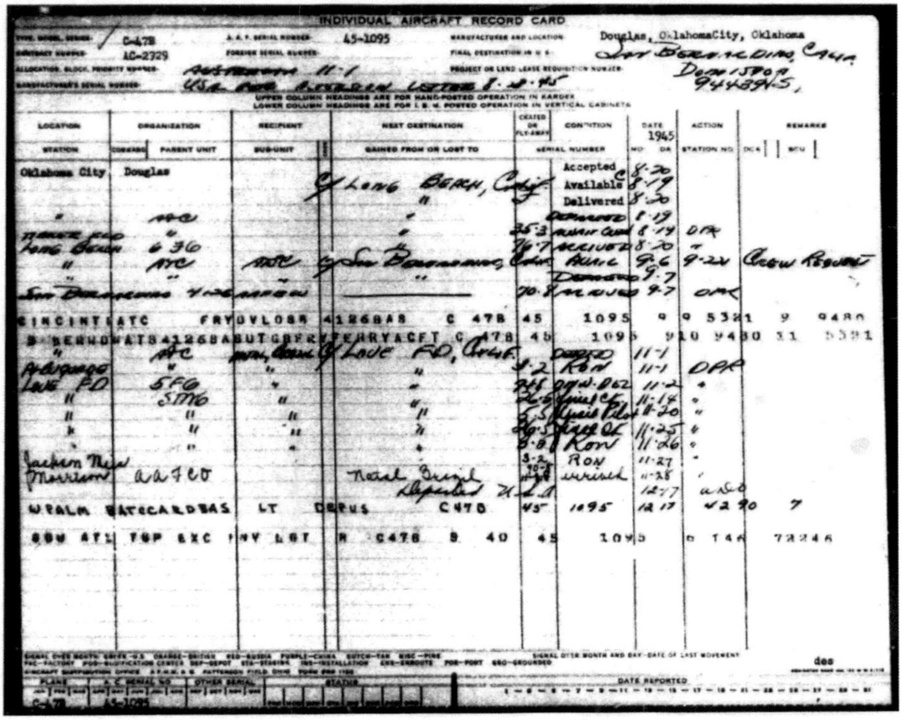
INDIVIDUAL AIRCRAFT RECORD CARD

C-47B

AC-2729

45-1095

Douglas, OklahomaCity, Oklahoma

LOCATION | ORGANIZATION | RECIPIENT | NEXT DESTINATION | CONDITION | DATE 1945 | ACTION | REMARKS

Oklahoma City | Douglas | Accepted 8-20 | Available 8-19 | Delivered 8-20

Fonte: cortesia de Snam, de Washington, D.C./EUA

Foto 8 - Um Registro Raro. Oswaldo Farnetti posa ao lado do USAAF 51095 recém-chegado ao Brasil em junho de 1946. A foto registra uma curiosa transição: O número de série da USAAF (desprovido do número 4 e do hífen separador) o leme verde amarelo e a estrela gironada da FAB. Dois símbolos de duas Forças Aéreas, de dois países diferentes, inseridas em uma única aeronave

Foto: acervo pessoal de Antônio Carlos Malagone

3.3 O DOUGLAS C-47 NA FAB

O primeiro Douglas na versão militar empregado na FAB chegou ao país em 12 de setembro de 1944. Tratava-se do C-47 FAB 01, que posteriormente passou a operar com a matrícula FAB 2009[84]. O Douglas C-47 chegou dos EUA com a missão de se tornar o segundo modelo de avião de transportes da FAB (antes da sua chegada, os primeiros aviões de transportes da FAB eram os Lockeed Lodestar C-60 — FAB 2000 a 2008 — que desde 1943 estavam a serviço do Correio Aéreo Nacional. O C-47 2009 fez parte dos dez primeiros Douglas C-47 adquiridos via *Lend Lease Act*[85] para a FAB e que receberam as matrículas FAB 01 ao FAB 10 (posteriormente FAB 2009 ao FAB 2019). Rudnei Dias da Cunha explica que, "Os primeiros C-47A chegaram ao Brasil em 1945, Segundo ele, um total de 81 C-47A e C-47B foram operados pela FAB até 1983, matriculados como: FAB 2009 a 2019, FAB 2020 a 2053, FAB 2055 e 2056 e FAB 2059 a 2092".

O relato do coronel-aviador da Reserva da FAB e historiador aeronáutico Aparecido Camazano Alamino coincide com o de Rudnei Cunha:

> Na década de 1940, a FAB operou os aviões C-47: FAB 2009 até o FAB 2056. Posteriormente, em meados dos anos 1950, foram adquiridos os aparelhos que eram desativados das empresas comerciais, chegando até o FAB 2092. De 1944 a 1983, a FAB possuía em seu inventário 81 aviões C-47, que fizeram parte de pelo menos vinte unidades aéreas.

De fato, ao término da Segunda Guerra Mundial, em 1945, houve nos EUA uma grande sobra de material bélico (excedente de guerra/*surplus*). Entre veículos, armamentos e aviões, havia milhares de Douglas C-47 que ficaram sem utilidade nas Bases Aéreas Norte-Americanas, e as autoridades passaram a se preocupar com o destino desse material. Assim que os aviões foram disponibilizados para a venda, com preços acessíveis, o governo brasileiro, valendo-se da oferta do governo americano, adquiriu em 1946 mais 30 Douglas C-47, que foram destinados ao 1º e ao 2º Grupo de Transportes e operaram a serviço do CAN, no Rio de Janeiro. Para se ter uma ideia dos valores investidos na compra dos aviões, em 1946, a FAB pagou por avião

---

[84] O C-47 FAB 2009 encontra-se exposto no Musal no Rio de Janeiro.

[85] Lei que autorizava o governo dos Estados Unidos a vender ou transferir o título de propriedade, arrendar, emprestar qualquer artigo de defesa ou informação para qualquer país cuja defesa fosse julgada essencial pelo presidente à defesa dos Estados Unidos.

o valor de US$ 32.500 (menos de 1/3 do custo). Cada um deles, passou por uma revisão geral que custou mais US$ 30 mil)[86].

No ano seguinte, em 1947, a FAB aumentou a frota adquirindo mais 12 Douglas C-47. Entre 1948 e 1959, seis aviões do mesmo modelo dos EUA, a fim de repor perdas operacionais. Como já vimos, todas as aeronaves adquiridas nos EUA foram transladadas em voo por pilotos e especialistas da FAB, após realizarem um completo e intenso treinamento operacional nos EUA. Atraídos pela mesma oportunidade, vários investidores civis adquiriram aviões para suas companhias aéreas, gerando assim uma significativa expansão na Aviação comercial brasileira nas décadas de 40 e 50. Com a aquisição de um número considerável de aeronaves Douglas DC-3 para a Aviação comercial, e C-47 para a Aviação militar, o Brasil ganhou novo impulso. Em todo o mundo, praticamente todas as companhias aéreas equiparam suas frotas com o Douglas DC-3. O mesmo ocorreu com as Forças Armadas — Marinha, Exército ou Força Aérea — de vários países que equiparam suas unidades com o Douglas C-47. No Brasil, só a FAB adotou esse modelo.

O período do pós-guerra (1945 a 1955) foi considerado a época de ouro do Correio Aéreo Nacional. Nesse período, duas aeronaves foram as verdadeiras protagonistas no CAN por suas grandes façanhas: o Hidroavião Consolidated PBY-5 Catalina e o Douglas C-47. A Força Aérea Brasileira utilizou os Douglas C-47 em inúmeras (e honrosas) missões entre 1944 e 1983, entre eles, é claro, o protagonista desta história, o C-47 2023, que como já vimos, antes de chegar ao Brasil, era identificado nos EUA como USAAF 51095 ou c/n 17098/34365.

Ainda segundo Camazano:

> No Brasil, o FAB 2023 foi empregado no 2º Grupo de Transportes (2º GT), Unidade de Transporte da Força Aérea Brasileira que foi criada em 09 de outubro de 1944, no Campo dos Afonsos, no Rio de Janeiro e, posteriormente, transformado no 1º/2º GT, sediado no Galeão, em 21 de setembro de 1959. Só o 2º GT tinha um total variável de C-47, chegando ao ápice com 19 aviões. Além do 2º Grupo de Transportes (2º GT), existia também o 1º Grupo de Transportes (1º GT), ambas as unidades operavam todos os C-47 da FAB, ou seja, os aviões de: FAB 2009 até o FAB 2056. Incluído no inventário da FAB em 23 de julho de 1946 e descarregado do inventário da FAB em 06 de junho de 1949, o C-47 FAB 2023, foi um avião que permaneceu menos de três anos a serviço da FAB.

---

[86] História geral da aeronáutica brasileira: janeiro de 1946 a janeiro de 1956. p. 249.

José de Alvarenga[87], outra referência quando o assunto é história da aronáutica no Brasil, explica:

> Toda aeronave, independente do país onde opera, tem um prefixo, um número de matrícula, uma identificação. Existem designações diferentes para aeronaves civis e para aeronaves militares. A Força Aérea Brasileira utiliza, com pequenas diferenças, o mesmo código da Força Aérea do Exército dos Estados Unidos (USAAF) para classificar suas aeronaves.

No caso da Aviação militar, a sigla do Douglas C-47 2023 para transporte de cargas e passageiros da FAB era "C" — avião de transporte. Ainda segundo Alvarenga, "A Força Aérea do Exército dos Estados Unidos iniciou a série de aviões de Carga (C) com o C-1, e o C-47 foi o 47º modelo de avião de carga adquirido pela USAAF".

Quanto à matrícula 2023, o 2 indica "carga" e o 023 significa a sequência da série de todas as os aeronaves de transporte recebidas no Brasil; neste caso, a 23º aeronave recebida e incluída no inventário da FAB naquele período. Na verdade, a designação militar correta do C-47 2023 era C47B 50DK. O número 50 denota a 50ª modificação no modelo B, e o DK refere-se à fábrica de Oklahoma. Vale destacar que, no Brasil, o nome C-47 tornou-se mais popular. A designação completa geralmente só é utilizada em documentos oficiais.

A partir de 1946, os C-47 passaram a operar as linhas do CAN em praticamente todo o território nacional, até o exterior; e, em 1983, ocorreu a desativação desses aviões. Os primeiros C-47 chegaram ao Brasil com pintura padrão da USAAF (verde-oliva em cima, e cinza-médio embaixo da fuselagem). Já o Douglas, protagonista desta história, chegou aqui praticamente original de fábrica, isto é, apenas com a sua fuselagem inteiramente em alumínio natural polido, e suas marcações (matrícula USAAF 51095 etc.). Como ele havia saído da linha de montagem no fim da guerra, a "pintura de guerra" verde-oliva já não era mais necessária[88].

Alguns dias depois, o USAAF 51095 receberia a matrícula FAB 2023. Em seu último voo, o C-47 2023 possuía as seguintes características de identificação: a marcação "FÔRÇA AÉREA BRASILEIRA" (escrevia-se assim mesmo, com acento circunflexo no "Fôrça") era pintada na cor preta em

---

[87] Suboficial da Reserva remunerada da FAB, pesquisador e historiador da FAB.

[88] Na Foto 8, é possível ver o número de série da USAAF: 51095 (desprovido do número 4 e do hífen separador), o leme verde amarelo e a estrela verde-amarela da FAB, ou seja, dois símbolos de duas Forças Aéreas de dois países diferentes (USA/EUA e BR), inseridas em uma única aeronave durante a sua transição.

ambas as laterais acima das sete janelas do compartimento de passageiros/carga; a designação da aeronave, "C-47", e a matrícula "2023" eram pintadas na cor preta também em ambos os lados do estabilizador vertical (deriva); outra identificação da matrícula "2023" era pintada na cor preta nas laterais da cabine de pilotagem, bem abaixo das janelas do piloto e copiloto; as cores verde e amarelo pintadas no leme de direção (cauda) do avião. Verde na metade anterior, e amarelo[89] na metade posterior do leme, em duas faixas verticais, da mesma largura; a caricatura de um legítimo "português" — emblema do 2º Grupo de Transportes[90] —, localizada do lado esquerdo da fuselagem, um pouco acima da porta de carga dianteira, situada atrás da cabine de pilotagem. Na caricatura, o português aparece com asas, "bufando" enquanto puxa um carrinho de carga. Sobre o carrinho, aparecem algumas cargas com os nomes "Rio, Belém, Assunção e La Paz", algumas das capitais em que o 2º GT realizava as missões do CAN. Acima das cargas, há um papagaio, um gato e um abacaxi, que, para muitos aviadores e tripulantes, representa as dificuldades enfrentadas pelas tripulações durante algumas missões. Esse emblema foi idealizado e criado pelo major-aviador Fortunato Câmara de Oliveira, e significa que o 2º GT transportava tudo. No entanto, segundo o artigo publicado no jornal *Correio da Manhã*[91], de 2 de outubro de 1949, a interpretação dada pelos jovens oficiais na década de 1940 era a seguinte:

> O carregador (português) é o mecânico que faz força e transpira muito para dar manutenção aos aviões, e na viagem carrega e descarrega os aviões; o papagaio é o chamado radio operador, que só fala a bordo; o gato é o navegador, que só dorme na viagem, e o abacaxi é o passageiro...

A sigla "FAB" pintada na cor preta, em letras grandes (o suficiente para ser avistada do chão) embaixo da asa esquerda; a sigla "CAN" pintada na cor preta, em letras grandes sob a asa direita; os "cocares", conhecidos também como estrelas gironadas ou estrelas de cinco pontas[92], da FAB eram pintados nas cores verde e amarelo, com um círculo azul no centro circundado por um anel branco. Havia uma estrela pintada em verde-amarelo em cima e abaixo da superfície de cada uma das asas. Havia também essa mesma estrela na parte de trás da fuselagem. A insígnia ficava entre a porta de acesso ao compartimento de carga e a empenagem, e no direito (onde não existia a porta de carga)

---

[89] Desde 1937, foi adotada a pintura das cores verde e amarela nos lemes de direção das aeronaves, inicialmente nas aeronaves da Aviação militar (Exército e Marinha) e a partir de 1941 nas aeronaves da FAB.

[90] O emblema do 2º GT foi criado pelo major-aviador Fortunato Câmara de Oliveira, também criador do emblema "SENTA A PUA", do 1º Grupo de Aviação de Caça.

[91] Correio da Manhã, de 2 de outubro de 1949, edição 17.346, p.7.

[92] Estrela que simboliza o Cruzeiro do Sul e um dos símbolos (cocar) da FAB.

situava-se na mesma posição. Um triângulo na cor preta adornava a parte superior do nariz do C-47. Somente a partir da década de 60 é que alguns C-47 foram pintados no padrão "saia e blusa" (branco no dorso da fuselagem, faixa preta sob as janelas, e o metal polido na parte inferior da fuselagem). Os primeiros C-47 eram configurados para operar com segurança nas precárias pistas brasileiras de então, equipados com o que a Aviação da época dispunha de melhor para voos por instrumentos: horizonte artificial (que indicava a posição do avião com relação à linha do horizonte ou à altitude), bússola giroscópica e radiocompasso (*Automatic Directional Fanding* – ADF).

Como vimos, o C-47 2023 foi amplamente utilizado em missões de lançamentos de paraquedistas, transporte de cargas e passageiros, mas o que pouca gente sabe é que o C-47 2023 participou de uma importante Missão Científica no Brasil liderada pelo renomado cientista Gleb Vassielievich Wataghin, físico experimental russo, de origem judaica, naturalizado italiano, que deu grande impulso às pesquisas em Física no Brasil, entre elas as pesquisas científicas sobre raios cósmicos na subestratosfera, pesquisas essas consideradas de grande importância e de interesse nacional. Por meio delas, a FAB mantinha uma relação de cooperação com a subseção de Física da USP desde 1946 (quando foi realizado o primeiro experimento), auxiliando viagens de pesquisadores e cedendo aviões para as pesquisas em grandes altitudes.

Segundo o jornal *Diário da Noite*[93], às 9h do dia 6 de fevereiro de 1947, um Douglas C-47 da FAB pilotado pelo capitão-aviador Décio Mesquita de Moura Ferreira e o tenente-aviador Roberto Novaes decolou do Campo de Marte, em São Paulo, levando a bordo o cientista Gleb Vassielievich Wataghin e seu técnico e assistente de laboratório Francisco Bentivoglio Guidolin, além de pouco mais de uma tonelada de equipamentos que seriam utilizados para registrar a ocorrência e intensidade dos "raios cósmicos" em altitude.

Os indícios abordados por duas fotografias da época (a seguir) pertencentes ao Instituto de Física da Universidade de São Paulo (Ifusp) mostram a equipe do Departamento de Física da Faculdade de Ciências e Letras da Universidade de São Paulo ao lado do FAB 2023, sendo da esquerda para a direita: 1) Francisco Bentivoglio Guidolin, técnico e assistente de laboratório, 2) capitão-aviador Décio Mesquita de Moura Ferreira, 3) cientista Gleb Wataghin (responsável pela experiência), 4) pesquisadora não identificada, 5) Yolande Monteux, primeira mulher a se formar em Física no Brasil e, em 1937, a primeira a se formar em Matemática no estado de São Paulo, além de ser pesquisadora do Instituto de Pesquisas Tecnológicas (IPT), e 6) Andrea Wataghin, físico e filho de Gleb Wataghin.

---

[93] Diário da Noite, n. 043227 de 7de fevereiro de 1947, p. 1.

Foto 9 – Pesquisadores e cientistas junto ao capitão-aviador
Décio Mesquita de Moura Ferreira, e o C-47 2023

Fonte: acervo do Ifusp

A segunda foto mostra os aparelhos para as experiências no interior do FAB 2023:

Foto 10 – O cientista Gleb Wataghin e seu "Laboratório Voador"
Uma foto histórica para um voo histórico

Fonte: acervo do Ifusp

Ambas as fotografias reforçam a tese de ser o C-47 2023 o avião utilizado na empreitada. A referida proposição foi ratificada na reportagem do jornal carioca *Diário da Noite*, em sua edição de número 4.322, de 7 de fevereiro de 1947, página 1, ao citar a participação de um avião C-47 da FAB pilotado pelo capitão-aviador Décio levando o cientista Gleb Wataghin e seu "Laboratório Voador" a bordo de um C-47, que, ao que tudo indica, era de fato o C-47 2023. Maiores informações sobre a participação do C-47 2023 na missão cientifica Brasileira estão disponíveis nas versões digitais e impressa (revista) da AERO Magazine, edição número 342 de novembro de 2022.

3.4 FICHA TÉCNICA DO DOUGLAS C-47 2023[94]

Função: aeronave de transporte militar

Origem/fabricação: Oklahoma City (OKC), Estados Unidos da América

Fabricante: Douglas Aircraft Company, Inc.

Produção: agosto de 1945

Construction number: 17098/34365

Serial number: 45-1095

Designação militar: C-47B 50DK

Identidade anterior (versão militar): USAAF – matrícula 51095

Incluído no inventário da FAB em 23 de julho de 1946

Designação: FAB – matrícula FAB 2023

Unidade a qual pertenceu: 2º Grupo de Transporte, Rio de Janeiro

Operava a serviço do Correio Aéreo Nacional

Descarregado do inventário da FAB em 6 de junho de 1949

Dimensões do Douglas C-47B-50-DK:

Comprimento: 19,43 m

Envergadura: 29,11 m

Altura: 5,18 m

Superfície alar (superfície da asa): 91,69 m²

Peso da aeronave vazia: 8.200 kg

---

[94] Fonte: documentos do Ministério da Aeronáutica e do 2º GT. Agradecimento especial a José Lourenço dos Santos Jr.

Peso máximo para decolagem:	13.150 kg (padrão USAAF)
Peso máximo de carga útil:	entre 4.944 kg (10.900 lbs) e 5.896 kg (13.000 lbs)

Motores:

2 motores radiais de 14 cilindros em duas fileiras, arrefecidos a ar

Fabricante:	Pratt & Whitney
Modelo (USAAF):	R-1820-90C (a designação civil do modelo do motor era R-1830- S1C3G)
Potência:	1.200 hp
Capacidade de combustível:	3 mil litros de gasolina de aviação (AVGAS)

Óleo lubrificante: 110 litros x motor x 2 = 220 litros

Hélices:	Hamilton Standard série 23E50, 3 pás de liga de alumínio, Ø 3,5 m comprimento das lâminas – 1,10 m, diâmetro do conjunto de 3 hélices (tripá) – 2,70 m

Desempenho:

Velocidade de cruzeiro:	270 km/h
Velocidade máxima:	381 km/h
Razão de subida:	344 m (1.130 pés)/min
Altitude de cruzeiro (teto de serviço):	2.400 m (7.874 pés)
Alcance médio (autonomia de voo):	2.575 km
Pista mínima para decolagem:	700 m
Capacidade de tripulação:	2 a 4
Capacidade de passageiros:	21 a 32 (dependendo da configuração do compartimento de cargas)
Tripulação regular:	4 (piloto, copiloto, mecânico e radiotelegrafista)
Armamentos:	na década de 40, não possuía armamento

Outras informações sobre o Douglas C-47 2023[95]:

Matrícula:	FAB 2023
Unidade:	2º Grupo de Transporte

Célula: Douglas Aircraft C-47-B 45-1095

Horas de voo: célula[96]; 1.889 horas e 10 minutos de voo

---

[95] Informações quanto ao avião C-47 2023 B, de acordo com o Art. 23, itens II, III e IV, do Decreto n.º 24.749, de 05 abril 1948.

[96] Parte da aeronave compreendendo fuselagem, asas, superfícies de comando, carenagem, cabine, trem de pouso e sistemas incorporados à aeronave, excluídos os motores e as hélices.

Motores:	265.55 horas cada motor

PAA[97] no período compreendido entre 03/06/1948 e 02/02/1949:

Hélice (cubo e pás):	505 horas (cubo), 6.477 horas (pás)

Radionavegação/Radiocomunicação:

Radiotransmissores:

Radiotransmissor ART-13-A n.º 1172 (telegrafista)

Radiotransmissor T-7/ARC-3 n.º A20037 (VHF[98])

Radiotransmissor BC-457-A n.º 99583 (comando)

Radiotransmissor BC-458-A n.º 73655 (comando)

Receptores:

Receptor R5/ARN 7 n.º 10139 (compasso automático)

Receptor BC-458-R n.º 4876 (telegrafista)

Receptor R77/ARC-3 n.º 13146 (VHF)

Receptor RC/R6 n.º 2772 (compasso manual)

Receptor BC-733-D n.º 21105 (*localizer*)

Equipamentos especiais:

1	extintor de incêndio marca Kidde Tetra Cloreto n.º 14
1	extintor de incêndio marca FYR-FYTER Tetra Cloreto n.º 9
0	paraqueda
0	barco salva-vidas
0	oxigênio
1	pistola pirotécnica
12	cartuchos pirotécnicos
1	machadinha
6	bolsas de medicamentos
1	facão tipo canivete (C-47/US)
1	funil filtro EXPRESS
30	cintos de segurança

---

[97] PAA - Parque Aeronáutico dos Afonsos - onde os aviões da FAB passavam por revisões periódicas.

[98] *Very High Frequency* ou Frequência Muito Alta.

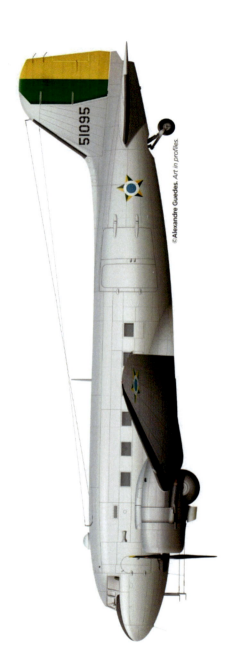

Figura 1 – C-47 45-1095, fabricado em Oklahoma City, EUA. Quando chegou ao Brasil em junho de 1946, tinha a estrela verde-amarela da FAB e a matrícula da USAAF: 51095

Fonte: desenho de Alexandre Guedes

Figura 2 – Configuração do C-47 2023 do 2º GT em 6 de junho de 1949

Fonte: desenho de Alexandre Guedes

Figura 3 – "Português"-emblema do 2º GT. Autor: major-aviador Fortunato Câmara de Oliveira

Fonte: arquivo Pessoal José de Alvarenga

A TRIPULAÇÃO

4.1 TRIPULANTES DO C-47 2023, O ÚLTIMO VOO

Na década de 1940, a FAB possuía dezenas de aeronaves Douglas C-47, a maioria distribuída no 1º e no 2º Grupo de Transporte. Em 1944, o 2º GT iniciou as operações com sete aviões; cinco anos depois, em 1949, já contava com 24 C-47 operando seis linhas principais com inúmeras missões extras — entre eles estava o C-47 2023. Manter esses aviões bimotores em plenas condições de voo era um desafio constante para os oficiais-aviadores e, principalmente, para a equipe de manutenção em terra (especialistas em sistemas hidráulicos, elétricos, chapas, motores, hélices, entre outras especialidades), como também para os aeronavegantes (mecânicos de voo, radiotelegrafistas e navegadores). Seguiam-se rigorosamente os manuais e as ordens técnicas de manutenção, que eram constantemente atualizadas. A soma desses e de outros fatores técnicos aumentava significativamente o nível operacional dos tripulantes, bem como a segurança dos voos. Todos os militares — desde os oficiais aos graduados — passavam por constantes processos de aperfeiçoamento profissional.

Após a Segunda Guerra Mundial, em 1945, ocorreu uma forte revolução na Aviação militar e comercial no Brasil e, consequentemente, uma enorme carência de mão de obra especializada. Nesse período surgem as primeiras escolas técnicas de Aviação, a Escola de Especialistas da Aeronáutica (EEAR)[99], sediada mais precisamente na Ilha do Governador, na Ponta do Galeão, Rio de Janeiro; e a Escola Técnica de Aviação (ETAv), sediada em São Paulo. Além disso, muitos jovens brasileiros receberam bolsas de estudo para participar de cursos de especialização no exterior, principalmente nos EUA.

Raramente as tripulações regulares de C-47 voavam sempre na mesma aeronave, já que os aviadores e os sargentos especialistas-aeronavegantes

---

[99]   De abril de 1942 a dezembro de 1949, a EEAR formou no Galeão 1.577 terceiros-sargentos especialistas, média anual de 225, distribuídos em seis especialidades: Mecânico de Avião (Q AV), Mecânico de Rádio (Q RT VO), Mecânico de Armamento (Q AR), Rádio de Terra (Q RT TE), Fotógrafo (Q FT) e Escrevente (Q EA ES).

da FAB revezavam-se nas escalas de voo, viajando em dias e horários alternados, em diferentes rotas e em diferentes aviões. Havia ainda a escala de tripulante-reserva. Neste caso, os oficiais-aviadores e especialistas (mecânicos, radiotelegrafistas, entre outros) ficavam de sobreaviso, e, caso algum tripulante não pudesse comparecer no dia e na hora programados para o voo, era o tripulante-reserva quem cobria o faltante.

No fatídico dia 6 de junho de 1949, a jovem tripulação do Douglas C-47 2023 da Força Aérea Brasileira era formada por militares com idade entre 20 e 29 anos e tinha como missão voar do Rio de Janeiro até Uruguaiana transportando cargas e passageiros pelo CAN.

Tripulação do C-47 2023 em 6 de junho de 1949

1º tenente-aviador Carlos Augusto de Freitas Lima

Nome de guerra: F.LIMA. 26 anos. Comandante do C-47 2023. Filho de Carlos de Freitas Lima e Gracíola Mendes de Freitas Lima. Nasceu em 19 de novembro de 1922 na cidade de Curitiba, Paraná. Era o filho caçula e tinha duas irmãs, Gracíola e Sylvia. Aos 4 anos de idade, perdeu a mãe. Passados alguns anos, o pai casou-se com Isolina Freitas Lima. Desta união, nasceram mais dois filhos: Luiz Carlos e Carlos Horácio. Nessa época, todos residiam no Rio de Janeiro. O pai jogava futebol nas categorias de base do Botafogo e acabou se tornando goleiro titular do time. Seguindo os passos do pai, o jovem Carlos Augusto chegou a tentar a carreira de jogador de futebol na categoria de base do Botafogo Futebol Clube, no entanto a vocação para a carreira militar já aflorava no coração do jovem Cazuza, como era carinhosamente conhecido pelos familiares e amigos. No dia 16 de janeiro de 1941, aos 19 anos, compareceu à Escola Militar para prestar o exame de aptidão física, a fim de ingressar na Escola Preparatória de Cadetes do Exército. Em 9 de fevereiro do mesmo ano, foi selecionado entre milhares de candidatos provenientes de várias cidades do Brasil. Sentou praça no Exército em 1º de junho de 1941, na Escola Preparatória de Cadetes de São Paulo (EPCSP). Era o cadete n.º 160 da 2ª Cia. Em janeiro de 1942, prestou exames para admissão na Escola de Aeronáutica dos Afonsos e, em março do mesmo ano, após inspeção de saúde, foi julgado apto para servir na FAB, sendo transferido da EPCSP do Ministério de Guerra (Exército) para o Ministério da Aeronáutica, em virtude de ter sido matriculado na Escola de Aeronáutica dos Afonsos. Nesta escola, seu número de cadete passou a ser o 4.226. Ainda em 1942, durante a Segunda Guerra Mundial, participou de operações bélicas de vigilância e segurança do litoral brasileiro — Decreto n.º 10.490A, secreto, de 25 de setembro de 1942 —, conhecidas como a Campanha no Atlântico Sul[100]. Em 12 de agosto de 1944, foi declarado aspirante-aviador e, em setembro, foi nomeado auxiliar de instrutor de voo na Escola de Aeronáutica dos Afonsos. No mesmo ano, fez parte de uma delegação formada por oficiais e aspirantes da FAB que viajou a Assunção, Paraguai, para participar dos jogos esportivos das Forças Armadas. A delegação era chefiada pelo coronel-aviador Henrique Raimundo Dyott Fontenelle, comandante da Escola de Aeronáutica dos Afonsos. Carlos Augusto foi promovido a 2º tenente-aviador em 17 de março de 1945. Em abril de 1945, foi transferido para a Escola de Aeronáutica. Por falar fluentemente o idioma inglês, várias oportunidades se abriram nos EUA para o tenente-aviador Carlos Augusto de Freitas Lima, que frequentemente era requisitado pela FAB para trasladar aeronaves da América do Norte para o Brasil; até mesmo, segundo familiares, o tenente Freitas fez parte de algumas tripulações que ajudaram a trasladar vários C-47 e, ao que tudo indica, o próprio FAB 2023, em dezembro de 1945. Em 10 de maio de 1946, Freitas Lima foi promovido a 1º tenente-aviador. No auge de sua carreira na FAB, conheceu Gladys Mason Sholl, filha única de um casal formado pelo imigrante inglês Dudley Bertran Sholl e pela brasileira Maria Balduína Pereira Sholl. Gladys e Carlos tinham idades próximas, apaixonaram-se e começaram a namorar. Os dois nutriam a paixão em comum pela Aviação e juntos costumavam frequentar aeródromos e hangares. No dia 26 de setembro de 1946, Gladys e Carlos casaram-se na Igreja de Nossa Senhora da Consolação, no Leblon, Rio de Janeiro. Com o passar do tempo, Gladys chegou a acompanhar o marido em algumas viagens aos EUA. Viviam juntos em um apartamento situado na Rua João Lira, bairro do Leblon. Em 1947, o tenente-aviador Freitas Lima foi transferido da Escola de Aeronáutica dos Afonsos para o 2º GT na Base Aérea do Galeão, Rio de Janeiro. Em 11 de fevereiro de 1948, participou de um curso de especialização em Armamento, na cidade de Scott Field, Illinois, EUA; e, em outubro do mesmo ano, do

---

[100] Após a sua morte, Carlos A. F. Lima foi homenageado, em julho de 1950, com a Medalha de "Campanha no Atlântico Sul", criada pela Lei n.º 497, de 28 de novembro de 1948, e regulamentada pelo Decreto n.º 26.550, de 4 de abril de 1949. A referida medalha foi instituída na FAB e conferida aos militares da ativa e da Reserva, reformados e civis que se distinguiram na prestação de serviços relacionados à ação da FAB no Atlântico Sul, no preparo e desempenho de missões especiais, confiadas pelo governo, no período de 1942 a 1945. Uma das condições essenciais para ser agraciado era ter cooperado na vigilância do litoral, no transporte aéreo de pessoal e material necessário ao sucesso da campanha, nos serviços relativos à segurança de voo e à eficiência das operações dos aviões comerciais e militares.

Curso para Comandante de C-47 na Escola de Aeronáutica. Em janeiro de 1949, foi matriculado na 2ª turma do Curso de Tática Aérea que iniciaria no dia 13 de junho daquele ano. Aos 26 anos, Carlos já era comandante de C-47 no 2º GT da FAB. Após sua última viagem de regresso dos EUA (onde permaneceu por três dias), retornou ao Brasil pilotando mais um C-47; quando já estava em casa, desfazendo as malas, recebeu um telefonema de um amigo aviador que estava na escala de tripulante-reserva, que lhe disse que estava resfriado e impossibilitado de realizar a viagem de transporte de passageiros e cargas do CAN do Rio de Janeiro ao Rio Grande do Sul. Sensibilizado com a situação de seu companheiro, Carlos Augusto não pensou duas vezes em substitui-lo. A viagem ocorreria na segunda-feira, dia 6 de junho de 1949. Ao saber que o tenente Freitas Lima substituiria o amigo aviador, o comandante do 2º GT major-aviador Átila Gomes Ribeiro aconselhou-o a não realizar a viagem. O motivo: o tenente Freitas Lima deveria se apresentar na sexta, dia 10 de junho, na Base Aérea de Cumbica, em São Paulo, onde participaria da 2ª Turma do Curso de Tática Aérea (com início previsto para o dia 13 de junho). Infelizmente, o C-47 2023 e todos os seus tripulantes jamais retornariam dessa missão. Às 14h de segunda-feira, dia 6 de junho de 1949, o 1º tenente-aviador da FAB Carlos Augusto de Freitas Lima encerrou a breve, mas brilhante carreira militar, no alto do Cambirela. Até então, ele já havia somado 2 mil horas de voo e mais de seis anos de excelentes serviços prestados à FAB e à sociedade brasileira. O comandante Freitas Lima estava prestes a ser promovido a capitão. Deixou a esposa, Gladys, e dois filhos, Carlos Luiz Sholl de Freitas Lima (com 1,8 ano de idade) e Carlos Augusto Sholl de Freitas Lima (com 6 meses de gestação). Quis o destino que Carlos encerrasse a sua missão pilotando o C-47 2023, o mesmo avião que provavelmente trouxera dos EUA para a FAB em dezembro de 1945. Segundo o documento emitido pelo Ministério da Aeronáutica/2º GT, item III, "Informações quanto ao piloto", Carlos A. Freitas Lima encerrou sua carreira com 2.041 horas de voo, sendo 53 horas de voo por instrumentos.

1º tenente-aviador Miguel Sampaio Passos

Vinte e oito anos. Copiloto do C-47 do 2º GT da FAB. Nasceu no estado de Sergipe, município de Aracaju, em 15 de outubro de 1920. Filho de Mário Passos e de Herédia Sampaio Passos. Tinha excelente currículo militar. Em 17 de março de 1939, foi considerado apto para ingressar na Escola de Aeronáutica

Militar, sediada no Campo dos Afonsos, Rio de Janeiro, onde permaneceu no período de 15 de julho de 1939 a 6 de setembro de 1940. Em outubro de 1941, quando aluno n.º 271 da 3ª Cia. da Escola Preparatória de Cadetes de Porto Alegre, solicitou admissão no primeiro ano da recém-criada Escola de Aeronáutica dos Afonsos. Em 21 de fevereiro de 1942, foi submetido à Junta Especial de Inspeção de Saúde da FAB e considerado apto para o serviço de Aviação. Foi declarado praça da FAB em 2 de março de 1942 e transferido do Ministério de Guerra para o Ministério da Aeronáutica em virtude de ter sido matriculado na Escola de Aeronáutica dos Afonsos. Em 1943, formou-se na 2ª Turma do Curso de Paraquedista Militar. Foi declarado oficial-aviador em 12 de agosto de 1944. Em 12 de março de 1945, foi promovido a 2º tenente-aviador e, em maio do mesmo ano, casou-se com Urânia Sarahyba Passos. Em 10 de maio de 1946, foi promovido ao posto de 1º tenente-aviador. Serviu durante o período da Segunda Guerra Mundial, de 31 de outubro de 1942 a 8 de maio de 1945, na Escola de Aeronáutica, estabelecimento sediado em Zona de Guerra (Decreto n.º 10.490-A, secreto, de 25 de setembro de 1942). Em 17 de novembro de 1944, integrou a delegação da FAB chefiada pelo comandante da Escola de Aeronáutica a fim de participar dos jogos esportivos das Forças Armadas no Paraguai. Em dezembro de 1946, foi membro partícipe da equipe "A" de demonstração de Paraquedismo durante as comemorações da Semana da Asa, na Praia do Flamengo/RJ. Em dezembro de 1947, foi transferido da Escola de Aeronáutica dos Afonsos para o 2º GT, onde atuava como instrutor e checador. Em fevereiro de 1949 (aproximadamente quatro meses antes do acidente no Cambirela), o 1º tenente Miguel Sampaio Passos havia realizado um curso de especialização em Radiocomunicação nos Estados Unidos; em 7 de março do mesmo ano, participou da 1ª Turma do Curso de Tática Aérea. Em abril de 1949 foi transferido para a Diretoria de Rotas Aéreas (atual Diretoria de Eletrônica e Proteção ao Voo). O 1º tenente Miguel Sampaio era um aviador muito experiente e qualificado, sendo agraciado com a Medalha de Guerra da Campanha do Atlântico Sul em julho de 1950. Tinha 1.230 horas de voo e mais de seis anos de serviços prestados à FAB. Miguel e Urânia Sarahyba Passos Sampaio tiveram dois filhos: Miguel Sampaio Passos Jr., nascido em 11 de fevereiro de 1946, no Rio de Janeiro, que, assim como o pai, tornou-se um aviador, tendo ingressado na FAB em 24 de março de 1964, na Escola Preparatória de Cadetes do Ar de Barbacena/ MG, tendo passado para a Reserva no posto de coronel e posteriormente voado em Boeing 727 na Varig; e Marcos Sampaio Passos, que foi aviador e comandante na Cruzeiro do Sul.

2º tenente Damião Capobianco Neto

Vinte e nove anos. Apesar de ser um *expert* em Meteorologia, nessa missão Damião figurava como navegador. Nascido em 24 de maio de 1920 em São Paulo. Filho de Remo Capobianco e Rosina Bandoni Capobianco. Em janeiro de 1943, o governo dos Estados Unidos realizou o processo seletivo de 42 candidatos residentes no eixo Rio de Janeiro-São Paulo para fazer Curso de Aperfeiçoamento em Meteorologia, na Colômbia e nos EUA. Residente em São Paulo, Damião Capobianco foi um desses candidatos selecionados (e patrocinados) pelo governo dos Estados Unidos. Inicialmente, seguiu para a cidade de Medelín, Colômbia (onde permaneceu por seis meses), participando do Curso Básico de Aperfeiçoamento em Meteorologia (Interamerican Meteorological School), nas dependências da Universidade de Antioquia. Posteriormente, concluiu os estudos no Curso Avançado em Meteorologia na Universidade da Califórnia, em Los Angeles, EUA. Os candidatos que concluíram o curso com êxito tiveram uma vaga garantida no Brasil para trabalhar no Serviço de Meteorologia na Aviação Civil ou Militar. Neste caso, em dezembro de 1943, Damião foi incluído na Reserva da FAB por exercer atividade (meteorologia) de interesse direto do Ministério da Aeronáutica. Em janeiro de 1944, já como aspirante da Reserva, Damião foi convocado para o serviço ativo da FAB. Em abril de 1946, por necessidade do serviço, foi feita a transferência de estágio do aspirante-mecânico de Rádio da Reserva da Base Aérea de São Paulo para a Base Aérea de Natal - RN onde atuou como previsor do tempo na Estação Meteorológica Americana. Nesse mesmo ano, no dia 11 de maio, casou-se com Maria da Graça Ribeiro Freire Capobianco. Dessa união, nasceram dois filhos, Marcus, nascido em 3 de fevereiro de 1947; e Marilena, nascida em 28 de abril de 1949. Em dezembro de 1946, o aspirante-mecânico de Rádio foi reclassificado para o Quadro de Oficiais-Mecânicos (QOMR) da Reserva de 2ª Classe da Aeronáutica, na especialidade de Meteorologia. Em abril de 1947, Damião Capobianco foi transferido da 2ª Zona Aérea, Recife; para a 5ª Zona Aérea, na estação meteorológica de Canoas, na qual chefiava. Em janeiro de 1948, foi transferido para a 3ª Zona Aérea (posteriormente 3º Comando Aéreo Regional – Comar), sediada no Rio de Janeiro. Damião foi convocado por sua especialidade, conquistada na Colômbia e nos EUA, em previsão meteorológica. Tinha 135 horas de voo.

2º sargento Francisco de Assis Villas Bôas Santos

Vinte e quatro anos. 1º mecânico (Q AV) da FAB. Diplomado mecânico de Voo na EEAR, em 18 de abril de 1944. Natural do Rio de Janeiro. Filho de Ary Villas Bôas Santos e de Maria do Carmo Santos. Casou-se em 13 de maio de 1947 com Lila Dionízio Dias, residia no bairro São Clemente, Rio de Janeiro. Tinha 678 horas de voo.

3º sargento Orlando Augusto Borges

Segundo mecânico (Q AV) da FAB, natural do Rio de Janeiro, solteiro. Foi aprovado para ingressar na EEAR do Galeão em novembro de 1946. A bordo dos C-47 da FAB, Augusto Borges exercia as mesmas funções do 2º sargento Francisco de Assis Villas Bôas. O sargento Borges somava 161 horas de voo.

3º sargento Haroldo Oliveira de Almeida

Vinte anos. Radiotelegrafista de Voo (Q RT VO). Diplomado pela EEAR, em 3 de julho de 1947. Filho de Manoel Pereira de Almeida e de Zulmira de Almeida. Casado havia quatro meses (fevereiro) com Adélia Bastos de Almeida, 21 anos, que estava grávida de dois meses. Havia ingressado na FAB em 1946 e, durante esse tempo, já tinha sobrevivido a dois acidentes aéreos: um em Alagoas, quando o avião em que estava perdeu parcialmente uma das asas em pleno voo; e outro no Acre, quando o avião fez um pouso forçado. Em ambos os casos, teve ferimentos leves. Apesar de ter escapado com vida de dois acidentes aéreos, Haroldo sempre dizia a seus familiares que a Aviação era a sua verdadeira vocação, e, caso algum dia ele viesse a morrer em um desastre aéreo, "paciência"... Haroldo tinha 631 horas de voo no total.

Como já vimos, a tripulação regular de um C-47 era constituída por quatro militares; dois pilotos (comandante e copiloto) e dois aeronavegantes especialistas —um ocupava a função de mecânico de Voo, e o outro, de radiotelegrafista. Em voos de longa duração e em lugares com poucas referências visuais, era necessário um navegador que poderia ser incluído na tripulação. Embora a rota Rio de Janeiro – Uruguaiana dispensasse o emprego de um navegador, o fato é que os jornais da época citam Damião Capobianco como navegador na missão, o que não é verdade, já que a especialidade de Damião era Meteorologia.

Ainda segundo os jornais e o relatório que o Centro de Investigação e Prevenção de Acidentes Aeronáuticos (Cenipa)[101] elaborou com base em documentos oficiais daquela época, havia seis tripulantes no avião, ou seja, dois tripulantes a mais do que o habitual. Isso ocorreu por dois motivos: o primeiro é que, além de transportar passageiros, correspondências e cargas, os voos nos C-47 da FAB (a serviço do 2º GT e do CAN) contribuíam com as atividades de instrução/treinamento ou avaliação das tripulações, dos oficiais aos graduados. Tudo indica que o 3º sargento Orlando Augusto Borges, 2º mecânico (Q AV), estava sendo instruído (ou até mesmo avaliado) pelo 2º sargento Francisco de Assis Villas Bôas, 1º mecânico (Q AV), o militar mais antigo dentro da especialidade de mecânico de voo.

Já no caso do 2º tenente Damião Capobianco, embora alguns jornais da época citem que ele viajava para Porto Alegre, a fim de assumir novas funções no Quartel General da 5ª Zona Aérea (posteriormente 5º Comar), com sede naquela capital, existem algumas evidencias de que Damião Capobianco não fazia parte oficialmente da tripulação; segundo familiares, esse era o último voo que ele realizaria como militar; viajava para o Rio Grande do Sul com o objetivo de providenciar a papelada para o seu licenciamento na FAB e vender a casa onde residiu durante o tempo em que serviu em Canoas. Dali a alguns dias, quando Damião retornasse para o Rio de Janeiro, onde a esposa e os dois filhos pequenos o aguardavam, já seria um paisano. Nesse caso, por que Damião viajou para Porto Alegre como tripulante, e não como passageiro? Com base nessa indagação, José Lourenço dos Santos Jr.[102] explica:

> Damião seria considerado oficialmente membro da tripulação, se seu nome estivesse na Ordem de Missão, mesmo não sendo Aeronavegante. Isso poderia ocorrer por ele estar em uma missão especial - por exemplo, adestramento em voo, prática comum nos voos do CAN - ou para poder receber diárias de alimentação, hospedagem e direito de acesso ao rancho.

Algum tempo depois de entrevistar o comandante José Lourenço, tive, por meio de Júlio Capobianco (irmão de Damião), a confirmação de que ele nem sequer figurava na lista de tripulantes (ou passageiros) para embarcar no dia 6 de junho de 1949. O que se comenta é que, a poucas horas de o C-47 decolar, Damião, com seu jeito carismático, pediu a um amigo que estava a

---

[101] Informe realizado com base nas informações constantes em microfilmes arquivados no Cenipa, informe esse disponibilizado para este autor com o único propósito de historiar a ocorrência.

[102] Aviador e Pesquisadorpesquisador da Históriahistória da aviação BrasileiraAviação brasileira.

bordo do 2023 e que servira com ele em uma certa base militar da FAB para que lhe cedesse o lugar, pois precisava viajar a Porto Alegre com urgência. Prontamente o amigo atendeu ao pedido, e, assim, a papelada para que Damião pudesse viajar foi feita às pressas. Quis o destino que Damião conseguisse o seu lugar naquele voo e seu amigo permanecesse vivo para contar a história. O próprio Júlio Capobianco descreve uma parte da história do seu irmão:

> *Para melhor "sentir" os fatos, são necessárias muitas histórias que conduzem ao entendimento sobre o que aconteceu com meu irmão: um jovem simpático, desinquieto, atlético, sempre se movimentando. Ele chegou a receber a extrema-unção em 1941 e foi salvo por uma droga desenvolvida na guerra e mal conhecida no Brasil: a sulfanilamida. Desistiu do Curso de Medicina, abandonou o de Engenharia e, talvez por ter um espírito aventureiro, foi para Medelín e depois para os EUA fazer a tão desejada especialização em Meteorologia. Agia com a velocidade e impulso de quem sabia que a vida é curta e o tempo precioso precisa ser aproveitado. Alegre, estava sempre rodeado de amigos e admiradoras. Damião, radiante, serviu feliz à FAB, e estava voltando à vida civil, era sua última viagem de tantas que já havia feito entre as bases aéreas de Val-de-Cans[103], em Belém, e Canoas, no Rio Grande do Sul. Sabia-se, pelas prosas, que, quando acabou a Segunda Guerra Mundial, passou a inspecionar as linhas internacionais nos voos do Sul ao Nordeste do país. Por isso, comprou uma casa em Porto Alegre. Na ocasião do acidente, morava no Rio de Janeiro, na Rua Almirante Alexandrino, por onde circulava o bonde de Santa Tereza, que habitualmente usava. Na manhã do embarque, não havia passageiro no ponto. O motorneiro deu duas chamadas na sineta de alerta, o bonde prosseguiu lentamente, quase com má vontade... e então, com o tropel da correria do atrasado, a parada brusca. Meu irmão não perdeu o bonde: perdeu a vida! Chegou no aeroporto a tempo de embarcar...*

Os relatos de José Lourenço e Júlio relacionam-se e levam-me a crer que, se Damião embarcou às pressas para Porto Alegre com a lotação de passageiros esgotada, seus companheiros decidiram incluí-lo como um membro da tripulação do C-47 2023 no papel de "navegador", especialidade essa que não fazia parte do currículo de Damião. Como já vimos, sua especialidade era Meteorologia, que, por sua vez, não era uma modalidade compatível com a de um aeronavegante. Tudo parece indicar que essa foi apenas uma estratégia para incluí-lo no voo.

---

[103] Val-de-Cans e as outras bases aéreas utilizadas pelos americanos durante a Segunda Guerra Mundial foram entregues ao Ministério da Aeronáutica em 1945.

4.2 A BORDO, UMA TRIPULAÇÃO DE EXCELÊNCIA

Todos os membros da tripulação do C-47 2023 tinham excelente currículo militar. A formação dos aviadores e dos especialistas da FAB sempre foi do mais elevado gabarito. Os oficiais-aviadores Carlos Augusto de Freitas Lima e Miguel Sampaio Passos frequentaram a Escola de Aeronáutica dos Afonsos[104], criada em 10 de julho de 1919, nos primórdios da Aviação brasileira, com a denominação de Escola de Aviação Militar. Com a criação do Ministério da Aeronáutica, em janeiro de 1941, veio a fundir-se com a Escola de Aviação Naval, tornando-se uma só: a Escola de Aeronáutica dos Afonsos. Para ingressar nessa escola, o candidato a aviador tinha que passar por rigorosíssimos processos seletivos. Além da Escola de Aeronáutica dos Afonsos, que formava oficiais-aviadores, havia a Escola de Especialistas da Aeronáutica, que formava sargentos especialistas-aeronavegantes[105]: mecânico de Voo, radiotelegrafista de Voo, mecânico de Armamentos e mecânico de Fotografias. Essa escola também estava sediada no Rio de Janeiro, mais precisamente na Ilha do Governador[106]. O 2º sargento Francisco de Assis Villas Bôas, 1º mecânico de Voo (Q AV); o 3º sargento Orlando Augusto Borges, 2º mecânico de Voo (Q AV); e o 3º sargento Haroldo Oliveira de Almeida, radiotelegrafista de Voo (Q RT VO) (todos pertencentes ao 2º GT), foram diplomados pela EEAR em suas respectivas especialidades. Quanto ao terceiro oficial a bordo, o 2º tenente Damião Capobianco Neto — como já vimos —, cursou a especialidade de Meteorologia em Medellín, Colômbia (Interamerican Meteorological School), nas dependências da Universidade de Antioquia, e, posteriormente, no Curso Avançado em Meteorologia na Universidade da Califórnia, em Los Angeles, EUA[107]. Esses homens tinham sólida formação militar, intelectual e profissional, além de altos padrões éticos, morais, cívicos e sociais.

Mesmo com o elevado grau de conhecimento técnico-operacional dos tripulantes, eles eram constantemente submetidos a rigorosos treinamentos de aperfeiçoamento. A missão do dia 6 de junho era mais uma entre outras tantas missões que os militares da FAB realizavam com extremo profissionalismo todos os dias, houvesse tempo bom, houvesse tempo ruim, cruzando

---

[104]   Posteriormente transferida para Pirassununga/SP, passou a se chamar Academia da Força Aérea.

[105]   Especialistas que realizam suas funções a bordo da aeronave.

[106]   Transferida em 1950 para Guaratinguetá/SP como EEAR.

[107]   Posteriormente foi criada a ETAv de São Paulo, que formou, de agosto de 1944 a junho de 1950, 3.878 terceiros-sargentos (média anual de 646), distribuídos em 25 especialidades.

este imenso país de leste a oeste e de norte a sul. Essa seria a última missão desses homens a bordo de um C-47 da FAB, o último voo.

Foto 11 – À esquerda, Carlos Augusto de Freitas Lima, 1º tenente-aviador

Foto 12 – À direita, o 1º tenente-aviador Carlos A. F. Lima acompanhado do seu grande amigo e 1º tenente-aviador Miguel Sampaio, em frente ao Grande Hotel Termas de Araxá

Fonte: acervo da família Sholl

Foto 13 – Damião Capobianco Neto, 26 anos, 2° tenente meteorologista, com sua esposa, Maria da Graça, em 26 de abril de 1946

Fonte: acervo pessoal de Júlio Capobianco

RESGATANDO A HISTÓRIA DO C-47 2023

5.1 AS PRIMEIRAS PESQUISAS

Nos últimos anos, enquanto eu produzia esta obra, muitas pessoas me perguntaram quem ou o que me motivou a pesquisar e escrever sobre o último voo do Douglas C-47 2023 da FAB. Em primeiro lugar, a importância do resgate histórico do ocorrido, praticamente esquecido ao longo do tempo; em segundo lugar, a fascinação que tenho por aviões e montanhas, além de outros fatos e pessoas, sendo a primeira delas o meu pai, José Silvio Cardoso. Ele tinha apenas 8 anos de idade, em junho de 1949, quando ocorreu a tragédia, mas foi somente em 1957, aos 16 anos, que ele ouviu falar pela primeira vez sobre o ocorrido, quando trabalhava na serraria do meu avô Ângelo Hortêncio Cardoso. Lá havia um homem conhecido pela alcunha de Chiquinho, que vivia falando, com certa vaidade, que tinha participado das tarefas de busca e resgate do corpo das vítimas de um avião da FAB que colidira com o Morro do Cambirela. Meu pai sempre ouvia aquela história com grande interesse, curiosidade e espanto.

Eu só ficaria sabendo dessa história algumas décadas depois, aproximadamente às 21h de 12 de abril de 1980, quando comemorava em casa, com meus pais, irmãos, entre outros familiares, meu aniversário de 11 anos. Naquela noite o acordeão que embalava a festa parou de tocar quando soubemos pela TV que o Boeing 727-100 da Transbrasil (o PT-TYS) havia colidido fazia pouco tempo contra o Morro da Virgínia, na localidade de Ratones, Ilha de Santa Catarina. Aquela notícia trágica a que acabáramos de assistir no plantão extraordinário interrompeu o clima festivo. O silêncio só foi quebrado quando meu pai, com um semblante assustado, contou-nos resumidamente as histórias que ele tinha ouvido quando jovem sobre o acidente aéreo no Morro do Cambirela envolvendo um avião da FAB. A notícia do desastre aéreo com o Boeing da Transbrasil no Morro da Virgínia e a história sobre o desastre aéreo no Morro do Cambirela, que ouvi naquela noite marcada por fortes chuvas, relâmpagos e trovoadas, ficaram gravadas na minha memória para sempre.

Em junho de 1989, quando eu estava no segundo ano do serviço militar, servindo no 2º Esquadrão do 7º Grupo de Aviação da Base Aérea de Florianópolis, o Esquadrão Phoenix, fiquei sabendo por meio de um tenente-aviador que o desastre aéreo do Cambirela acontecera no dia 6 de junho, portanto naquele mês se completavam exatos 40 anos do desastre com o C-47 2023 da FAB. Movido pela curiosidade, atravessei o pátio de aeronaves do Esquadrão Phoenix e dirigi-me ao trapiche que fica em frente à BAFL, onde avistei o imponente Morro do Cambirela espelhando-se vaidoso nas águas da Baía Sul. Era difícil imaginar que aquele lugar tão belo e majestoso ocultava em suas entranhas os destroços de um avião da FAB, além de uma história trágica. Naquele instante, instintivamente, prometi a mim mesmo que, quando o acidente completasse 50 anos, eu escalaria o Morro do Cambirela para tentar encontrar o avião.

Dez anos se passaram, e a promessa foi cumprida quando, na manhã ensolarada de um domingo, dia 6 de junho de 1999, eu e meus amigos Diego Juncks, Jefferson Espíndola e o uruguaio Marcelo Alejandro Gonzalez Muniz escalamos o Morro do Cambirela pela primeira vez. A prioridade era tentar encontrar o local onde, segundo meu pai, o avião da FAB havia colidido em 1949 e, é claro, tentar localizar os destroços. Eu sabia muito pouco sobre o avião, quase nada, para falar a verdade. Naquele dia, enquanto apreciávamos a impressionante paisagem que só o alto do Morro do Cambirela pode proporcionar, as palavras do meu pai ecoavam na minha cabeça e as primeiras perguntas invadiam meus pensamentos: quais seriam o modelo e tamanho do avião? De onde ele vinha e para onde ia? Quais teriam sido os fatores contribuintes que levaram o avião a colidir com o Cambirela? Quantas pessoas o avião transportava? Quem eram elas? Quantas sobreviveram ou pereceram naquele lugar? Como elas foram retiradas daquele local tão alto, com terreno íngreme e perigoso? Quem fez o resgate? Com quais recursos? Qual teria sido o local exato da colisão? Haveria ainda destroços do avião por lá?

Naquele dia, a escalada no Morro do Cambirela também fez parte de uma das etapas da preparação física e técnica que Jefferson Espíndola e eu estávamos realizando para encarar algumas escaladas tradicionais no complexo de escaladas do Frey, na época um ambiente quase selvagem e isolado, situado no Cerro Catedral em San Carlos de Bariloche, na Patagônia, Argentina. Tais escaladas fariam parte do projeto Patagônia 2000, em comemoração aos Quinhentos Anos do Descobrimento do Brasil. As escaladas acabaram ocorrendo no ano seguinte, em fevereiro de 2000, com o apoio de um empresário catarinense da cidade de Videira que representava a Century do Brasil e a SKY. Depois de escalar o Cambirela, naquele dia regressei para casa com mais perguntas do que respostas.

Foto 14 – Jefferson Espíndola (esq.), Silvio Adriani Cardoso (centro) e Marcelo Alejandro Gonzalez Muniz (dir.) durante a escalada na face norte do Morro do Cambirela, em 6 de junho de 1999

Fonte: registro fotográfico de Diego Juncks. Acervo pessoal de Silvio Adriani Cardoso

Quatro meses depois da nossa escalada, no dia 24 de outubro de 1999, o jornal *AN Capital* trouxe estampado em sua capa a seguinte manchete: "Acidente de avião no Cambirela, que matou 24[108] pessoas, completa 50 anos". A reportagem levava a assinatura do brilhante jornalista Celso Martins da Silveira Jr.[109], ou seja, cinco décadas depois da tragédia com o avião da FAB, e aproximadamente quatro meses depois da nossa primeira incursão no Cambirela, em junho do mesmo ano, o acontecimento voltava a ser manchete estampada na capa de um jornal que anunciava matéria com

---

[108] Nota do autor: foram 28 mortos.
[109] O jornalista Celso Martins da Silveira Jr. publicou, entre outros, os livros *Vida dura* (poemas), *Anita Garibaldi: heroína da liberdade* (em parceria com Dagoberto Martins), *Os Comunas: Álvaro Ventura e o PCB catarinense*, *Farol de Santa Marta: a esquina do Atlântico*, *Tabuleiro das águas: resgate histórico e cultural de Santo Amaro da Imperatriz*, *Os quatro cantos do sol: Operação Barriga Verde* e *O mato do tigre e o campo do gato: José Fabrício e o combate do Irani*.

duas páginas (páginas 4 e 5) inteiras, em formato *standard*. A reportagem de Celso Martins foi a mola propulsora que eu precisava para iniciar as minhas pesquisas sobre aquele ocorrido, pois respondeu a algumas das perguntas que havia feito, quatro meses antes, no alto do Cambirela, entre elas: que o avião era consideravelmente grande para a época, um Douglas (19,43 m de comprimento e 29,11 m de envergadura)[110] de designação C-47, matrícula 2023, que pertencia ao 2º GT da FAB e estava sediado no Rio de Janeiro, de onde partiu rumo a Uruguaiana, no Rio Grande do Sul, com escalas em São Paulo, Curitiba, Florianópolis e Porto Alegre. A reportagem também citava que o avião estava a serviço do CAN e realizava o transporte misto de cargas e passageiros.

Embora a ampla reportagem de Celso Martins tenha respondido em parte às minhas perguntas, ainda pairavam muitas outras no ar, tais como: qual o local exato do desastre? Onde estavam os destroços e em que condições? (encontrar o local dos destroços certamente me ajudaria a ter uma ideia de como poderia ter ocorrido o desastre). Quais teriam sido as dificuldades para localizar e resgatar os corpos? Entre outras inquietações.

Algumas semanas depois, com base nas informações obtidas no artigo do jornal *AN Capital*, dirigi-me à Biblioteca Pública de Santa Catarina, no centro de Florianópolis, onde obtive importantes informações dos quatro principais jornais da época do desastre, sendo eles *A Gazeta*, *O Estado* e *Diário da Tarde*, impressos em Florianópolis; e jornal *A Notícia*, impresso em Joinville. As várias reportagens publicadas em junho de 1949 nesses jornais deram-me uma perspectiva ainda maior da gravidade do acidente e da complexa operação de resgate dos corpos.

Em 6 de junho de 2009, quando o desastre com o C-47 2023 completou 60 anos, subi o Morro do Cambirela pela segunda vez, agora acompanhado dos meus amigos Alberto Cesconetto e Oscar Lobo. Ao contrário da primeira vez, quando escalei sem saber praticamente nada sobre o avião ou da complexa operação de resgate, dessa vez já tinha algumas informações, entre elas a de que o Douglas C-47 2023 havia colidido contra uma formação rochosa denominada Pedra da Bandeira.

Com o transcorrer dos anos, percebi que, além de mim, muitas pessoas não só tinham curiosidade em saber o que realmente ocorreu com C-47 no Morro do Cambirela, como também procuraram incansavelmente pelos destroços durante anos, sem nunca terem encontrado nada. Curiosamente,

---

[110] Bem maior que um ônibus rodoviário, que possui 15 m de comprimento.

à medida que minhas buscas pelos destroços do C-47 2023 ganhavam repercussão, alguns familiares das vítimas fizeram contato comigo para saber o que de fato aconteceu com o avião que transportava seus entes queridos. As mesmas indagações fizeram-me alguns dos familiares dos socorristas que auxiliaram nas buscas e no resgate dos corpos: eles queriam obter mais informações sobre as adversidades que seus antepassados tiveram que superar ao longo da Operação Cambirela, que durou quatro dias e três noites. Além disso, havia alguns moradores na região do entorno do Cambirela ou de Palhoça que, apesar de residirem próximo ao local, jamais ouviram falar do acidente ocorrido ali, e pior: há quem acredite que tudo não passa de uma lenda urbana.

É por esses e outros motivos que, a partir de dezembro de 2016, decidi resgatar esta história e transformá-la em um livro, com a ideia inicial de lançá-lo em 2019, quando se completariam 70 anos do desastre aéreo no Cambirela (devido a inúmeras adversidades, só concluí a produção textual do livro em março de 2022). Hoje, ao finalizar esta obra, penso que, embora não tenha obtido todas as respostas, encontrei ao menos respostas para as principais perguntas que eu, familiares e amigos dos tripulantes, passageiros e socorristas, além da população em geral, fizemos durante décadas. Dos primeiros questionamentos em 1999 ao desfecho — momento em que encontrei o local do desastre, em 27 de maio de 2018 (e com ele praticamente a confirmação de grande parte das minhas teorias), 21 anos transcorreram, e os últimos 6 foram dedicados a pesquisas mais profundas e complexas, que resultaram neste livro. Para mim, sem dúvida alguma, esta foi (e continua sendo) uma das experiências mais enriquecedoras e marcantes da minha vida.

Foto 15 – Silvio Adriani Cardoso sobre a Escarpa da Bandeira em junho de 1999

Fonte: acervo pessoal do autor

De 2016 a 2022, intensifiquei minhas pesquisas em bibliotecas, arquivos históricos, além das "pesquisas de campo" nas pequenas comunidades do entorno do Cambirela: Furadinho, Praia de Fora, Enseada do Brito e Guarda do Cubatão e, principalmente, do próprio Morro do Cambirela. A primeira pesquisa ocorreu no dia 19 de dezembro de 2016, na comunidade do Furadinho, situada na base leste do Cambirela. Meu objetivo era dialogar com os moradores, principalmente os mais antigos, os idosos. Logo nas primeiras conversas, percebi que nem todas as pessoas da comunidade se sentiam confortáveis para conversar sobre o desastre. Houve momentos em que tive a sensação de que não era bem-vindo, que a minha presença e, sobretudo, o assunto "desastre aéreo no Cambirela" pareciam incomodar algumas pessoas que consideravam esse assunto um tabu.

Semanas mais tarde, compreendi que parte do motivo de tanto incômodo e inquietação tinha relação com as consequências dos saques (repercussão negativa na imprensa brasileira e mundial e com as pessoas que foram presas e interrogadas na época do desastre). Eram "feridas" as quais prefeririam não tocar. O fato é que, além de histórias para contar, certos moradores que vivem nas comunidades no entorno do morro do Cambirela já possuíram, ou ainda possuem, peças ou fragmentos[111] do avião, além de

---

[111] Não confundir peça com fragmento. Peça é uma parte de um todo que tem existência autônoma; enquanto fragmento é um pedaço de algo que se quebrou, cortou, rasgou.

possíveis objetos que pertenceram aos tripulantes, aos passageiros ou até mesmo aos militares e civis que participaram das buscas e do resgate dos corpos. Essas peças e objetos passaram de mão em mão, de geração em geração, por sete décadas, e ainda são guardadas como verdadeiros tesouros por algumas famílias. Nessa lógica, o fato de se depararem com um estranho batendo à porta e perguntando coisas sobre um certo avião da FAB, mesmo que transcorridas várias décadas, intrigava e incomodava algumas pessoas.

Apesar dos contratempos, houve também quem me recebeu muito bem, como foi o caso de pelo menos dois personagens residentes na comunidade do Furadinho e que foram testemunhas oculares desse fato histórico: o Sr. Arnoldo Leonel, 87 anos; e o Sr. Alcides Manoel de Quadros, o Dinho, de 84 (*in memoriam*). Outros dois grandes colaboradores nativos do Furadinho foram Marcio José Paulo e Antônio Manoel da Silva (popularmente conhecido como "Biéli"), autor do livro *Furadinho: fragmentos de sua história*, publicação essa que me inspirou a escrever o artigo "Cambirela, fragmentos de sua história", publicado no *site* Alta Montanha[112] em março de 2018.

Algum tempo depois, embora ainda não tivesse ideia de onde encontrar os destroços, retomei minhas pesquisas no alto do Morro do Cambirela. Em 20 de dezembro de 2016, decidi retornar à Biblioteca Pública de Santa Catarina para novas pesquisas. Naquela tarde, o funcionário deixou sobre a minha mesa uma caixa azul[113] que continha alguns relatórios anuais do Colégio Catarinense, das décadas de 1920, 1930, 1940 e 1950. Sem titubear, retirei de dentro da caixa o relatório do ano de 1949. Para minha surpresa, após folhear algumas páginas, encontrei no verso da página 13 três fotos que, apesar de envelhecidas e desgastadas pelo tempo, prometiam ser muito interessantes.

A primeira foto intitulava-se "Subindo o Cambirela em busca do avião sinistrado", em que é possível ver um grupo de jovens paisanos, moradores das comunidades do entorno do Morro do Cambirela, trajando roupas simples, amontoados sob a Aresta da Bandeira, enquanto observam a operação de busca e resgate dos corpos. A segunda foto[114], intitulada "A cauda do avião no meio da mata", parecia indicar o local do desastre. O problema é que essa foto (16-1) estava tão escura e envelhecida pelo tempo que revelava apenas a silhueta do morro, sem mostrar com detalhes outros pontos de referência.

---

[112] Disponível em: https://altamontanha.com/cambirela-fragmentos-de-sua-historia/. Acesso em: 15 set. 2022.

[113] Caixa n.º 21: "Obras raras catarinenses".

[114] Alguns anos depois, de forma surpreendente, recebi o original dessa foto, que se tornaria uma das revelações mais importantes desta história.

Foto 16 – (1) Foto publicada na página 13 do relatório anual do Colégio Catarinense do ano de 1949; (2) foto da canaleta sudeste (entre o Subcume a Escarpa da Bandeira), registrada em 18 de junho de 2017 desde o subcume, com base na minha perspectiva (com base na Foto 1 e no relato de Cid Neto); (3) foto original (melhor resolução) da face leste enviada por Ana Caldatto em junho de 2020; (4) foto da face leste registrada em agosto de 2020 alguns dias depois do incêndio. PONTOS DE REFERÊNCIA: (A) Rio Cubatão do Sul; (B - foto 1) Pedra da Bandeira (PB-5), a verdadeira, (B- foto 2) Pedra da Bandeira (PB-2) citada por Cid Neto;(C) cauda do C-47 2023, que me levou a crer que os destroços estavam no interior do falhamento (grotão) na porção sudeste (fotos 1 e 2). (D) Pedra da Bandeira (PB-5) a verdadeira, registrada em 1949 e em 2020

Fonte: pesquisas de Silvio Adriani Cardoso

Surpreendentemente, se no início de minhas pesquisas essa pequena fotografia (associada a outros fatos que serão aqui abordados) me trouxe mais dúvidas do que certezas (sem falar de outras interpretações que me forçaram a tomar algumas conclusões precipitadas e equivocadas), no fim de minhas pesquisas, essa mesma fotografia tornou-se uma das minhas principais provas documentais que contribuíram para que eu encontrasse a verdadeira Pedra da Bandeira.

A terceira foto, na porção inferior da página, intitulada "Descansando sobre os restos do avião", mostrava um pequeno grupo de sete adolescentes que estava sobre o que restou de um avião. Prendi a respiração, procurei pela designação (tipo de aeronave) na deriva, e lá estava: "C-47"! Respirei fundo, e em uma fração de segundos, ainda com as mãos trêmulas, conferi a matrícula: "2023". Incrível! Essa foi a primeira foto do C-47 que eu encontrei depois de anos pesquisando.

Em outro relatório anual do Colégio Catarinense[115], encontrei mais fotos dos destroços do C-47 2023; os dois conjuntos de hélices retorcidas, o que restou de um dos dois trens de pouso e a empenagem com a seguinte descrição: "O que sobrou do avião sinistrado no Cambirela". Depois de décadas tentando encontrar ao menos uma foto do avião (ou do que restou dele), ali estavam elas. A foto histórica da empenagem que ilustrava a página 99 do relatório de 1950 me impressionou de tal modo que, mais tarde, acabaria inspirando o nome e a capa deste livro.

Especialistas em Arqueologia da Aviação (*Aviation Archaeology*)[116], um movimento muito atuante nos EUA e na Europa que consiste basicamente em pesquisar, localizar e documentar tanto os locais de desastres aéreos históricos como os fragmentos encontrados, além de desenvolver a consciência de preservação desses locais e a sua história, são unânimes em afirmar que encontrar o local onde ocorreu um acidente envolvendo uma aeronave, depois de décadas, não é tão simples quanto parece. Segundo os pesquisadores, 95% do tempo deve ser empregado em pesquisa, e apenas 5% em trabalho de campo. E eu assino embaixo, pois senti isso na pele. No meu caso, os meus "5%" de trabalho em campo representaram pelo menos umas 18 subidas ao morro do Cambirela, somente para fins de pesquisa, sem falar das outras dezenas de vezes que escalei o Cambirela como condutor ambiental local credenciado pelo IMA para atuar no Paest conduzindo grupos desde

---

[115] Relatório do Colégio Catarinense, publicado no fim do ano letivo de 1950, p. 99.

[116] Saiba mais em: https://www.aviationarchaeology.com ou https://www.aerocherche.fr. Acesso em: 15 set. 2022.

clientes formados por trilheiros experientes a estudantes, escoteiros, grupos empresariais, militares e até de pessoas simples, homens e mulheres, cada qual com diferentes objetivos que vão do lazer desinteressado à busca pela aventura, atividades pedagógicas, treinamentos de equipes (*team building*), iniciação ao montanhismo recreativo, desenvolvimento de habilidades físicas ou técnicas. Independentemente de qualquer um desses objetivos citados, em comum, todos, sem exceção, querem conhecer as histórias do Cambirela, principalmente sobre o desastre aéreo.

Para encontrar os destroços históricos do C-47 2023 da FAB, tive que "fazer a lição de casa" primeiro. E não foi uma tarefa fácil! Pesquisar um acidente que estava prestes a completar 70 anos foi uma tarefa complexa, ainda mais para quem não tinha absolutamente nenhuma experiência ou intimidade com "investigações" de desastres aéreos ou com arqueologia aeronáutica. Talvez, o fato de ter no sangue o mesmo espírito investigativo do meu pai (que, depois de três anos de estudos no Instituto de Investigações Científicas e Criminais, obteve o diploma de detetive profissional na década de 1970, apenas por *hobby*) fez alguma diferença. Pesquisar a história do C-47 2023 revelou-se uma tarefa hercúlea, que exigiu incontáveis quilômetros percorridos de carro nos estados do Sul (PR, SC e RS), mais de 120 quilômetros acumulados entre subidas e descidas (a pé) ao Morro do Cambirela, sem falar das dezenas de horas ao telefone realizando chamadas para diversos estados brasileiros, de norte a sul do país ou na internet conversando com especialistas em Aviação em diferentes pontos do planeta (Ásia, europa e américas do norte e do sul).

Alguns dos momentos mais marcantes de minhas pesquisas foram as longas conversas que tive com ex-tripulantes de aviões Douglas DC-3 (da Aviação comercial) e Douglas C-47 (da Aviação militar/FAB), ex-oficiais-aviadores, ex-mecânicos de Voo, ex-radiotelegrafistas, bem como com pesquisadores da história da FAB e da USAAF, entre outros.

Um desses tripulantes foi Alcebíades de Barros Calhao ou suboficial Calhao, graduado como sargento-radiotelegrafista de voo da Força Aérea Brasileira em 1947, na EEAR do Galeão, no Rio de Janeiro. Após completar 11.878 horas de voo, a maioria delas a bordo de um Douglas C-47 da FAB, passou para Reserva como suboficial em outubro de 1967. Alcebíades Calhao também é escritor, autor do livro *Momentos de decidir: fatos e reminiscências.* *"A fase C-47 do C.A.N."*. Depois de ler esse livro, decidi ligar para Corumbá, Mato Grosso do Sul, onde Calhao reside com sua família, para felicitá-lo.

Foi emocionante conversar por horas a fio com essa testemunha viva, que participou de inúmeras missões pelo 1º e pelo 2º Grupo de Transportes a serviço do Correio Aéreo Nacional. O suboficial Calhao foi umas das pessoas que me ajudaram a compreender o universo operacional de uma tripulação de C-47 na década de 1940.

Assim como ele, outras pessoas que colaboraram imensamente com esta obra adicionando peças importantes no "quebra-cabeça" serão citadas nos devidos capítulos ou nos agradecimentos finais. Também recorri aos arquivos históricos, entre eles o do 14º Batalhão de Caçadores do Exército Brasileiro, a documentos oficiais da Aeronáutica e a boletins diários da Polícia Militar de Santa Catarina, entre outros documentos oficiais e extraoficiais da época. Visitei bibliotecas, museus e entrevistei algumas pessoas que viveram na época do acidente e que tiveram um envolvimento direto ou indireto com o desastre e as suas consequências, como foi o caso de três dos militares do 14 BC que estiveram no alto do Morro do Cambirela, entre eles o 2º tenente Murilo de Andrade Carqueja (atualmente coronel da Reserva do Exército); o ex-soldado de saúde/padioleiro Waldir Weiss n.º 930, da Companhia de Metralhadoras e Morteiros; e o ex-soldado Irineu Adolpho Brüggemann n.º 867, da 1ª Companhia.

Em novembro de 2017, viajei a Porto Alegre para conhecer (externa e internamente) o Douglas DC-3 PP-ANU que está estrategicamente localizado no Boulevard Laçador, a poucos metros da cabeceira 11 da pista de pousos e decolagens do Aeroporto Salgado Filho e dos antigos hangares da Varig. Embora o PP-ANU tenha a configuração de avião de transporte comercial, diferente de um C-47 de transporte militar, eu tive ampla ideia das dimensões dessas clássicas aeronaves, já que tanto o DC-3 (Varig PP-ANU) como o C-47(FAB 2023) têm medidas (envergadura, comprimento, altura etc.) muito similares. O PP-ANU foi uma maravilhosa fonte de inspiração para mim. Recomendo a visita[117].

Para descrever com maior realismo como foi a operação de busca e resgate no Morro do Cambirela, percebi que precisava ir além dos relatos orais e dos relatórios do 14 BC aos quais tive acesso. Decidi, então, escalar o Morro do Cambirela via face norte, a mesma utilizada pelos socorristas, em dias que apresentassem características similares às que os militares encontraram ao longo dos quatro dias e três noites que durou a operação

---

[117] Fique por dentro da programação acessando: https://www.instagram.com/varigexperience/. Acesso em: 15 set. 2022.

(7 a 10 de junho), ou seja, em pleno inverno, em dias chuvosos, enfrentando baixas temperaturas. Não existe fonte de inspiração maior do que vivenciar um fato histórico no local exato onde ele ocorreu, ainda mais se as condições meteorológicas (frio, chuva, vento, terreno difícil etc.) forem mais ou menos similares à época do ocorrido.

Essa experiência foi extremamente inspiradora e, ao mesmo tempo, confesso, surpreendente e desafiadora. Apesar dos meus 25 anos de vivência como montanhista com alguma experiência de escalada em montanhas e paredes clássicas como Pão de Açúcar e Dedo de Deus, no Rio de Janeiro, Pedra do Baú, em São Paulo, ou ainda em San Carlos de Bariloche, na Patagônia, Argentina, entre outras, e de contar com algumas habilidades para lidar com situações inesperadas e perigosas, nada disso impediu que eu tivesse que administrar algumas situações consideravelmente temerárias no Morro do Cambirela, principalmente no local onde ocorreu o desastre na vertente leste, bem como na face norte (onde já vimos muitos "marmanjos" chorando ou abalados psicologicamente quando tiveram que encarar os paredões da face norte). É possível imaginar as dificuldades que aqueles homens, a maioria sem praticamente nenhuma experiência ou equipamentos apropriados, lidando com terreno montanhoso, tiveram que enfrentar em junho de 1949, encarando sensações térmicas próximas às negativas, provocadas pela combinação de fortes ventos, chuvas e baixas temperaturas. É muito provável que eu não consiga transmitir com palavras o verdadeiro sofrimento vivido pelos socorristas, em muitos dos quais o trauma persistiu por anos, porém suas ações representam um verdadeiro ato de heroísmo e são dignas de registro para a posteridade.

Nem é preciso dizer que, apesar de todos os percalços, minha vivência foi bem menos sofrida, ao contrário daqueles homens, que não contavam com roupas nem equipamentos especiais. A fins de comparação, enquanto hoje vestimos calças e jaquetas impermeáveis, quebra-vento (Anorack), em 1949, os jovens soldados usavam a tradicional (e pesada, quando molhada) gandola e calça de brim verde-oliva. Em vez de calçados com tecnologia Thinsulate[118] leves, confortáveis, com boa impermeabilização e solado de boa aderência, que proporcionasse mais segurança para encarar aquele terreno abrupto e instável, os militares usavam o coturno militar, que, em parte, limitava a mobilidade articular dos tornozelos e o desempenho nas subidas e descidas. Sem falar dos civis, pessoas simples, muitas das quais nem sequer tinham um calçado para vestir, e que subiram/desceram o Cambirela descalças.

---

[118] Tecnologia que ajuda a bloquear a perda de calor do corpo retendo-o, tornando o calçado um eficiente isolante térmico.

Os socorristas de outrora também não contavam com técnicas ou equipamentos específicos e sofisticados para trabalho em ambiente vertical, principalmente nos trechos mais íngremes, como o Setor 3 da face norte, e o Setor 6 da face leste (vide Plano aéreo dos setores históricos do Morro do Cambirela). Se um desastre aéreo com as mesmas proporções ocorresse atualmente no mesmo local no Morro do Cambirela, uma operação de busca e resgate provavelmente seria concluída em poucas horas, desde que as autoridades pudessem contar com o apoio aéreo dos modernos helicópteros (da FAB, do Exército, da Polícia Militar ou do Corpo de Bombeiros), sem falar que as equipes de socorro estariam equipadas com modernos equipamentos de resgate em montanha, além de eficientes sistemas de comunicação, valendo-se, por exemplo, de rádios portáteis de longo alcance (ou até mesmo de celulares).

Aliás, diga-se de passagem, em junho de 1949, a deficiência de comunicação entre os socorristas que se encontravam em diferentes setores do Morro do Cambirela foi um dos maiores desafios (se não o maior). Na época, os socorristas tinham a sua disposição apenas os telefones de campanha do Exército Brasileiro (provavelmente similares ao modelo TM-132), que eram interligados com fios e que, segundo consta no relatório do comandante do 14 BC tenente-coronel Paulo Vieira da Rosa, não foram utilizados devido ao terreno acidentado, o que possivelmente resultaria em constantes falhas de comunicação. Para resolver o problema de comunicação, principalmente entre o Setor de Operações (Setor 5) e o Posto de Socorro da Guarda do Cubatão (Setor 1), setores esses separados por aproximadamente 3,5 km de distância e com desnível aproximado de pouco mais de 800 m, contou-se com a boa vontade dos soldados-mensageiros.

Em vez dos modernos equipamentos específicos para o resgate em ambientes verticais, tais como cordas estáticas leves e resistentes, cintos de segurança, cordeletes, fitas, ascensores/descensores, polias, placas de ancoragem, mosquetões etc., os socorristas militares e civis contavam apenas com simples cordas de sisal torcido com diferentes diâmetros e, em alguns casos, um facão. Em vez de *headlamps*, utilizavam lampiões a gás (toda vez que escalo os paredões da face norte, arrepio-me só de imaginar aqueles homens subindo ou descendo naquele local em cordas de sisal, pendurados no abismo, portando lampiões em noites ou madrugadas chuvosas). Maca de resgate tipo envelope (Sked) ou maca-cesto para o transporte dos corpos em terreno vertical, nem em sonho. De "moderno", os socorristas contavam apenas com meia dúzia de padiolas inteiriças de alumínio com punhos de madeira e leito de lona, no mais, tinham que se virar para construir padiolas improvisadas valendo-se de longos e robustos pedaços de galhos de árvores, encerados "meio-pano" ou lonas de barracas "duas praças", que foram improvisadas como sacos para cadáveres e cordeletes. Em suma, os socorristas tiveram que se virar empregando diversos meios de fortuna, ou seja, todos e quaisquer materiais empregados em uma operação de socorro (natural ou artificial) em substituição a outros materiais específicos, mas que naquele momento não existiam ou não estavam disponíveis.

Para que o leitor tenha ideia de quão complexa foi a operação de busca e resgate dos 28 corpos no Morro do Cambirela, compartilho aqui a experiência que vivi em 5 de junho de 2016, quando participei da Simulação de Resgate em Ambiente Natural promovida pela Acem, atividade complementar do Curso de Primeiros Socorros em Ambiente de Montanha (realizado em 09/04/2016). Naquela ocasião, éramos 11 socorristas e tínhamos que transportar, em sistema de revezamento, o corpo de uma "vítima" de estatura média, 75 kg, em média, em uma maca rígida, percorrendo um trecho de cerca de 200 m de distância, desde a base do paredão do complexo de escaladas no Morro da Cruz (formação natural situada praticamente no centro da Ilha de Santa Catarina) até a Rua das Embaúbas, onde hipoteticamente uma ambulância nos aguardava. Concluída a simulação de resgate, pausamos o cronômetro e constatamos que a atividade durou pouco mais de meia hora.

Agora vamos recapitular e comparar. No exercício de resgate simulado no Morro da Cruz realizado em abril de 2016, estávamos todos bem alimentados e relativamente relaxados (sem pressão psicológica, por exemplo), sem contar que o exercício foi realizado durante uma bela tarde ensolarada, tranquila, agradável. Mesmo assim, levamos pouco mais de meia hora para percorrer uma distância de cerca de 200 m com apenas 15 m de desnível, ou seja, levaríamos uma média entre seis a oito horas, se tivéssemos que percorrer os aproximadamente 3,5 km no mesmo cenário enfrentado pelos socorristas no Morro do Cambirela. Só quem já transportou uma maca rígida em terreno acidentado e com relativa declividade sabe muito bem quão complicada é essa tarefa.

O capítulo "Evacuação em Padiola nas Operações de Montanha" do C 8-35, Manual de Campanha do Exercito Brasileiro[119] cita que:

---

[119] C 8-35, Manual de Campanha do Exercito Brasileiro. Saúde. Transporte de Doentes e Feridos 1a Ed. 1968, p. 137

> Em terreno plano, uma equipagem de quatro padioleiros pode transportar um paciente uma distancia de 1.000 metros (1 km) e retornar em meia hora. Em terreno montanhoso, no mesmo tempo, uma equipe de seis homens cobre apenas 360 metros.

No Morro do Cambirela, os números acima citados foram amplamente superados, em função da forte declividade, terreno instável, escorregadio entre outros fatores. Naquele momento, os socorristas, sedentos, famintos com o psicológico abalado, sob péssimas condições meteorológicas, constante pressão de seus superiores (que, por sua vez, também eram pressionados pelas autoridades civis e pelos familiares das vítimas), transportaram literalmente nas costas uma padiola de ombro improvisada com um cadáver em decomposição amarrado a ela por 3 km (entre o topo do morro e a estrada na Guarda do Cubatão), vencendo um desnível de aproximadamente 800 m de altitude (sob chuvas constantes, em terreno ameaçador, repleto de trechos verticais onde o menor deslize poderia resultar em acidente de sérias consequências). Do ponto de vista psicológico, o esforço que aqueles homens realizaram e as provas a que foram submetidos foi realmente sobre-humano. Chamá-los de HERÓIS não é nenhum exagero!

Repito, na tarde ensolarada de junho de 2016, na simulação de resgate no Morro da Cruz, levamos aproximadamente meia hora para concluir a atividade; em contrapartida, em junho de 1949, para descer a face norte do Cambirela desde o local do acidente até a base de operações na Guarda do Cubatão, transladando um cadáver, trabalhando em equipe e em sistema de revezamento, com muita sorte, os socorristas levavam uma média entre seis a oito horas.

Tabela 1 – Comparativo

DADOS	MORRO DA CRUZ	MORRO DO CAMBIRELA
Período	06/2016	06/1949
Desnível	15 m, aprox.	800 m, aprox.
Distância percorrida	200 m, aprox.	3,5 km, aprox.
Tempo médio para resgatar cada vítima	30 min	6 a 8 h

Fonte: o autor

A simulação de resgate no Morro da Cruz foi apenas uma das diversas experiências que procurei vivenciar objetivando sentir ao menos uma pequena parcela das dificuldades que muitos daqueles heróis enfrentaram, para que eu pudesse escrever o capítulo principal, "O último voo do C-47 2023", com mais propriedade. Uma parte significativa dessas vivências ocorreu nas dezenas de vezes que escalei o Morro do Cambirela em busca do meu maior desafio: encontrar a Pedra da Bandeira e desvendar os segredos que ela ocultava.

5.2 PEDRA DA BANDEIRA

Como costumava dizer João Alfredo Rohr, um dos pesquisadores arqueológicos mais ilustres de Santa Catarina, *"No caminho uma pedra pode fazer muita diferença!"* Para mim, essa frase fazia muito sentido, pois encontrar a Pedra da Bandeira significava obter respostas simples para resolver problemas complexos, como: achar os destroços do avião e, a partir dali, tentar reconstituir não só os minutos finais do histórico último voo do C-47 2023 e os fatores que contribuíram para o acidente, como também compreender a complexidade dos trabalhos de busca e resgate do corpo das vítimas. Entretanto, as coisas não aconteceriam exatamente do jeito que eu havia planejado.

A primeira vez que eu soube da existência da Pedra da Bandeira no Morro do Cambirela foi em 1999, quando li os jornais locais: *A Gazeta, Diário da Tarde* e *O Estado*. Alguns anos depois, encontrei a citação da Pedra da Bandeira em publicações de outros estados brasileiros, com destaque para os jornais do Rio de Janeiro, de São Paulo, do Rio Grande do Sul, do Paraná, de Minas Gerais, entre outros. E não era para menos, afinal, não se tratava apenas de uma formação rochosa exposta na face leste do Morro do Cambirela, mas, sim, de um marco natural e histórico onde ocorreu o maior desastre aéreo até então registrado no Brasil.

Segundo os jornais da época, quando o capitão-aviador da FAB Délio Jardim de Matos, integrante do 2º GT do Rio de Janeiro, sobrevoou o local do desastre na manhã do dia 7 de junho de 1949, tão logo encontrou os destroços do avião, comunicou as coordenadas pela estação do rádio para as autoridades, que, desde a tarde do dia do acidente, 6 de junho, aguardavam com enorme aflição a localização do C-47 2023. Entre os jornais que publicaram as coordenadas, está o jornal carioca *Correio da Manhã*[120] do dia 8 de junho. As coordenadas publicadas foram:

Latitude 27º48' S

Longitude 48º46' W

Quem conhece o básico sobre coordenadas, percebe de imediato que elas estão incompletas. Para ser efetiva, uma coordenada deve conter graus, minutos e segundos, ou seja, por obviedade, quanto mais completa for uma

---

[120] N. 17.246. p. 3.

coordenada, mais precisa ela será. Nesse caso, são exatamente os segundos que indicariam com precisão o local a ser encontrado, e eram exatamente os segundos que faltavam nas coordenadas repassadas pelo capitão Délio Jardim de Matos[121]. Se considerarmos a imensidão do nosso território, e que as autoridades acreditavam que o avião havia caído (ou efetuado um pouso de emergência) em algum lugar do Sul do Brasil, entre Florianópolis e Porto Alegre, as coordenadas sem os segundos, isto é, apenas com os graus e os minutos, poderiam até "facilitar" um pouco mais as coisas, indicando que os destroços do C-47 2023 poderiam estar em algum lugar na região de Palhoça, em uma imensa área verde e remota, com dezenas de quilômetros quadrados; contudo, não indicavam com precisão o local do desastre. Isso significa que, se as equipes de socorro tivessem que se basear nessas coordenadas incompletas, poderiam levar semanas até encontrar os destroços.

De fato, não encontrei nenhuma referência sobre as coordenadas nos documentos oficiais aos quais tive acesso, apenas em documentos extraoficiais, ou seja, nos jornais da época. Também não foi possível saber se os militares do 14 BC e as equipes de apoio se valeram dessas coordenadas para encontrar o avião sinistrado. É quase certo que não. Talvez, isso explique por qual razão os militares "convocaram" os caçadores e mateiros mais experientes da região para guiá-los até o alto da montanha nos primeiros dias das buscas e do resgate dos corpos. Sabe-se também que, enquanto os socorristas escalavam o Morro do Cambirela na terça-feira, dia 7 de junho, aviões Douglas C-47 e Fairchield's PT-19 da FAB sobrevoaram, sem cessar, em um céu parcialmente tomado por nuvens e neblina, para, entre outras coisas, indicar o caminho que as equipes em terra deviam seguir.

À medida que eu avançava nas pesquisas, procurava conversar com moradores do Furadinho e da Guarda do Cubatão, trilheiros, entre outros frequentadores assíduos do Cambirela, para saber se alguém poderia me dar uma pista da existência do local denominado Pedra da Bandeira e sua possível localização. Entre as dezenas de pessoas com as quais conversei, ninguém soube nem sequer me dizer se a tal pedra existia, muito menos onde ela poderia estar situada. Cheguei a pesquisar dezenas de documentos antigos e jornais anteriores ao mês de junho de 1949 que pudessem mencionar a Pedra da Bandeira, mas não encontrei absolutamente nada, além do que foi publicado nos jornais da época, principalmente durante o período em que ocorriam as buscas e o regate dos corpos (7 a 10 de junho), o que me leva a crer que

---

[121] Alguns anos depois, eu faria outras inquietantes descobertas, assunto esse que abordarei mais adiante.

foram os militares que batizaram a formação rochosa onde a asa direita do C-47 2023 colidiu denominando-a Pedra da Bandeira, já que esta se situava na face leste, pouco abaixo da Aresta da Bandeira ou Escarpa da Bandeira.

Entre junho de 2009 (quando retornei ao Morro do Cambirela pela segunda vez para reiniciar as pesquisas) e junho de 2020 (quando encontrei a verdadeira Pedra da Bandeira), deparei-me com centenas de formações rochosas no alto do morro, no entanto só uma era a verdadeira Pedra da Bandeira. Mas qual? Baseando-me nas posições descritas em alguns documentos oficiais e extraoficiais, fotografias e relatos orais, durante 11 anos, entre erros e acertos, acabei encontrando cinco pedras que, a partir daqui, para facilitar a narrativa e o entendimento do leitor, classificarei como: PB-1, PB-2, PB-3, PB-4 e PB-5.

Foto 17 – As cinco Pedras da Bandeira, PB-1, face sudeste; PB-2, face sudoeste; PB-3, sobre a Aresta da Bandeira; PB-4, face leste; e PB-5, face leste

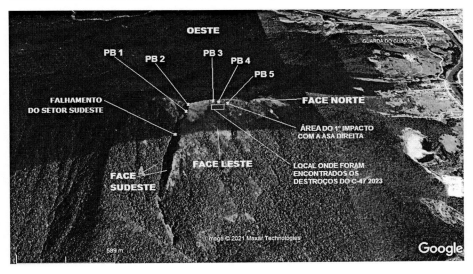

Fonte: pesquisa e arte de Silvio Adriani Cardoso. Google Earth Pro (2021)

PB-1

Em 6 de junho de 2009 (aniversário de 60 anos do acidente) e dez anos após eu ter escalado o Morro do Cambirela pela primeira vez (em junho de 1999), subi o Cambirela em companhia dos meus amigos Alberto Cesconetto e do jornalista Oscar Lobo. Até aquele momento, as únicas informações que eu tinha obtido dos jornais da época eram de que o avião que seguia para o sul, após decolar do Aeroporto de Florianópolis, havia colidido com a Pedra da Bandeira na face leste e caído em um "gigantesco grotão". Inicialmente, eu acreditava que o "gigantesco grotão" ao qual os jornais se referiam amplamente era, na verdade, o enorme falhamento geológico localizado na face L do Cambirela (o referido falhamento "corta" o morro nas faces SE e NO do morro). Naquele dia, minhas buscas concentraram-se em tentar encontrar uma pedra que estivesse na rota de colisão do C-47 2023, ou seja, entre o Aeroporto de Florianópolis e o "grotão" (falhamento do setor sudeste), no Morro do Cambirela.

Por obviedade, encontrei uma "potencial" Pedra da Bandeira (PB-1) no local denominado pelos militares do 14 BC de Escarpa da Bandeira, que, como já vimos no capítulo "Morro do Cambirela", ficou assim conhecida por causa das "bandeiras" que lá eram alçadas. Sem muita experiência e com base nas primeiras informações, elaborei a minha primeira hipótese: se o avião havia decolado para o norte, retomado a proa sul e caído no grotão, suspeitei, então, que o impacto com a PB-1 ocorreu na face Sudoeste SE. Com base na localização daquela pedra, rascunhei minhas primeiras teorias de como teria sido a colisão do C-47 2023 e a possível queda no interior do falhamento.

Naquele dia também fiz algumas fotos, anotações e depois fui tentar encontrar os vestígios da Cruz Monumento do Cambirela, que, segundo o Projeto de Lei n.º 300, de 29 de agosto de 1949, da Assembleia Legislativa de Santa Catarina (Alesc), lá deveria ter sido construída, uma vez que no dia 17 de junho de 1949, em sessão na Alesc, foi aberto um crédito especial de Cr$ 20 mil destinados à construção no Morro do Cambirela de uma cruz em homenagem perpétua à memória das vítimas, bem como uma placa em homenagem póstuma com o nome dos tripulantes e passageiros que estavam a bordo da aeronave sinistrada. Como jamais encontrei nenhum vestígio do acidente, e muito menos da cruz ou da placa, a hipótese da colisão na PB-1 na face sudeste foi completamente descartada.

PB-2

Alguns anos depois, em 20 de junho de 2017, enquanto realizava algumas pesquisas na internet, encontrei uma foto que havia sido postada em agosto de 2007 por um usuário chamado Cid Neto (Aracídio de Freitas Barbosa Neto), no já extinto *site* Panoramio[122]. Nela, Cid aparecia ao lado de uma enorme formação rochosa. Seria mais uma foto que poderia ter passado despercebida, se não fosse por um detalhe: na legenda da foto estava escrito "Pedra da Colisão Aérea, Cambirela". Algum tempo depois, consegui fazer contato com o autor da fotografia para saber se ele podia me contar mais alguma coisa sobre aquele lugar. Cid, que é geógrafo, revelou-me sucintamente que foi o avô de uma amiga, um experiente mateiro do Furadinho, que comentou sobre o avião que "havia caído lá atrás" (face SO da Escarpa da Bandeira). Aliás, não é difícil imaginar que, ao longo de todos esses anos, outras pessoas, assim como eu, viram a foto do local do acidente na página 13 do relatório do Colégio Catarinense e tiveram a mesma interpretação que a minha, ou seja, acreditaram que o C-47 2023 havia colidido (neste caso, a asa esquerda) contra a pedra situada na face O e caído no falhamento/canaleta da face SO... Graças ao Cid Neto, eu havia acabado de descobrir uma nova pista, a PB-2. Se havia um experiente mateiro e morador local que parecia afirmar que aquela pedra situada na face SO era a "Pedra da Bandeira", como poderia contestar?

No dia 2 de julho de 2017, repeti a escalada no Cambirela, dessa vez acompanhado de minha amiga e fisioterapeuta Andreia Demarchi, e, sem muitas dificuldades, encontramos a PB-2, a pedra citada por Cid Neto. Na base da PB-2, encontrava-se o falhamento geológico (ou o "gigantesco grotão", citado pelos jornais) onde supostamente o avião havia caído aos pedaços após a colisão no setor SE. Algumas dezenas de metros próximo dali, encontramos uma pequena imagem da Virgem de Lurdes quase oculta, em meio à mata, apoiada sobre uma pedra plana que servia como uma espécie de altar. A imagem estava voltada exatamente para o falhamento na face SE, local em que eu acreditava ter caído o avião. Obviamente, aquela imagem não estava lá por acaso. Talvez, pudesse ter sido deixada naquele local por um familiar de um dos tripulantes ou passageiros do C-47 2023 ou, quem sabe, por um dos familiares de algum membro das equipes de resgate.

Tendo como base as informações dos jornais que revelavam que o C-47 2023 havia caído em um grotão (que eu acreditava ser o falhamento) e uma das fotografias publicadas no verso da página 13 do relatório anual do Colégio Catarinense do ano de 1949[123], onde aparece uma encosta que, na minha interpretação, era a Escarpa da Bandeira fotografada desde o alto do Subcume (ou dorso do prolongamento nordeste-sudoeste), decidi escalar até lá para comparar se, de fato, tratava-se do mesmo local.

---

[122] Então disponível em: www.panoramio.com. Acesso em: 20 jun. 2017.

[123] Obtida em fevereiro de 2017 na Biblioteca Pública de Santa Catarina.

Desafortunadamente, a cópia da antiga foto do Colégio Catarinense (cujo original estava envelhecido e escurecido pelo tempo) permitia-me ver apenas a "silhueta" do Morro do Cambirela, além de alguns "pontos" brancos que, ao que tudo indicava, eram os destroços do C-47 2023. Estendi os braços, coloquei a foto (foto 16-1) diante dos meus olhos com a Escarpa da Bandeira ao fundo e tentei comparar os pontos de referência da velha e escurecida foto com o que eu estava vendo ali ao vivo (foto 16-2). Naquele momento, me convenci de que o local mostrado na foto e o que estava adiante dos meus olhos eram os mesmos. Bati mais algumas fotos, refiz minhas anotações na caderneta de campo e retornei para casa.

Embora exausto, naquela noite me sentei diante do computador, baixei no HD[124] as fotos que tinha feito aquela tarde e, novamente, tentei compará-las com a foto encontrada no verso da página 13 do relatório anual do Colégio Catarinense do ano de 1949. Afinal, o "grotão" a que os jornais se referiam era realmente o falhamento do Cambirela? O relato e a foto de Cid Neto, a coincidência do local mostrado na foto do Colégio Catarinense com a face SO do Cambirela e a imagem da Virgem de Lurdes encontrada de frente para o falhamento pareciam ser provas suficientes de que eu estava no caminho certo. Tudo me levava a acreditar que os destroços do avião realmente poderiam estar por ali, aliás, parecia mais do que óbvio considerar que a PEDRA DA BANDEIRA estivesse situada exatamente na região conhecida como ESCARPA DA BANDEIRA.

Acontece que a Escarpa ou Aresta da Bandeira se estende por aproximadamente 600 metros no sentido norte-sul (ou sul-norte), entre o local onde as trilhas das faces N e L se encontram, até o até o seu ponto culminante (próximo ao falhamento), ou seja, é uma área considerável para ser vasculhada. Contudo, considerando que o Douglas C-47 2023 realmente havia colidido na PB-2 na face SO, levantei a seguinte hipótese: após a decolagem no Aeroporto de Florianópolis para o norte e início do voo por instrumentos (sem condições visuais), ao fazer a curva para a proa sul sobre a Baía Sul, o avião abriu demais a trajetória durante a subida, o que o levou a passar por trás (paralelamente) da Aresta da Bandeira, em frente à face O, exatamente sobre o falhamento que corta o Morro no sentido SE-NO, terminando por colidir com a asa esquerda na PB-2, indo parar no interior do "grotão" (falhamento) na face SE.

---

[124] Hard disk.

Fazia sentido. Para confirmar minha teoria, no dia 24 de setembro do mesmo ano, retornei ao local citado por Cid Neto, dessa vez acompanhado do meu amigo e biólogo Márcio Soldateli. Nesse dia, valendo-me de um aparelho de GPS[125], anotamos as coordenadas da localização da PB-2 e retornamos para casa com o sentimento de dever cumprido. Agora eu só precisava encontrar os destroços do C-47 2023 no interior do falhamento (ou o grotão citado pelos jornais) para ter 100% de certeza de que aquela era mesmo a Pedra da Bandeira e assim confirmar o local do acidente.

Mas, afinal, seria tão simples assim encontrar os destroços? Ao longo de sete décadas, desde o desastre, em junho de 1949, a paisagem no Cambirela transformou-se radicalmente, a mata cresceu e o solo acumulou dezenas de centímetros de material orgânico em decomposição (folhas, cascas e galhos de árvores) e terra em camadas: é como se a montanha quisesse ocultar os vestígios daquela tragédia. Sem falar que o pouco que restou dos destroços estaria em um local extremamente escarpado, portanto sujeito a constantes deslizamentos de terra e rocha, e isso significava que muita coisa poderia estar enterrada.

Nas semanas que se seguiram, subi o Cambirela outras vezes para fazer novas anotações e fotografar. É preciso esclarecer que, sempre que eu precisava "ir a campo" para pesquisar, tinha que percorrer aproximadamente 20 km de carro (da minha casa até a base do Cambirela), percorrer 3,5 km a pé (7 km ida e volta), em uma "escalaminhada" que atingia pouco mais de 800 metros de altitude, sem falar que eu só fazia isso durante a temporada de montanha (entre maio e agosto): isso significava que muitas vezes eu levava em torno de oito meses aguardando até a chegada da próxima temporada de montanhismo, e quando isso ocorria eu escalava o Morro do Cambirela duas ou no máximo três vezes naquela temporada, afinal, eu tinha que dividir meu tempo livre (geralmente os domingos) com minha família ou outros trabalhos extras, incluindo pesquisar e escrever este livro. Ou seja, na prática pesquisar no alto do Morro do Cambirela não é o mesmo que ir a uma livraria, durante um passeio ao *shopping*. Nesse caso, prevalece a máxima: "Se a montanha não vai a Maomé, Maomé vai à montanha". Literalmente.

Basicamente, na maioria das vezes, era preciso acordar de madrugada, caminhar por um terreno acidentado, com forte aclividade, por três ou quatro horas, na mais completa escuridão, sob a luz de *headlamps* (lanternas de cabeça), enfrentando baixíssimas temperaturas (evito subir durante a primavera/verão, só o faço entre os meses de maio e agosto), além de todo

---

[125] *Global Positioning System* ou Sistema de Posicionamento Global.

tipo de obstáculos. Quando se chega ao local a ser pesquisado, em vez de descanso e contemplação, são mais horas e horas pesquisando, observando, fotografando, anotando... Uma "diária" no Cambirela podia durar entre 8 a 12 horas de atividade quase ininterrupta. Quando não era possível escalar o Cambirela, eu tentava esclarecer minhas dúvidas em casa mesmo, recorrendo a meus arquivos físicos ou digitais, sentado confortavelmente em frente ao computador, analisando fotografias, vídeos, refazendo cálculos no Google Earth, conversando com especialistas... Quando eu não conseguia obter as respostas que precisava, anotava todas as pendências, e no ano seguinte lá estava eu novamente no alto do Cambirela com uma enorme lista de tarefas a cumprir.

Em uma dessas subidas, convidei meu amigo Wellington (Tom) Lima, fotógrafo e montanhista. No domingo, 2 de julho de 2017, além de Tom, compareceram, entre outros trilheiros, Oscar Lobo, Camile Mansur e José Carlos Rodrigues, este com deficiência visual. Nesse dia, realizamos um grande feito, pois pela primeira vez uma pessoa com deficiência visual escalou o topo da Escarpa da Bandeira, a 874 metros de altitude, no Morro do Cambirela. Foram quatro horas e meia de subida e seis horas de descida. Um desafio e tanto, não só para José Carlos, mas também para Camile e para mim, os responsáveis por guiá-lo com total segurança. Subimos o Cambirela de dia e descemos à noite.

José Carlos Rodrigues não nasceu cego, e durante a infância e juventude, sempre que via o Cambirela, sonhava um dia botar os pés lá em cima. Não desistiu desse sonho, mesmo quando foi acometido pela cegueira total. A conquista de José Carlos Rodrigues foi um marco na história do Cambirela.

Alguns dias depois, em casa, enquanto folheava a página 404 do livro *Furadinho: fragmentos de sua história*, vi uma foto contendo duas peças do Douglas C-47 2023 com a seguinte legenda: "Peças do avião Douglas C-47, encontradas recentemente pelo furadinense Marcio José Paulo". Empolgado com o que havia acabado de ler, imediatamente decidi procurar o Marcio e convencê-lo a me mostrar onde ele havia localizado os destroços do avião (e consequentemente as peças), além de verificar se o local coincidia com a PB-2 indicada por Cid Neto na Escarpa da Bandeira. Desse modo, acreditava eu, seria mais fácil encontrar o lugar onde o avião havia colidido. Sim, amigo leitor, o avião NÃO CAIU no Cambirela, mas sim COLIDIU, praticamente em cheio, contra o morro. Esse tipo de acidente é conhecido pelos investigadores pela sigla em inglês CFIT, *Controlled Flight Into Terrain*, ou no bom português: "Colisão com o Solo em Voo Controlado" (tema que abordarei com mais detalhes mais adiante).

No dia 18 de outubro de 2017, consegui encontrar Marcio Paulo. Expliquei-lhe o motivo de minha visita, e no primeiro momento ele, assim como os outros moradores da comunidade do Furadinho, pareceu relutar em me passar qualquer informação sobre suas peças ou sobre a localização dos destroços do avião. Porém, à medida que íamos conversando, ele percebeu a seriedade da minha pesquisa e decidiu colaborar. Ansioso, pedi a ele que me mostrasse a localização onde ele havia encontrado as peças do avião, já que mora literalmente "nos pés" do Cambirela, que naquele momento estava encoberto pelas nuvens.

Mesmo com o Morro do Cambirela oculto, percebi que o lugar onde Marcio indicava ter encontrado as peças não correspondia ao local citado por Cid Neto, que eu havia visitado alguns meses antes. Afinal, em quem eu deveria acreditar? No Cid Neto, que havia se baseado nos relatos do avô de sua amiga, este por sua vez um experiente mateiro do Furadinho, ou no Marcio Paulo, que supostamente tinha as peças do avião nas mãos? Para que a versão do Marcio Paulo fosse convincente, ele teria que me mostrar as peças do C-47 que havia encontrado no alto do Morro do Cambirela alguns anos atrás.

Sem pestanejar, perguntei: "Marcio, e as peças..." E, antes que eu pudesse concluir a pergunta, em um piscar de olhos, Marcio dirigiu-se para o interior de um pequeno rancho de madeira, nos fundos de sua casa, e trouxe-me três peças que guardava como verdadeiros troféus. Uma eu reconheci imediatamente: tratava-se do tubo coletor dos gases do motor do C-47. Perguntei como ele havia conseguido chegar até elas, e ele me explicou que, no fim dos anos 1990, um incêndio atingiu a face leste do Cambirela. No dia seguinte, a luz solar refletia em uma parte dos destroços e chamava a atenção dos moradores do Furadinho. Movido pela curiosidade, Marcio decidiu subir até o local, e, tal como há décadas (quando o avião colidiu e explodiu), havia uma pequena clareira. Ainda segundo Marcio, não foi preciso procurar muito para encontrar vários pedaços de alumínio, uma "carcaça grande" e a "cauda" (parte da deriva onde aparecia a inscrição C-47 2023). Naquela oportunidade, Marcio, acompanhado de alguns moradores do Furadinho, arrastou com muita dificuldade o que restou da deriva para o alto da Aresta da Bandeira. Ele queria que os moradores das comunidades vizinhas pudessem ver o "reflexo do alumínio" de suas respectivas casas, e que a deriva permanecesse ali, como uma espécie de marco do local do desastre. Infelizmente (como era de se esperar), não demorou muito para que outros moradores do Furadinho acabassem retirando a deriva lá do alto do morro.

"Um dia foram até lá e desceram com a deriva rolando morro abaixo, ela chegou aqui toda amassada, acho que foi parar no ferro-velho", confessou-me desapontadamente Marcio. Essa versão foi confirmada pelo senhor Arnoldo Leonel, o simpático morador do Furadinho. Segundo ele, foram os seus filhos que trouxeram à deriva do avião (toda em alumínio aeronáutico, um material leve, mas muito resistente), que ficou no quintal de sua casa por algumas semanas, mas realmente acabaram vendendo para o ferro-velho.

Após a colisão, quase frontal, contra o Cambirela, o C-47 ficou completamente em pedaços, apenas a parte de trás do avião (empenagem/deriva) ficou mais ou menos intacta (como podemos ver na foto que ilustra a capa deste livro). Muita coisa foi praticamente consumida pelo fogo, incluindo tudo que era composto de borracha (pneus do trem de pouso principal e bequilha traseira), tecidos, plásticos ou outros componentes inflamáveis que faziam parte do revestimento da cabine de pilotagem. O fogo também fundiu muitas partes do avião que eram de alumínio, principalmente o compartimento de cargas e passageiros.

Ao longo desses anos, em busca dos destroços do C-47 2023, inspirei-me no trabalho do holandês Hans Wiesman[126] (com quem conversei antes do seu falecimento, em 19 de março de 2021), conhecido pela alcunha de "The Dakota hunter" (O caçador de Dakotas) e autor dos livros *The Dakota Hunter: in search of the legendary DC-3 on the last frontiers* (O caçador Dakota: em busca do lendário DC-3 nas últimas fronteiras) e *80 years: a tribute to the PBY Catalina* (80 anos, uma homenagem à PBY Catalina). Hans Wiesman percorreu o mundo em busca dos aviões Douglas DC-3 e C-47 destruídos ou abandonados, recuperando-os de lugares remotos, tais como: montanhas nevadas, selvas, savanas, desertos ou das profundezas de mares e lagos. Segundo Hans Wiesman, a composição da estrutura de revestimento das asas e fuselagem DC-3 e C-47 é de 90% a 95% de alumínio ou liga de alumínio e inclui as placas que formam o piso, 100 mil rebites, nervuras (partes que dão forma à estrutura das asas), longarinas, cavernas (partes que dão forma à estrutura da fuselagem), carenagens e reforços na estrutura da aeronave. O alumínio que reveste a fuselagem e as asas tem entre 0,7 a 0,75 mm de espessura, mas há lugares embaixo das asas e em outras partes que são mais grossos. De acordo com Hans, é uma estimativa aproximada.

---

[126] Saiba mais em: https://www.dc3dakotahunter.com. Acesso em: 15 set. 2022.

Quando a Segunda Guerra Mundial eclodiu na Europa, muitos bombardeiros tomaram os céus da Alemanha e eram conhecidos como "Alumínio obscurecido" (fazendo uma alusão ao céu coberto por aviões). Basicamente, todos os aviões utilizados nessa guerra foram construídos com o mesmo princípio do modelo C-47, ou seja, 90% a 95% do material empregado na construção da fuselagem e asas de alumínio aeronáutico. As hélices eram feitas de uma liga de alumínio e aço cromado (que as tornava muito mais fortes e resistentes, mas também muito mais pesadas). Uma única pá de hélice podia chegar perto dos 40 kg. O peso total do conjunto das três pás das hélices, associado com a cúpula do suporte (que é toda em aço inoxidável), chegava a somar mais de 150 kg. Além das peças em aço inoxidável, também havia componente em ferro fundido, principalmente nos motores e no trem de pouso. Os tubos do sistema hidráulico eram feitos de alumínio, aço ou cobre; os cabos de comando eram feitos de aço; e os fios de eletricidade eram de cobre.

Se considerarmos que, vazio, um C-47 pesava oito toneladas e que uma parte significativa de sua composição era bem aceita nos comércios de sucata locais [alumínio ou liga de alumínio, ferro, aço, cobre e até mesmo as janelas do C-47, que eram de plástico (*plexiglass*), com exceção dos para-brisas da cabine de pilotagem, que eram de vidro), é possível supor que, entre as décadas de 1940 a 1980, praticamente toneladas desse material foram transportadas morro abaixo, em padiolas improvisadas ou simplesmente empurradas encosta abaixo, e posteriormente comercializadas[127].

Wilson Fábio de Castro, 74 anos, morador da Guarda do Cubatão, relatou-me durante uma entrevista, em dezembro de 2020, que, algum tempo depois que cessou a operação de resgate dos corpos, vários civis desceram a face norte do morro do Cambirela (assim como a face leste) trazendo consigo grandes pedaços do alumínio que restaram do avião, até a estrada geral da Guarda do Cubatão (Rua Jacob Villain Filho), e, desde lá, os grandes pedaços eram transportados em carroças de tração animal. Wilson lembra também que muitas pessoas atravessavam a pé o Rio Cubatão do Sul (que era muito raso, bem mais estreito e com águas cristalinas, totalmente o oposto dos dias de hoje) carregando nas costas as peças do avião. O destino do material era o ferro-velho, mas houve também os que

---

[127] O mesmo ocorreu entre as décadas de 1980 a 1990, quando centenas de pessoas subiram o Morro da Virgínia, na pequena comunidade de Ratones (norte da Ilha de Santa Catarina) e de lá trouxeram aproximadamente 30 toneladas de alumínio e liga de alumínio (entre outros materiais e objetos) retirados do que restou do Boeing 727-100, prefixo PT-TYS, da Transbrasil, acidentado em 12 de abril de 1980.

reciclaram o alumínio para guardar de recordação, transformando-o em frigideiras, tampas de panela, bacias, telhados de galinheiro, entre outros utensílios domésticos. Comenta-se que até a porta traseira do compartimento de cargas do C-47 serviu de porta para sala de troféus do Cruzeiro do Sul, time amador da Guarda do Cubatão por muitos anos, quando o campo de futebol era atrás da igreja. Até hoje, dezenas de moradores das comunidades do Furadinho, da Guarda do Cubatão, da Praia de Fora, do Centro de Palhoça, entre outras, têm alguma peça ou um objeto pessoal que pertenceu a algum tripulante ou passageiro e que foram trazidos há décadas, desde o local do desastre, por familiares, amigos ou conhecidos.

Essas peças e esses objetos passaram de mão em mão, por gerações, e são guardados como verdadeiro tesouro. Meu desejo é, na medida do possível, tentar convencer as pessoas que possuem peças do C-47 2023 ou objetos que pertenceram a passageiros ou tripulantes guardados em casa para que, assim como eu, doem-nas para o museu do Parque Histórico e Cultural 14º Batalhão de Caçadores situado em Tijucas -SC, porque assim essas peças e esses objetos serão identificados, catalogados e ficarão expostos para o grande público em um espaço especialmente montado.

Sempre há quem me pergunte se ainda existe algum vestígio do avião lá no alto do Morro do Cambirela. A resposta é objetiva: não! Infelizmente, não resta praticamente mais nada do avião que possa ser ver visto, e o pouco que existe — se é que ainda existe — foi soterrado ou deslocado encosta abaixo, por causa do elevado grau de declividade e dos deslizamentos de terra e pedras (fenômeno de ordem geológica e climatológica), sem contar que o local é extremamente íngreme, exposto e perigoso.

De volta à residência de Marcio Paulo, quando ele me mostrou as peças, não tive a menor dúvida de que realmente eram os destroços do C-47 2023. Ele realmente tinha provas concretas, e eu precisava convencê-lo a me levar até onde ele as havia encontrado. Conversamos por algumas horas, até que respirei fundo, tomei coragem e pedi a ele que me acompanhasse até o alto do Morro do Cambirela. Como resposta, ele simplesmente me disse que só escalaria o morro comigo se eu levasse um detector de metais, pois do contrário seria praticamente impossível encontrar algo lá no alto, soterrado em meio àquele matagal. Ele tinha razão, sem detector de metais seria muito difícil encontrar algo. Não me restava alternativa senão a de aguardar pacientemente a Temporada Catarinense de Montanhismo de 2018.

Foi nesse ano que Diego Juncks (um dos amigos que me acompanharam até o alto do Cambirela, quando subimos lá pela primeira vez, em 1999) se uniu a nós. Por uma incrível coincidência, voltamos a nos encontrar praticamente 18 anos depois, pois desde aquela época nunca mais havíamos conversado. Assim como muitos trilheiros e montanhistas, Diego é um verdadeiro apaixonado pelo Cambirela, um ex-bombeiro comunitário e um experiente detectorista.

É preciso deixar claro que não basta ter um moderno detector à disposição; é necessário seguir o Código de Ética do Detectorismo, que determina (entre outras regras) que se solicite a permissão para ingressar em um local para rastrear e explorar, deixar a área explorada igual ou melhor do que quando você chegou, ser ecologicamente correto e, principalmente, obedecer às leis e aos regulamentos que dizem respeito a um local ou cidade, recursos naturais, áreas de preservação ambiental, entre outros (sítios arqueológicos, por exemplo). Como o Morro do Cambirela está inserido em uma Unidade de Conservação e está protegido por leis estaduais de proteção ambiental, tivemos que providenciar uma autorização especial para que pudéssemos explorar o *crash site* ou, no bom português, o local do desastre. Isso basicamente só foi possível por causa da pesquisa histórica e porque sou montanhista e voluntário atuante do Paest e do CMA.

Domingo, 6 de maio de 2018

Primeira investida com detector de metais no "grotão" (falhamento) na base da PB-2, face sudeste

O tempo estava passando depressa, e eu precisava avançar com as investigações. A missão consistia em rastrear o interior do "grotão" (falhamento) onde eu imaginava encontrar os destroços com base na descrição do Cid Neto. Vale lembrar que esse local não batia com a descrição do Marcio Paulo (segundo ele, as peças haviam sido encontradas na face leste); mesmo assim, decidi fazer uma última investida para não ficar com nenhuma margem de dúvida.

Apesar de contar com o valioso apoio de Diego Juncks e seu detector de metais, eu não podia contar com a ajuda Marcio Paulo, já que ele considerava que, como estava muito calor, poderíamos nos deparar com jararacas. Desse modo, às 6h 30min, Diego Juncks e eu iniciamos a subida da face leste, partindo do Furadinho. Fizemos uma progressão rápida até o topo, que atingimos às 8h 30min. Levamos exatamente duas horas para subir. Essa é uma das vantagens de andar com pouca gente na trilha e pouco peso na mochila: caminha-se muito mais rápido! Fizemos poucas paradas para descanso.

Após a chegada ao topo do Cambirela, ainda pela manhã, fomos surpreendidos por uma chuva fina e persistente, que duraria o dia inteiro. O morro estava totalmente coberto por densas nuvens, e isso resultava em baixíssimas temperaturas, dando-nos, como sempre, uma pequena dimensão do enorme desafio que os socorristas tiveram que enfrentar em pleno inverno de 1949, no alto do Cambirela. Tudo indicava que seria um dia longo, extenuante.

Sem perder tempo, montamos o detector (que é portátil) e iniciamos a descida pelo falhamento seguindo rumo sudeste, a rota da possível queda dos destroços do C-47 após a colisão com a Pedra da Bandeira. Logo nos primeiros metros da trilha, o detector acusou algo sob a raiz de uma árvore. *Bip! Bip! Bip! Bip!* BINGO! Quase não podíamos acreditar! Mal havíamos iniciado as buscas e já tínhamos encontrado uma pista? Eu estava tão convencido de que o detector acusava um fragmento do C-47 2023 que, enquanto retirávamos com certa impaciência e nervosismo os restos de matéria orgânica e terra acumuladas sobre o "objeto oculto", cheguei a pensar: "O Marcio está redondamente equivocado, não há nada lá na face leste, os destroços estão mesmo é aqui, na face sudeste. A versão do Cid, portanto, é a mais acertada".

Repentinamente nos deparamos com um pequeno, mas belo, estojo de aço inoxidável (um pouco maior que uma carteira de cigarros). Foi emocionante! Seria um pedaço da história que estava ali por quase sete décadas? O local prometia, deveria haver centenas de objetos, peças e fragmentos do avião por ali. Ao abrir o pequeno estojo, com muito cuidado, encontramos o que pareciam ser papéis enrolados. Meu coração disparou. Seriam os documentos de algum tripulante? De um passageiro? Ou, quem sabe, de algum dos militares ou civis que auxiliaram nas buscas e no resgate dos corpos?

Para nossa decepção os "papéis enrolados" no interior do estojo eram apenas dois cigarros de maconha e uma nota envelhecida de R$ 20. Alarme falso! Por razões óbvias, o pequeno e belo estojo (posteriormente descobrimos que era uma cigarreira) ficou com o proprietário do detector, Diego. Em contrapartida, os R$ 20[128] decidimos dividir... *"Deizão"* para cada um... Justo! E, se o leitor está se perguntando o que fizemos com os "baseados", respondo: jogamos fora, afinal, somos "caretas" e não curtimos o "barato", embora soubéssemos de uma turma que adoraria. Por obviedade, considerando que a nota de R$ 20 foi lançada em 2002, concluímos que aquele

---

[128] A nota de R$ 20 foi lançada em 2002.

pequeno estojo não pertenceu a nenhum ocupante do C-47 ou a nenhum socorrista. A julgar pela aparência do estojo, do conteúdo e de como estava soterrado, é provável que ele não estivesse naquele local por mais de 15 anos.

De vez em quando, a chuva parava e voltava, e o terreno tornava-se praticamente enlameado, quase intransitável, com muitas pedras nas encostas que pendiam ameaçadoramente sobre nós e pareciam que desabariam a qualquer momento. A ação conjugada das baixas temperaturas, das roupas molhadas, da umidade e dos fortes ventos encanados no interior do falhamento aumentava ainda mais a sensação térmica de um frio quase insuportável. O terreno instável cedia a cada passo, e a mata era densa, praticamente impenetrável em alguns trechos. Apesar da chuva fina e insistente, não conseguíamos encontrar uma boa fonte de água potável para repor nossos cantis, e o pouco de água que consegui obter em uma ravina na vertente sudeste foi graças a um considerável esforço.

Não foi a primeira nem a última vez que fomos tomados subitamente pelo sentimento de que estávamos experimentando apenas uma parte do desconforto que os socorristas viveram durante aqueles quatro dias de resgate no alto do morro. Confesso que é uma experiência triste e ao mesmo tempo assustadora. Após horas de buscas frustradas, subitamente Diego me confessou: *"Adriani, acho que não pode ser aqui na face sudeste que o avião colidiu. Na foto[129] que você me mostrou, os destroços parecem estar mesmo é na face leste"*. Não me restava alternativa, senão concordar com Diego. Após longas horas procurando por destroços no interior do falhamento e não encontrar nem um parafuso sequer, baseando-se na intuição do Diego e reconsiderando o relato do Marcio Paulo de que os destroços estavam na face leste, decidi encerrar de uma vez por todas as buscas por evidências na face sudoeste e descartar a hipótese de que a Pedra mostrada por Cid Neto, a PB-2, tinha alguma relação com o desastre aéreo no Cambirela.

Naquela tarde, quando nos preparávamos para retornar à casa, ouvimos gritos que vinham da vertente leste do morro, no meio da densa neblina que subia velozmente impulsionada pela força dos ventos, que em muito lembrava a "viração" (fenômeno natural que ocorre com certa frequência nos cânions do Sul do Brasil). Os gritos que ouvimos eram de um "aventureiro" que, ao ouvir a nossa conversa na vertente SE, começou a gritar desesperadamente por socorro. Ele estava perdido a dezenas de metros abaixo de

---

[129] A foto histórica da empenagem que ilustra a página 99 do relatório de 1950 foi obtida no Colégio Catarinense e estampa a capa deste livro.

nós. Ao chegarmos ao alto da Escarpa da Bandeira, aos gritos, indicamos o caminho para que o aflito jovem pudesse, enfim, sair daquela enrascada.

No fim do dia, estávamos todos encharcados, "encarangados" de frio, encardidos, arrasados física e mentalmente e, acima de tudo, profundamente frustrados. A única coisa que havíamos encontrado naquele dia foi um estojo de metal com R$ 20, dois cigarros de maconha e um "trilheiro" perdido.

Não seria a primeira, nem a última vez que eu ajudaria alguém a sair de uma enrascada no Cambirela. Lá sempre existe uma chance de encontrar alguém totalmente despreparado e não, raras vezes, perdido. Por essa razão, cheguei a produzir e disponibilizar um vídeo no YouTube[130] intitulado *Cambirela, não existe montanha fácil*, para tentar conscientizar as pessoas (que pretendem escalar aquele morro) sobre os riscos que ele impõe. Infelizmente, incidentes e acidentes frequentemente ocorrem por lá.

Após a frustrada escalada, decidimos visitar Marcio Paulo, que, ao perceber a nossa cara de frustração e o nosso estado quase deplorável (encharcados e embarrados até o pescoço), olhou-nos com aquela expressão de como quem pensa: "EU AVISEI!" Nesse dia, combinamos uma nova subida, que aconteceria no domingo, 27 de maio, e desta vez com a valiosa presença do Marcio José Paulo. A partir daquele dia, a casa dele transformou-se em uma espécie de "Base de Operações", onde nos reuniríamos sempre após as empreitadas no Morro do Cambirela.

Domingo, 27 de maio de 2018

Segunda investida com o detector de metais e o encontro das primeiras peças, na PB-3

Conforme combinado, às 6h 30min Diego Juncks e eu chegamos à casa do Marcio Paulo, que já nos aguardava na companhia do seu filho, Lucas Pereira Paulo. Enfim, havia chegado o grande dia, e eu estava apostando todas as minhas fichas no Marcio e no Diego para que a nossa missão tivesse êxito:

O Marcio José Paulo mostraria a nós o local onde ele havia encontrado os destroços e as peças alguns anos atrás. Morador nativo da região do Furadinho, ele já percorria as encostas do Cambirela desde menino. O Diego Juncks, assíduo frequentador do Cambirela, era o elemento fundamental para

---

[130] Disponível em: https://www.youtube.com/watch?v=9jtVxzjGr18&t=41s. Acesso em: 15 set. 2022. Postado em 30 de julho de 2016.

o sucesso da empreitada, pois possuía um moderno detector de metais portátil. Seria a terceira vez que ele subiria comigo para fazer as buscas dos destroços do C-47 2023, a primeira em 1999 (sem detector), a segunda no dia 6 de maio (na frustrada empreitada no "grotão" na base da PB-2 na face SE), e a terceira, agora, no dia 27 (sendo as duas últimas com o uso do detector de metais). Uma das motivações de Diego Juncks era encontrar um pertence no local do acidente e ter a oportunidade de devolvê-lo, pessoalmente, a um familiar dos tripulantes ou passageiros falecidos no desastre no Morro do Cambirela.

Rapidamente organizamos nossas mochilas e às 7h em ponto partimos. Dessa vez, eu estava plenamente convencido de que estava a poucas horas de encontrar os destroços, e com eles a esperança de redescobrir a verdadeira Pedra da Bandeira, praticamente 70 anos depois da tragédia. Após duas horas de caminhada, às 9h, enquanto caminhávamos em fila indiana sobre a estreita Aresta da Bandeira, o Marcio Paulo parou repentinamente, olhou para o vazio a nossa esquerda (face leste), apontou para o abismo e falou com convicção: *"Foi aqui que eu encontrei as peças do avião"*.

Imediatamente comecei a procurar ao redor por uma pedra com as características da Pedra da Bandeira, quando me deparei com a PB-3 no meio do caminho, situada bem à nossa frente, a menos de 5 m de distância e com pouco mais de 4 m de altura. Ao avistá-la, exclamei emocionado: *"Acho que, enfim, encontramos a famosa Pedra da Bandeira. Tantos anos pesquisando sobre ela, e agora ela está aqui, bem diante dos nossos olhos"*.

Minha convicção de que o C-47 havia colidido ali aumentou, quando observei a pedra de lado no sentido oeste/leste e tive a sensação de que a porção superior da pedra foi partida por algo muito grande e pesado. Mal havíamos recuperado o fôlego, e ainda com a frequência cardíaca elevada, iniciamos os preparativos para a varredura. Enquanto o Diego preparava o detector de metais, eu fazia anotações e fotografava; Marcio Paulo e Lucas iniciaram a descida da vertente leste, abrindo caminho na mata fechada. Chegar até a Aresta da Bandeira é relativamente tranquilo para quem tem um bom condicionamento físico e determinação, mas descer a vertente onde os destroços do avião caíram após a colisão requer muito mais do que boa condição física; exige uma boa dose de coragem e muita atenção, já que a inclinação do terreno em muitos trechos varia entre 60 e 80 graus. Um pequeno descuido pode resultar em um acidente com sérias consequências. Se, por um lado, a vegetação nos limitava o passo e ocultava as pirambeiras, por outro, ela permitia nos agarrarmos a ela e evitava que rolássemos encosta abaixo. A nossa experiência naquele tipo de terreno deixava-nos um pouco mais à vontade.

Logo nos primeiros metros abaixo da aresta, o detector deu o primeiro sinal de que havia algo ali. Buscamo-lo no meio do matagal, e enterrado a poucos centímetros encontramos... uma latinha de refrigerante alusiva aos Jogos Olímpicos de Verão de 1996 (realizados em Atlanta, capital do estado de Geórgia, Estados Unidos). Seria outro alarme falso? Um pouco mais abaixo, uma panela de alumínio. Eu não sabia se ficava mais indignado pela atitude desprezível da falta de consciência ambiental de certas pessoas que frequentam o Cambirela e jogam lixo nas encostas, sem o menor constrangimento, ou pelo fato de não estarmos encontrando nada. Marcio percebeu minha indignação, e durante a descida, tentava nos alentar: *"Tenho certeza de que é neste local que eu vi os destroços na última vez que estive aqui..."* *"Não se preocupe Marcio, vamos encontrar algo"*, interrompi.

Naquela íngreme vertente, é praticamente impossível dar um passo para frente ou para trás sem correr o risco de perder o equilíbrio; em muitos trechos, é como estar em uma gigantesca rampa. A todo o momento, tínhamos que ficar de olho nos nossos equipamentos para que não rolassem encosta abaixo. Naquele cenário, passa-se o tempo todo buscando desesperadamente algum apoio e um local plano para descansar os pés, que latejam, por permanecerem durante horas mal posicionados, apoiados em pedras côncavas e instáveis ou raízes pontudas. Para piorar o quadro, a força da gravidade atrai-nos o tempo todo, insistentemente, para o vazio. O desconforto e a adrenalina são uma constante. E, quando se chega ao extremo da fadiga muscular, após horas de intensa atividade física, é raro encontrar um local para sentar ou deitar para descansar, pois sempre existe uma pedra ameaçando rolar sobre você, sem falar das pontas de arbustos quebrados ou espinhos. Quando se consegue um local para sentar ou deitar (e assim poder descansar por alguns minutos), seu corpo simplesmente desliza, como se estivesse descendo um gigantesco tobogã. E lá, para que isso não ocorresse, eu calçava os pés em saliências rochosas ou nas bases dos arbustos e tentava deitar e descansar enquanto torcia para não dar de cara com uma jararaca (mesmo no outono/inverno, elas aparecem naquela região, porém com menor frequência). Com o tempo e a duras penas, fomos desenvolvendo algumas habilidades para lidar com aquele tipo de terreno.

Durante as buscas por destroços, descemos mais alguns metros e novamente ouvimos um novo sinal do detector. Cavamos poucos centímetros e encontramos, enfim, a primeira peça. Tratava-se de um pedaço de alumínio da fuselagem de um Douglas C-47, nesse caso, o 2023. Embora fosse um pequeno fragmento, ele tinha uma enorme importância histórica para mim. Logo mais abaixo, outro fragmento[131], e, à medida que íamos descendo a vertente leste, o detector cada vez mais dava sinais da existência de fragmentos espalhados e enterrados por lá.

Naquele momento, dei-me conta de quão gigantesco foi o impacto do avião contra as rochas encravadas na face leste, tão violento que praticamente o desfragmentou em milhares de pedaços. Havia pequenas peças enterradas por todos os lados. Impressionante como aqueles pedaços de ferro e metal retorcidos podem nos dar uma dimensão da força do impacto do avião contra o morro.

Descemos a encosta com muito cuidado por aproximadamente meia hora até um ponto em que não encontramos mais nada. Resolvemos, então, investir nosso precioso tempo concentrando as buscas na mesma trilha em que havíamos descido. Tomamos a decisão certa! Logo que começamos a subir, o detector começou a "bipar" novamente. A minha adrenalina disparava com as batidas do meu coração quando eu ouvia o som do detector indicando que havia algo enterrado. Imagino que o Diego, o Marcio e o Lucas compartilhavam do mesmo sentimento (aliás, diga-se de passagem, a partir deste dia e com o passar dos anos, sempre que voltávamos ao local do desastre na vertente leste e encontrávamos peças ou fragmentos do avião, éramos tomados por certo sentimento de tristeza que era ainda mais intenso quando nos deparávamos com pertences ou itens pessoais dos ocupantes do C-47 2023). Dessa vez era uma peça grande que estava soterrada por pedras, terra e mato. Havíamos encontrado a maior peça do dia, com 30 x 20 cm. Tratava-se da placa-base do receptor/bússola do rádio ARN-7, que ficava no compartimento do radiotelegrafista.

Após alguns minutos, encontramos outras duas peças, ou seja, duas placas de metal (uma com 10 x 21 cm, e outra com 6 x 15 cm) cobertas de terra e pequenas raízes presas na tinta. Essas peças faziam parte do receptor de ADF, localizador automático de direção. Assim como a placa-base do receptor/bússola do rádio ARN-7, essas placas também pertenciam à estação do radiotelegrafista. Como já vimos, o avião foi fabricado nas instalações da Douglas Aircraft Company, em Oklahoma City, Estados Unidos, portanto

---

[131] Que mais tarde foi identificado pelo meu amigo e pesquisador Roger Terlizzi como sendo do indicador de atitude que ficava no painel de instrumentos do C-47 2023.

muitas das instruções do painel eram originais de fábrica, ou seja, em inglês. Foi um dos melhores achados. Após retirar com cuidado uma camada de terra e raízes que estavam grudadas em uma das duas placas, foi possível ler:

TRIMMER ADJUSTMENTS UNDER THIS COVER

(Ajustes do *trimmer*[132] sob esta capa)

Ainda naquele dia, antes que encerrássemos as buscas, encontramos um curioso objeto, que mais tarde (depois de consultar os meus amigos especialistas) descobri que se tratava do *driftmeter* USAAF modelo B-5 (conhecido no Brasil como derivômetro). Basicamente, o derivômetro era utilizado pelo navegador para calcular o ângulo de deriva causado pela influência do vento de través, e assim corrigir a proa magnética que deveria ser mantida de maneira que o avião pudesse permanecer no rumo correto. Ironicamente, anos mais tarde, eu descobriria que o vento foi um dos fatores contribuintes para o acidente, que derivou, ou seja, desviou o rumo do C-47 2023 para cima da vertente leste do Morro do Cambirela. No entanto, mesmo que houvesse de fato um navegador a bordo do C-47 2023, ele não teria conseguido utilizar o derivômetro, uma vez que esse equipamento só podia ser utilizado em voo com condições visuais, o que não era o caso naquela fatídica tarde do dia 6 de junho. O derivômetro foi para mim a peça mais interessante encontrada naquele dia.

Àquela altura, eu já tinha certeza de que finalmente havíamos encontrado o local exato dos destroços. Decorridos 19 anos, desde 1999, quando escalamos o morro do Cambirela em busca de evidências do Douglas C-47 2023, ali estávamos diante de uma parte significativa das respostas, que só foram encontradas em parte graças ao esforço do Marcio Paulo, do Diego Juncks e seu detector de metais, e da minha teimosia e persistência.

No início da tarde, após permanecermos umas cinco horas no local, já havíamos encontrado uns oito fragmentos, dos quais a metade deles não deixava nenhuma dúvida de que pertenciam à estação do radiotelegrafista do Douglas C-47 2023. Também encontramos pequenos dutos hidráulicos, além de dezenas de pequenas peças que foram imediatamente descartadas. Satisfeitos com as provas materiais que havíamos encontrado, retornamos para a casa do Marcio Paulo e fotografamos cada uma das peças. Diego

---

[132] Na eletrônica, *trimmer* é um capacitor de ajuste para uma banda de frequências de rádio.

encarregou-se de levar as peças para a sua casa e tratá-las cuidadosamente, valendo-se das técnicas adequadas de limpeza e conservação para esses casos. Naquele dia concluí que, depois de quase sete décadas, o pouco que restou do Douglas C-47 2023 estava oculto, mergulhado no meio das matas e parcialmente enterrado na vertente leste, a pouco mais de 800 metros de altitude, no alto do Cambirela, em Palhoça, Santa Catarina. Mais uma etapa da missão tinha sido concluída com sucesso!

Vale ressaltar que o desastre com o Douglas C-47 2023 resultou em PERDA TOTAL da aeronave; por conseguinte, ela deixou de fazer parte do inventário da FAB a partir do dia 6 de junho de 1949. Por uma infeliz coincidência, cinco meses após descobrirmos o local exato do desastre aéreo no Cambirela, o jornalista Celso Martins da Silveira Jr. (o homem que me inspirou a escrever este livro com a sua reportagem investigativa) deixou-nos, no dia 11 de outubro de 2018, aos 62 anos, vítima de infarto.

Chegamos à temporada do ano seguinte, junho de 2019, e, conforme meus planos iniciais, eu deveria estar prestes a lançar este livro. Todavia, muitas coisas estavam pendentes. Pesquisar e produzir conteúdo bem fundamentado foi mais difícil do que eu poderia ter imaginado, ainda mais depois de transcorridas sete décadas, pois até aquele momento havia muitas perguntas sem respostas, e muitas peças do quebra-cabeça ainda precisavam ser encontradas e encaixadas. Eu dependia de relatos de familiares (alguns ficaram só nas promessas), de relatórios oficiais (que, dependendo da burocracia, levaram dias, semanas, meses e até anos para chegar a minhas mãos), entre outras inúmeras pendências.

O que impressiona é que, após tantos anos, o desastre ainda desperta o interesse e a curiosidade da imprensa local, por isso, para não deixar passar em branco os 70 anos do desastre aéreo no Cambirela, no dia 3 de junho, concedi uma entrevista para o jornalista Paulo Clóvis Schmitz, que produziu uma reportagem especial que foi publicada no dia 6 de junho de 2019 no jornal *Notícias do Dia*, nas versões *on-line*[133] e impressa (p. 12 e 13), com o seguinte título estampado na capa: "Há 70 anos, avião caía no Cambirela". Ainda no dia 6, às 10h, concedi uma entrevista ao vivo, de aproximadamente 20 minutos, para o notável jornalista, apresentador de televisão e radialista Mário Motta, da Rádio CBN Diário[134]. E, para encerrar as homenagens,

---

[133] Disponível em: https://ndmais.com.br/noticias/tragedia-do-aviao-que-caiu-no-cambirela-completa-70-a-nos-hoje/. Acesso em: 15 set. 2022.

[134] Entrevista para a Rádio CBN Diário. Disponível em: https://www.nsctotal.com.br/noticias/escritor-recu-pera-historia-de-acidente-aereo-ha-70-anos-no-cambirela. Acesso em: 15 set. 2022.

produzi com meu filho Daniel Luiz Cardoso um vídeo com pouco mais de dois minutos intitulado *O último voo do C-47 2023*[135], que foi publicado no YouTube, e um artigo que foi divulgado nas redes sociais e em alguns jornais de Palhoça. Esse artigo também acabou servindo de referência para alguns *sites* e importantes canais no YouTube que têm milhares de seguidores em todo o território nacional. Alguns dias depois, concedi uma entrevista para o jornalista Celito Esteves, que gravou para a TV uma reportagem intitulada "Tragédia com avião no morro do Cambirela há 70 anos vai virar livro", que foi ao ar no dia 10 de junho no programa Balanço Geral (Florianópolis), apresentado por Raphael Polito. No dia seguinte, a referida reportagem foi disponibilizada no YouTube[136].

Embora eu não tenha atingido a minha meta inicial, que era lançar o livro em 2019 para marcar os 70 anos do acidente no Cambirela, fiquei amplamente satisfeito e até surpreso com a repercussão, pois conseguimos produzir e divulgar um significativo conteúdo para redes sociais, jornais digitais e impressos, YouTube, rádio e TV.

Sinto-me muito orgulhoso em ter resgatado uma parte significativa desta história que estava praticamente esquecida nas últimas décadas e, de certo modo, honrar a memória das vítimas e dos socorristas. Com a repercussão de todas as matérias jornalísticas desses importantes meios de comunicação em massa, até mesmo com repercussão nacional, dezenas de leitores, ouvintes e telespectadores entraram em contato comigo para me parabenizar pelo importante resgate histórico e por honrar a memória das vítimas, evitando que desapareçam para sempre na indiferença com que os brasileiros costumam tratar sua própria história.

Graças a essas reportagens, também não faltaram preciosas informações para o livro, o que me deu a certeza de que tudo vem a seu tempo. Se eu tivesse publicado o livro em 2019, muitas de minhas perguntas (que provavelmente são as perguntas de muitos leitores) teriam ficado sem respostas e este livro estaria incompleto.

---

[135] *O último voo do C-47 2023*. Disponível em: https://www.youtube.com/watch?v=FT7rV8e05M4&t=3s. Acesso em: 15 set. 2022.

[136] *Tragédia com avião no Morro do Cambirela há 70 anos vai virar livro*. Disponível em: https://www.youtube.com/watch?v=972V9SGIthM&t=49s. Acesso em: 15 set. 2022.

Foto 18 – Marcio José Paulo (esq.), Silvio Adriani Cardoso (centro) e Diego Juncks (dir.). Escarpa da Bandeira, em 27 de maio de 2018

Fonte: acervo do autor

Domingo, 9 de junho de 2019

Segunda investida com o detector de metais e acidentes na face leste

Transcorrido mais de um ano da última subida, ocorrida em 27 de maio de 2018, decidi realizar mais uma investida no Cambirela, e novamente Diego Juncks me acompanhou na empreitada. Iniciamos a subida via face leste bem cedo, ainda no escuro, às 5h. Após 40 minutos de caminhada, paramos para descansar em um local que eu batizei de "Pedra do Descanso". Foi quando Diego decidiu testar o detector de metais. Para nosso desespero, o equipamento ligava, porém não fazia a leitura (detecção). Graças à paciência do Diego, o problema foi sanado após angustiantes 15 minutos de testes. Seria um aviso para que não escalássemos o morro naquele dia?

Mais tarde, após duas horas de caminhada, já estávamos na Aresta da Bandeira e, em pouco tempo, chegamos aonde estavam os destroços. A energia daquele lugar sempre me fazia imaginar como foi árduo, penoso e desgastante o trabalho de recuperação dos corpos, pois é na porção superior do Cambirela onde ocorrem os trechos mais expostos com as temperaturas e sensações térmicas mais baixas (ou altas, dependendo a época do ano). Se nas encostas a vegetação é abundante, não se pode dizer o mesmo da aresta, onde não existe praticamente nenhuma vegetação. Nesse local, a exposição prolongada às intempéries da natureza, como os fortes ventos, a umidade ou a chuva, sempre pode trazer consigo o risco de hipotermia.

Contudo, apesar de todas as adversidades que a exposição prolongada na aresta do Cambirela pode oferecer, entre o outono e o inverno, nada se compara ao inferno que é encarar aquele lugar em um dia ensolarado entre a primavera e, principalmente, no verão. Aliás, teria sido uma experiência ainda mais terrível e traumatizante para os socorristas se o acidente com o C-47 2023 tivesse ocorrido no verão. Quem já esteve no alto do Cambirela em pleno verão sabe bem sobre o que eu estou falando. A Aresta da Bandeira é muito exposta aos raios solares, que aquecem o solo, levando as rochas a refletirem fortes ondas de calor. Quando isso ocorre (e não há ventos para refrescar), a sensação é de estar dentro de uma sauna seca, literalmente! O calor insuportável, a garganta seca e a sede vão aos poucos minando a capacidade física e mental. No desespero, você procura qualquer vegetação que possa lhe fornecer sombra e, assim, amenizar o calor, mas só encontra pequenos arbustos, que podem até o proteger do sol, mas não protegem das ondas de calor, quase insuportáveis. Logo surgem os primeiros sintomas da hipertermia: a respiração torna-se ofegante; e a transpiração, intensa, e com ela vem a desidratação. A pressão arterial baixa, e as náuseas provocam vômitos. Se você tiver sorte, provavelmente não desmaiará. Sem proteção (filtros solares, chapéus ou roupas adequadas, por exemplo), a exposição prolongada ao sol pode provocar queimaduras nos pontos mais expostos do corpo. Embora eu sempre me vista adequadamente e tome todas as precauções necessárias, já sofri o princípio de uma hipertermia no Cambirela (na primavera de 2019) e posso afirmar com propriedade que é uma experiência traumatizante.

Para piorar, lá no alto da aresta não existem fontes acessíveis de água; para obtê-la, é preciso descer até um dos dois falhamentos situados nas encostas e tentar a sorte, já que na maioria das vezes as bicas de água "próximas" à Aresta da Bandeira estão completamente secas. Depois é preciso retornar à aresta, e lá se vão, pelo menos, mais 30 minutos de caminhada encosta acima. Em suma, a simples ação de coletar água requer um considerável esforço físico, um elevado consumo de energia e disponibilidade de tempo. Uma vez obtida a água, é preciso racioná-la, porém a garganta seca e o fator psicológico pedem mais e mais, pois sem água o risco de desidratação aumenta significativamente, bem como o risco de insolação (a cada 300 m de altitude, a intensidade da queimadura produzida na pele pela luz ultravioleta aumenta em 4%). Por sorte, quanto mais alto o lugar, maior é a ocorrência dos ventos, portanto, se você tiver sorte, um dia de muito calor pode ser amenizado com ventos que, na maioria das vezes, são refrescantes.

Como se não bastasse, as probabilidades de sofrer acidentes por picada de animais peçonhentos (cobras, aranhas, vespas, abelhas, formigas, taturanas venenosas, entre outros) são ainda maiores no verão, sem falar das tormentas tropicais com descargas elétricas assustadoras, que costumam ocorrer com mais frequência nessa estação do ano, nos maciços do Morro do Cambirela e na Serra do Tabuleiro.

Para fechar a "lista dos horrores", basta dizer que, se o resgate dos corpos ocorresse no verão, as altas temperaturas e, consequentemente, as ondas de calor acelerariam drasticamente a decomposição dos cadáveres. Seria uma experiência surreal, uma missão que testaria ainda mais os limites da resistência física e psicológica dos socorristas.

Quanto ao terreno do Cambirela, independentemente do clima, ele é sempre traiçoeiro. Cada passo deve ser muito bem calculado, ante o risco de torcer o pé, desequilibrar-se e sofrer uma queda perigosa, que pode resultar desde arranhões ou hematomas a consequências bem mais sérias. Foi basicamente o que aconteceu comigo e com o Diego nesse dia.

Passava das 8h quando, ao iniciar a descida da vertente leste, perdi o equilíbrio e, durante a queda, instintivamente segurei o galho seco de um arbusto, que me deteve por alguns segundos. Quando me acalmei, agradecendo aos céus por não ter despencado encosta abaixo, o galho subitamente se partiu e eu despenquei por alguns metros em queda livre. Sem poder me agarrar em mais nada, apenas cerrei os olhos instintivamente e esperei o impacto contra algumas pedras alguns metros abaixo de mim. Contudo, como por um milagre, o peso da mochila cargueira que eu trazia nas costas, aparentemente, desviou minha trajetória e jogou-me violentamente sobre um pequeno platô, poucos metros abaixo de onde eu havia caído. Considero que tive muita sorte, primeiro porque o platô estava com uma camada considerável de matéria orgânica, que, somada à mochila nas costas, amorteceu minha queda; segundo, porque esse platô impediu que eu sofresse uma queda bem maior, certamente com sérias consequências. O resultado do tombo cinematográfico foi uma lesão na fáscia infraespinal (músculo da camada superficial do dorso), que me infernizou por mais de um ano. Quando se está naquele terreno íngreme, praticamente vertical, cada pedra, cada galho, cada arbusto pode ser uma verdadeira bênção e servir de apoio, desde que, é claro, não quebre, não role e não o perfure. Por mais que você tenha experiência e tome todas as precauções para evitar contratempos, nem sempre as coisas saem conforme você planejou.

Para compensar o meu infortúnio, às 9h encontramos um dos fones de ouvido utilizados pelos tripulantes (o *Headphone Receiver* ANB-H-1). Impresso nele, podia-se ler claramente a seguinte descrição: "Made in USA, by Utah-Chicago". Próximo dali, já havíamos encontrado na temporada anterior quatro peças da estação do radiotelegrafista, o que nos leva a crer que o fone de ouvido pode ter pertencido ao 3º sargento Haroldo Oliveira de Almeida, radiotelegrafista. Outra hipótese é de que o fone seja de um dos pilotos, já que o comandante da aeronave, F. Lima, e o copiloto, Miguel Sampaio, também utilizavam aquele tipo de fone para se comunicar entre as cabines de pilotagem, radiotelegráficas e de navegação.

Naquele local também encontramos um pequeno fragmento do manche do C-47 2023. Aproximadamente às 10h, decidimos nos dividir: Diego seguiria encosta abaixo com o detector em busca de peças enterradas, e eu subiria um longo trecho em diagonal à procura de qualquer evidência dos destroços do avião que pudesse ser encontrada a olho nu (o que acabou se revelando uma tarefa quase impossível, quando realizada sem a ajuda do detector, em meio a uma mata tão densa e fechada). Eu estava decidido a encontrar pelo menos um dos dois conjuntos de hélices do 2023 para no futuro doá-las ao 63º Batalhão de Infantaria (63º BI) — como um marco do feito heroico do batalhão, mas não tinha certeza de que elas realmente estavam lá, pois, por serem feitas de uma liga de alumínio e valerem um bom dinheiro, era quase certo que também tenham sido retiradas pelos moradores da região. Essas hélices chegaram a ser fotografadas em 1º de novembro de 1949 (cinco meses após o acidente com o C-47 2023), quando os jesuítas Armando Marocco, Antônio e Lino do Colégio Catarinense escalaram o Cambirela acompanhados de alguns alunos, entre eles Filinto José Caldeira Bastos.

De volta à face leste do Cambirela, enquanto eu fazia um percurso que seguia paralelamente uns 20 metros abaixo da Aresta da Bandeira, Diego vinha bem mais abaixo, talvez a uns 50 metros. Naquela tarde, o alto do Cambirela, como costuma acontecer, estava tomado por densas nuvens. Eram aproximadamente 16h. Próximo de onde eu me encontrava, a paz e o silêncio do lugar, de vez em quando, eram interrompidos pelo canto dos pássaros, que abundam na região, ou pelos sons abafados do detector de metais do Diego e dos motores dos pesados caminhões que circulavam na BR-101, praticamente 800 metros abaixo de onde nos encontrávamos. Durante quase cinco horas, procurei no matagal sem encontrar absolutamente nada. Mais uma vez, cansado, principalmente pela posição incômoda que o corpo fica por tentar permanecer em pé em um ambiente tão escarpado, durante horas seguidas, decidi sentar-me sobre uma pedra equilibrando-me no abismo enquanto seguia ouvindo ao longe os *bips* do detector. Próximo dali, eu podia avistar entre as nuvens o local onde havíamos encontrado os destroços nas pesquisas anteriores.

Repentinamente, uma vez mais fui tomado por uma inexplicável energia que me conectou fortemente com o passado, levando-me a refazer mentalmente os últimos minutos de voo do C-47 2023 com base no que havia lido até aquele momento nos relatórios do Exército e da Aeronáutica. Como se estivesse em transe, viajei no tempo e praticamente pude visualizar o Douglas decolando da antiga pista 02 do Aeroporto de Florianópolis rumo norte e logo iniciando uma longa curva ascendente para a esquerda sobre a Baía Sul, retomando a proa sul (220 graus), enquanto desaparecia entre as densas camadas de nuvens que ainda teimavam em pairar sobre a Aresta da Bandeira. Ao sentir um forte sopro do vento, cerrei os olhos e quase pude ouvir o potente ruído dos motores radiais do C-47 2023 aumentando à medida que ele se aproximava velozmente da minha direção (eu estava sentado a poucos metros do local onde ocorreu a colisão). Quando a tensão provocada pela expectativa do impacto final tomou conta de mim, um grito mesclado de dor e pavor me fez voltar à realidade.

Ao abrir os olhos, ainda pude ver que algo rolava velozmente na encosta abaixo de mim, a dezenas de metros de onde eu estava. Por uma fração de segundos, que pareceram durar uma eternidade, tentei me certificar se o que eu via despencando vertiginosamente naquele precipício era meu amigo Diego. Só respirei aliviado quando percebi que não se tratava de uma pessoa, mas, sim, de uma pedra enorme que seguiu rolando velozmente até parar a aproximadamente 300 metros abaixo de onde ela havia se deslocado. Minha relativa tranquilidade durou apenas alguns segundos. Gritos de dor voltaram a quebrar o silêncio do lugar. Era Diego pedindo aos gritos para que eu fosse até ele. Temi pelo pior... uma perna ou braço quebrado? Fratura exposta? Hemorragia? Aquele era o tipo de cenário com que ninguém gostaria de se deparar lá em cima, em local tão remoto. Equilibrando-me como podia na vertiginosa vertente, corri em direção ao Diego, enquanto tentava não me tornar mais uma vítima. Se isto acontecesse, estaríamos completamente enrascados.

Àquela altura, Diego já havia se recobrado e me acalmou dizendo que estava bem, apesar do susto. Ele me explicou que, quando tentou subir a grande pedra, ela começou a rolar. Ele mal teve tempo de se jogar para o lado, enquanto aquela pesada massa passou raspando sobre suas pernas, que, com o peso, afundaram no abundante material orgânico que ocorre na encosta. Não tivessem afundado, as consequências teriam sido muito piores. Por muito pouco, Diego não teve suas pernas esmagadas; sem falar que, alguns segundos depois da queda da primeira pedra, quase foi atingido na cabeça por outra pedra do tamanho de uma bola de boliche — só não aconteceu porque conseguiu esquivar-se milagrosamente.

Depois de uma árdua jornada de praticamente 12 horas de trabalho, e em frangalhos, retornamos para casa com apenas três itens: uma moeda de mil réis de 1927, um fone de ouvido e um pequeno pedaço do que restou de um dos dois manches de pilotagem do Douglas C-47 2023. Durante a descida do morro, ainda levei algumas ferroadas de vespas. Das dezenas de vezes que escalei o Cambirela, jamais passei por algo parecido. Algumas horas mais tarde, quando eu já estava em casa, Diego enviou-me uma foto no hospital comunicando-me que a queda lhe havia quebrado uma costela esquerda e, consequentemente, teve perfuração parcial do pulmão, esmagamento superficial dos músculos posteriores da perna direita, além de infecção nas vias aéreas, que o obrigou tomar antibióticos por semanas. Os dois acidentes ocorridos em um único dia foram suficientes para traumatizar Diego, que, nas quatro temporadas seguintes (2019 a 2022), não quis mais arriscar subir o Morro do Cambirela. Pelo menos por agora.

Às vezes, penso que aquela pane no detector no início da subida foi uma espécie de aviso para que não prosseguíssemos com a nossa pesquisa, pois muitas coisas saíram erradas ao longo do dia. Mas fizemos a nossa escolha e pagamos o preço. Apesar de todos os contratempos, creio que tanto para mim quanto para o Diego tudo valeu a pena, pois aprendemos valiosas lições naquele dia. O verdadeiro sentimento que ficou é de que nossos esforços foram de algum modo recompensados.

Não custa lembrar que o local onde foram encontrados alguns destroços, é de difícil acesso, e extremamente perigoso, já houve alguns incidentes e acidentes naquele lugar[137]. O rastreamento é consequência de décadas de pesquisas, além é claro de contar com a ciência e autorização das autoridades por tratar-se de uma pesquisa de relevância histórica e as peças encontradas serão doadas para um Museu. Já nas porções intermediárias e superiores do Cambirela (onde a trilha apresenta um terreno mais íngreme e exposto), sempre ocorreram (embora raros) deslizamentos de terra e pedras, o que pode representar algum risco para trilheiros menos experientes. Desde que começou a receber visitantes com interesse turístico, principalmente a partir da década de 1980, são praticamente nulos (até onde se sabe) registros de ocorrências com acidentes fatais na trilha. Aliás, considerando o intenso volume de visitantes que o Morro do Cambirela tem recebido nos últimos anos (principalmente nas faces leste e norte), o percentual de acidentes, incidentes e pessoas perdidas reduziu significativamente. Isso se deve em parte às ações promovidas por voluntários que não medem esforços para realizar ações como sinalização e manutenção de trilhas, instalação de degraus de aço carbono nos trechos mais íngremes, conscientização dos visitantes voltada à preservação ambiental, entre outras. Essas ações contam com o apoio e respaldo de entidades como IMA, Femesc, Acem, CMA, Epagri, entre outras.

---

[137] Apesar de minha vasta experiência em terreno vertical, em praticamente 8 visitas ao local do desastre (*crash site*) que vale lembrar, é extremamente íngreme e perigoso, ao longo de 4 anos, sofri 3 acidentes (quase 1 por ano) que resultaram em lesões (extremamente doloridas) por semanas, meses e até anos. Tive sorte de não ter sofrido consequências bem mais graves. Meu anjo da guarda estava atento!

5.3 REDESCOBRINDO A PEDRA DA BANDEIRA

Segunda-feira, 10 de junho de 2019. Naquela tarde, tive um encontro com Humberto Paulo Moritz, que havia lido a entrevista que eu concedera ao jornal *Notícias do Dia*, em 6 de junho, e, assim como outros leitores, fez contato comigo, pois queria me contar algumas histórias. Tão logo nos apresentamos, Humberto relatou com grande entusiasmo que havia cursado o segundo ano Científico (atual segundo ano do ensino médio) no Colégio Catarinense, entre os anos de 1953 a meados de 1955.

Segundo Humberto, aproximadamente em 1953, o jesuíta João Alfredo Rohr, arqueólogo, educador e professor de Química do Colégio Catarinense, organizou uma excursão para o Morro do Cambirela. Entre os alunos, estava o próprio Humberto Moritz. Como já vimos, subir aquela montanha era uma atividade rotineira para os jesuítas, principalmente para o Padre Rohr, que costumava escalar o Morro do Cambirela em busca de espécies raras de plantas (principalmente orquídeas) para o Museu do Colégio Catarinense. Para Humberto Moritz, o Padre Rohr queria retornar ao alto do morro, a fim de relembrar quando lá esteve quatro anos antes, mais precisamente no dia 8 de junho de 1949, ocasião em que ele e o tenente Otte Krammer foram os responsáveis por transladar, desde o alto do Morro do Cambirela até a Guarda do Cubatão, os restos mortais da menor Lenora Maria Toschi.

Após a convocação do Padre Rohr, segundo Humberto Moritz, em um piscar de olhos, um grupo com cerca de 20 meninos, com idade entre 16 e 18 anos, já estava sentado na carroceria do velho caminhão Ford 1946 que pertencia ao colégio aguardando, com grande alegria e expectativa, a viagem para a Guarda do Cubatão, onde, como de costume, um experiente mateiro local previamente contratado para guiar o grupo já os aguardava (nessa época, entre os experientes mateiros da região, estavam Manoel Joaquim Soares e Braz Marcílio de Souza). Quando partiram para o alto do morro seguindo pela face norte e após três horas de caminhada, ao chegar ao topo da Escarpa da Bandeira, todos puderam ver uma placa de bronze onde se podia ler: "Estado de Santa Catarina, Morro do Cambirela, 875 metros de altitude".

Na volta, durante a descida do Morro do Cambirela, sob os olhares atentos do Padre Rohr, os alunos, motivados pela curiosidade, decidiram descer até o local do desastre aéreo, onde, além dos destroços do avião, encontraram espalhados vários metros de tecido de gabardina azul-marinho que estavam a bordo do C-47 2023 e que seriam usados para a confecção de uniformes da FAB em Porto Alegre. Poucos metros mais adiante, encontraram, caído em uma grota, um dos 14 cilindros de um dos dois enormes motores radiais do Douglas C-47. Humberto Moritz sugeriu, então, que levassem o cilindro para o colégio como uma "lembrança" da subida. A duras penas, os garotos, com idade entre 16 e 18 anos, e com a ajuda do Padre Rohr escalaram a face leste da Aresta da Bandeira trazendo consigo o pesado cilindro e, depois de um breve descanso, prosseguiram com a descida rolando a pesada peça morro abaixo. Ainda, segundo Humberto, o cilindro foi deixado no Colégio Catarinense como uma lembrança daquela aventura[138].

Apesar da interessante narração, a verdadeira revelação daquela tarde ocorreu quando Humberto relatou que, para chegar ao local do acidente, eles tiveram que sair da trilha e descer um pouco. Lá existiam vários metros de tecido gabardine e muitos restos do avião espalhados. Ao lado, a Pedra onde o avião colidiu... ela estava lá... imponente, enorme. Ainda segundo Humberto, a base da Pedra parecia uma tela de cinema (não pelo tamanho, mas sim porque parte da face que é voltada para o leste é consideravelmente plana).

Surpreso, interrompi: "Como assim? "A 'Pedra' a que você se refere é a Pedra da Bandeira? A Pedra onde o avião colidiu?" "É esta mesmo!", respondeu Humberto, com convicção.

A declaração do Humberto pesou como um soco no meu estômago, pois eu estava convencido de que a pedra onde a asa do C-47 2023 havia colidido era aquela que ficava no meio do caminho sobre a Aresta da Bandeira (PB-3). Isso significava que, pela terceira vez, eu havia me equivocado e teria que mudar novamente o rumo das minhas pesquisas. Àquela altura, encontrar a verdadeira Pedra da Bandeira já estava se transformando em uma verdadeira obsessão para mim, uma questão de honra. Ela tinha a sua importância histórica. Os documentos oficiais e extraoficiais da época não deixavam nenhuma margem de dúvida de que o avião havia colidido contra uma formação rochosa específica.

Guardadas as devidas proporções, assim como a ponta de um *iceberg* surgiu repentinamente no caminho do gigante Titanic rasgando a proa e

---

[138] Verificando-se a documentação existente no Arquivo do Museu do Homem do Sambaqui, seção P. J. Alfredo Rohr (1959-1984), correspondente ao período solicitado (1949), nada referente ao cilindro foi encontrado. Segundo a museóloga responsável, se o cilindro esteve no museu, com o passar dos anos foi retirado de lá, já que não combinava com a proposta principal do Museu do Homem do Sambaqui.

causando o trágico naufrágio, a Pedra da Bandeira, a "ponta" exposta do "Grande Seio", acabou detendo o avanço do pássaro prateado. No naufrágio do Titanic, no mar gelado do Atlântico Norte, aproximadamente 1.500 vidas se perderam em 14 de abril de 1912; já no alto do Cambirela, em Palhoça, na fria e cinzenta tarde do dia 6 de junho de 1949, 28 vidas foram ceifadas. O que esses dois acidentes têm em comum? Poucos metros!! Se o Titanic tivesse passado alguns metros mais afastado do gigantesco *iceberg*, certamente não teria sido seriamente avariado e, consequentemente, afundado. De igual forma, se o Douglas C-47 2023 tivesse passado alguns metros mais alto, certamente não teria colidido com a Pedra da Bandeira. Na verdade, por muito pouco, quase nada, considerando a imensidão do mar ou do céu, essas histórias não precisariam ser escritas. Curiosamente, em ambos os casos, as causas do acidente nunca foram completamente esclarecidas. Os destroços do Titanic só foram encontrados no fundo do mar 73 anos depois do naufrágio; nós encontramos os destroços do Douglas C-47 2023 69 anos depois da colisão contra o Morro do Cambirela. Também em ambos os casos, a ajuda da tecnologia fez a diferença, só que, no nosso caso, é claro, o investimento financeiro e o emprego da tecnologia foram infinitamente modestos, porém não menos eficientes. Para encontrar os destroços do C-47 2023 contamos basicamente com um detector de metais; enquanto, para encontrar o Titanic, foram investidos milhões, de dólares em equipamentos altamente sofisticados e anos de pesquisas.

Intrigado com o relato de Humberto Moritz, tão logo cheguei à minha casa, corri para o computador e procurei ler pela "milésima" vez o relatório de dez páginas do tenente-coronel Paulo Vieira da Rosa. Só então percebi, em uma única linha, uma pequena frase pela qual eu havia passado por alto várias vezes e que agora, com o relato de Humberto Moritz, fazia sentido. Ela dizia o seguinte: "O avião chocara-se violentamente contra a face leste da penedia, a apenas cinco metros da crista, e placara no sopé da mesma, jazendo equilibrado pelos cipós e árvores que lhe sustentavam a cauda"[139].

Se a colisão ocorreu cinco metros abaixo da Aresta da Bandeira, então era óbvio que a PB-3, encravada bem no meio da trilha sob a aresta, ainda não era a verdadeira Pedra da Bandeira. No entanto, àquela altura eu já sabia que a verdadeira pedra não deveria estar muito distante dali. Para certificar-me, só restava a velha metodologia: subir uma vez mais o morro do Cambirela, a fim de procurá-la. Contudo isso só seria possível na tem-

---

[139] REVISTA DE ENGENHARIA MILITAR, ano 13, jan./fev. 1950, p. 35.

porada do ano seguinte. Eis que me surge, então, um novo desafio deixado pelo Humberto: verificar se, cinco metros abaixo da aresta, havia uma ou mais pedras com grandes proporções que se encaixassem na descrição dele e a do tenente-coronel Paulo Vieira da Rosa. Aparentemente, era uma tarefa simples, porém as matas densas da vertente leste do Morro do Cambirela ocultam não três ou cinco grandes pedras, mas, sim, dezenas delas.

Apesar da urgência em encontrar a Pedra da Bandeira, a minha primeira ação prática na temporada de 2019 foi conhecer o Rodrigo da Rosa Conti, morador da Praia de Fora, que no ano de 2017 encontrou enterrado, quase até a metade, no barro, um dos anéis de montagem do motor em aço tubular do C-47 2023. Como eu havia solicitado que me levasse até o local onde encontrou a peça, para lá nos dirigimos no dia 12 de julho de 2019. Segundo Rodrigo, a peça, que pesa 25 kg, havia sido encontrada a 340 m de altitude sobre o nível do mar (altitude e posição confirmadas posteriormente por mim com um GPS), ou seja, a peça havia sido localizada a cerca de 460 m abaixo do local da colisão (ocorrida a 800 m de altitude) e aproximadamente a 600 m de distância.

A meu ver, existem duas hipóteses. A primeira (e menos provável) é de que aquela pesada peça de aço fundido havia sido transportada do local do desastre vertente abaixo por algum morador das redondezas, abandonada e posteriormente encontrada por Rodrigo. Particularmente descarto essa possibilidade, e o Rodrigo Conti concorda comigo. Pela declividade do terreno, dificilmente alguém desceria com aquela pesada peça por aquele local (onde nem sequer existe uma trilha), sem se expor a sérios riscos. Além disso, quem abandonaria uma pesada peça praticamente enterrada em pé?

A segunda hipótese (em nossa opinião, a mais provável) é de que o anel de aço (assim como outras centenas de fragmentos) simplesmente foi arremessado pela força do impacto do avião contra a parede da face leste do Morro do Cambirela. Assim como as peças que encontramos completamente destroçadas no alto do morro, é possível ter uma ideia da força da colisão do avião contra a Pedra da Bandeira.

Algumas semanas depois que estive com o Rodrigo na base do Cambirela, ocorreu-me a ideia de empregar um *drone*, uma pequena "aeronave" não tripulada, controlada remotamente, que leva acoplada uma pequena câmara capaz de filmar e fotografar em alta resolução. Como existem centenas de afloramentos rochosos de grande porte ocultos nas matas da face leste, talvez com o *drone* fosse possível fazer algumas imagens aéreas e tentar localizar e identificar a verdadeira Pedra da Bandeira. Também surgiu a ideia de fazer um voo simulando os minutos finais do fatídico voo do Douglas C-47 2023, antes da colisão fatal contra a montanha.

Para essa missão, em outubro de 2019, convidei meu amigo e montanhista Renan Schuller. Eu queria que ele me acompanhasse ao Cambirela na temporada entre abril e julho de 2020, mas, por força do destino, justamente quando a temporada estava por começar, no início de abril, surgiu a pandemia do novo coronavírus (Covid-19), e Renan e sua esposa, Vanessa Laura Franz[140], que estavam acompanhando um grupo de montanhistas no Chile, ficaram retidos naquele país, sem previsão de retorno, uma vez que eles estavam de carro e a Argentina havia fechado temporariamente as fronteiras.

Como se não bastassem esses contratempos, no domingo, dia 26 de abril de 2020, a população amanheceu assustada com a fumaça resultante de um incêndio que, aparentemente, começou na Aresta da Bandeira, estendendo-se para as faces leste e oeste do Morro do Cambirela. À medida que a enorme coluna de fumaça aumentava (e podia ser vista a quilômetros de distância), aumentava também a crença de muitos moradores da região de que o "vulcão adormecido" finalmente havia despertado enfurecido. Imediatamente, uma guarnição terrestre do Corpo de Bombeiros de Palhoça dirigiu-se para o alto do morro, enquanto o helicóptero Arcanjo do CBMSC combatia o fogo fazendo uso do "bambi bucket" — o cesto para o transporte de água. Após dois dias de intensos combates por terra e ar, o incêndio foi finalmente debelado, evitando que atingisse maiores proporções.

Para encontrar a Pedra da Bandeira citada no relatório do tenente-coronel Vieira da Rosa, eu precisava ir mais uma vez até o alto do morro, e fui. No dia 16 de maio de 2020, acompanhado novamente do meu amigo uruguaio Marcelo Alejandro Gonzalez Muniz e com as devidas autorizações, subimos a via da face norte. O dia estava espetacular, e o céu azul contrastava com o lindo verde das matas do Cambirela, mas, ao chegar ao esporão, deparamo-nos com um cenário deprimente. A grande área verde e exuberante que existia na parte superior e nas encostas agora dava lugar a uma gigantesca clareira provocada pelo incêndio.

Agora, onde antes existia uma densa vegetação, quase tudo havia sido reduzido a cinzas. Dessa vez, ignorei a PB-3, que ficava na aresta, no meio do caminho, e procurei pela pedra descrita pelo comandante do 14 BC tenente-coronel Vieira da Rosa, "a apenas cinco metros da crista";

---

[140] Disponível em: https://casalnamontanha.com.br. Acesso em: 15 set. 2022.

por Humberto Moritz, que dizia que "a base da pedra parecia uma tela de cinema"; e pelo jornalista João Frainer, que a descreveu como "uma pedra arredondada, que avança obliquamente como uma BANDEIRA".

Fazendo os cruzamentos dessas informações, acabei encontrando a PB-4, que se situava a aproximadamente cinco metros abaixo da aresta e que avançava obliquamente para o vazio. Aliás, diga-se de passagem, mais que uma tela de cinema, essa pedra lembrava em muito uma lápide gigantesca suspensa e situa-se exatamente sobre onde havíamos encontrado os destroços e onde foram encontrados os corpos em 1949.

Duas semanas depois, no sábado, dia 30 de maio de 2020, retornei ao local com Vinícius Ocker Ribeiro, ex-aspirante a oficial R2 do 63º Batalhão de Infantaria do Exército Brasileiro (2009) e, como muitos de nós, outro fã do Cambirela e suas histórias. Eu o havia "convocado" para fazer algumas cenas aéreas porque, além de piloto de drone, Vinícius era um piloto campeão de aeromodelismo. Como estávamos em plena pandemia, escalamos uma vez mais o morro com a ciência e o consentimento do IMA, da Femesc (ao qual sou federado), bem como da Acem (da qual sou associado). Em contrapartida, Ricardo Garcia, então presidente da Femesc, pediu que realizássemos uma filmagem para fins de levantamento da área atingida pela queimada, no alto e nas encostas leste e oeste do Cambirela, ocorrida nos dias 26 e 27 de abril, bem como a localização de ocorrência dos pinus (espécie invasora). A missão principal era simular e filmar com o *drone* o que eu acreditava terem sido os últimos segundos do último voo do C-47 2023 naquela tarde chuvosa de 6 de junho de 1949.

O resultado foi surpreendente, e as imagens obtidas pelo *drone* de última geração foram inéditas. Alguns dias depois, as imagens aéreas foram disponibilizadas para os órgãos competentes, que pretendem realizar um estudo para o corte dos pinus no futuro. Em 6 e junho de 2020, no 71º aniversário do desastre aéreo, pedi para meu filho Daniel editar mais um vídeo, dessa vez com as imagens aéreas feitas por Vinícius. Ainda no dia 6, postamos um vídeo no YouTube intitulado *Pedra da Bandeira, o local do desastre aéreo no Cambirela*[141]. Esse vídeo foi dedicado aos 6 tripulantes e aos 28 passageiros do C-47 2023, bem como aos socorristas militares e civis que trabalharam no resgate dos corpos, e elaborado com base em documentos oficiais, como relatórios, periódicos (jornais e revistas) da época, nos relatos orais e nas análises de especialistas. Para mim, esse vídeo foi extremamente

---

[141]   Disponível em: https://www.youtube.com/watch?v=NKKacvfOp_s. Acesso em: 15 set. 2022.

revelador, pois pela primeira vez, depois de anos de pesquisas, conseguiria finalmente analisar como teria sido a trajetória do 2023 antes de colidir com o Cambirela. Para reconstituir com a maior exatidão possível o voo com o *drone*, utilizamos algumas informações, tais como: rumo do avião, velocidade, ângulo de subida e altitude.

Depois de publicado, assisti ao vídeo dezenas de vezes para tentar encontrar mais pistas e, de tanto analisá-lo por diferentes pontos de vista, acabei encontrando mais um detalhe, que não teria passado despercebido, se eu fosse um especialista em investigação de desastres aeronáuticos. Vejamos: considerando que a trajetória do C-47 2023 mostrada no vídeo estava certa (proa sul) e que a velocidade do impacto na Pedra da Bandeira foi de aproximadamente 240 km por hora, presume-se que os destroços ter sido projetados pelo menos 50 metros mais à frente da PB-4, e não exatamente abaixo dela, como constatamos quando havíamos rastreado com o detector aquele local alguns meses antes. Logo percebi que era quase certo que a PB-4 mostrada no vídeo como sendo o local da colisão ainda não era a verdadeira. Pelos meus cálculos, ela deveria estar a alguns poucos metros mais ao norte sob a aresta, ou seja, mais atrás da PB-4 (considerando a trajetória do voo).

PB-5

Acontece que a vida costuma nos surpreender com grandes reviravoltas, e, alguns dias após minha análise do vídeo com o voo do drone, como por um milagre, recebi de presente duas fotografias 12 x 7 cm que chegaram às minhas mãos, pelo correio, e que mudariam o desfecho desta história definitivamente. Após digitalizar as fotografias em alta resolução e analisá-las detalhadamente, constatei, abismado, que se tratava das duas fotos originais de três que haviam sido publicadas no verso da página 13 do relatório anual do Colégio Catarinense do ano de 1949, relatório esse que encontrara na Biblioteca Pública de Santa Catarina em 2017 (também disponível na Biblioteca do Colégio Catarinense). Essas fotos foram feitas pelo pequeno grupo de jesuítas e alunos do Colégio Catarinense que escalou o Morro do Cambirela em novembro de 1949, conforme já citado. Posteriormente, as imagens foram publicadas no relatório do mesmo ano.

Em 5 de março de 2021, descobri que, entre esses alunos, estava o jovem Filinto José Caldeira Bastos[142], que naquele momento cursava a terceira série do curso ginasial. Filinto aparece em uma destas fotos (a seguir) sobre o estabilizador horizontal do C-47 2023 (o primeiro aluno em pé, da esquerda para a direita).

Em outra foto, é possível ver os destroços do Douglas C-47 2023 espalhados ao longo da Aresta da Bandeira, na face leste, na direção norte-sul. Essa pequena fotografia, em especial, acabou me revelando grandes e valiosas informações, resumindo em uma única imagem o que eu procurei incansavelmente durante anos, e foi definitivamente a peça principal que estava faltando para completar o meu "quebra-cabeça" e confirmar algumas de minhas teorias. Nela é possível ver, com certa nitidez sete jovens, alunos do Colégio Catarinense, alguns sentados e outros em pé, no alto da Aresta da Bandeira, próximo ao setor no qual os antigos nativos chamavam de "Lombo do Cavalo". Abaixo deles, à direita de quem observa a foto, uma formação rochosa surge do meio do matagal, **A VERDADEIRA E ÚNICA PEDRA DA BANDEIRA**, a PB-5!

Por meio dessa fotografia, foi possível realizar alguns estudos *in loco* no Morro do Cambirela que me levaram às seguintes conclusões:

1. A foto não deixa nenhuma margem de dúvida de que o desastre de fato ocorreu na face leste (o que já havíamos comprovado quando encontramos os destroços do C-47 2023, em 2018);

2. Ao contrário da PB-2 (citada pelo Cid Neto), que estava situada na porção sudoeste do Morro do Cambirela, a verdadeira Pedra da Bandeira, a PB-5, estava localizada na porção leste, a aproximadamente 200 metros de distância da PB-2, e a apenas 50 metros afastada (sentido sul-norte) da PB-4, onde havíamos realizado a filmagem com o *drone*;

3. Analisando a posição da PB-5 e dos destroços e cruzando informações com documentos oficiais, além da simulação de voo realizada em fevereiro de 2022 pelo comandante José Lourenço, foi possível confirmar a trajetória da aeronave e estimar o ângulo de colisão com a pedra na face leste;

---

[142] Filinto José Caldeira Bastos frequentou o Colégio Catarinense entre 1946, ano em que completou o Curso Médio, e 1955, quando concluiu a terceira série do Curso Científico.

4. Em suma, se a foto (16-1) que encontrei (em 2017) publicada no verso da página 13 do antigo relatório do Colégio Catarinense de 1949 tivesse a mesma qualidade da foto (16-3/20) que recebi pelo correio recentemente (junho de 2020), teria encontrado sem muito esforço grande parte das respostas para as perguntas que me perseguiram durante todos estes anos e, certamente, teria economizado uma quantidade enorme de tempo e energia. No entanto, como já citei, tenho muitos motivos para acreditar que tudo nesta vida tem o seu tempo para acontecer, existe o tempo para plantar e o tempo para colher; por algum motivo, eu tinha que passar por tudo que passei, aprender as lições que aprendi, conhecer as pessoas que conheci e viver as grandes emoções que vivi. Foi um desafio único, irrepetível e fascinante. Não me arrependo absolutamente de nada, e faria tudo novamente! Estou completamente convencido de que a minha missão era escrever este livro. Uma das máximas mais famosas de Antoine de Saint-Exupéry, escritor, ilustrador e piloto francês, resume tudo o que vivi e senti ao longo destes anos. Ela diz:

Foi o tempo que dedicaste à tua rosa que a fez tão importante.

A fotografia que me proporcionou grandes revelações veio de São Paulo e chegou às minhas mãos no dia 23 de junho de 2020 (17 dias depois da publicação do vídeo *Pedra da Bandeira, o local do desastre aéreo no Cambirela*) e foi enviada por Ana Caldatto[143], uma apaixonada por itens de coleção como brinquedos, bonecas, itens de aviação, entre outros. Quando Ana descobriu que eu estava escrevendo um livro sobre o Douglas C-47 2023 e o desastre aéreo no Morro do Cambirela, presenteou-me com as duas fotos (19 e 20), que faziam parte de seu valioso acervo composto por uma seleta coleção "Anos 50" da Aviação Nacional brasileira e estrangeira, como caixinhas de fósforos, lápis, pins, botons, chaveiros, canivete, alfinetes da Aviação Cruzeiro do Sul, Viação Aérea São Paulo, itens da Real Linhas Aéreas, VARIG, entre outros. Um verdadeiro memorial da Aviação em forma de pequenos objetos.

Merece destaque que Ana compartilha o sentimento de que "gentileza gera gentileza" e por essa razão costuma cooperar com outros colecionadores e pesquisadores. Gosto de dizer que, além de colecionadora de emoções, Ana é uma transformadora de emoções. Seu belo gesto trouxe

---

[143] *Blogger* na empresa: anacaldatto.blogspot.com. Acesso em: 15 set. 2022.

uma contribuição imensa para este livro. O mais incrível nesta história é que, transcorridas sete décadas do acidente e do registro das fotos, Maria Clara Bastos, a neta de Filinto José Caldeira (o ex-aluno do colégio Catarinense), acabou vendendo os itens de aviação que pertenciam ao avô para Ana Caldatto: entre esses itens estavam as duas fotos que Ana gentilmente doou para mim. Como as fotos têm forte relação com as suas origens no Colégio Catarinense, decidi digitalizá-las para meu acervo e doar as originais para a Biblioteca do Colégio Catarinense, onde permanecerão muito bem guardadas para a posteridade.

A seguir, a reprodução das fotos enviadas por Ana Caldatto:

Foto 19 – O professor (em pé no canto inferior esquerdo) e seus alunos junto à fuselagem do C-47 2023. O aluno Filinto José Bastos é o primeiro (da esquerda para a direita) em pé sobre o estabilizador horizontal. Abaixo, é possível ver a foz do Rio Cubatão do Sul e parte da comunidade do Furadinho

Fonte: foto doada por Ana Caldatto

Foto 20 – Foto original, com excelente resolução, enviada por Ana Caldatto em junho de 2020. A "peça" que faltava no meu imenso "quebra-cabeça investigativo". A reprodução dessa foto encontra-se no verso da página 13 do relatório anual do Colégio Catarinense de 1949, porém com péssima qualidade (envelhecida e escurecida pelo tempo), o que me levou a inicialmente cometer alguns equívocos

Fonte: foto doada por Ana Caldatto

    Passadas algumas semanas, em 4 de agosto de 2020, Vinícius Ocker e eu retornamos ao Morro do Cambirela para a última subida da temporada de montanha de 2020, acompanhados de Maicon Celso de Souza e Rafael Junges. Iniciamos a subida do Cambirela às 3h 30min da manhã, em uma noite maravilhosa de lua cheia e com céu estrelado. Às 6h 15min, chegamos ao "Ombro do Cambirela" e sentamo-nos para ver o lindo espetáculo do nascer do sol. Mais tarde, ainda sob os primeiros raios de sol, fotografei o Setor 5 para comparar com as duas fotos: a de 1949 e a de 2018.

    Logo retornamos ao local conhecido pelos antigos como "Lombo do Cavalo", uma aresta que, de tão estreita, não deixava alternativa aos socorristas a não ser acotovelarem-se uns aos outros enquanto içavam cada um dos 28 corpos para o alto da Escarpa da Bandeira. Abaixo deles, em meio aos destroços fumegantes, outros homens assustados e aflitos tentavam, aos gritos, comunicar-se uns com os outros sem saber ao certo o que fazer, na esperança de ouvir o pedido de socorro de um tripulante ou passageiro que, por milagre, tivesse sobrevivido àquele pavoroso desastre aéreo. Tudo isso abaixo de chuva, frio, relâmpagos, densa nebulosidade, entre outros inúmeros contratempos e desafios.

Agora tudo isso era passado. Naquele momento em que nos encontrávamos ali, o lugar da tragédia estava tomado por um agradável silêncio, e o belo dia ensolarado permitia-nos ter uma visão de praticamente 360 graus, até onde nossa visão nos permitia enxergar. Logo retomamos as tarefas do dia: fazer o registro fotográfico da PB-5, refilmar a simulação dos últimos segundos do voo do C-47 2023 e registrar as coordenadas da Pedra da Bandeira, dessa vez com dois *drones*, um do Vinícius Ocker e o outro do Maicon. No entanto, por causa dos fortes ventos que varriam com força toda a aresta do Morro do Cambirela, não conseguimos realizar as filmagens e muito menos aferir as coordenadas com o *drone* para comparar com as coordenadas obtidas pelo capitão-aviador Délio Jardim de Matos, no dia 7 de junho de 1949.

Como isso não foi possível, coube ao Vinícius a honra de "escalar" a Pedra da Bandeira, sentar-se sobre ela e aferir as coordenadas com o seu relógio altímetro Garmin Fenix 5x Plus. A altitude do local da colisão descrita pelo capitão Délio coincidia com a altitude aferida no altímetro de Vinícius: 800 metros sobre o nível do mar. Agora vejamos as coordenadas:

Coordenadas obtidas pelo capitão Délio Jardim de Matos em 6 de junho de 1949:

Latitude 27°48' S, Longitude 48°46' W

Coordenadas obtidas por Vinícius Ocker em 4 de agosto de 2020:

Latitude: 27°43'20.09" S, Longitude 48°40'01.8" W

Ao compararmos as duas coordenadas, fica evidente que só coincidem nos graus de latitude e longitude; já os minutos não coincidem; e os segundos, como já vimos, não constavam nas coordenadas publicadas em 1949 nos jornais da época. Mas por que os minutos das coordenadas obtidas com mais de 70 anos de diferença não coincidem?

A primeira hipótese é dada a nós pelo coronel-aviador Ivan Irber. Ele explica que é muito provável que, enquanto sobrevoava o local do desastre, o capitão Délio Jardim de Matos, valendo-se dos meios dos quais dispunha na época, apenas avaliou o cenário do desastre e posteriormente, fazendo uso de um mapa ou carta de voo, aferiu visualmente alguns pontos de referência no solo, comparou com as coordenadas no mapa/carta e anotou uma coordenada estimada, uma vez que não podia se aproximar muito do local do acidente, pois precisava manter-se em uma altitude de segurança, já que as condições para o voo visual estavam comprometidas. Em tempo, com a tecnologia disponível atualmente, é possível determinar, com precisão quase milimétrica, praticamente qualquer ponto de referência no solo.

Para tentar encontrar uma outra hipótese ou explicação para a diferença entre as coordenadas publicadas nos jornais e as obtidas por Vinicius Ocker, convido o amigo leitor a viajar novamente comigo 73 anos de volta ao passado, exatamente na manhã do dia 7 de junho de 1949, quando o capitão-aviador Délio repassou por rádio as coordenadas do local do desastre. Tente imaginar a seguinte situação: o jornalista está anotando apressadamente com sua caneta "bico de pena" as coordenadas que acabou de ouvir sob uma chuva insistente. Bastaria um único pingo no papel para borrar os dados recém-anotados, transformando, por exemplo, o minuto da latitude de 43' para 48' e o minuto da longitude de 40' para 46'. Não faz sentido? Por fim, mais tarde, essas coordenadas seriam interpretadas, publicadas e replicadas de maneira equivocada em diversos jornais pelo país. É apenas uma teoria, mas não descarto essa possibilidade.

De um jeito ou de outro, com ou sem coordenadas, o mais importante é que na época os militares encontraram o local do desastre, recuperaram os corpos e devolveram-nos a seus familiares. Enfim, o marco da tragédia que abalou o Brasil e foi notícia em várias partes do mundo foi redescoberto em junho de 2020. Transcorridos 71 anos do acidente com o C-47 2023, e 21 anos depois da minha primeira busca pelo avião no Cambirela, havíamos conseguido encontrar o local exato do histórico desastre aéreo, e a missão havia sido cumprida!

Certamente, depois de divulgarmos por meio deste livro a ligação da Pedra da Bandeira com esta dramática e comovente história, esse monólito não passará mais despercebido e, seguramente, será reconhecido como mais um atrativo natural e, principalmente, histórico não só do Morro do Cambirela, mas também da cidade de Palhoça. Espero, do fundo do meu coração, que a partir de agora todos os que até lá ascenderem honrem a memória daqueles homens, daquelas mulheres e daquelas crianças falecidos naquele local, bem como a memória dos homens que, durante quatro dias e três noites, trabalharam incansavelmente para retirar todos os corpos de lá, devolvendo-os a seus entes queridos. Que as pessoas respeitem a paz e a tranquilidade daquele lugar e ajudem a preservar o Morro do Cambirela. Que esse local não seja lembrado apenas como um marco de uma tragédia, mas como um local de renascimento, paz, harmonia, confraternização, superação, grandes conquistas, e principalmente pelas agradáveis sensações que ele proporciona a quem se encoraja a escalar suas encostas e desvendar segredos ali escondidos ou simplesmente admirá-lo a distância, sonhando um dia, quem sabe, poder conquistá-lo ou ser conquistado, como foi o meu caso.

Foto 21 – Pedra da Bandeira, vista de cima da aresta e... de baixo, com sua face plana

Fonte: foto do autor

5.4 PROVAS DOCUMENTAIS DA COLISÃO DO C-47 2023 NA PEDRA DA BANDEIRA

Evidências fotográficas

Fotos registradas pelos professores e pelos alunos do Colégio Catarinense em 1 de novembro de 1949.

Evidências textuais (ordem cronológica de publicação)

– Jornal *A Notícia* (Joinville), de 8 de junho de 1949: "Acabam de chegar do local do desastre as primeiras pessoas as quais informam haver o aparelho se chocado com a Pedra denominada 'Bandeira'".

– Jornal *A Gazeta* (Florianópolis), de 8 de junho de 1949, edição 3.451, p. 1: "Provavelmente, por alguma pane que seu piloto não soube sanar, o aparelho bateu na Pedra da Bandeira onde se espatifou em local de difícil acesso por terra, em Face da altura e de ser flanqueado por pântanos".

– Jornal *O Globo* (Rio de Janeiro), de 8 de junho de 1949, edição 7.082, p. 3: "Infelizmente morreram todos os que eram conduzidos pelo aparelho, e os telegramas que a seguir publicamos dizem da trágica ocorrência motivada por ter chocado o aparelho com a Pedra da Bandeira naquele Monte".

– Jornal *A Noite* (Rio de Janeiro), de 9 de junho de 1949:

> A Pedra da Bandeira no Pico do Cambirela onde se esfacelou o avião da FAB com 26 pessoas a bordo é um local de difícil acesso, tornando o trabalho de remoção dos corpos extremamente penoso. A maior parte do aparelho, após o tremendo choque, precipitou-se em um despenhadeiro, ao lado da Pedra da Bandeira, com quase cem metros de profundidade.

– Jornal *Gazeta do Povo* (Paraná), de 9 de junho de 1949, p. 1: "O avião, devido às nuvens que encobriam o Monte Cambirela à altura de 800 metros chocou-se com a Pedra da Bandeira explodindo com grande estrondo".

– *Jornal de Notícias* (São Paulo), de 9 de junho de 1949, edição 960, p. 2: "Uma grande nuvem envolvia na ocasião o referido Pico, tendo isso dado causa ao que o aparelho se chocou na altura da chamada Pedra da Bandeira".

– Jornal *A Notícia* (Joinville), de 10 de junho de 1949: "O teatro sinistro pode ser assim registrado: no pico do morro, uma laje denominada 'Pedra da Bandeira'".

– Jornal *A Gazeta* (Florianópolis), de 11 de junho de 1949, edição 3.454: "O aparelho caíra após chocar-se com o granito de uma escarpa em um lodaçal. Com a violência do choque, muitos corpos foram atirados a distância perdendo-se no meio do mato virgem".

– Jornal *A Gazeta* (Florianópolis), de 15 de junho de 1949, edição 3.457, p. 2:

> Do outro lado, um paredão de 10 a 12 metros, bem aos pés do observador, uma pedra arredondada que avança obliquamente, como uma bandeira. Creio que seja esta pedra que denominam Pedra da BANDEIRA. Nela bateu a asa do avião. A frente da aeronave bateu violentissimamente no paredão, mais ou menos no centro, quer dizer que se ele conseguisse uma altura de 6 a 8 metros mais, o desastre não se teria verificado.

– Relatório do tenente-coronel Paulo Vieira da Rosa publicado na *Revista de Engenharia Militar*, edição de janeiro/fevereiro de 1950, p. 35: "O avião chocara-se violentamente contra a Face Leste da penedia, a apenas cinco metros da crista, e placara no sopé da mesma, jazendo equilibrado pelos cipós e árvores que lhe sustentavam a cauda".

– Relatório do tenente-coronel Paulo Vieira da Rosa publicado na *Revista de Engenharia Militar*, edição de janeiro/fevereiro de 1950, p. 38: "O aspecto do local atestava bem a violência incrível do choque. Ninguém poderia ter sobrevivido ao impacto direto do aparelho contra a penha[144] desnuda e gigantesca".

– Jornal *O Estado* (Florianópolis), de 4 de abril de 1984, p. 4: "O aparelho encontrava-se espatifado contra uma encosta íngreme da Pedra da Bandeira no Morro do Cambirela em local de difícil acesso".

---

[144]   Nota do autor: na Geomorfologia, "penha" significa grande massa de rocha saliente e isolada, na encosta ou no dorso de uma serra. Segundo o *Minidicionário Ediouro* (XIMENES, Sérgio, 1999), grande rocha, isolada e saliente; penedo.

Evidências orais

– Relatos de diversos moradores do entorno do Morro do Cambirela.

– Relato oral de Humberto Paulo Moritz, aluno do segundo ano Científico do Colégio Catarinense que esteve na base da Pedra da Bandeira em 1953 com o jesuíta João Alfredo Rohr e alguns de seus colegas de classe.

5.5 O EMPREGO DA TECNOLOGIA 70 ANOS DEPOIS

Se no fim da década de 1940, mais precisamente em junho de 1949, socorristas, investigadores de acidentes aeronáuticos, jornalistas, entre outros, careciam de recursos materiais e de tecnologia, não se pode dizer o mesmo dos recursos que temos à disposição neste novo milênio. Graças à tecnologia moderna, foi possível fazer descobertas importantes, reveladoras, pois sem ela seria tudo infinitamente mais complexo e demorado. Aliás, mesmo com a tecnologia disponível, levei seis anos para pesquisar e escrever este livro.

Neste subcapítulo, encontram-se relacionados os principais recursos tecnológicos empregados que ajudaram a resgatar importantes momentos desta história.

Notebook/**internet**. Com essa tecnologia, foi possível navegar na rede mundial de computadores, pesquisar vários *sites* no Brasil, na Europa e nos Estados Unidos onde obtive fontes riquíssimas sobre o Douglas C-47, em *sites* especializados em cultura aeronáutica, principalmente pelo olhar da cultura norte-americana. Foi com o auxílio do *notebook* que acessei redes sociais, tive longas conversas via *chat* e troquei *e-mails* com diversos especialistas e historiadores no Brasil, na Europa, na Asia e nos EUA — este último, um país com uma incrível cultura de estudo e de preservação da memória das aeronaves lá construídas.

No meu pequeno *notebook*, foi possível armazenar um imenso acervo digital relacionado direta ou indiretamente ao desastre aéreo do Cambirela. Também foi possível acessar a BN Digital (Hemeroteca Digital Brasileira), da Biblioteca Nacional do Rio de Janeiro, e "explorar" digitalmente centenas de jornais e revistas da época do acidente. Outra importante fonte de pesquisa disponível na *web* foi a Hemeroteca da Biblioteca Pública de Santa Catarina, bem como as publicações impressas (acervo físico) disponíveis na seção de Obras Raras.

O **smartphone** foi outro importante recurso tecnológico multiuso. Por ser pequeno, leve e portátil, pôde ser empregado principalmente nas pesquisas de campo: acesso à internet, a registros fotográficos, a vídeos e a gravações de áudios (relatos orais). Por meio do *smartphone*, foi possível utilizar o aplicativo GPS Wikiloc para o mapeamento das históricas trilhas das faces norte e leste do Cambirela, registrando distâncias percorridas, altimetria, entre outros pontos de interesse. Essas e outras trilhas estão disponíveis no *site* do aplicativo, basta acessá-lo[145], localizar meu nome (usuário Silvio Adriani), procurar pela trilha categoria "Trekking" (o correto deveria ser *hiking*, por se tratar de uma trilha de curto percurso, mas esta opção não existe no *site*), com o título "Trilha Histórica 1949". É preciso considerar que o aplicativo trabalha com uma pequena margem de erro, mas nada que comprometa a navegação; de qualquer modo, é sempre bom contar com a orientação de um bom guia ou condutor local. Vale destacar que, embora todos os indícios documentais (fotos e textos), além de relatos orais, indiquem que a trilha da face norte é a mais antiga do Cambirela, o traçado que registrei no Wikiloc é aproximado, portanto não exato, uma vez que uma parte dos traçados originais pode ter sido alterada ao longo dos anos.

Quanto à comunicação, utilizamos dois recursos, sempre que possível: o **celular** e os **radiocomunicadores** (*walkie-talkies*). Os traçados e as altimetrias citadas no livro são o resultado do cruzamento de informações obtidas com o meu aplicativo GPS Wikiloc, com o Google Earth, além do **drone Mavic Mini** e do **Garmin Fenix 5x Plus**, ambos de Vinícius Ocker Ribeiro. Não são altimetrias aferidas por órgãos oficiais, mas não deixam de ser interessantes referências.

Outras ferramentas tecnológicas importantes foram os **detectores de metais**, neste caso, utilizamos dois modelos: o primeiro, um **Garrett AT Gold**, um dos melhores (e mais caros) detectores disponíveis no mercado. Com ele, foi possível encontrar peças compostas de cobre, latão, alumínio e ferro. O outro modelo utilizado foi o Go Find 44 Minelab acompanhado de outro detector de mão (Pinpointer) da marca Mileseey. Sem a ajuda destes detectores seria praticamente impossível localizar as peças que se encontravam há praticamente sete décadas enterradas no Cambirela. Como já citado, chegar até o lugar onde estavam as peças não foi uma tarefa tão simples quanto pudesse parecer. Primeiro, porque o local pertence a uma Unidade de Conservação (Parque Estadual da Serra do Tabuleiro, desde os anos 70), portanto é necessário ter a devida autorização do Instituto do Meio Ambiente para realizar qualquer tipo de pesquisa naquele local, sob o risco de ter o equipamento retido e sofrer uma multa; segundo, porque o local é extremamente íngreme e perigoso, com terreno instável e pedras enormes, que podem rolar a qualquer momento, como foi o caso ocorrido com o Diego, no dia 9 de junho de 2019, citado no capítulo "Resgatando a história do C-47 2023".

---

[145] Disponível em: https://pt.wikiloc.com/. Acesso em: 15 set. 2022.

Com relação às peças ou aos destroços do Douglas C-47 2023, é importante salientar que todo o nosso trabalho de pesquisa no local do desastre obedeceu, dentro do possível, aos critérios de mínimo impacto ambiental e baseou-se nos princípios éticos da "Arqueologia da Aviação"[146]. Além disso, as peças que encontramos não vão ficar encaixotadas e esquecidas em uma garagem; pelo contrário, serão devidamente identificadas, documentadas e doadas; o acervo principal será doado para o museu do Parque Histórico e Cultural 14º Batalhão de Caçadores situado em Tijucas, SC, e alguns itens serão doados para o Museu do Montanhismo Edson "Dubois" Struminski em Siderópolis - SC, a fim de que as gerações futuras também possam conhecer esses pequenos fragmentos, que nos ajudarão a resgatar uma pequena, mas importante parte desta história.

Outro recurso tecnológico importante foi o **drone Mavic Mini** de Vinícius Ocker Ribeiro, empregado no dia 30 de março de 2020. Vale lembrar que os voos de aeronaves próximos ao Cambirela não são permitidos, e voos com aeronaves abaixo de 250 gramas (como é o caso do *drone* que utilizamos) não se enquadram na legislação em vigor. Sendo assim, não necessitam de autorização dos órgãos competentes; os voos devem ser realizados sempre entre 500 a 1.000 pés de altitude acima de qualquer tipo de terreno, seja ele plano, seja morro. Verifica-se, dessa forma, que o voo com o *drone* no Cambirela não oferecia nenhum risco.

Por falar em voo, não poderia deixar de citar o **Microsoft Flight Simulator 2020**[147], um simulador de voo amplamente utilizado por jovens inexperientes que desejam conhecer a fundo os segredos do fantástico mundo da Aviação virtual até por aviadores veteranos. Muitos comandantes que voam nas companhias aéreas em várias partes do mundo costumam utilizar o Flight Simulator. É o caso do comandante José Lourenço dos Santos Jr., experiente aviador, pesquisador da história da Aviação brasileira, que atendeu ao meu pedido e realizou algumas simulações do que poderia ter sido o último voo do C-47 2023. A conclusão dessa simulação foi publicada no capítulo 7, "O acidente e os possíveis fatores contribuintes".

Enfim, assim como a mitológica ave *Phoenix*, a história do C-47 2023, bem como a de seus ocupantes, literalmente renasceu das cinzas. Espero de coração ter atendido às expectativas de todos os familiares e amigos, tanto dos tripulantes quanto dos passageiros do C-47 2023, dos familiares das

---

[146] Saiba mais em https://aerocherche.fr/index.php/a-propos-de-nous. Acesso em: 15 set. 2022.

[147] Utilizado em conjunto com o programa Little Navmap.

centenas de socorristas militares e civis que participaram da operação de resgate no Morro do Cambirela; e, é claro, de todos os amigos e conhecidos que torceram muito para que eu pudesse atingir o meu objetivo de publicar este livro. A eles reitero a minha profunda e eterna gratidão. É com grande emoção e sensação de dever cumprido que convido você, amigo leitor ou amiga leitora, a embarcar comigo nesta viagem de volta ao passado e conhecer uma pequena, mas significativa parte da história do desastre aéreo que abalou o Brasil. Com vocês, o último voo do C-47 2023!

Figura 4 – Sargentos tripulantes da FAB em pé junto aos passageiros no interior do C-47 2023. No transporte misto do CAN, passageiros e tripulantes disputavam espaço com as cargas, geralmente composta por bagagens, malotes com correspondência oficial, caixas, caixotes, entre outros

Fonte: arte de Plínio Westphal Verani

6

O ÚLTIMO VOO DO C-47 2023

6.1 RIO DE JANEIRO, SEGUNDA-FEIRA, 6 DE JUNHO DE 1949

Seis horas e trinta minutos da manhã, hora local. O tempo amanheceu instável e com chuvas fracas na então capital federativa do Brasil, o Rio de Janeiro. Havia certa nebulosidade, e a temperatura era amena. Na cabine de pilotagem do Douglas C-47 2023, cuidando da checagem rotineira do pré-voo, o 1º tenente-aviador Carlos Augusto de Freitas Lima (1º tenente-aviador F. Lima), comandante da tripulação; e o 1º tenente-aviador Miguel Sampaio Passos (1º tenente-aviador Miguel), o copiloto. Ao longo de suas respectivas carreiras na FAB, F. Lima e Miguel construíram sólida amizade, e esta seria mais uma missão a serviço do CAN na qual compartilhariam a pilotagem de um Douglas C-47 transportando mais 4 tripulantes (6 no total), 22 passageiros e 739 kg de carga (entre correspondências oficiais, encomendas, vacinas, periódicos, tecidos, bagagens, caixas, caixotes, entre outros volumes) do Rio de Janeiro até o Aeroporto Federal de Uruguaiana[148], localizado em um importante ponto estratégico no oeste do Rio Grande do Sul, na fronteira com Paso de Los Libres, na Argentina.

Para concluir a viagem até Uruguaiana, o C-47 2023 deveria fazer escalas nos Aeroportos de Congonhas, em São Paulo; Afonso Pena[149], em São José dos Pinhais (região metropolitana de Curitiba), Florianópolis[150] (atual Aeroporto Internacional de Florianópolis – Hercílio Luz); São João[151], em Porto Alegre (atual Aeroporto Internacional Salgado Filho); e finalmente no Aeroporto Internacional de Uruguaiana, onde a tripulação pernoitaria e retornaria no

---

[148]   Atual Aeroporto Internacional de Uruguaiana Rubem Berta (URG/SBUG).

[149]   Apesar de encontrar-se localizado em São José dos Pinhais, na região metropolitana de Curitiba, o Aeroporto Afonso Pena já era conhecido como Aeroporto de Curitiba.

[150]   O aeroporto só passou a chamar-se Hercílio Luz a partir de setembro de 1955.

[151]   Em outubro de 1951, o Aeródromo de São João passou a ser designado Aeroporto Internacional Salgado Filho, em homenagem ao político gaúcho, deputado federal e senador pelo estado do Rio Grande do Sul, ministro do Trabalho e, posteriormente, ministro da Aeronáutica.

dia seguinte, terça-feira dia, 7, fazendo a rota inversa e completando a missão no Rio de Janeiro, onde ficava sediado o 2º Grupo de Transporte[152].

Como de praxe, o C-47 2023 decolou um dia antes da sua sede no Campo dos Afonsos[153] e voou por alguns minutos até pousar aproximadamente a 30 quilômetros de distância no Aeroporto Santos Dumont, ambos situados na cidade do Rio de Janeiro. No saguão do aeroporto, entre os passageiros militares e civis que aguardavam para embarcar estava, o 2º tenente Damião Capobianco Neto, de 29 anos, meteorologista da FAB, que antes de partir ligou para sua mãe, Rosina Bandoni Capobianco, e em poucas palavras avisou:

> *Mãe, sou eu, Damião. Bênção, mãe. Estou indo para o Rio Grande do Sul. Minha última viagem na FAB. Fui licenciado, vou vender minha casa e volto para o Rio de Janeiro paisano. Maria da Graça está lá com as crianças. Beijo, mãe.*

Enquanto o avião era reabastecido com 401 litros de AVGAS (100-130 octanas), o sargento Haroldo ocupava-se de checar a Estação Radiotelegráfica. Próximo a ele, os sargentos Villas Boas e Borges ocupavam-se do balanceamento da aeronave acomodando no compartimento de cargas as bagagens dos passageiros que já haviam sido pesadas, além de correspondências e encomendas que seriam entregues nos postos do CAN em São Paulo, Curitiba, Florianópolis, Porto Alegre e Uruguaiana. Entre os itens a bordo, o C-47 2023 transportava alguns rolos de tecido gabardine de cor azul-barateia. O tecido de gabardine, amplamente utilizado para a confecção dos uniformes de oficiais e praças da FAB, como a túnica e a calça (quarto uniforme azul barateia), seguia para a Base Aérea de Canoas.

Enquanto os passageiros embarcavam, amigos e familiares acenavam de uma varanda envidraçada situada no saguão do aeroporto, de frente para o pátio de aeronaves. À medida que entravam no avião, os passageiros eram recepcionados pelo 3º sargento meteorologista Haroldo Almeida, que gentilmente dava as boas-vindas e indicava o lugar para se sentarem.

A Aviação estava vivendo pleno apogeu naquele momento, as companhias aéreas transportavam cargas e passageiros em grande escala. Apesar de a Aviação comercial estar em plena ascensão no Brasil, voar não era uma opção barata, pois o valor de uma passagem aérea no trecho

---

[152] Criado em 5 de outubro de 1944, o 2º GT permaneceu no Campo dos Afonsos de 5 de outubro de 1944 a 6 de outubro de 1951, quando foi transferido para a Base Aérea do Galeão.

[153] Berço da Aviação militar brasileira.

Rio de Janeiro-Florianópolis era em média Cr$ 865,00 (R$ 1.326,00, em 2018)[154], porém, ao contrário dos passageiros que viajavam pelas companhias aéreas da Aviação comercial, os passageiros a bordo do C-47 2023 não haviam desembolsado nem um centavo, já que os voos a serviço do CAN não tinham caráter comercial.

O Douglas C-47 2023 era uma aeronave militar pertencente à FAB que operava para o 2º Grupo de Transporte, sediado na orla leste do Campo dos Afonsos, no Rio de Janeiro. O 2º GT pertencia à Diretoria de Rotas Aéreas, que era composta de dois grupos e três divisões. O 1º GT era proveniente da seção de Aviões, Comando que até 29 de outubro de 1945 estava subordinado diretamente ao gabinete do ministro da Aeronáutica, e do 2º GT, idealizado pelo brigadeiro Eduardo Gomes e criado pelo Decreto-Lei n.º 6.936, de 5 de outubro de 1944, para transporte aéreo de carga e passageiros a diversos pontos do território nacional ou estrangeiro; transporte de tropas, paraquedistas em cooperação com o Exército Brasileiro, equipamentos e suprimentos, além do adestramento de tripulações da FAB.

Dali a quatro meses, no dia 5 de outubro de 1949 o 2º GT completaria cinco anos de operações. No início das operações em 1944, o 2º GT empregou 7 aviões e em 1949 já contava com 24 — Douglas 2023 foi o 23º C-47 incluído na frota recém-adquirida pela FAB. Essas aeronaves operavam seis linhas principais com inúmeras missões extras. Naquele momento, o 2º GT tinha elevado índice de treinamento/instrução e realizava em média 12 mil horas anuais. As tripulações do 2º GT/CAN eram formadas por oficiais e praças e realizavam missões para praticamente todos os quadrantes do Brasil, além dos voos internacionais que eram frequentes para Paraguai, Bolívia, Guiana Francesa e Estados Unidos.

A manutenção dos Serviços Postais e do Correio Aéreo Nacional era um serviço tão importante que já era prevista no Art. 3º, parágrafo XI, da Constituição dos Estados Unidos do Brasil. As estatísticas do ano de 1948[155] apontavam que o nível operacional do 2º GT atingiu naquele ano os seguintes (e impressionantes) números:

---

[154] Atualização de valores realizada por meio do Índice Geral de Preços (Disponibilidade Interna) da Fundação Getulio Vargas (Comparativo de dezembro 1949/dezembro 2018).

[155] CORREIO DA MANHÃ, n. 17.346, 2 out. 1949. p. 7.

Tabela 1 – As estatísticas do ano de 1948

SERVIÇOS	NÚMEROS
Quilômetros percorridos	2.416.763
Pousos	8.301
Horas de voo	10.326:35
Horas de voo de instrução/adestramento	326
Horas de voo para fins diversos	733:05
Viagens regulares	232
Correspondências transportadas (peso)	194.784.382 kg
Cargas transportadas (peso)	1.879.009,080 kg
Passageiros transportados pelo CAN	34.698

Fonte: Correio da Manhã, n. 17.346, 2 out. 1949, p. 7

O 2º GT era subordinado ao Comando de Transporte Aéreo, e seu comandante era o major Átila Gomes Ribeiro[156]. Qualquer cidadão brasileiro poderia viajar gratuitamente nos aviões da FAB a serviço do CAN[157] (principalmente nos C-47), pois os aviões realizavam voos regulares para diferentes regiões do país e geralmente havia disponibilidade de lugares na aeronave; além disso, o acréscimo de passageiros no avião não representava gastos excessivos para a FAB. Para poder viajar, o requerente dirigia-se pessoalmente a uma das bases aéreas da FAB e procurava o posto do CAN; lá preenchia antecipadamente (alguns dias antes da viagem pretendida) uma ficha de requerimento citando a cidade de destino e aguardava ser chamado. Basicamente, os embarques eram determinados pelas seguintes prioridades: oficiais e praças da Aeronáutica; oficiais e praças da Marinha; oficiais e praças do Exército; familiares dos oficiais e civis. Somente em casos emergenciais ou excepcionais, os lugares podiam ser trocados sem aviso prévio.

---

[156] Comandou interinamente o 2º GT de 15/06/1948 a 02/03/1950.

[157] Ainda hoje, qualquer cidadão brasileiro pode voar gratuitamente pelo CAN. Na *web* existem várias dicas de como proceder. Outra dica é informar-se no posto do CAN mais próximo de sua residência.

Foto 22 – Tripulantes da FAB desembarcando do C-47 2023. Ano e local desconhecidos

Fonte: acervo de José de Alvarenga

Viajar de avião era um privilégio para poucos, e os passageiros vestiam-se elegantemente como se fossem participar de um grande evento social. Os militares viajavam fardados, mesmo quando não estavam de serviço. Quanto aos civis, os homens viajavam sempre de terno, gravata e sapatos cuidadosamente engraxados; e as mulheres trajavam belos vestidos. Era comum o uso de chapéus por homens e mulheres. O embarque e o desembarque dos passageiros nos aviões eram feitos percorrendo o pátio a pé.

No Aeroporto Santos Dumont, o tráfego aéreo era tão intenso que o Departamento de Aviação Civil chegou a transferir os voos intercontinentais para o Galeão, ficando o Santos Dumont somente com os voos domésticos. Do ponto de vista operacional, o Aeroporto Santos Dumont não era visto com bons olhos por muitos aviadores, uma vez que encontravam dificuldades para pousar e decolar com suas grandes e potentes aeronaves na curta pista, de apenas 1.500 metros. Para agravar a situação, a segurança do voo era comprometida pela cadeia de elevações que cercavam perigosamente a Baía de Guanabara, principalmente o Pão de Açúcar, o "Sentinela de Pedra", com seus 396 m de altitude e que se localizava a pouco mais de 4 km (2,7 milhas) da ponta sul da pista do Aeroporto Santos Dumont. Pousar e decolar com um obstáculo natural tão grandioso e tão próximo como o Pão de Açúcar causava certo desconforto para os pilotos nos dias em que havia muita nebulosidade e consequentemente a visibilidade ficava comprometida.

Com relação ao avião, diferentemente das aeronaves com trens de pouso tipo triciclo, as aeronaves de trem de pouso convencional como os Douglas C-47 caracterizam-se por possuir seus dois trens de pouso principais abaixo das asas, e um terceiro trem de pouso (*tail wheel*) na bequilha (parte traseira da aeronave). Com essa configuração, o C-47 ficava com a frente empinada "olhando para o céu", como costumavam dizer os aviadores veteranos; por essa razão, ao embarcar, os passageiros que quisessem acomodar-se mais à frente da aeronave, próximo à cabine de pilotagem, por exemplo, tinham que vencer uma rampa com aproximadamente 20 graus de inclinação, esquivando-se de caixas, caixotes, pacotes, malotes com correspondência oficial e bagagens[158] que ficavam acomodadas no estreito corredor. Na parte mais elevada, ficava a cabine dos pilotos. Para poder chegar até os seus lugares, tripulantes e passageiros muitas vezes se utilizavam do cabo de salto (*anchorage cable*), que ficava situado no centro do teto ao longo do corredor, como um "corrimão suspenso".

O compartimento de passageiros/carga só ficava no mesmo nível da cabine de pilotagem quando o avião iniciava a corrida para a decolagem, ou seja, após percorrer alguns metros na pista, a velocidade fazia com que a cauda do Douglas C-47 se elevasse em função da resistência do ar. Era nessa fase que os passageiros podiam permanecer sentados em uma posição "nivelada", o que tornava a viagem um pouco mais confortável. Quando o avião voltava a tocar as rodas na pista, durante o pouso, à medida que diminuía a velocidade, voltava a ficar inclinado.

O Douglas C-47 foi projetado para atuar principalmente como meio de transporte de cargas e tropas, desse modo o C-47 2023 empregado no 2º Grupo de Transporte tinha a mesma configuração de bancos que foram utilizados pelos paraquedistas durante a Segunda Guerra Mundial, ou seja, os passageiros permaneciam sentados enfileirados, lado a lado. Muitas vezes, esses aviões transportavam muito mais do que cargas e mantimentos, eles levavam esperança, cidadania e amizade de norte a sul e de leste a oeste do Brasil. Em muitas localidades, como a região amazônica, por exemplo, os tripulantes de C-47 a serviço do CAN eram recebidos como verdadeiros heróis, pois ajudavam a desbravar e explorar as regiões mais longínquas do Brasil. Em alguns casos, os passageiros voavam dividindo espaço no interior do C-47 com bagagens e cargas de todo tipo, que podiam incluir animais como galinhas, porcos, cavalos, vacas, mulas, e até mesmo veículos

---

[158] A Guia de Expedição n.º 023, que especifica peso, quantidade, procedência e destino da carga transportada pelo C-47 2023, está disponível no anexo deste livro.

e maquinários pesados. Comenta-se que cidades como Brasília, por exemplo (construída entre 1956 e 1960), foram fundadas com a imprescindível ajuda dos aviões e tripulações do CAN.

Por obviedade, nem sempre era confortável voar em um C-47, pois, como aeronave militar, não possuía as facilidades e o conforto disponíveis, por exemplo, nos aparelhos das companhias comerciais no mesmo período. Com exceções, poucos C-47 da FAB dispunham de poltronas; quando as possuíam, em geral eram aeronaves empregadas para o transporte especial de autoridades civis, políticas ou militares. Contudo, os voos do CAN tinham o charme da improvisação brasileira. Às vezes, quando o avião atingia a altitude e a velocidade de cruzeiro, alguns passageiros se animavam em jogar baralho sobre as bagagens ou a carga que em geral ficavam no meio do corredor, entre os bancos laterais dos passageiros. Para algumas pessoas, o conforto não era o primordial, o gosto pela aventura e o prazer de estar a bordo daquelas imponentes aeronaves fazia tudo valer a pena. O ruído dos dois enormes motores radiais Pratt & Whitney com 1.200 cavalos de força cada roncando fora da aeronave não impedia que os passageiros conversassem animadamente (e muitas vezes aos gritos) entre uma escala e outra. Nos voos do CAN, não existiam (nem nunca existiu) serviço de bordo, como nos voos comerciais. Tratava-se de um serviço público, pago pelo Erário nacional, com os impostos de todos os cidadãos. Há quem diga que se formavam verdadeiras famílias durante as longas etapas dos voos.

Uma vez efetuado o *briefing* operacional, quando todos os aspectos relacionados à segurança do voo haviam sido abordados, e certificados de que todos os passageiros estavam devidamente acomodados em seus assentos, os tripulantes tomaram seus devidos lugares na aeronave. A tripulação viajava distribuída da seguinte maneira no C-47 2023: na cabine de pilotagem, no assento da esquerda, o 1º tenente-aviador de Freitas Lima, de 26 anos, comandante; no assento da direita, o 1º tenente-aviador Miguel Sampaio Passos de 28 anos, copiloto; às suas costas, sentado na cabine da estação radiotelegráfica, o 3º sargento Haroldo Oliveira de Almeida, radiotelegrafista de Voo (Q RT VO); o 2º tenente meteorologista Damião Capobianco Neto, de 29 anos[159]; o 2º sargento e 1º mecânico (Q AV) Francisco de Assis Villas Bôas; e o 3º sargento e 2º mecânico (Q AV) Orlando Augusto Borges acomodaram-se com os passageiros nos bancos laterais situados ao longo da cabine de carga.

---

[159] A razão pela qual Capobianco figurava como navegador, embora sua especialidade fosse meteorologista na FAB, já foi esclarecida no capítulo sobre a tripulação.

Os motores foram acionados. O C-47 2023 estava prestes a partir para cumprir outra importante missão a serviço do Correio Aéreo Nacional.

Figura 5 – Passageiros embarcam no C-47 2023 no Aeroporto de Santos Dumont, no Rio de Janeiro

Fonte: desenho de Plínio Westphal Verani

Na etapa inicial da viagem, o avião levava em seu bojo 24 ocupantes, sendo 6 tripulantes e 18 passageiros[160].

Entre os passageiros militares, estavam:

– **Rosenthal Gonçalves**, 1º tenente da Infantaria da Guarda (IG) da FAB; solteiro; natural do Rio de Janeiro; filho de José Gonçalves e de Malvina Rosa de Figueiredo. Em 1940, o então sargento Rosenthal servia na 1ª Região Militar no 3º Regimento de Infantaria do Exército. Em novembro de 1942, foi transferido do Ministério de Guerra para o Ministério de Aeronáutica, sendo incluído na FAB como 3º sargento. Em setembro, foi classificado como oficial intendente e foi designado para servir em Canoas/RS. Em agosto de 1946, foi promovido a 2º tenente da IG da Aeronáutica; e, em 1947, designado para

---

[160] Os respectivos nomes dos militares estão listados por antiguidade (posto/graduação); dos civis, por ordem alfabética. Todos os nomes foram descritos com base no livro de registro de óbitos do Cartório de Registro Civil de Palhoça.

auxiliar como instrutor militar do IV Grupamento de Instrução do Centro de Preparação dos Oficiais da Reserva da Aeronáutica[161]. Em novembro desse mesmo ano, foi designado para servir na Base Aérea de Florianópolis; e em março de 1948, transferido dessa base para o Núcleo do Parque de Aeronáutica de Porto Alegre, para onde seguia. Era um exímio atirador. Durante sua carreira participou de diversas olimpíadas regionais (Rio de Janeiro) de tiro (fuzil), tendo se destacado em diversas oportunidades.

– **Carlos Rufino Rabelo**, 1º tenente intendente do Exército; natural de Orleans/SC; radiologista do Exército Brasileiro. Mudou-se para Florianópolis para servir no 14º Batalhão de Caçadores, onde foi promovido ao posto de cabo. Serviu entre 1941 a 1942 no Hospital Militar de Florianópolis (HMF), onde fez muitos amigos. Ainda em 1941 viajou a Curitiba, onde concluiu o curso de Datilografia. Em dezembro de 1943[162], havia concluído o curso de Sargento Manipulador de Radiografia da Escola de Saúde do Exército no Rio de Janeiro, atuando nessa graduação de 1943 a 1947. Possuidor de grande idealismo e paixão pelas armas, em janeiro de 1947 prestou concurso para ingressar no Curso de Oficiais da Reserva da Escola Militar do Rio de Janeiro; e em maio de 1949 concluiu na mesma escola o curso de 1º Tenente Intendente do Exército. Retornava com destino a Porto Alegre, onde pretendia fazer um estágio pelo Exército Brasileiro. Carlos Rufino estava acompanhado da irmã Lorena Rufino Toschi e da sobrinha Lenora Maria Toschi, de apenas 3 anos.

– **Cristovam Fernandes de Luna Freire**, 35 anos; aspirante a oficial-mecânico de Avião da FAB; sexto filho do casal Lelis de Luna Freire e Elvira Fernandes; casado com Júlia Ottoni; sendo seus filhos Lilia, Eliane e Cristóvão Filho. Em 1940, Cristovam pertencia à Escola de Aeronáutica do Exército como mecânico de aeronaves. Em fevereiro de 1949, ingressou na 7ª Turma de Aspirantes a Oficiais-Mecânicos na Escola de Especialistas de Aeronáutica do Galeão. Residia em Porto Alegre, onde servia na Base Aérea daquela capital, e estava regressando do Rio de Janeiro, onde havia sido declarado aspirante em março e feito um curso de Oficial-Mecânico. Era montanhista e um dos sócios-diretores do Clube Excursionista Maaráris do Rio de Janeiro.

---

[161] DIÁRIO DE NOTÍCIAS, n. 7.473, 7 mar. 1947. p. 4

[162] O JORNAL, Rio de Janeiro, n. 7.519, 15 dez. 1943.

– **Deodato Corrêa Haag**, 19 anos, 3º sargento da IG[163]/FAB; filho de Reinoldo Haag, um ex-militar da Reserva do Exército Brasileiro, e Dária Corrêa Haag. Aos 14 anos, o jovem Deodato decidiu deixar sua terra natal, Porto Alegre, para ir estudar em São Paulo. Seu sonho era seguir a carreira do pai e tornar-se um militar. Em janeiro de 1947, foi selecionado entre mais de 2 mil candidatos e ingressou na Escola de Aeronáutica dos Afonsos, sediada no Campo dos Afonsos, Rio de Janeiro, especializando-se 3º sargento do Quadro da IG. Por ter obtido excelente classificação no fim do curso da Escola de Aeronáutica, escolheu servir em Porto Alegre. Estava por completar 20 anos de idade.

– **Antônio Sérgio Nems**, 19 anos; 3º sargento da FAB; natural do Rio Grande do Sul; filho de Florentino Nems e Alfreda Cszervinski Nems. Servia na 5ª Zona Aérea.

– **Ciloy João Pedrosa**, 39 anos; 3º sargento da FAB. Radiotelegrafista da Força Aérea Brasileira. Servia na 5ª Zona Aérea.

– **Francisco Antônio**, 24 anos; 3º sargento paraquedista do Exército Brasileiro; filho de Maximiliano Antônio e Joana Antônio; natural do Rio Grande do Sul.

– **João Alberto Ribas**, 21 anos; 3º sargento do Exército Brasileiro; filho de Domingos Ribas Neto e Alvilina Moreira Ribas; natural do Rio Grande do Sul.

– **José Serafim Frutuoso**, cabo; natural do Rio de Janeiro. Integrava o corpo de Fuzileiros Navais da Marinha do Brasil. Havia concluído com bom aproveitamento, em 1948, o curso de especialização em Enfermagem, realizado no Hospital Central da Marinha/RJ.

– **Jair Luzia Amaral**, 18 anos; taifeiro de 2ª Classe (T2) da FAB; filho de José Gonçalves Amaral e Maria Gonçalves Amaral.

Entre os passageiros civis, estavam:

– **Lenora Maria Toschi**, 3 anos; filha de Lorena Rufino Toschi e Hugo Alberto Toschi; sobrinha do aspirante Carlos Rufino Rabelo. Acompanhava a mãe Lorena e o tio Carlos Rufino para Porto Alegre, onde visitaria a avó.

– **Lorena Rufino Toschi**, filha de Heliodoro Rufino Toschi e Maria Berlaminda Rabelo; casada com Hugo Alberto Toschi; irmã do aspi-

---

[163] Atual especialidade de Guarda e Segurança da EEAR.

rante Carlos Rufino Rabelo; e mãe de Leonora Maria Toschi. Viajava a Porto Alegre para visitar sua mãe, a quem não via há algum tempo.

– **Lélia Pereira Campelo**, 66 anos; viúva; pertencia a uma tradicional família do Rio Grande do Sul, onde residia; filha do general Vasco Alves Neves Pereira e de Alexandrina Rosado Pereira. Por dois meses, Maria Lélia permaneceu a passeio na cidade do Rio de Janeiro na casa da irmã, que era casada com o brigadeiro Samuel Ribeiro. A data da viagem de volta para o Rio Grande do Sul havia sido reservada com 20 dias de antecedência. Lélia era a pessoa mais idosa a bordo do C-47 2023.

– **Maurício Cordeiro Cysneiro**, 21 anos; solteiro; natural do estado de Pernambuco; filho de Sizenando Acioli Cysneiro e Maria de Lurdes Cordeiros Cysneiro; ex-praça da FAB. Maurício tinha concluído o seu tempo de serviço na Base Aérea de Florianópolis. Havia viajado ao Rio de Janeiro para passear e estava retornando para Porto Alegre, onde residia.

– **Nelson Rodrigues da Cunha**, 31 anos; solteiro; natural de São Paulo. Conseguiu embarcar no 2023 por solicitação do senador Hamilton Nogueira.

– **Olívio Lopes**, 23 anos, prestes a completar 24 anos; nascido em 11 de junho de 1926 na cidade gaúcha de São Gabriel; filho de Boaventura Lopes Filho e Úrsula da Cunha Lopes. Ex-soldado combatente da Força Expedicionária Brasileira (FEB) (10ª Companhia do III Batalhão/ id. 3G-108606), tendo embarcado para a Europa em 8 de fevereiro de 1945 e retornado em 17 de setembro do mesmo ano. Oficial do Exército Brasileiro.

– **Wilma Maria Gomes Neves**, 21 anos; natural de Porto Alegre; dona de casa; esposa do 1º tenente-aviador Luiz Vinhas Neves; filha de Balduino Farias Gomes, funcionário federal, e de Noêmia Torres Gomes. Wilma era mãe da menina Maria Regina.

– **Maria Regina Gomes Neves**, 2 anos, 8 meses e 12 dias; natural de Porto Alegre, filha de Wilma Neves e Luiz Vinhas Neves.

O dia e hora oficial da última decolagem do C-47 2023 no Rio de Janeiro ficou assim registrado: "No dia 06, como de costume nas segundas-feiras, decolou às 7 horas e 16 minutos do aeroporto Santos Dumont o avião 'C-47'nº. 2023 do 2º Grupo de transporte, da FAB, para fazer a viagem Rio de Janeiro - Uruguaiana"[164].

---

[164] CORREIO DA MANHÃ, Rio de Janeiro, n. 17.246, p. 3.

Obedecendo aos procedimentos de decolagem, após levantar voo, o C-47 2023 livrou o eixo da pista do Aeroporto Santos Dumont, recolheu o trem de pouso e *flaps* e iniciou uma curva para a esquerda, a fim de livrar de sua proa o imponente monólito rochoso mundialmente conhecido como Pão de Açúcar, um dos mais belos monumentos naturais do Rio de Janeiro. Da capital do Brasil, o C-47 FAB 2023 percorreria uma distância de 1.581 km (982 milhas) até Uruguaiana. A próxima escala seria o Aeroporto de Congonhas, em São Paulo. O tempo estimado de voo entre Rio de Janeiro e São Paulo era de aproximadamente 1 horas e 30 minutos. Se o passageiro decidisse fazer o mesmo trajeto por terra, de automóvel, poderia levar vários dias de viagem em função das péssimas condições das estradas, pois careciam de boa infraestrutura, com poucos trechos pavimentados e muitos trechos sem pontes (onde era necessário atravessar com balsas). Dependendo das condições climáticas, uma viagem por terra em automóvel do Rio de Janeiro com destino a Florianópolis poderia durar quatro dias ou mais. Outra opção era por via marítima, porém uma viagem a bordo do navio Carl Hoepcke, da ENNH[165], partindo do Rio de Janeiro até Florianópolis com escalas em Santos, São Francisco do Sul e Itajaí, poderia durar entre dois e três dias. Quem tinha a sorte de embarcar em um dos voos do CAN economizava tempo e dinheiro.

À medida que o C-47 2023 ganhava altitude, os passageiros podiam avistar a imensidão da Baía da Guanabara, o bairro aristocrático de Copacabana, a cidade de Niterói e a Ilha do Governador. Em poucos minutos de voo, o avião passou sobre o Aeroporto do Galeão, que sediava a Base Aérea do Galeão e a Escola de Especialistas da Aeronáutica. A 1.981 metros (6.500 pés), já era possível avistar o Campo dos Afonsos, o berço da Aviação brasileira. Mais adiante, na zona oeste da cidade do Rio de Janeiro, a Base Aérea de Santa Cruz, com seu imponente hangar, que durante a década de 1930 recebeu, por mais de uma vez, os gigantescos dirigíveis Graff Zeppelin e Hindenburg. Mais a oeste, a imponente Serra dos Órgãos e a Serra do Mar, a qual se estende por 1.500 km do estado do Rio de Janeiro ao estado de Santa Catarina. A leste, o belo litoral fluminense, com destaque para Mangaratiba, Angra dos Reis, Ilha Grande e Paraty.[166] O Rio de Janeiro estava em festa, pois dali a alguns meses sediaria a Copa do Mundo de 1950 (copa essa que

---

[165] Embora consideradas um meio seguro e relativamente barato, as viagens marítimas e portuárias em Florianópolis começavam a entrar em declínio em função da expansão da aviação e das rodovias.

[166] Para descrever com maior propriedade a rota Rio de Janeiro - Florianópolis, o autor inspirou-se nos vários relatos de aviadores do CAN (publicados na década de 1940) que incluíam os atrativos naturais e urbanos, altitudes e velocidades de cruzeiro, tempo de viagem entre as escalas, entre outras..

não era realizada desde 1938, quando eclodiu a Segunda Guerra mundial). Além disso, outro grande evento de categoria internacional ocorreria no dia 12 de junho, quando 13 belas jovens de várias regiões brasileiras disputariam no Palácio Quitandinha, em Petrópolis/RJ, o primeiro concurso de beleza do país: o Miss Brasil 1949[167].

O C-47 não era pressurizado e não tinha ar-condicionado; por esse motivo, os passageiros vez ou outra se queixavam com os tripulantes sobre os incômodos que sofriam, como enjoos ou mal-estar. Não havia fonia entre as cabines de pilotagem, radiotelegrafia e passageiros/carga; quando um tripulante precisava falar com os passageiros, ele simplesmente se levantava do seu lugar e se dirigia até eles. Dependendo da situação, às vezes a comunicação era feita aos gritos, em meio ao ruído dos possantes motores radiais do C-47. O avião contava com o que havia de mais moderno, naquele momento, no auxílio à radionavegação: dois ADFs[168] na estação de rádio.

Com pouco mais de 40 minutos de voo, a uma velocidade aproximada de 250 km/h e 2.286 m (7.500 pés) de altitude, o avião já havia cruzado os limites dos estados do Rio de Janeiro e de São Paulo. Sobrevoando o Rio Paraibuna e Mogi das Cruzes, o C-47 2023 tinha a leste o litoral paulista, as praias de Ubatuba, Caraguatatuba, Ilhabela, Bertioga, Guarujá e Santos. À frente, a grande metrópole, São Paulo, o maior parque industrial do país. À medida que o avião se aproximava do aeroporto, os ocupantes do C-47 2023 podiam avistar a típica paisagem urbana paulista, os arranha-céus, os parques, as praças, os monumentos, as ruas e as avenidas. Até ali, 375 km dos 1.581 km da viagem já haviam sido percorridos.

6.1.1 Aeroportos de São Paulo e Curitiba

Aeroporto de Congonhas

8 h 50 min[169] da manhã, hora local

Após pouco mais de 1 hora e 40 minutos de voo, o C-47 2023 aterrou em São Paulo. Os primeiros jornais matutinos anunciavam uma temperatura máxima de 18 graus e mínima de 11 graus. O tempo estava instável e com chuvas fracas.

---

[167] Jussara Marquez, de Goiás, foi eleita e tornou-se a primeira detentora do título da história do concurso.

[168] Instrumento que, por meio de sinais de marcações cruzadas, auxilia os pilotos a se orientarem durante o voo.

[169] CORREIO DA MANHÃ, Rio de Janeiro, n. 17.246, 8 de junho de 1949, p.3.

Assim como o Aeroporto Santos Dumont, no Rio de Janeiro, o Aeroporto de Congonhas[170] era considerado um dos maiores aeroportos comerciais do país e um dos mais movimentados do mundo. Ambos operavam com aviões militares e civis das principais companhias aéreas (voos domésticos e internacionais).

Enquanto o malote postal contendo 18,4 kg de correspondência oficial era entregue na seção do CAN no interior do aeroporto, o único passageiro a embarcar em São Paulo, **Pedro Arnaldo Scheffer**, 2º tenente da Infantaria da Guarda da FAB, tomou lugar no avião. Às 9 h 33 min[171], após permanecer por aproximadamente uma hora no Aeroporto de Congonhas para entrega de correspondências, embarque e reabastecimento, o C-47 2023 solicitou permissão para decolagem e alçou voo rumo a Curitiba.

Do Aeroporto de Congonhas/SP a São José dos Pinhais/PR, o C-47 ainda percorreria 335 km. Após a decolagem da capital paulista, seguiu a rota (aerovia) habitual dos aviões do CAN, passando por Santo Amaro, represas de Interlagos, Itapecerica da Serra, São Lourenço da Serra, Juquitiba, Santa Rita da Ribeira e Juquiá. Paralelamente à rota, era possível divisar, 40 km a leste, o imenso Litoral Sul paulista, com seus 180 km de extensão.

À medida que o C-47 2023 avançava rumo a Curitiba, as condições climáticas começavam a piorar. A cada meia hora, o 3º sargento Haroldo de Oliveira Almeida, o radiotelegrafista de voo, também conhecido pela especialidade Q RT VO, recebia um QAM[172] ou boletins meteorológicos; e repassava para a estação de rádio em terra a posição relativa da aeronave. As comunicações com os centros de tráfego aéreo eram na frequência de ondas curtas, voz ou código Morse. Cabia ao sargento Haroldo a responsabilidade pelas comunicações antes da decolagem e durante o voo, principalmente no contato permanente com a estação de rádio da unidade, comunicando sempre que possível a posição da aeronave e a hora estimada de chegada ao destino. Haroldo também era responsável pela atualização das previsões de tempo no local de destino e pelas rotas e pelos locais de pousos alternativos, no caso de alguma emergência. Esses procedimentos eram previstos em todos os voos do CAN. Desse modo, os controladores de voo podiam acompanhar constantemente a trajetória das aeronaves no espaço aéreo.

---

[170] Atual Aeroporto Internacional de São Paulo – Congonhas (CGH/SBSP)

[171] FOLHA DA MANHÃ, n. 7.723. Rio de Janeiro, 8 jun. 1949, p.1.

[172] Na Tabela de Códigos "Q", QAM significa: "Qual é a condição meteorológica?" Seria o equivalente ao atual *Meteorological Aerodrome Report* (Metar).

Aproximadamente às 10h 35min (13 h 35 z), o radiotelegrafista a bordo do C-47 recebeu um QAM o qual informava que a visibilidade no Aeroporto de Florianópolis era de 2 mil metros, que havia a ocorrência de nuvens baixas (*Extratus cumulus*) e que os ventos eram de través. Após cruzar a vertical da Serra Negra, que sinalizava os limites entre São Paulo e Paraná, o avião sobrevoou os picos predominantes da Serra do Mar no estado do Paraná e em pouco tempo alcançou o Planalto Paranaense, caracterizado por campos, chácaras, fazendas, fabricas e estações de trem. Não muito longe dali, a "Cidade Sorriso", Curitiba, aguardava-o.

São José dos Pinhais, Aeroporto de Curitiba ou Aeroporto Afonso Pena[173]

11h 10min da manhã, hora local

Voando a aproximadamente 250 km por hora com 25 pessoas a bordo (19 passageiros e 6 tripulantes), o Douglas venceu a rota entre São Paulo e São José dos Pinhais em 1 hora e 15 minutos, aterrissando às 11h 10min na pista 14/32 (atual 15/33) do Aeroporto Afonso Pena, localizado no município de São José dos Pinhais, região metropolitana de Curitiba, no Paraná, estrategicamente localizado no Planalto Curitibano, entre a Serra do Mar e o Litoral Paranaense. O aeroporto havia sido inaugurado em 24 de janeiro de 1946, porém fora antes denominado como Base Aérea de Afonso Pena, inaugurada durante a Segunda Guerra Mundial em 20 de maio de 1944 como ponto estratégico dos Estados Unidos e da parceria entre o Ministério da Aeronáutica e o Departamento de Engenharia do Exército Norte-Americano.

Com o C-47 2023 estacionado no pátio de aeronaves, a Sr.ª **Maria Elizabete Fontoura**, 19 anos, casada, natural do Rio Grande do Sul, ocupou assento no avião. Maria Elizabete foi a única passageira a embarcar no Aeroporto Afonso Pena. As condições climáticas começavam a piorar e os QAMs (boletins meteorológicos) previam tempo fechado e chuvoso em Santa Catarina. Embora a tripulação estivesse acostumada a lidar com condições atmosféricas adversas, estas eram sempre preocupantes. No Aeroporto Afonso Pena, a tripulação contava com uma hora e dez minutos para reabastecer a aeronave, checar o óleo e realizar outros procedimentos previstos entre os intervalos de pousos e decolagens, como a entrega do malote contendo 2,9 kg de correspondência oficial.

---

[173] Na década de 1940, o Aeroporto Afonso Pena era conhecido como Aeroporto de Curitiba.

Desde a decolagem do Aeroporto Santos Dumont, no Rio de Janeiro, o Douglas C-47 2023 já havia percorrido praticamente a metade do seu trajeto Rio-Uruguaiana em pouco mais de quatro horas e realizado dois pousos e duas decolagens. Restavam 1.135 km a serem percorridos, o que significava que, se o avião prosseguisse o curso normal até a conclusão da missão em Uruguaiana, no Rio Grande do Sul, ele ainda realizaria mais três decolagens, três pousos, e voaria por aproximadamente mais 3 horas e 30 minutos.

A viagem transcorria sem atrasos, a pontualidade e a regularidade eram apenas algumas dos indicadores de eficiência dos pilotos e de todos os mecanismos operacionais do 2º GT e do Correio Aéreo Nacional. Como determinam as regras da Aviação, o comandante F. Lima solicitou permissão à torre para prosseguir viagem. A torre de controle do Afonso Pena autorizou. O aeroporto situa-se em uma área de planalto regular, livre de montanhas nas proximidades, a uma distância segura da Serra do Mar, portanto, apesar do mau tempo reinante, é provável que o voo naquela região tenha sido tranquilo.

Aproximadamente às 12h 10min, o avião decolou novamente, rumando para o sul, desta vez com destino à Ilha de Santa Catarina. A distância a ser percorrida até Florianópolis era de 245 km, e o tempo estimado do voo, de 1 hora e 30 minutos. Após cruzar a vertical com o Rio Negro, limite entre os estados do Paraná e SC, o C-47 2023 passou sobre o conjunto de montanhas que compreende Quiriri, Serra Dona Francisca e, alguns quilômetros mais adiante, sobre o Porto de Itajaí, na foz do Rio Itajaí Açu.

Por não serem pressurizados, os C-47 voavam na altitude máxima de 3.300 m (10 mil pés), para evitar que os passageiros sofressem os efeitos negativos da rarefação do ar. Quase todas as escalas eram providas de estações de rádio, e cada aeródromo possuía um radiofarol, que consistia em um transmissor que emitia ondas que eram captadas por um receptor a bordo do avião e que indicava com absoluta segurança o local exato do aeroporto. No caso do Aeroporto de Florianópolis, existiam três radiofaróis: um da Panair, o PVF; um da Cruzeiro, o PQF; e um da VARIG, o PPF. Os aviões de transporte como o C-47 2023 da FAB utilizavam o PVF da Panair por ser o mais potente dos três e o mais fácil de ser solicitado pela estação Rádio de Aerovia de Florianópolis.

Em território catarinense, o clima piorava, e as condições para o voo visual tornavam-se péssimas. O teto e a visibilidade estavam quase abaixo dos limites de segurança. Caso não fosse possível pousar em Florianópolis, o C-47 deveria rumar para um campo de pouso alternativo — neste caso, os campos de pouso mais próximos eram os de Itajaí (em obras) e o de Joinville — ou prosseguir diretamente para a próxima escala — neste caso, o Aeroporto de São João, em Porto Alegre. Durante o procedimento de aproximação para o pouso, os pilotos tinham que ficar com os olhos na bússola, no marcador do radiogoniômetro, no altímetro, além de ficar de ouvidos atentos às orientações que chegavam da torre de controle. A grande verdade é que os pilotos brasileiros herdaram a experiência de voo nos primórdios do Correio Aéreo Nacional na década de 1930, quando voavam sem mapa, sem rádio e com poucas referencias visuais no solo, desenvolvendo com isso inúmeras habilidades e apurando os sentidos. Esse foi um dos motivos pelos quais muitos pilotos da FAB se destacaram nas inúmeras missões que lhes foram confiadas durante a Segunda Guerra Mundial na Europa.

À medida que se aproximava da Ilha de Santa Catarina, o tenente F. Lima fez contato com a Rádio Florianópolis (RDFL) localizada no aeroporto, confirmou as informações das condições do tráfego e as condições meteorológicas. Aproximadamente na vertical de Tijucas, o C-47 2023 iniciou os preparativos para a aterragem em Florianópolis, abandonou a altitude de cruzeiro e começou a descer até a altitude de segurança, passando a ouvir a torre de controle para a aproximação final. Naquele momento, havia densas camadas de nuvens, que prejudicavam a visibilidade e exigiam a máxima atenção dos pilotos. Com a devida autorização dos controladores de Florianópolis, os pilotos iniciaram a aproximação enquanto tentavam fazer contato visual com a pista do aeroporto.

6.1.2 Aeroporto de Florianópolis

Ilha de Santa Catarina

Latitude 27°39'50.06" S

Longitude 48°32'54.94" W

Nos últimos três dias, havia chovido torrencialmente na Ilha de Santa Catarina[174], e, para piorar, os boletins meteorológicos previam o agravamento do mau tempo com visibilidade reduzida para as próximas horas. O principal sistema de navegação nos locais onde não existiam outros auxílios

---

[174] Condições climáticas baseadas nos jornais e relatórios oficiais locais da época.

de rádio navegação por VOR (radiofarol) era o ADF[175], que auxiliava os pilotos (e o radiotelegrafista) a localizar os aeroportos de destino quando não havia condições para operar em voo visual, além de alternativas para pousos emergenciais, por exemplo.

O Aeroporto de Florianópolis contava com três mastros de 16 metros para antena e uma torre metálica tipo "Wincharger" para radiofarol. Um desses equipamentos foi instalado em 1947 e pertencia à Panair do Brasil[176]. As instalações eram modestas, se comparadas com os outros aeroportos das grandes capitais, como Rio de Janeiro, São Paulo, Curitiba e Porto Alegre. Uma casa de madeira servia como uma pequena estação de embarque e desembarque de cargas e passageiros, mas já havia um projeto para a construção de um moderno terminal.

O Aeroporto de Florianópolis era classificado pelo Ministério da Aeronáutica como categoria C/D. Aeroportos como o Santos Dumont, no Rio de Janeiro, o Congonhas, em São Paulo, e o São João, em Porto Alegre, eram classificados como categoria A/B, e os aeroportos com infraestrutura precária eram classificados como E/F. Com base nessas classificações, podemos concluir que o Aeroporto de Florianópolis era um aeroporto mediano, ou seja, podia não ser um aeroporto de excelente categoria, mas também não estava entre os piores. Apesar de modesto, esse aeródromo recebia um significativo tráfego de aviões militares e civis que pousavam e decolavam diariamente na Ilha de Santa Catarina. Somente no primeiro semestre de 1949, a Diretoria de Aeronáutica Civil havia registrado o seguinte movimento[177] no Aeroporto de Florianópolis: 1.056 aviões, 5.355 passageiros embarcados, 4.518 desembarcados e 5.921 em trânsito, totalizando 15.794 pessoas que passaram por Florianópolis. Quanto ao serviço postal (correios), foram embarcados 2.351 kg e desembarcados 2.782 kg, totalizando 5.133 kg. E, quanto às cargas, foram embarcadas 63.549 kg e desembarcadas 100.368 kg, totalizando 163.917 kg.

Da Aviação militar nacional, o aeroporto recebia somente aviões da Força Aérea Brasileira, uma vez que a Aviação naval e a Aviação do Exército, as antigas "Forças Aéreas Nacionais", estavam praticamente extintas em 1941 quando se agregaram para formar a Força Aérea Brasileira. Aviões civis também utilizavam o aeródromo de Florianópolis, entre eles os aviões

---

[175] Desde a década de 1940, o ADF é o principal sistema de navegação nos locais onde não existem outros auxílios de rádio navegação por VOR.

[176] CORREIO DA MANHÃ, Rio de Janeiro, n. 16.046, 26 fev. 1947. p. 5.

[177] O ESTADO, n. 10.553, 17 ago. 1949. p. 1.

particulares dos aeroclubes provenientes de vários estados (principalmente RS, PR, SP, RJ), além dos aviões do Aeroclube de Santa Catarina e das companhias aéreas (Aviação comercial brasileira). Aviões militares e civis de outras nacionalidades também faziam escalas no Aeroporto de Florianópolis.

Ao longe, os moradores da Costeira do Pirajubaé[178] avistaram quando o Douglas C-47 2023 passou voando baixo com o trem de pouso baixado iniciando a aproximação para o pouso, na pista 02/20[179], a única que existia naquela época. Era uma pista pavimentada em concreto, com 1.500 metros de extensão e 45 metros de largura, situada a apenas 5 metros sobre o nível do mar. Às 13h 30min[180], as duas grandes rodas dos trens de pouso dianteiros do 2023 finalmente tocaram a pista do Aeroporto de Florianópolis.

Antônio Pereira Oliveira descreve algumas características do Aeroporto de Florianópolis nas décadas de 1940 e 1950:

> O Aeroporto ainda não tinha nome oficial, era conhecido apenas como Base Aérea de Florianópolis. As condições da estação de passageiros eram precárias. Fazia-se sentir a necessidade de construir uma nova estação de passageiros assim como de uma nova estrada do centro até a Base Aérea[181].

O Destacamento da Base Aérea de Florianópolis era comandado pelo capitão Raphael Leocádio dos Santos, que tinha excelente histórico militar; havia sido promovido a 2º tenente em 1941, 1º tenente em 1943 e capitão em 1944; além disso, tinha centenas de horas voadas no Fairchield PT-19[182] e no Douglas C-47 em missões pelo Correio Aéreo Nacional. Em agosto de 1947, Raphael Leocádio assim como outros oficiais-aviadores que realizaram missões de patrulhamento contra submarinos no litoral brasileiro, foi agraciado com a "Cruz de Aviação"[183], condecoração criada para assinalar o eficiente desempenho dos referidos aviadores durante a Segunda Guerra Mundial.

Adalberto Tolentino de Carvalho era o prefeito de Florianópolis, município esse que contava com uma população de 25 mil habitantes[184],

---

[178] Bairro que margeia a Baía Sul da ilha, região que faz parte da curta final do Aeroporto de Florianópolis.

[179] Atualmente a mesma pista é conhecida como 03-21. Os rumos magnéticos das pistas foram modificados devido à alteração da declinação magnética que ocorre com o passar dos anos no globo terrestre.

[180] CORREIO DA MANHÃ, Rio de Janeiro, n. 17.246, quarta-feira, 8 jun. 1949.

[181] *A história do turismo em Florianópolis narrada por quem a vivenciou: 1950 a 2010*, de Antônio Pereira Oliveira.

[182] A segunda aeronave com maior número de aviões usados pela FAB em toda a sua história: 405 exemplares.

[183] A mesma medalha concedida a Carlos A Freitas Lima e Miguel Sampaio Passos em 1948.

[184] INSTITUTO BRASILEIRO DE GEOGRAFIA E ESTATÍSTICA (IBGE). *Recenseamento geral do Brasil*. [*S. l.*]: IBGE, 1 set. 1940. Série regional, parte 19, Santa Catarina/Florianópolis. p. 98.

enquanto o distrito de Palhoça contava com 7.375 habitantes; e o de São Jose, 5.787. Entre as principais casas comerciais que ficavam concentradas no centro da cidade, estavam a tradicional Confeitaria Chiquinho, o Bar Rosa e o Bar do Miramar, este com uma maravilhosa vista para a Baía Sul, emoldurada pelo Cambirela e pelas serras adjacentes. O Mercado Público era banhado pelo mesmo mar que servia os Clubes de Remo do Roma, Riachuelo, Martinelli e Aldo Luz. A Ponte Hercílio Luz era a única ligação da ilha com o continente, passando pelo bairro do Estreito (João Pessoa), e recebia tráfego intenso de veículos e pedestres ao longo da Rua Conselheiro Mafra, logradouro que já se destacava como ponto forte de comércio.

No Palácio Cruz e Souza, também conhecido como Palácio Rosado, a cadeira de governador do estado era ocupada por Aderbal Ramos da Silva, que naquele momento se encontrava licenciado do cargo em consequência do tratamento de uma tuberculose pulmonar (conhecida na época como "peste branca"), sendo substituído pelo então presidente da Assembleia Legislativa, José Boabaid[185].

A Missa de domingo, na catedral metropolitana, era muito frequentada pelos jovens da cidade. Após a Missa das 10h, belas moças faziam *footing* na Praça XV e na Rua Felipe Schimdt, até perto das 12h. Naquela época, o *footing* era um dos passatempos na cidade e atingia duas classes sociais: a dos mais abastados, na Praça XV, perto do Palácio Cruz e Souza, e a dos desprovidos, num trecho da Felipe Schimdt. Quase tudo girava em torno da Praça XV de Novembro. Vez ou outra, os Cines Ritz Odeon e Roxy ofereciam desconto no valor do ingresso da "sessão das moças", que sempre lotavam.

A televisão só seria inaugurada no Brasil em 18 de setembro de 1950; antes disso havia centenas de estações de rádios credenciadas pela Agência Nacional distribuídas em todo o território brasileiro. Milhões de ouvintes sintonizavam seus rádios, alimentados a bateria, sempre ávidos por informações. As principais fontes de notícias limitavam-se aos jornais impressos e às rádios, que também eram uma importante fonte de entretenimento. Entre as locais, a mais ouvida era a Guarujá. Também era possível ouvir a Rádio Difusora de Laguna, a Rádio Clube Paranaense e a Rádio Guairacá de Curitiba. Porém as Rádios da Agência Nacional e a Repórter Esso do Rio de Janeiro (além da rádio BBC de Londres[186], que tinha correspondentes brasileiros no Rio de Janeiro), além das Rádios Excelsior, Difusora, Pan-Americana, Tupi e

---

[185] Aderbal Ramos da Silva reassumiu o governo em 4 de janeiro de 1950.

[186] British Broadcasting Corporation, ou Corporação Britânica de Radiodifusão.

ainda a Rádio Globo de São Paulo, eram imbatíveis em termos de audiência não só em Santa Catarina, mas em todo o território nacional. Os jornais catarinenses de maior circulação eram *A Notícia*, de Joinville, e os vespertinos locais *A Gazeta*, *O Estado* e *Diário da Tarde*, de Florianópolis.

Poucas pessoas tinham carro, a maioria andava a pé ou de ônibus. As marcas de carros mais "populares" eram Ford e Chevrolet; as de maior prestígio eram Cadillac e Lincoln. No início da década de 1940, Florianópolis estava dividida entre "cidade velha" e "cidade nova". A capital catarinense ainda não possuía um terminal rodoviário, as poucas empresas de ônibus com linhas de Florianópolis para o interior de Santa Catarina e estados vizinhos vendiam suas passagens em lojas espalhadas em diversos pontos da cidade. Os ônibus que iam para o interior do estado tinham apelidos populares, como "Jardineiras", "Marinetes" ou "Peruas". A Auto Viação Catarinense realizava viagens para os estados de Paraná, Rio Grande do Sul e de Santa Catarina; a empresa Glória realizava viagens para Laguna; o Expresso Brusquense, para Nova Trento; e, por fim, o Expresso Viação Itajaí e o Rápido Sul Brasileiro, realizavam viagens com destino a Joinville.

Em junho de 1949, Florianópolis era servida pelas companhias aéreas Varig, Cruzeiro do Sul, TAL e Panair do Brasil, que realizavam voos para as principais capitais, de norte a sul do país, bem como para o interior de Santa Catarina, chegando e partindo do Aeroporto de Florianópolis. Já a Taba empregava os hidroaviões anfíbios Consolidated PBY-5A Catalina, que transportavam passageiros, cargas, encomendas e correspondências. Os hidroaviões da Taba voavam margeando o litoral em uma modalidade que os antigos pilotos costumavam chamar de voo de "meio-fio" (voo em condições visuais entre terra e mar), entre o litoral gaúcho e carioca, partindo do Rio Guaíba, em Porto Alegre, fazendo escalas nas cidades de Araranguá, Laguna, Florianópolis (pousavam na Baía Sul), Itajaí, São Francisco do Sul, Paranaguá, Cananéia, Santos, Paraty e Rio de Janeiro. As escalas em Cananéia e Iguape eram facultativas. A Transportes Aéreos Ltda. partia de Porto Alegre passando por Lages, Florianópolis, Joinville, Curitiba, Paranaguá, Santos e Rio de Janeiro.

Quem optava por realizar as viagens terrestres mais longas que ligavam Florianópolis ao interior do estado ou para as capitais dos estados vizinhos encontrava-se com estradas rudimentares e em péssimas condições de conservação, de chão batido, empoeiradas, esburacadas, cheias de curvas perigosas e praticamente intransitáveis, principalmente quando chovia, por causa da lama. Em muitos trechos era necessário atravessar rios de balsa (muitas pontes só foram construídas com a chegada da BR-101, a partir da década de 1960). Viagens terrestres tornavam-se verdadeiras odisseias. Nas viagens entre Florianópolis e Curitiba, os veículos enfrentavam longas e perigosas descidas e subidas das serras e cruzavam os Rios Tijucas, Itajaí e Itapocu em Barra Velha, em precários *ferryboats*. Para a capital gaúcha, seguia-se bordeando o litoral; em muitos trechos, os veículos trafegavam na faixa de areia. Uma viagem a Porto Alegre podia durar 15 horas. Em um avião, aproximadamente 1 hora e 40 minutos. Enfim, naqueles tempos, a duração das viagens por terra estava condicionada a basicamente dois fatores: condições climáticas e condições das estradas, sem falar de outros incidentes, como a quebra dos veículos. Por esses e outros motivos, viajar a bordo dos potentes DC-3, DC-4, C-47 e Constellations, entre outros potentes aviões comerciais, era a melhor opção, pelo menos para quem tinha dinheiro ou conseguia uma carona em um dos aviões da FAB que voavam a serviço do CAN.

Enquanto o C-47 2023 era reabastecido no pátio do Aeroporto de Florianópolis, na pequena sala de espera dos passageiros, **Maria Silva Costa** preparava-se para embarcar com destino a Porto Alegre, onde se encontraria com seu esposo, o sargento de Infantaria da FAB Conrado Coelho Costa[187], que já se encontrava havia algum tempo na capital gaúcha participando de um curso de aperfeiçoamento militar. Quis o destino que Maria Silva Costa encontrasse na estação de embarque o 2º sargento meteorologista da FAB **Olavo de Assis**, 24 anos, que, visivelmente preocupado, explicou a Maria que precisava viajar com urgência para Porto Alegre. Sensibilizada com a situação do militar, Maria acabou cedendo seu lugar. Sem perder tempo, Olavo agradeceu o nobre gesto de Maria e seguiu imediatamente para a pequena sala de espera de passageiros, onde, poucos minutos antes de embarcar, comunicou-se pela última vez com a sua amada Selma Yone de Castro pelo telefone.

Natural de Itu/SP, o sargento Olavo de Assis havia cursado a especialidade de Operador Meteorológico – Turma 1ª de 1945 da EEAR; e, assim como muitos militares, chegou a servir no DBAF por alguns anos. Agora Olavo de Assis pertencia ao efetivo da Base Aérea de Porto Alegre. Entre seus pares, era muito estimado por estar sempre de bom humor. Foi na capital catarinense que Olavo conheceu e apaixonou-se pela Srt.ª Selma, filha da Sr.ª Ursulina e do Sr. Alípio Castro, funcionário da Diretoria de

---

[187] Havia incorporado do Destacamento da Base Aérea em 1942 durante a Segunda Guerra Mundial. Foi para a Reserva da FAB em 1965.

Obras Públicas de Santa Catarina. Logo se tornaram noivos. Depois de um tempo afastado de Selma, Olavo havia retornado a Florianópolis para reencontrar-se com a sua noiva. Juntos, Olavo e Selma apadrinharam o casamento do grande amigo João Alencar Machado. Depois do casamento do amigo, Olavo permaneceu em Florianópolis por alguns dias e naquela manhã ele havia se apresentado no DBAF para comunicar que viajaria de regresso a Porto Alegre no início da tarde.

Enquanto os passageiros embarcavam, os sargentos-mecânicos prosseguiam com suas atividades operacionais rotineiras, entre elas a entrega no posto do CAN do malote contendo 1,9 kg de correspondência oficial e cinco caixas (117 kg, no total) contendo vacinas enviadas pelo Ministério da Educação e Saúde na capital federal com destino à Inspetoria de Saúde de Florianópolis.

No pátio, o C-47 2023 foi reabastecido com 401 litros de AVGAS (gasolina de aviação) de 100/130 octanas (289 kg) e óleo lubrificante. Nas operações do CAN, os tanques de óleo e combustível dos aviões eram quase sempre completados a cada pouso, ou seja, a aeronave decolava com os quatro tanques (dois tanques principais e dois auxiliares) praticamente cheios. Era uma medida de segurança, caso o avião tivesse que permanecer voando mais tempo do que o previsto, por exemplo, numa emergência na busca por um aeroporto alternativo para pouso. Com relação à capacidade de carga do C-47, seu peso máximo para decolagem era de 13.150 kg (padrão USAAF) — considerando que a aeronave vazia pesava 8.200 kg, isso representava uma disponibilidade de 4.950 kg, distribuídos entre combustível, cargas e passageiros.

No início daquela tarde chuvosa no Aeroporto de Florianópolis, tudo parecia indicar que o FAB 2023 estava com aproximadamente 4.445 kg sendo que 2.465 kg eram de combustível e 1.980 kg de peso somados entre os 6 tripulantes e 28 passageiros, dos quais eram 22 adultos e 2 crianças). Ainda com relação ao peso da carga que o C-47 2023 transportava na viagem Rio de Janeiro-Uruguaiana, a Guia de Expedição n.º 023 emitida pela Diretoria de Transportes Aéreos (por meio da seção de Transportes Aéreos do Rio de Janeiro) revela que o avião transportava pouco mais de 0,5 tonelada — para ser mais exato, 562 kg e 300 g de carga a serviço do CAN; e 87 kg e 500 g a serviço da Empresa de Correios e Telégrafos, totalizando 649 kg e 800 g. Ou seja, tudo parece indicar que o C-47 2023 voaria praticamente beirando o seu limite operacional de peso.

Além do 2º sargento QAT e meteorologista da FAB Olavo de Assis, de 24 anos, também embarcou no Douglas C-47 2023 no Aeroporto de Florianópolis **Agenor Silva**, 18 anos, ex-soldado de segunda classe da Infantaria da Guarda da Base Aérea de Porto Alegre, que havia sido designado para servir na Base Aérea de Florianópolis e agora (após ter dado baixa da FAB) retornava para sua cidade natal, Porto Alegre.

Desde a criação do Ministério da Aeronáutica, em 1941, muitos jovens recrutas vinham de Porto Alegre para receber instrução e servir na Base Aérea da capital catarinense. O mesmo ocorria com diversos oficiais e sargentos especialistas da FAB oriundos de diversas cidades brasileiras. Em maio de 1949, 148 soldados prestaram compromisso à bandeira no DBAF — desse total, 42 soldados permaneceram para servir em Florianópolis (entre eles, Agenor Silva) e 106 soldados retornaram para servir na Base Aérea de Porto Alegre[188]. Estima-se que o efetivo do Destacamento da Base Aérea da capital catarinense, no primeiro semestre de 1949, era de aproximadamente 250 homens, entre oficiais e suboficiais, graduados (sargentos) e praças (cabos e soldados).

Com o embarque do 2º sargento Olavo de Assis e do ex-soldado de segunda classe Agenor Silva, a lotação do C-47 2023 estava completa: 28 pessoas a bordo, das quais 19 eram militares das três Forças Armadas — Força Aérea Brasileira, Exército Brasileiro e Marinha do Brasil (um cabo do Corpo de Fuzileiros Navais). Dos 19 militares a bordo, 5 eram oficiais (primeiros e segundos-tenentes), 2 eram aspirantes a oficiais do Exército e 9 eram sargentos. Havia também um taifeiro de 2ª Classe (T2) e um ex-soldado de segunda classe (S2), ambos do efetivo da FAB. Para completar, havia nove civis: três homens, quatro mulheres (comenta-se que Elizabete Fontoura, 19 anos, estava grávida) e duas crianças do sexo feminino — Lenora de 3 anos, e Maria Regina, de 2 anos, 8 meses e 12 dias.

Entre os militares da Base Aérea de Florianópolis escalados para reabastecer o C-47 2023 no aeroporto da capital, estavam o 3º sargento-mecânico Nacôr Serapião e o sargento Otávio de Souza (conhecido na caserna pela alcunha de "sargento 28"). Enquanto reabasteciam o Douglas, perceberam que uma das meninas a bordo chorava e se debatia incansavelmente no colo da mãe. O motivo aparente era de que a menina não queria prosseguir com a viagem e a todo custo queria descer do avião. Sensibilizado com a situação, o "sargento 28" não teve dúvidas: pediu permissão para a mãe, pegou a criança

---

[188] O ESTADO, 29 maio 1949. p. 8.

no colo entregou-lhe uma guloseima para acalmá-la e explicou que o avião era seguro, que ela podia seguir a viagem sem medo. A artimanha deu resultado, e logo a menina já estava novamente no interior da aeronave, entretida e saboreando a deliciosa guloseima nos braços da mãe.

Desde a decolagem do C-47 2023 no Aeroporto Santos Dumont, no Rio de Janeiro, nenhum passageiro desembarcou da aeronave; ao contrário, nas escalas em São Paulo, Curitiba e Florianópolis, só ocorreram embarques. Em pouco tempo, a maioria dos passageiros a bordo do C-47 2023 desembarcaria em Porto Alegre, e uns poucos voariam com a tripulação até a cidade de Uruguaiana. Em Florianópolis, o tempo de permanência do Douglas no solo foi de 25 minutos. Após seguir todos os procedimentos previstos no *check-list* da aeronave, um dos sargentos-mecânicos recolheu a pequena escada, fechou e travou imediatamente a porta e seguiu o procedimento-padrão comunicando ao comandante F. Lima que a porta estava fechada e travada.

> O tempo encontrava-se variando a cada 5 minutos, o teto e a visibilidade variavam, devido haver uma camada estacionada de StratusCumulus[189](Sc) a 300 metros e outra de Stratus (St)[190] e Nimbus Stratus (Ns)[191], a 100 metros, movendo-se com a direção e velocidade do vento. Estas últimas quando passavam, além de baixar o teto, prejudicava a visibilidade devido à precipitação (chuvisco leve), porém durante a decolagem do FAB 2023, os setores norte e sul do campo encontravam-se com teto estimado de 300 metros e visibilidade aproximada de 4.000 metros. Assim sendo foi permitida a decolagem de acordo com as regras de voo[192].

Em todos os aeródromos do mundo, as pistas de pousos e decolagens eram (e ainda são) construídas de acordo com os ventos predominantes na região do aeródromo, uma vez que influem diretamente no desempenho das aeronaves durante as aproximações para os pousos ou durante as decolagens. Para garantir maior estabilidade e sustentação, as aeronaves, sempre que possível, pousam e decolam contra o vento. Além disso, na cabeceira das pistas, existe a numeração de dois dígitos (01 a 36) que se refere à direção do Polo Norte magnético (de 01 a 360 graus). No caso do Aeroporto de

---

[189] Nuvens cinzas em rolos ou formas globulares, que formam uma camada.

[190] Camada baixa, uniforme, cinza, parecida com nevoeiro, mas não baseada sobre o solo. Pode produzir chuvisco.

[191] Camada amorfa de nuvens cinza escuro. Uma das mais associadas à precipitação.

[192] Relatório realizado com base em informações constantes de microfilmes arquivados no Cenipa com o único propósito de historiar a ocorrência.

Florianópolis, a única pista que havia na região era denominada pista 02/20 (a atual 03/21). Neste caso, a 02 tinha cabeceira alinhada na direção 20º (norte); e a cabeceira 20 estava alinhada a 200º (sul). Ventos do quadrante sul indicavam operações de pousos e decolagens pela cabeceira 20; e ventos do quadrante norte, pela cabeceira 02 (ver figura a seguir).

Figura 6 – Pista 02-20, Aeroporto de Florianópolis

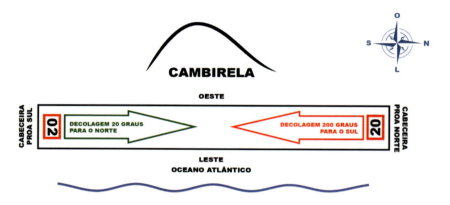

Fonte: arte de Daniel Luis Cardoso

De acordo com o cronograma de horários das companhias aéreas publicado no jornal *O Estado*[193] do mês de junho de 1949, regularmente às segundas-feiras dois DC-3, sendo um da Panair do Brasil e outro da Varig, decolariam do Aeroporto de Florianópolis às 10h 40min. Mais tarde, às 13h, um DC-3 da TAL decolava com destino às cidades de Lages e Porto Alegre — o DC-3 da Panair decolaria logo em seguida, às 13h 50min, para o sul; e o DC-3 da Cruzeiro do Sul, marcado para às 13h 55min[194]. Nenhuma dessas companhias realizava voos internacionais diretos, mas faziam conexão nos grandes aeroportos, como Santos Dumont e Congonhas.

Às 13h 40min, o 1º tenente-aviador F. Lima solicitou à torre de controle (RDFL), autorização para taxiar[195] e decolar:

---

[193] O ESTADO, jun. 1949. Informações úteis. p. 2.
[194] A decolagem do C-47 2023 também estava prevista para 13h 50min, contudo vale lembrar que os aviões militares tinham prioridade no tráfego.
[195] Movimentação do avião na pista antes da decolagem, ou após o pouso.

13h 40min (1.640 z)

> 2023 — *Radio Florianópolis, C-47 2023 no Táxi*[196].

O operador de serviço na Rádio Florianópolis (4.220 Kc/s), que também desempenhava o papel de ADC Florianópolis (Torre de Controle), o terceiro sargento Nelson Stork Cabral respondeu:

> RDFL — *2023, Rádio Florianópolis ciente, prossiga táxi até intersecção, aguarde pouso do DC-3 da PANAIR em aproximação final.*
>
> 2023 — *RDFL Florianópolis, o 2023 fará experiência na intersecção.*
>
> RDFL — *Ciente, mantenha escuta, vento 110 graus, 8 nós, ajuste o altímetro para 1013 Mb (milibares).*

Após alguns segundos em silêncio, o sargento Cabral prosseguiu:

> RDFL — *2023 livre táxi, prossiga para a pista 20, vento será de través[197], avise quando pronto.*
>
> 2023 — *Rádio Florianópolis, 2023 pede para decolar na pista 02.*

Ao constatar que havia vento de través (lestada), por precaução, os aviadores comunicaram à torre de controle que decolariam pela da pista 02, rumo norte (proa contrária do seu destino); e logo após a decolagem retomariam a proa sul.

Segundo o relatório do Cenipa, naquela época não havia um procedimento de subida oficialmente instituído; o padrão da decolagem ficava a critério dos pilotos. Em dias de pouca visibilidade horizontal, chuva forte ou com nevoeiro, a curva no eixo da pista para a direita logo após a decolagem, sentido norte, não era considerada muito segura pelos aviadores, uma vez que o aeródromo se situava muito próximo do Maciço da Costeira do Pirajubaé, uma elevação natural com 435 metros de altitude. Este morro projeta-se exatamente à direita do prolongamento da pista 02 e é verdadeira ameaça para os aviadores[198]. Quando a curva era exe-

---

[196] Conforme a transcrição das mensagens trocadas entre a Rádio Florianópolis e o avião C-47 2023 apresentada pelo 3º sargento Nelson Storch Cabral, um dos operadores em serviço no dia 06/06/1949.

[197] Uma situação potencialmente perigosa para as operações de pouso e decolagem é quando a operação ocorre sob o efeito do chamado vento de través. O fenômeno ocorre quando o vento está no sentido de direção para a lateral da aeronave. O vento de través pode alterar o curso esperado da aeronave. Fonte: www.anac.gov.br. Acesso em: 15 set. 2022.

[198] Em 13 de março de 1979 um avião da FAB, o AS-16 Albatroz do 2º/10º GAv, colidiu contra o Morro da Costeira do Pirajubaé.

cutada para a esquerda após a decolagem, para a proa norte, sobre a Baía Sul, elevações como o Morro da Pedra Branca ou o Morro do Cambirela geralmente não representavam ameaça, já que estes ficam bem afastados do prolongamento da pista do Aeroporto de Florianópolis, ou seja, sempre havia tempo suficiente para que o avião conseguisse se elevar com boa margem de segurança sobre a Baía Sul, até a altitude segura, e cruzar sobre esses morros sem problemas. Semanalmente, dezenas de aviões como o Douglas C-47, o Douglas DC-3, o Curtiss Commando C-46, entre outros, pousavam e decolavam no Aeroporto de Florianópolis e cruzavam esses morros normalmente, mesmo sob condições climáticas adversas. Na verdade, desde a passagem do primeiro avião sobre Florianópolis em 1919 e da implantação da Base de Aviação Naval na Ilha de Santa Catarina na década de 1920, alguns incidentes e acidentes com aviões civis e militares foram registrados no entorno da Ilha de Santa Catarina e porção continental (colisões contra morros, amerrissagens e aterrisagens forçadas etc.). Contudo, desde o início das operações de voos comerciais na década de 1930 e da expansão da Aviação comercial na década de 1940, raríssimos foram os casos de acidentes aeronáuticos envolvendo aviões comerciais no entorno da Ilha de Santa Catarina e região.

Por fim, considerando os riscos do teto baixo, vento cruzado e visibilidade reduzida, os controladores acabaram autorizando a decolagem do C-47 2023 no prolongamento da pista 02:

> RDFL — *Positivo. Inicie quando pronto para sua intersecção para vento de través a sua direita, de 8 nós. (14,82 quilômetros/hora).*
>
> 2023 — *2023 pronto para decolar.*
>
> RDFL — *Livre! Tomar posição para decolar. Ajuste do altímetro para a sua aprovação logo após a decolagem.*

Como de praxe, o sargento Cabral recomendou ao comandante F. Lima que voltasse a contatar a RDFL tão logo o avião atingisse a altitude de cruzeiro, ou seja, a 2.400 metros (7.874 pés), ou ultrapassasse a camada de nuvens.

Às 13h 52min, os pilotos iniciaram os procedimentos para a decolagem, empurrando lentamente os manetes de potência para frente, fazendo com que os enormes motores radiais do C-47 roncassem de forma quase ensurdecedora, enquanto as fortes correntes de ar geradas pelas hélices vaporizavam a água acumulada na pista de concreto e impulsionavam velozmente para a frente a aeronave, que sacolejava sem parar à medida que percorria a pista com 1.500 metros de extensão. Algumas dezenas de metros antes do fim da pista, o Douglas alçou voo na proa norte rumando em direção à Ponte Hercílio Luz, já iniciando uma curva ascendente para a esquerda, sobre a Baía Sul, conforme o previsto.

Era a quarta decolagem da terceira escala daquele dia... e a última. O Douglas C-47 2023, bem como os seus tripulantes e passageiros, jamais voltaria a pousar na Ilha de Santa Catarina ou em nenhum outro lugar. A partir daquele momento, o destino de cada passageiro, tripulante e aeronave estava traçado.

A aeronave deveria executar o plano de voo definido pelos aviadores: atingir a altitude de cruzeiro, 2.400 metros, e prosseguir na aerovia Verde Um e Âmbar Nove para Porto Alegre. A Verde Um ou Verde Uno era, e talvez ainda seja, uma das principais aerovias brasileiras. Ela percorria o litoral do Brasil, do extremo sul ao extremo norte. Era como uma grande rodovia na qual o conflito de tráfego era resolvido pela separação em níveis de voo: múltiplos de pares num sentido, e múltiplos de ímpares, no sentido contrário. Entre Florianópolis e Porto Alegre, os balizadores da Verde Uno eram os radiofaróis de Florianópolis, Santa Marta e Porto Alegre.

Durante a subida do C-47 2023, os passageiros mal puderam avistar as belas praias e matas quase intocadas da Ilha de Santa Catarina e do continente, pois logo o avião atingiu a primeira camada de nuvens a 100 metros de altitude. A bordo do avião, em meio às nuvens carregadas, não era possível contemplar o lindo contraste do céu azul com o verde das montanhas — o que se via era um céu em tom acinzentado, escuro e triste. Algumas pessoas que caminhavam naquela tarde chuvosa de segunda-feira no centro de Florianópolis foram atraídas pelo ruído dos potentes motores do C-47, e ao olhar para o céu ainda conseguiram avistar o avião antes que ele desaparecesse por completo entre as densas camadas de nuvens.

Na Aviação existem basicamente dois tipos de voo. O primeiro é regido pelas Regras de Voo Visual — em inglês, *Visual Flight Rules* (VFR) — quando as condições atmosféricas são favoráveis, ou seja, com céu limpo e claro, elas permitem ao piloto controlar visualmente a altitude e o rumo do avião e também o contato visual com o tráfego aéreo. Os pilotos voam olhando através das janelas do avião, orientando-se por referências visuais externas, que podem ser naturais, como praias, rios, cachoeiras, montanhas, lagos; ou as construídas pelo homem, como pontes, rodovias, ferrovias, edificações, barragens, açudes, cidades etc.

Basicamente, após definir uma rota na carta de navegação (mapa específico de Aviação), os pilotos vão checando, ponto a ponto, as referências visuais externas à aeronave para conferir se estão ou não seguido a rota que foi previamente estabelecida. Geralmente quando voam em VFR, os pilotos evitam passar perto das nuvens carregadas; voam somente onde existem boas condições de visibilidade.

Contudo, naquela tarde fria, chuvosa e com nuvens densas e baixas, as condições exigiam o voo sob as Regras de Voo por Instrumento — em inglês, *Instrument Flight Rules* (IFR). Esse tipo de voo exigia um rigoroso conjunto de procedimentos que o comandante F. Lima e seu copiloto Sampaio deveriam seguir à risca, a fim de manter a aeronave voando em segurança em meio àquela grande formação de nuvens, aos fortes ventos e sem referências visuais — com as mãos firmes nos manches, olhares atentos nos instrumentos, e visibilidade seriamente comprometida, já não restava opção aos aviadores do que voar contando apenas com os recursos técnicos da cabine de voo. Entre esses dispositivos estavam a bússola, o velocímetro, o altímetro, o indicador de atitude[199], entre outros. Além disso, F. Lima e Miguel contavam com outros mecanismos receptores/emissores localizados no solo que auxiliavam e orientavam a navegação no espaço aéreo de Florianópolis e entorno.

O silêncio no interior da torre de controle de Florianópolis foi quebrado quando o comandante da aeronave F. Lima comunicou via rádio que o C-47 estava voando sem condições visuais, ou seja, no modo IFR. Para os controladores do tráfego aéreo, esse era um procedimento normal, já que a aeronave possuía a tecnologia para o voo IFR e os pilotos também tinham licença para voar em IFR. Esse foi o último contato da tripulação do C-47 2023 via rádio com a Torre de Controle da Base Aérea de Florianópolis. Se a tripulação enfrentou algum tipo de dificuldade na rota ou se a aeronave apresentou alguma pane, esses contratempos não foram reportados à RDFL.

Cabe ressaltar que os C-47 adquiridos dos EUA pela FAB possuíam equipamentos de radionavegação considerados de última geração para a época. O relatório do Cenipa assim descreve o último contato da torre de controle do Aeroporto de Florianópolis com o C-47 2023:

---

[199] Horizonte artificial: um dos instrumentos da cabine de pilotagem que permite identificar o ângulo real da aeronave em relação a um plano vertical, auxiliando os pilotos a alinhar e estabilizar o avião no ar.

Quando passou pelo setor Noroeste da Radio Florianópolis, cerca de 250 metros de altura, estava no rumo aproximado de 220º a 240º, quando foi observado pela última vez. Recebeu o tráfego existente e foi avisado para ascender até 1.800 metros de altitude, manter por 15 minutos, para dar passagem ao C-47 US 6381[200], proveniente dos Estados Unidos da América, que se aproximava de Florianópolis na direção oposta, a 2.100 metros de altura. A partir desse momento, não foi mais ouvido pela RDFL. Das 14h10 às 14h28 foram realizadas repetidas chamadas ao C-47 2023, todas sem resposta[201].

---

[200] Segundo José Lourenço dos Santos Jr., o C-47 US 6381, o C-47B-1-DL, US 6381 (c/n 20847, USAAF BuNo: 43-16381) teve uma longa e ativa carreira na América do Sul. A partir de 02/04/1949 (próximo à data do acidente com o 2023), estava operando com o CAC Brazil Air Mission, aparentemente um órgão do governo/ Exército americano de cooperação militar. José Lourenço é pesquisador da história do DC-3 no Brasil e nos EUA, e futuramente pretende lançar um livro sobre todos os *construction numbers* de todos os Douglas (civis e militares) que operaram no Brasil.

[201] Relatório realizado com base em informações constantes de microfilmes arquivados no Cenipa com o único propósito de historiar a ocorrência.

6.2 MINUTOS FATAIS

Voando a uma velocidade de subida de 249 quilômetros por hora (155 mph) e com uma razão de subida de 152 metros por minuto (500 pés)[202], o Douglas C-47 2023 era açoitado com violência e sacudia como um touro bravo devido à zona de turbulência. Os 2.400 cavalos de força dos motores lutavam para manter o avião no ar, produzindo estrondos quase ensurdecedores. Sob aquelas condições adversas, os tripulantes do C-47 2023 trabalhavam como uma verdadeira equipe, cada um conhecia muito bem o papel a bordo da aeronave, tinham horas de experiência em voos daquela natureza e treinamento para lidar com aquela situação.

Enquanto os pilotos checavam constantemente os instrumentos de voo, o radiotelegrafista de voo Haroldo Oliveira de Almeida permanecia de ouvidos atentos à estação radiotelegráfica. Cabia aos sargentos-mecânicos orientar os passageiros para que todos permanecessem calmos e em seus lugares, sentados e com os cintos afivelados. Além disso, os sargentos checavam constantemente a amarração da carga para certificar-se de que nada se soltaria durante a subida. Era de se supor que a zona de turbulência fosse superada em poucos minutos, como geralmente ocorria.

Nos poucos minutos que se seguiram após a decolagem, os controladores na torre não receberam nenhum informe dos aviadores ou do radiotelegrafista relatando qualquer anormalidade na aeronave, salvo que voariam orientando-se por instrumentos devido à pouca visibilidade. Acontece que aquele procedimento poderia ser considerado normal, se o avião estivesse voando sobre uma região plana, mas naquele momento o C-47 2023 se aproximava de uma região montanhosa, praticamente sem referências visuais e sob forte influência dos ventos que sopravam do leste para o oeste (lestada).

> O operador em posição na torre de Controle de Florianópolis, que havia perdido o contato visual com o C-47 2023 assim que ele entrou nas nuvens ao decolar, só conseguiu avistar o avião novamente quando o mesmo passou no través da pista[203]. No entanto, naquele momento não soube precisar se o avião seguia na rota certa[204].

---

[202] Velocidade e razão de subida obtidas com base nos dados registrados no simulador de voo.

[203] Voava rumo sul aproximadamente na vertical da Baía Sul.

[204] Relatório do Cenipa.

A pouco menos de 5 km (3 milhas) à frente, na trajetória da aeronave, oculto entre as densas nuvens, estava o gigante Cambirela. Em poucos minutos o C-47 deveria voaria na vertical paralelamente à Aresta da Bandeira daquele morro e, se tudo corresse bem, logo alcançaria a altitude de cruzeiro[205].

Os moradores das comunidades do Furadinho, Guarda do Cubatão e Praia de Fora, acostumados com as constantes passagens de aviões pela região, estranharam quando os potentes motores do FAB 2023 denunciaram que ele aparentava voar abaixo da altitude de segurança e fora de sua rota habitual. Certamente aquilo não era normal. Muitos moradores chegaram a prever que, se continuasse mantendo aquele rumo e altitude, o avião certamente colidiria com o Cambirela.

Roberto André Rodrigues tinha 22 anos, estava jogando dominó com os amigos Dorvalino Osório Tavares, Francisco Caetano Garcia e Álvaro Elvêncio Soares, quando ouviu o avião passando a uma altitude mais baixa que a normal em direção ao Cambirela. Roberto chegou a alertar seus amigos: *"Vai bater!"*

Foi tudo muito rápido. O avião, que viajava praticamente às cegas a uma velocidade aproximada de 250 km/h, seguia rumo sul para Porto Alegre quando foi repentinamente apanhado por uma gigantesca sacudida, que foi sentida por todos os ocupantes do avião. A asa direita acabara de colidir bruscamente contra uma das grandes massas de rocha[206] salientes situadas na Escarpa da Bandeira, na encosta do Morro do Cambirela, sendo instantaneamente arrancada e trazendo consigo os bancos dos passageiros situados na lateral direita da fuselagem, arremessando quatro deles para fora do avião (entre eles, Wilma Neves e sua filha Maria Regina). Quase que instantaneamente, a cabine de pilotagem e de passageiros/carga atingia com uma força descomunal o centro da escarpa rochosa da face leste, desintegrando a aeronave em milhares de pedaços, arremessando corpos, destroços e cargas em forma de labaredas para o precipício coberto pela densa vegetação.

Uma parte da mata no alto do morro, no entorno dos destroços, deu lugar a uma área chamuscada pela explosão. Uma das poucas partes do avião que ficou praticamente intacta foi a enorme empenagem (localizada

---

[205] Voo e velocidade de cruzeiro: quando uma aeronave atinge uma altitude nivelada (sem subir ou baixar) e uma velocidade constante o suficiente para que a aeronave consuma menos combustível.

[206] Mais tarde essa formação rochosa seria denominada Pedra da Bandeira.

na parte traseira da fuselagem), que ficou pendurada de dorso nas árvores, que cederam ou se romperam com o impacto e posteriormente com o peso da empenagem. Ainda como resultado da colisão direta com o Cambirela, vários pedaços do avião, incluindo motores e hélices, também foram lançados a vários metros de distância à frente (rumo sul/sudeste) do local do impacto na Pedra da Bandeira, e a cerca de 500 metros abaixo da vertente, diretamente para o fundo do abismo[207].

Após o impacto brutal, vários corpos ficaram espalhados em um raio de aproximadamente 50 metros desde o local da colisão: alguns jaziam na clareira em meio ao fogo e aos destroços, enquanto outros desapareceram em meio à mata densa no entorno do ponto de colisão. Grande parte da carga e da correspondência oficial se perdeu no matagal, queimou ou logo seria saqueada pelos moradores da região. Pertences dos ocupantes do avião que estavam dentro das bagagens (malas e sacolas), tais como roupas, entre outros itens, ficaram espalhados no alto das copas das árvores, conferindo ao lugar um macabro cenário.

O relógio marcava 14h naquela tarde chuvosa do dia 6 de junho de 1949, quando o grande pássaro prateado, o Douglas C-47 2023 da FAB, bem como tripulantes e passageiros, militares da FAB, Exército e Marinha, encerraram honrosamente a sua missão na exposta e gelada vertente leste do Morro do Cambirela. Desde a saída da linha de montagem na Douglas Aircraft Company, em Oklahoma City, EUA, em 19 de agosto de 1945, até o derradeiro fim no Cambirela, o "tempo de vida" (utilização) do Douglas C-47 foi de apenas 3 anos, 9 meses e 16 dias (ou um total de 1.387 dias). Ao longo de sua curta existência, o C-47 USAAF 51095 – FAB 2023 somou 1.889 horas de voo.

Encerravam-se ali também muitos sonhos e projetos de vida. Subitamente, o potente ruído dos motores do C-47 2023 deu lugar a um quase silêncio, quebrado apenas pelo crepitar do fogo, que insistia em arder, mesmo sob a chuva incessante e ao som das trovoadas que ecoavam ao longe. Vinte e três homens, quatro mulheres adultas e duas meninas perderam a vida a aproximadamente 800 metros de altitude.

> O destino achou que o Cambirela não deveria esconder o seu prestigio em poderio e grandeza, passando despercebido pelos anos afora. Aquela massa petrificada, com sulcos profundos deformando-lhe as entranhas merecia o respeito e a atenção dos homens. E escolheu a sua vítima: o avião Douglas C-47,

---

[207] Local onde Rodrigo Conti encontrou o anel do motor do C-47 2023 em 2017.

n.º 2023 da Força Aérea Brasileira comandado pelo 1º Tenente Aviador Carlos Augusto de Freitas Lima com duas mil horas de voo e com seis anos de prática aviatória.[208]

Entre a cabeceira 02 da pista do aeroporto e a colisão fatal, o avião superou um desnível de aproximadamente 800 metros de altitude e percorreu cerca de 20 km em oito minutos. Jamais saberemos o que passou na cabeça dos tripulantes e dos passageiros naqueles últimos minutos de voo. Será que em algum momento eles perceberam que voavam tão próximo do morro? Tripulação e passageiros pressentiram que o fim estava próximo?

Na estrada geral da Guarda do Cubatão, Eduvirges de Souza Medeiros, de 11 anos, levava uma garrafa de café para o seu pai, Braz Marcílio de Souza, que trabalhava para Jacob Villain na engarrafadora de água mineral Santa Catarina, na Guarda do Cubatão, quando ouviu uma grande explosão, que fez a terra tremer. Como o céu estava encoberto, a densa névoa cobria o Morro do Cambirela da metade para cima, e não se via nada. Eduvirges, assim como outros moradores, acreditou tratar-se de uma forte trovoada e seguiu o seu caminho. Na engarrafadora, comentou com o pai que ouvira uma explosão no Cambirela e que sentiu a terra tremer. Para sua surpresa, o pai comentou: *"Eu não só ouvi a explosão e senti a terra tremer como também ouvi o tilintar das garrafas de água que estavam empilhadas próximas a mim"*. Detalhe: a engarrafadora situa-se a 3 km de onde ocorreu a colisão.

No Aeroporto de Florianópolis, os controladores de voo não faziam ideia de que a poucos quilômetros à frente, havia ocorrido a maior tragédia da história da Aviação brasileira até então registrada. A enorme coluna de fumaça negra resultante do incêndio poderia ter denunciado a tragédia, mas as densas nuvens que rodeavam a porção superior do Morro do Cambirela ocultaram quaisquer evidências. Sem saber que o avião havia colidido, a torre de controle tentou inúmeras vezes contato com o Douglas C-47 2023, sem obter nenhuma resposta da tripulação.

"Algo estaria acontecendo. E então, neste momento surgiram as vigilâncias e aumentaram as preocupações. Nada mais se sabia do destino que tomara o aparelho"[209].

No Aeroporto de São João, em Porto Alegre, no Rio Grande do Sul, familiares e amigos aguardavam ansiosamente pela chegada do C-47 2023, que estava prevista para às 16h, quando perceberam o atraso. Porque o

---

[208]   BOSSLE, Alírio Barreto. A catástrofe do Cambirela. *O Cruzeiro*, Rio de Janeiro, ano 21, n. 37, 2 jul. 1949. p. 48.

[209]   A NOTÍCIA, Joinville, n. 4.822, 10 jun. 1949.

avião da FAB a serviço do CAN, que fazia voos regulares três vezes por semana entre o Rio de Janeiro e Uruguaiana, sempre às segundas, às quartas e às sextas, ainda não havia pousado no Aeroporto de Porto Alegre? O que teria acontecido? Ao pressentir que algo não ia bem, a torre de controle do Aeroporto de Porto Alegre imediatamente fez contato com o Aeroporto de Florianópolis, que explicou que o último contato com o C-47 2023 havia ocorrido próximo às 14h e desde então nada mais se sabia do paradeiro da aeronave.

Na Base Aérea em Florianópolis, o telefonista de dia, soldado de Segunda Classe Wílson Silva, quase não dava conta de atender às insistentes chamadas telefônicas, incluindo a torre de controle de Porto Alegre. O oficial de dia, aspirante-aviador Luiz Carlos Prestes Milward de Azevedo, procurava explicar às autoridades militares e civis gaúchas que o aparelho havia saído do Aeroporto de Florianópolis no horário previsto.

No Posto de Radiocomunicação da Base Aérea de Florianópolis, a equipe de sargentos formada pelo 1º sargento Flores, 2º sargento Tolomiote e pelos 3ᵒˢ sargentos Medeiros e Meneghel, além do soldado de 1ª Classe Malagoli, enviavam e recebiam sem descanso mensagens radiotelegráficas de diversas cidades do país. A partir daquele momento, as torres de controle dos aeroportos de Florianópolis e Porto Alegre tentaram, em um esforço conjunto, fazer contato via rádio com a tripulação do 2023, mas seguiam sem nenhuma resposta.

As autoridades aeronáuticas também contataram com as centrais telefônicas e radiotelegráficas (mensagens através do espaço por meio de ondas eletromagnéticas) de algumas cidades as quais se situavam na rota da aeronave. Em Santa Catarina, foi estabelecida comunicação com as cidades de Tubarão e a estação de rádio da Diretoria de Rotas Aéreas em Araranguá. No Rio Grande do Sul, com as estações de rádio de Osório e Gravataí. Em nenhuma dessas cidades e em nenhum entorno foi identificada qualquer informação sobre a localização do C-47 2023.

No Rio de Janeiro o Sr. Hugo Alberto Toschi aguardava ansiosamente por notícias da chegada a Porto Alegre da esposa, Sr.ª Lorena Rufino Toschi; da filha, a menor Lenora Maria; e do cunhado, o aspirante Carlos Rufino Rabelo. Quando foi informado de que o aparelho não havia chegado ao destino, Hugo telefonou imediatamente para a estação radiotelegráfica da FAB, recebendo a resposta de que a torre de controle perdera a comunicação com o aparelho desde às 14h, após a aeronave ter deixado o Aeroporto de Florianópolis. Hugo Alberto Toschi recebeu a notícia como uma forte punhalada no peito.

No Rio de Janeiro, encontrava-se também o então comandante da Base Aérea de Florianópolis, capitão-aviador Raphael Leocádio dos Santos, que por volta das 16h 30min foi informado de que o C-47 2023 desaparecera quando seguia rumo a Porto Alegre. Ainda naquela tarde, o capitão Raphael Leocádio retornaria a Florianópolis a bordo de um C-47 do 2º Grupo de Transportes com o capitão Délio Jardim de Matos.

Tão logo surgiram as primeiras notícias do desaparecimento do C-47 2023, começaram também as indagações sobre o que de fato havia ocorrido. Teria o C-47 feito uma aterrissagem forçada na Baía Sul logo após a decolagem? Teria o avião sofrido uma pane elétrica, hidráulica ou nos motores e feito um pouso de emergência em alguma localidade isolada? Onde precisamente? Haveria sobreviventes? Qual era a gravidade da situação? Após infrutíferas tentativas de comunicar-se com o avião sem obter respostas, iniciou-se a fase de alerta e alguns protocolos foram estabelecidos. Às 17h 40min, ao estimar a autonomia do C-47 2023, as autoridades aeronáuticas davam como certo que o C-47 2023 não estava mais voando, uma vez que todo o combustível já teria se esgotado, só não faziam ideia de onde o avião poderia estar. Os contatos telefônicos e radiotelegráficos prosseguiam, mas sem novidades. Se tivesse realizado uma aterrissagem de emergência ou forçada em alguma cidade, as autoridades locais já teriam sido comunicadas. Mas não foi o caso.

A situação era dramática, desesperadora, ninguém sabia absolutamente nada. O que era um mistério começou a transformar-se em verdadeiro pesadelo para todos os envolvidos. A suspeita de que o Douglas C-47 2023 havia caído no mar[210] começava a ganhar força. Estavam sendo tempos difíceis para a FAB. No ano anterior, em fevereiro de 1948, a Aeronáutica já havia perdido um Douglas, o C-47 2040, quando este precisou fazer um pouso forçado em Anajás, no Pará, com 28 pessoas a bordo (21 passageiros e 8 tripulantes), dos quais 25 faleceram e 3 sobreviveram. Em 19 de março do mesmo ano, o DBAF perdeu dois de seus homens, o aspirante Moisés Pereira da Silva e o cabo Zanoni Souto, que tripulavam o Fairchield PT-19 de matrícula FAB 0265, que colidiu contra o solo na praia de Canasvieiras durante a tentativa de pouso forçado, após uma pane no motor. Perda total.

---

[210] Existem relatos de que barcos da Capitania dos Portos de Santa Catarina realizaram buscas na Baía Sul à procura por destroços e sobreviventes, pois inicialmente se acreditava que o avião havia caído no mar.

Também não era a primeira vez que todo o país acompanhava apreensivamente o drama do desaparecimento de um meio de transporte com todos os seus tripulantes a bordo. Pouco mais de dois meses antes do desaparecimento do C-47 2023, em abril de 1949, o navio mercante Oswaldo Aranha, um dos mais antigos da frota da Cia Comércio e Navegação, havia desaparecido na costa catarinense após partir do Porto de Imbituba, no dia 1º de abril, com destino ao Rio de Janeiro, levando a bordo 37 tripulantes (comenta-se que havia uma "passageira clandestina" a bordo). Segundo investigações posteriores, além de o navio ser considerado velho e ultrapassado, ele transportava 2.650 toneladas de carvão mineral, mas a capacidade permitida era de 2.287 toneladas. Entre as prováveis causas do naufrágio, estão as 363 toneladas excedentes, a fadiga de material (casco) e as fortes tempestades que assolavam o litoral catarinense na época da viagem. Naquela ocasião, por determinação do tenente-brigadeiro Armando Trompowsky, ministro da Aeronáutica, aviões da FAB tipo North-American B-25 Mitchell (bombardeiro médio utilizado na Segundo Guerra Mundial) e o Consolidated PBY Catalina operaram em uma ação conjunta com navios da Marinha do Brasil (entre eles o contratorpedeiro "Baependi") patrulhando o litoral desde Imbituba até o Rio de Janeiro por mais de 20 dias. Apesar de todos os esforços da Marinha do Brasil e da FAB, nem o navio nem seus tripulantes jamais foram encontrados.

A explosão resultante da colisão do avião contra o Cambirela foi ouvida a quilômetros de distância. Se, para alguns moradores da região, o forte som gerado pela onda de choque não passou de um trovão, para outros representou um grande calafrio, pois sabiam que o estrondo estava relacionado com aquele avião que haviam ouvido ou avistado minutos antes voando a baixa altitude e aparentemente fora da rota. Não demorou muito para que dezenas de moradores das comunidades de Praia de Fora, Enseada do Brito, Aririú, Furadinho e Guarda do Cubatão começassem a se agrupar na base da face norte do Morro do Cambirela.

Essas comunidades eram formadas predominantemente por pessoas humildes, a maioria delas ganhava a vida trabalhando entre a pesca artesanal e a lavoura, onde plantavam praticamente tudo o que era necessário: feijão, arroz, milho, batata, café, banana, laranja, aipim e cana de açúcar. Outra fonte de renda era a utilização das embarcações de pesca para o transporte de mercadorias produzidas na região. Navegando pelas águas da Baía Sul, entre os municípios de Palhoça e da Ilha de Santa Catarina, os pescadores levavam e traziam produtos oriundos de cidades vizinhas, como São José, Santo Amaro (além do próprio município), para o Mercado Público de Florianópolis e vice-versa.

Naquela tarde, em função do mau tempo, muitos desses homens não haviam saído para trabalhar, outros eram caçadores em atividade de subsistência e profundos conhecedores da região, e por esta razão foram convocados para liderar os primeiros grupos de moradores que subiram (muitos de pés descalços ou chinelos) em debandada rumo à Escarpa da Bandeira, no alto do Cambirela. Era preciso ver com os próprios olhos o que estava acontecendo lá no alto do morro.

Enquanto isso, bem longe dali, familiares das vítimas cobravam explicações, e as autoridades desdobravam-se tentando encontrar informações sobre o paradeiro do 2023. Na pequena comunidade da Barra do Aririú, os irmãos de Maria Silva Costa entraram em pânico ao receber a notícia de que o avião da FAB que seguia para Porto Alegre havia colidido com o Cambirela. Mal sabiam eles que Maria havia trocado de lugar com o 2º sargento Olavo de Assis minutos antes de o avião decolar do Aeroporto de Florianópolis. Em completo desespero, alguns dos irmãos de Maria Silva Costa, acompanhados de outros familiares, subiram o Cambirela com a ajuda de moradores locais, temendo pelo pior. Horas depois, já no local do desastre, encontraram dezenas de moradores que vasculhavam os destroços fumegantes em busca de algo de valor. Ao deparar-se com o tétrico cenário da tragédia, perceberam que Maria Silva Costa não estava entre os mortos visíveis no local e no entorno próximo aos destroços. Estaria perdida no meio à densa mata na vertente leste junto aos outros corpos? Diante daquela dramática cena, os irmãos logo se deram conta de que seria impossível que Maria tivesse sobrevivido. Algumas horas depois, quando já estavam em casa providenciando a papelada para o velório, a Missa e o enterro, eis que os familiares são surpreendidos com a visita da própria Maria Silva Costa, que ficou para poder contar a sua história. Para os familiares, foi um verdadeiro milagre!

Em Florianópolis, em função do mau tempo, do teto baixo e principalmente porque logo escureceria, o DBAFL não organizou nenhuma busca aérea naquele fim de tarde de segunda-feira, dia 6 de junho. Àquela altura, as autoridades já desconfiavam que o C-47 2023 poderia estar nas proximidades de Florianópolis, só não sabiam exatamente onde e em que condições. Ao anoitecer, chegou ao Aeroporto de Florianópolis um avião da FAB procedente de Porto Alegre com vários oficiais médicos e grande quantidade de material médico-cirúrgico. Como os militares ainda não conheciam a gravidade do desastre, tinham a esperança de encontrar tripulantes e passageiros com vida. As autoridades planejavam reiniciar as buscas na manhã seguinte, principalmente sobre o mar, entre a Baía Norte — onde o avião havia sido visto pela última vez pela torre de controle, desaparecendo entre as nuvens — e a região continental de Palhoça. Era uma verdadeira corrida contra o tempo.

Diante daquela difícil situação, Armando Figueira Trompowsky de Almeida, ministro da Aeronáutica, designou o capitão-aviador Délio Jardim de Matos[211], do 2º Grupo de Transportes do Rio de Janeiro, para que viajasse imediatamente à Base Aérea a Florianópolis e lá permanecesse de prontidão. Caberia a Jardim de Matos a dura missão de encontrar e trazer de volta para o Rio de Janeiro o corpo de todos os tripulantes do C-47 2023, seus companheiros no 2º GT. A Diretoria de Rotas Aéreas do Rio de Janeiro enviou um comunicado para todas as companhias aéreas que sobrevoavam Florianópolis para que seus aviadores ficassem atentos a qualquer evidência que pudesse indicar o paradeiro do C-47 2023.

Na capital catarinense, os rumores de que um avião da FAB havia desaparecido se espalhavam com velocidade espantosa. Do que poucos tinham conhecimento, de fato, é que somente os moradores do entorno do Cambirela sabiam exatamente onde o C-47 2023 se encontrava e que todos os seus ocupantes estavam mortos.

Naquela noite, as autoridades estavam de mãos atadas, pois não havia mais nada que pudessem fazer além de aguardar até o amanhecer de terça-feira, para então retomar as buscas. Como as autoridades ainda tinham esperança de encontrar os ocupantes do C-47 2023 com vida, decidiram manter o maior sigilo possível sobre o desaparecimento do avião[212]. As poucas pessoas que sabiam do desastre, além dos moradores do entorno do Cambirela, eram alguns familiares e amigos, que passaram a noite em claro orando e clamando aos céus para que os tripulantes e passageiros fossem encontrados com vida. Em comum, todos acreditavam que no dia seguinte as notícias seriam animadoras.

---

[211] Posteriormente, Délio Jardim de Matos, tornou-se comandante do IV Comando Aéreo Regional, em 1972 e 1974; chefe do Estado-Maior da Aeronáutica, em 1977, ministro do Superior Tribunal Militar, entre 1977 e 1979; e ministro da Aeronáutica, entre 1979 e 1985.

[212] Das dezenas de jornais de grande circulação no país pesquisados pelo autor, apenas 3 deles noticiaram o desastre no dia 7, enquanto 26 jornais publicaram a tragédia no dia 8 e os demais a partir do dia 09/06.

6.3 AS EQUIPES DE SOCORRO CHEGAM À GUARDA DO CUBATÃO

Terça-feira, dia 7

Nas primeiras horas da manhã de terça-feira, três aviões Fairchield PT-19[213] da FAB já se encontravam com seus motores acionados no pátio de aeronaves do DBAF. No *cockpit* do primeiro avião, o FAB 0287, estava o comandante da Base Aérea, capitão-aviador Raphael Leocádio dos Santos, que voaria sozinho. O segundo avião, o FAB 0225, era tripulado pelo 1º tenente-aviador Antônio <u>Godofredo</u> Aliverti, acompanhado do 2º tenente-aviador Walter <u>Cabrera</u> da Costa. O terceiro avião, o FAB 0222, era tripulado pelo 1º tenente-aviador Carlos da Costa <u>Dantas</u>, acompanhado do aspirante-aviador Luiz Carlos Prestes Milward de <u>Azevedo</u>. Mesmo com o tempo parcialmente fechado, os três Fairchields decolaram da pista 02 do Aeroporto de Florianópolis às 8h da manhã. Começava ali a maior operação de busca e salvamento aeroterrestre até então registrada no Brasil, não somente pelo número de socorristas envolvidos como também pelos quatro longos dias e três noites da missão. Além das quatro aeronaves militares (três Fairchield PT-19 do DBAFL e um Douglas C-47 de FAB) do 2º GT do Rio de Janeiro, também foram empregados nas buscas pelo C-47 2023 aeronaves civis (Aviação comercial) que percorriam as rotas entre Florianópolis e Porto Alegre (como veremos adiante, nos dias 10 e 11/06 também foi empregado um Helicóptero Bell 47D do governo do Paraná).

Inicialmente, as primeiras buscas se concentraram sobre o mar, sem sucesso, até que em dado momento, como por uma graça divina, o céu encoberto e chuvoso que prejudicava as operações de buscas abriu-se repentinamente, permitindo que a face leste do Cambirela fosse parcialmente revelada com os primeiros raios do sol. Estes, por sua vez, iluminaram os pedaços de alumínio polido que restaram da aeronave, produzindo reflexos (similares aos de espelhos) que podiam ser vistos a quilômetros de distância desde a Ilha de Santa Catarina, principalmente nas comunidades da Prainha e Saco dos Limões, além das comunidades situadas de frente para a Baía Sul, como Costeira do Pirajubaé, Ponta de Caiacanga (Base Aérea de Florianópolis), Tapera e Ribeirão da Ilha.

---

[213] Conforme as ordens de Missão n.º 36, 37 e 38 publicadas no *Boletim Diário* n.º 114, de 08/06/1949, do DBAF, p. 571. A missão iniciou às 8 h; encerrou-se às 10 h 40 min.

Assim como os demais aviadores das companhias aéreas, o comandante Albino Pinheiro Jr.[214], piloto da Transportes Aéreos Ltda., a bordo de um DC-3 (provavelmente o Douglas PP-AJB)[215], já estava ciente de que um avião da FAB estava desaparecido desde a tarde de segunda-feira, dia 6, e, a exemplo dos outros aviadores civis e militares, estava determinado a encontrar os destroços do C-47 2023.

Por volta das 9h, o comandante Pinheiro foi atraído pelos reflexos do sol que vinham desde o alto da face leste do Morro do Cambirela e acabou localizando os destroços. Sem perder tempo, informou via rádio à Torre de Controle de Florianópolis, que, por sua vez, comunicou a informação aos aviadores da FAB que sobrevoavam o circuito. Outro DC-3 da Panair do Brasil que passava pelo local também confirmou a presença dos reflexos no alto do Morro do Cambirela.

Baseando-se nas informações recebidas, os controladores de voo solicitaram via rádio que o capitão-aviador Délio Jardim de Matos sobrevoasse a crista da face leste do Morro Cambirela, a fim de confirmar se os reflexos realmente eram do avião acidentado. Em poucos minutos, Délio Jardim de Matos mal pôde acreditar no que estava diante de seus olhos: o C-47 2023 completamente destroçado a aproximadamente 800 metros de altitude, poucos metros abaixo da crista da face leste. Terminavam ali as longas e desesperadoras horas de buscas pelo avião. Ao capitão Délio não restava alternativa a não ser anotar as coordenadas da localização dos destroços e repassá-las via rádio:

Latitude 27o48' S

Longitude 48o46' W[216]

Para o capitão Délio Jardim de Matos, avistar aqueles destroços no alto do morro foi um golpe tremendamente duro, pois sabia ele que, diante daquele horrendo cenário, seus jovens companheiros do 2º GT, aviadores, mecânicos, radiotelegrafista e meteorologista, além dos passageiros, homens, mulheres e crianças, certamente não teriam sobrevivido à tamanha catás-

---

[214]   Baseado no relato de Carlos Sholl, filho do comandante Carlos A. de Freitas Lima.

[215]   Alguns dias depois, no dia 3 de agosto de 1949, o comandante Albino Pinheiro Jr. realizou um pouso forçado com o PP-AJB em um dos braços do Rio Cubatão do Sul, em Joinville; por sorte, não houve vítimas fatais.

[216]   No capítulo "Resgatando a história do C-47 2023", estão abordadas com mais detalhes informações sobre essas coordenadas.

trofe. Contudo, mesmo contrariando todas as possibilidades, poderia haver sobreviventes e, com eles, a dor física, o desespero, a sensação de desamparo e a esperança de salvamento. A FAB jamais abandonaria seus homens, seus irmãos de armas e os demais passageiros civis que se encontravam a bordo daquela aeronave acidentada. Por essa razão, era preciso agir o mais rápido possível e enviar equipes de socorros para lá. Imediatamente, o capitão Délio informou à torre de controle da Base Aérea e às autoridades competentes que o avião havia sido localizado.

Milagre ou não, o fato é que aparentemente as preces dos familiares, dos amigos das vítimas e até mesmo de parte da população que acompanhava o caso profundamente consternada foram ouvidas: o céu se abriu, e o sol mostrou os sinais...

Confirmada a localização do avião, coube a José Boabaid, governador interino do estado de Santa Catarina, e a Othon Gama D'Eça, secretário de Segurança Pública de SC, a responsabilidade de coordenar com as instituições militares e civis aquela que seria a maior operação conjunta de busca e salvamento de vítimas de um desastre aéreo até então jamais realizada no Brasil. A prioridade da ação de resposta emergencial para o socorro e assistência às vítimas seria direcionada ao 14º Batalhão de Caçadores[217] ou simplesmente 14 BC (sua sigla de Organização Militar do Exército Brasileiro), uma unidade formada por soldados de Infantaria ligeira. O dito batalhão era comandado pelo tenente-coronel Paulo Gonçalves Weber Vieira da Rosa, conhecido no meio militar apenas como Vieira da Rosa[218]. Situado no Estreito, o 14 BC era o quartel mais próximo do Cambirela e contava com o maior efetivo militar na região, sem falar das viaturas e dos equipamentos. Além do 14 BC, as autoridades contariam com o apoio do efetivo militar do DBAF (unidade da FAB), do 5º Distrito Naval (5º DN), da Capitania dos Portos, da Escola de Aprendizes Marinheiros de Santa Catarina (EAMSC) (unidades da Marinha de Guerra), da Polícia e do Corpo de Bombeiros (subordinados ao Comando da PMSC).

Os boletins extraordinários ecoavam nas rádios[219] em todos os rincões do país informando que o Douglas da FAB havia sido encontrado no Cambirela e que era muito provável que todos os seus ocupantes estivessem

---

[217]   Atual 63º Batalhão de Infantaria Fernando Machado.

[218]   Popularmente conhecido em Florianópolis como "general Rosinha", por ser filho do general José Vieira da Rosa, que combateu na Guerra do Contestado.

[219]   A televisão só foi inaugurada no Brasil em 18 de setembro de 1950. A instalação da primeira emissora de TV em Florianópolis só ocorreria em dezembro de 1964.

mortos. As pessoas mais simples aglomeravam-se à porta das poucas casas que tinham pelo menos um aparelho de rádio, na ânsia de saber alguma informação sobre o que de fato havia acontecido. No DBAF, os telefones não paravam de tocar nem um minuto sequer. Da rampa dos hidroaviões localizada em frente aos antigos hangares da Aviação naval, os militares da Aeronáutica constataram horrorizados os reflexos do sol nos destroços da fuselagem do 2023, que indicavam que ele realmente estava lá.

Entre os mais aflitos, estava o "sargento 28", que, ao receber a confirmação de que o avião havia explodido contra o Cambirela, sentiu um enorme calafrio percorrendo-lhe a espinha. A seus pensamentos, vieram lembranças da inocente menina que ele havia convencido a permanecer no avião algumas horas antes, enquanto este era reabastecido na tarde do dia 6, e um assombroso sentimento de culpa invadiu-lhe. Após ouvir os primeiros relatos das condições em que o C-47 2023 foi encontrado, em seu íntimo, o "sargento 28" sabia que era quase impossível a existência de sobreviventes, só lhe restava orar por aquelas pobres almas, principalmente pela alma da pequena menina que ele convencera a voltar para o avião no dia anterior.

Ao ouvir as primeiras notícias na rádio, alguns moradores do Furadinho e Praia de Fora saíram de casa apressadamente. Voltando os olhos para o alto do morro, puderam ver, ainda que com alguma dificuldade, entre as nuvens a imponente empenagem do Douglas C-47 2023, entre outros destroços, na face leste, bem como as roupas das vítimas que ficaram sinistramente penduradas na mata densa.

Naquela manhã, Roberto André Rodrigues acordou bem mais cedo do que de costume, ordenhou sua vaca e, quando foi levá-la para o pasto, avistou os restos do avião no alto do morro. Assim como outros moradores da região, Roberto deixou tudo para trás e partiu em disparada para a Guarda do Cubatão. Evaldo Hildebrando Cardoso, morador do Aririú, e seu amigo Idalino também se dirigiram para o Cambirela para ver de perto o local do acidente. Durante a escalada do morro pela face norte, encontraram algumas pessoas que, na tentativa de chegar ao avião, acabaram se perdendo ou se ferindo naquele terreno tão íngreme, selvagem e acidentado.

No 14 BC a formação matinal dos militares iniciava diariamente às 7h da manhã, e logo depois todos seguiam para a educação física militar. Até aquele momento, nem o comandante Vieira da Rosa nem seus subordinados haviam sido informados pelas autoridades sobre o desastre ocorrido na tarde do dia anterior, tampouco a localização deste. Tudo funcionava dentro da maior normalidade no quartel, até que aproximadamente às 9h 30min o soldado de Segunda Classe José Joaquim Brikelski, telefonista da Base Aérea, solicitou a pedido do comandante Raphael Leocádio, em caráter de urgência, uma ambulância para o Cambirela, explicando que um avião da FAB havia colidido naquele local. Diante do comunicado, o Comando do 14 BC indagou: "*Agora?*" Ao que o telefonista da Base Aérea confirmou: "*Sim, agora!*"

Na verdade, o Comando questionava se o desastre havia acabado de acontecer, porém o telefonista referia-se ao envio imediato da ambulância. Mais do que depressa, Vieira da Rosa entrou em contato com a estação radiotelegráfica da Panair no Aeroporto de Florianópolis, que confirmou que o C-47 2023 havia sido encontrado no alto do Morro do Cambirela, sem, no entanto, esclarecer que o acidente havia ocorrido na véspera. Desse modo, acreditando que o desastre acabara de ocorrer, o comandante Vieira da Rosa ordenou aos oficiais que comandava que reunissem imediatamente seus homens. Mesmo diante do trágico cenário apresentado, havia a possibilidade de existirem sobreviventes, portanto o atendimento emergencial era prioridade. Sobre isso Vieira da Rosa escreveria mais tarde:

> Era quase impossível a existência de vida em meio dos destroços e, no âmago de nossas almas, rezávamos que houvessem morrido instantaneamente, pois mal feridos, teria sido tremendo o sofrimento naquela noite gelada, em plena mata, em meio de tantos corpos esfacelados. Todavia, somente a ida ao local poderia nos tranqüilizar pois há circunstâncias inacreditáveis nos mais tremendos desastres. E isso teria que ser rápido, para que não sofressem mais se por ventura vivos[220]

Embora o 14 BC contasse com um efetivo de aproximadamente 600 homens, distribuídos em três companhias [1ª Cia., Companhia de Metralhadoras e Morteiros (CMM) e Companhia de Comandos e Serviços (CCS)], com uma média entre 150 a 160 homens por companhia, tudo parece indicar que, no referenciado período, o 14 BC contava com no máximo 300 homens, ou seja, 50% do efetivo ativo. Em caráter emergencial, foi convocado inicialmente um grande grupo formado especialmente por 80 soldados da 1ª Cia. e soldados de Saúde, que deveriam apresentar-se imediatamente.

Entre os convocados para formar a primeira turma a escalar o Morro do Cambirela naquele dia, estavam o 3º sargento-enfermeiro Pompilio Ceconi Costa[221], da Formação Sanitária Regimental (FSR) do 14 BC; o

---

[220]   REVISTA DE ENGENHARIA MILITAR, ano 13, jan./fev. 1950, p. 36.

[221]   Em 25 março de 1949, o 3º sargento Pompilio havia completado dez anos de vida militar.

recém-chegado soldado n.º 930 Waldir Weiss (conhecido como soldado 9-30), que logo colocaria seus conhecimentos de soldado de Saúde à prova; além do soldado n.º 867 Irineu Adolpho Brüggemann, da 1ª Cia.

À medida que iam sendo chamados por seus respectivos números, os homens recebiam apenas um pedaço de pão, e alguns poucos tiveram acesso a um facão. O tempo urgia! Não havia espaço para muitos preparativos. Sem demora, os homens embarcaram às pressas em três veículos do 14 BC, dois caminhões de carroceria aberta e um ônibus, e em poucos minutos já percorriam as estradas esburacadas e enlameadas do Estreito com destino ao local do desastre — ao mesmo tempo que uma ambulância do Hospital Militar de Florianópolis[222] partia do centro da capital para encontrar-se com o grupo de militares na base do Cambirela. Enquanto isso, autoridades federais, estaduais e municipais iam sendo notificadas sobre o início da operação de busca e salvamento.

Aproximadamente às 11h da manhã, Alcides Manoel de Quadros, então com 16 anos, encontrava-se com seu pai, Manoel Emorge Quadros, o Nelinho, no pequeno e modesto armazém de Fábio Domingo de Castro, o Fabinho, na Guarda do Cubatão, uma pequena comunidade de aproximadamente 500 moradores, às margens do Rio Cubatão do Sul[223], quando viu uma viatura do Exército estacionar bem em frente ao estabelecimento. Do veículo desceram cinco militares; um deles chamou mais atenção, era um homem alto, de cabelos grisalhos. Aparentava ser um oficial superior, pelas insígnias que trazia no uniforme. E era. Tratava-se do tenente-coronel Vieira da Rosa, acompanhado de seu motorista, o soldado condutor Armando da Silva, n.º 951; do capitão Jaldyr Bhering Faustino da Silva, da Arma de Infantaria e comandante da CMM; do 1º tenente-médico Dr. Antônio Carlos; e do sargento de Saúde Pompilio Ceconi Costa. Eram as primeiras autoridades a chegar ao local desde o desastre aéreo.

A primeira informação obtida por Vieira da Rosa foi que a única trilha disponível para conduzir a ele e às equipes de resgate ao topo do morro situava-se na aresta norte do Cambirela e que os destroços estavam na vertente da face leste. Vieira da Rosa também foi informado de que, a partir dali, seria impossível chegar ao topo do Morro do Cambirela utilizando algum tipo de veículo de tração motora ou animal, ou seja, a progressão só seria possível a pé, e, mesmo assim, os homens teriam que contar com auxílio

---

[222] A partir de 1953, passou a chamar-se Hospital de Guarnição de Florianópolis, localizado nas proximidades do Hospital Imperial de Caridade.

[223] Nas proximidades onde atualmente existe uma grande ponte-pênsil por onde transitam os veículos.

de cordas em alguns trechos para escalar a face norte do morro. Vieira da Rosa sabia que a operação de busca e resgate estava em momento crítico, a chamada "hora de ouro" (tempo de resposta imediata ao atendimento de vítimas de desastres), e por essa razão ordenou o desembarque imediato de seus homens, que formaram uma enorme fila indiana ao longo da estrada geral da Guarda do Cubatão.

Naquele momento, Laudolino Vitorino Rodrigues, popularmente conhecido como "Laudo Vitorino", morador local, estava comprando pães no armazém quando chegaram mais dois moradores, Mané Jorge e Aldo Leonel, que, ignorando a presença dos militares, aproximaram-se de Laudolino Vitorino e o convidaram para subir o Cambirela. Laudelino respondeu que não iria, porque queria levar o pão para as crianças tomarem café. Atento ao que se passava, o coronel Vieira da Rosa disse: *"Não! Deixe os pães aí, depois você pega. Vamos para lá acudir aqueles"*. E, olhando para Mané Jorge e Aldo, o coronel intimou: *"Vocês também, podem me acompanhar"*. Estava claro que aquilo não era o convite para um passeio, mas uma ordem direta de um oficial superior do Exército Brasileiro para uma missão que se revelaria extremamente difícil. Quem se atreveria a recusar uma ordem direta de uma autoridade militar, rodeado de dezenas de subordinados, oficiais, sargentos, cabos e soldados naquele momento de grande tensão?

A prioridade era acessar o local do sinistro, localizar possíveis sobreviventes e evacuar as vítimas imediatamente, estivessem elas vivas, estivessem mortas. Foi somente na Guarda do Cubatão que Vieira da Rosa foi informado de que o desastre ocorrera no dia anterior, às 14h da segunda-feira, dia 6, e que somente os moradores locais sabiam o que de fato havia acontecido. A essa altura, os perplexos militares do 14 BC perguntavam-se: se os moradores sabiam que o avião havia caído na véspera, por que não comunicaram imediatamente as autoridades em Palhoça ou São José? Se não havia um telefone disponível[224], por que ninguém foi até a estrada "Imbituba-Florianópolis" [225] pedir auxílio? Havia algo de muito suspeito e misterioso no ar. Não tardaria muito para que as autoridades descobrissem o verdadeiro motivo de tanto silêncio e omissão. Esse fato impressionou o comandante de tal modo que mais tarde ele escreveria em seu relatório:

---

[224] O telefone só chegou na comunidade do Furadinho na década de 1970 e ficava à disposição em uma estação telefônica na comunidade. Já o telefone residencial chegou à região na década de 1990.

[225] Em 1949, a atual BR-101 era conhecida por diversos nomes, como "antiga estrada Imbituba-Desterro", "estrada Imbituba-Florianópolis" ou "estrada Florianópolis-Laguna".

> Aqueles homens tinham assistido ao drama, tinham localizado a aeronave ferida; nessa mesma manhã clara ao sol, assinalaram o aparelho pregado contra o penhasco chamuscado; eram mateiros consumados e moravam a beira de uma estrada (Florianópolis-Laguna) intensamente trafegada; sem embargo, numa apatia misteriosa de definir, não moveram uma palha para verificar alguma vida no local do acidente e nem mesmo para avisar às autoridades![226]

À medida que avançavam pela face norte rumo à aresta do Cambirela, os militares iam se inteirando dos fatos, entre eles o de que, apesar das dificuldades de acessar o local do sinistro, dezenas de moradores haviam chegado aos destroços no dia anterior, logo após o desastre. Muitos desses moradores tentavam disfarçar os rumores de que o avião estava sendo saqueado. Isso intrigou ainda mais Vieira da Rosa e seus homens. Alguns caçadores e profundos conhecedores da região foram (e continuariam sendo ao longo dos dias) "convocados" ou tornar-se-iam voluntários para guiar os militares pela velha e quase abandonada trilha de caça. Entre esses civis, estava Arnoldo Leonel, 20 anos, morador da comunidade do Furadinho, irmão mais novo de Aldo Leonel.

Embora oficiais e praças do 14 BC contassem com um bom nível de conhecimento em técnicas de deslocamento nas matas e em terreno acidentado, pois frequentemente participavam de treinamentos tático-militares em ambientes remotos, a ajuda dos mateiros locais facilitava bastante. O último exercício tático realizado pelo 14 BC havia ocorrido poucos dias antes, entre 9 e 12 de maio, quando os militares haviam participado de uma marcha de 20 km (ida e volta) até Picadas em Santo Antônio (atual Picadas do Sul, Fazenda Santo Antônio), ocasião em que permaneceram quatro dias e três noites acampados realizando diversos tipos de adestramento, entre eles o deslocamento em terreno acidentado, primeiros socorros, entre outros.

Na Guarda do Cubatão, a menos de 100 metros da ponte, seria instalada uma Base de Socorro, e caberia ao capitão Jaldyr Bhering administrá-la. Na referida base, seriam instaladas uma pequena enfermaria, formada por médicos do Exército e da FAB, uma cozinha de campanha e uma guarda formada por soldados do 14 BC e do Destacamento da Base Aérea para inibir a ação de saqueadores e prendê-los, se necessário fosse.

A partir daquele momento, o acesso ao Morro do Cambirela estava terminantemente proibido para civis. A trilha da face norte, que dava

---

[226] REVISTA DE ENGENHARIA MILITAR, ano 13, jan./fev. 1950. p. 36.

acesso ao local do acidente, foi interditada não só para evitar novos furtos e tumultos, mas principalmente por causa dos riscos que o terreno acidentado representava para os civis inexperientes. A partir dali, os civis só poderiam subir acompanhados dos militares envolvidos diretamente na operação, ou seja, salvo os paisanos que fossem "convocados" para auxiliar nas buscas, ninguém mais poderia acessar o local sem a devida autorização, nem sequer os familiares das vitimas, do contrário seria detido.

O acidente aéreo que traumatizou o estado de Santa Catarina e o Brasil pela brutalidade ganhava repercussão por meio dos jornais impressos e da radiodifusão, que naquele momento eram os principais meios de comunicação de massa em todo o mundo. Em Florianópolis, o rádio era algo muito recente, havia chegado em meados da década de 40; quem não tinha um aparelho de rádio recorria aos vizinhos ou familiares mais abastados ou aos grandes estabelecimentos comerciais da cidade que tinham o rádio como um importante recurso para atrair a clientela. Àquela altura dos acontecimentos, milhares de ouvintes em todo o Brasil já sabiam da tragédia e da localização do avião.

No Rio de Janeiro, Gladys Mason Sholl, 22 anos, grávida de oito meses e esposa do comandante F. Lima, encontrava-se em casa com o filho de apenas 2 anos, Carlos Luiz Sholl de Freitas Lima, quando ouviu pelo rádio a notícia de que o avião que seu jovem esposo de 26 anos comandava havia colidido com um morro e que as chances de encontrar sobreviventes eram mínimas. Abalada com a notícia, Gladys procurou por seus pais, que residiam nas proximidades, e na sequência desmaiou, sendo por sorte amparada por seus parentes. Em situação similar, a alguns quilômetros da residência de Gladys, encontrava-se Urânia Sarahyba Passos, esposa do copiloto e 1º tenente-aviador Miguel Sampaio Passos. Por uma incrível coincidência, Urânia também estava grávida de oito meses e tinha um filho de 2 anos, Miguel. Assim como seus respectivos esposos, os aviadores Carlos Augusto de Freitas Lima e Miguel Sampaio Passos, as senhoras Gladys e Urânia eram grandes amigas e frequentavam os mesmos círculos militares e sociais no Rio de Janeiro.

Em São Paulo, o telefone tocou novamente na casa da família Capobianco, e as notícias não eram boas. Julio Capobianco, irmão mais moço de Damião, atendeu ao telefone: *Julio, sua irmã Eglantina. O avião do Damião caiu em Santa Catarina, não sabemos mais nada...* Sem perder tempo, Julio Capobianco, que servira como tenente da Arma de Artilharia na Defesa e Vigilância do Litoral na 3ª e na 5ª Bateria Independente e no 6º Grupo Móvel de Artilharia de Costa, já licenciado do serviço ativo, apresentou-se na sede da 4ª Zona Aérea na Base Aérea de São Paulo, onde lhe confirmaram o acidente e do acesso proibido, mesmo para familiares, ao Morro do Cambirela, em Palhoça. Julio então recorreu aos familiares de sua cunhada Maria da Graça: o coronel Mário de Campos Freire (pai) e os tenentes Sérgio Augusto Freire e Bayard Freire (irmãos). Esses se propuseram a informar melhor sobre a situação de Damião tão logo tivessem notícias oficiais.

No Destacamento da Base Aérea localizado na Ilha de Santa Catarina, os militares reuniam homens e suprimentos e buscavam uma forma rápida de transportá-los até a Guarda do Cubatão. O trajeto mais curto poderia ser por via marítima, vencendo as águas da Baía Sul, percorrendo em barcos os 8 km (em linha reta) que separam o Destacamento da Base Aérea e a Guarda do Cubatão. Porém era inviável, primeiro porque as condições do mar não eram nada favoráveis à navegação naquele momento; segundo, porque a Base Aérea não contava com embarcações[227] de grande porte e suficientemente seguras para empregá-las naquele tipo de missão.

A segunda alternativa, a aérea, poderia ser bem mais rápida. Neste caso, a única aeronave capaz de realizar a proeza de sobrevoar a Baía Sul e, dependendo das condições, aproximar-se do alto do Morro do Cambirela seria um helicóptero. O detalhe é que a FAB ainda não tinha aeronaves de asas rotativas à sua disposição[228]; na verdade, os raros helicópteros que existiam no Brasil eram civis e empregados basicamente pelo Serviço Nacional da Malária (SNM) no combate à malária e à broca do café (*Hypothenemus hampei*)[229], que devastava os cafezais principalmente em algumas regiões dos estados de São Paulo e do Paraná. Este era o caso do helicóptero modelo Bell 47D, prefixo PP-H5, que havia sido adquirido nos EUA em dezembro de 1948 pelo governador do Paraná Moisés Lupion, com o objetivo de dedetizar as grandes lavouras de café, prestando assim relevantes serviços aos cafeicultores paranaenses.

O PP-H5 bem como o seu piloto já haviam demonstrado o seu valor e eficiência quando em fevereiro de 1949 resgataram[230] com pleno

---

[227] A BAFL inaugurou o emprego de uma lancha SAR somente em 1962.

[228] Somente em 1953 a FAB empregou seus três primeiros helicópteros (três H-13D). Atualmente, oito unidades da FAB operam helicópteros em todo o Brasil.

[229] É uma praga encontrada em todas as regiões produtoras de café do mundo.

[230] O Esquadrão Aéreo Terrestre de Salvamento, popularmente conhecido como PARA-SAR, só foi criado em 11 de novembro de 1963 no Rio de Janeiro.

êxito dois pilotos civis que haviam caído com um avião modelo "Paulistinha", prefixo PP-RMA, no norte do Paraná, e haviam permanecido por 16 dias perdidos e isolados na mata. A missão do helicóptero em buscar e resgatar as vítimas de um desastre aéreo provou ser bem-sucedida e despertou nas autoridades catarinenses o desejo de solicitar o apoio do PP-H5, entretanto a grande pergunta era: o emprego de um helicóptero em terreno montanhoso também resultaria exitoso? Embora esse tipo de resgate jamais houvesse sido tentado no Brasil, as autoridades estavam dispostas a arriscar. A ideia seria utilizar o helicóptero munido de uma longa corda de sisal e um gancho para o içamento dos corpos no local do desastre na encosta leste do Morro do Cambirela e conduzi-los até a Base de Socorro na Guarda do Cubatão. Desse modo, as autoridades da Segurança Pública de Santa Catarina tentaram convencer o governador Moisés Lupion a emprestar seu bem tão raro e valioso para uma missão incerta e arriscada. Moisés Lupion, por sua vez, permitiria a participação do PP-H5 no resgate, desde que as condições climáticas no entorno do Morro do Cambirela fossem minimamente favoráveis.

Como o resgate dos corpos se fazia urgente, restava então a única alternativa viável para aquele momento: seguir com veículos por via terrestre, do Destacamento da Base Aérea na Caiacanga até a Base de Socorro, na Guarda do Cubatão, percorrendo aproximadamente 50 km, em grande parte, por estradas sinuosas, de chão batido, repleta de buracos e atoleiros, quase intransitáveis, percurso esse que levava três horas para ser vencido (atualmente, com os novos traçados, esse trecho pode ser vencido em aproximadamente 40 min). A partir da Guarda do Cubatão, os efetivos do 14 BC, Polícia Militar, militares do Destacamento da Base Aérea, entre outros, teriam que prosseguir na jornada a pé.

O 3º sargento da Infantaria e atleta Nacôr Oliveira Serapião (que estava de serviço como mecânico de Aeronaves no aeroporto no dia anterior e abasteceu o C-47 2023) foi um dos motoristas designados para conduzir os soldados até a Guarda do Cubatão e auxiliar nas buscas[231]. Vez ou outra,

---

[231]   Nacôr Oliveira Serapião nasceu em 18 de março de 1914. Alistou-se na Escola de Aprendizes de Marinheiros de Santa Catarina aos 16 anos, em 21 de janeiro de 1930, e em 7 de outubro do mesmo ano foi transferido para o Centro de Aviação Naval de Santa Catarina, na Ponta de Caiacanga; em 29 de abril de 1937, foi considerado apto para o exame de admissão ao corpo de Aviação da Marinha no Correio Aéreo Naval na especialidade de Serviços Gerais de Aviação (SG-Av). Com a criação do Ministério da Aeronáutica em janeiro de 1941, Serapião foi convidado a transferir-se para o DBAF. Ele aceitou, entrou como soldado de 2ª classe (S2), passou a soldado de 1ª classe (S1), foi promovido a cabo em meados da década de 1940; e em junho de 1949 já era 2º sargento e chefe de Hangar na Base Aérea.

o sargento Serapião era escalado para buscar os praças no trapiche do Miramar no centro da cidade. Ele saía bem cedo da base na Ponta de Caiacanga dirigindo o caminhão Ford 1946 V8 de carroceria fechada, com toldo de cor cáqui e bancos laterais (específico para transporte de tropas). Quando passava na Costeira do Pirajubaé, encontrava pescadores artesanais na beira da estrada esperando por uma carona para chegar ao Mercado Público no centro da cidade e vender seus peixes. Serapião, homem de bom coração, nunca negava dar carona, afinal, transporte público era algo escasso naqueles tempos. Com sacolas e bornais abarrotados de peixes (que, dependendo a época do ano, podiam ser tainhas, corvinas, sardinhas, anchovas, camarões etc.), os pescadores sempre retribuíam a gentileza presenteando-o com alguns peixes frescos. Nunca faltavam pratos à base de peixe na casa do sargento Serapião.

No quartel do 14 BC no Estreito, o aspirante Ari Capella (irmão do capitão Ayrton Capella), oficial de dia em serviço, com o seu adjunto, o 2º sargento Francisco Tomaz Peres, e o comandante da Guarda e 3º sargento Armando Cardoso, da 1ª Cia., incansavelmente recebiam familiares e amigos das vítimas do desastre do Cambirela, bem como a imprensa falada e escrita e autoridades que chegavam e partiam do quartel a todo momento, em um vaivém frenético em busca por notícias. No salão especialmente preparado para receber os familiares, cenas de desespero, emoção e indignação se misturavam. Ari Capella, um militar além do seu tempo, tinha habilidades necessárias para lidar com aquela situação. Era considerado por seus pares um legítimo líder e um grande camarada. Em 1946, Ari ingressou na Escola Militar de Resende no Rio de Janeiro classificando-se em primeiro lugar entre 500 candidatos. Em 1948, um grupo formado por dez cadetes, entre eles Ari, viajou aos EUA a convite da tradicional United States Military Academy (Academia Militar dos Estados Unidos), conhecida também como Academia de West Point. Em 17 de dezembro desse mesmo ano, destacou-se em primeiro lugar na sua turma, recebendo diretamente das mãos do presidente da República Eurico Gaspar Dutra o espadim de cadete.

Naquela manhã, os jornais impressos *O Globo*, *A Noite*, do Rio de Janeiro, e *Diário da Tarde*, de Florianópolis, foram alguns dos primeiros veículos a noticiar o desastre com o avião da FAB. Na Guarda do Cubatão, enquanto as equipes de resgate seguiam avançando pela velha trilha de caçadores na face norte do morro, o capitão Jaldyr preparava-se para receber os primeiros contingentes da Aeronáutica, do Corpo de Bombeiros da Polícia Militar, da Polícia Civil (polícia técnica), médicos, enfermeiros, entre outros voluntários. O capitão Jaldyr, assim como muitos oficiais do

14 BC, também tinha um excelente currículo. Em 1932, cursou o secundário completo no Gymnasio Catharinense (atual Colégio Catarinense); a Academia Militar no Rio de Janeiro, em 1936; a Escola de Aperfeiçoamento de Oficiais e a Escola de Comando de Estado Maior, em 1946; e havia sido condecorado com a Medalha de Guerra, que era conferida aos oficiais da ativa, da Reserva, reformados e civis que prestaram serviços relevantes de qualquer natureza referentes ao esforço de guerra, ao preparo de tropas ou ao desempenho em missões especiais confiadas pelo governo dentro ou fora do país.

Ao serviço de Intendência do 14 BC cabia a responsabilidade de suprir as necessidades dos militares, como transporte, distribuição de fardamento, equipamentos e principalmente alimentação. Naquela manhã, os homens haviam partido do quartel para o alto Cambirela apenas com um pedaço de pão (nem sequer levaram um cantil com água), e o serviço de Intendência sabia que aquele "lanche" entregue às pressas não seria suficiente para suprir as necessidades calóricas dos soldados ao longo do dia.

No centro de Florianópolis, Othon Gama D'Eça, secretário de Segurança Pública, já havia se inteirado dos saques de pertences das vítimas e parte da carga que o C-47 2023 transportava, por esse motivo solicitou aos delegados tenente Timóteo Braz Moreira Delegado, do Departamento de Ordem Política e Social (DOPS); e Paulo Peregrino Ferreira, delegado regional de Polícia da capital, para que iniciassem imediatamente as investigações sobre as pilhagens, interrogassem suspeitos e prendessem os criminosos. Ainda pela manhã, a estrada geral da Guarda do Cubatão (ou estrada Imbituba-Florianópolis) foi parcialmente interditada pelo Exército. A partir daquele momento até o fim da operação de socorro, só passariam por lá os moradores locais, veículos em trânsito ou veículos militares e civis que estivessem diretamente envolvidos na operação.

Durante a escalada, os paisanos que haviam sido intimados pelo tenente-coronel Vieira da Rosa para guiar seus homens até o local do acidente, por diversas vezes, tentaram ludibriar os militares dando a entender que estavam perdidos ou que não conheciam o caminho, no entanto Vieira da Rosa, um experiente mateiro e exímio caçador, que conhecia muito bem os segredos das matas e dos ambientes selvagens, não se deixou levar pela má vontade dos paisanos, convencendo-os a seguir em frente. Com muita determinação e coragem, os jovens soldados do 14 BC seguiam os paisanos com o facão em punho, abrindo caminho até a exaustão e revezando-se na limpeza da picada da velha trilha de caça. Enquanto subia, Vieira da Rosa ia avaliando quão dura seria a tarefa de descer por aquela trilha com as vítimas, principalmente se elas estivessem gravemente feridas. A trilha, a qual Vieira da Rosa chegou a citar em relatório como a "pista infernal", era íngreme e, em alguns pontos, vertiginosa, escorregadia, repleta de plantas espinhosas e cortantes. Todo cuidado era pouco; bastaria um vacilo, e os socorristas podiam se tornar vítimas também.

Aos 49 anos de idade, o comandante Vieira da Rosa despertava a atenção dos subordinados pela sua excelente resistência física, pelo espírito de corpo e pela liderança. Era um dos primeiros na frente da imensa fila indiana, liderando seus comandados. Contrapondo o vigor do comandante, alguns poucos jovens soldados até tentaram, mas não conseguiram subir o morro, foram vencidos talvez pela pressão psicológica que aquele ambiente infligia. Esses poucos desistentes foram designados para reforçar a Base de Socorro da Guarda do Cubatão ou o Quartel do Estreito. Enquanto subiam, os militares podiam ouvir e às vezes avistar entre as nuvens os Fairchield's PT-19 do DBAF e o C-47 do 2º GT do Campo dos Afonsos do Rio de Janeiro, que ainda sobrevoavam o local indicando o caminho para as equipes de socorro. Subitamente os socorristas ouviram vozes no matagal que vinham do alto do morro em sua direção. Seriam sobreviventes do C-47 2023?

As esperanças caíram por terra quando os militares se depararam com um grupo de pessoas maltrapilhas e com pés descalços carregando alguns pertences das vítimas do avião que haviam acabado de saquear. Aquilo parecia surreal. Enquanto os militares e voluntários seguiam para o local do desastre na ânsia de amparar e socorrer, outros homens desciam o morro carregando roupas e objetos que não lhes pertenciam. Perplexo, Vieira da Rosa logo percebeu que se tratava de saqueadores. Os rumores de que pessoas estavam saqueando o avião estavam se confirmando bem diante dos seus olhos. Com firmeza, Vieira da Rosa ordenou que os paisanos parassem e colocassem os objetos saqueados no chão. Depois de uma rápida interrogação, os saqueadores receberam ordem de prisão e foram intimados a voltar para o alto do morro não só para auxiliar na indicação do caminho, mas também como uma forma de punição para auxiliar na busca e no resgate dos mortos.

Nesse ínterim, após a organização primária da Base de Socorro da Guarda do Cubatão, o capitão Jaldyr deixou-a sob os cuidados de oficiais do 14 BC e do Destacamento da Base Aérea e deslocou-se por volta das

14h para a Praia de Fora, comunidade que ficava a uns 10 km da Guarda do Cubatão. Desde lá, era possível localizar e observar melhor os destroços do avião acidentado. Convencido de que Vieira da Rosa e seus homens que tentavam chegar ao local do acidente pela trilha de caçadores na face norte haviam fracassado, o capitão Jaldyr, acompanhado do 1º tenente-médico Dr. Antônio José Nóbrega de Oliveira, do DBAF, e os civis do Clube de Caça e Tiro Couto de Magalhães (também profundos conhecedores das matas da região), entre eles o seu diretor, Luiz D'Acâmpora, também acompanhado dos sócios, Camargo, Antônio de Almeida, Lauro Batistotti, Alváro Milen da Silveira, Amin, Luiz D'Acâmpora e Pedro Mendes, iniciaram às 15h 30min uma subida pela então desconhecida face sudeste (provavelmente via falhamento do Cambirela), abrindo, com muito custo, uma picada em meio ao matagal.

Não era a primeira vez que o Dr. Nóbrega e o Clube de Caça Couto Magalhães de Florianópolis participavam de uma tarefa de busca e resgate de vítimas de um acidente aéreo. No dia 4 de abril de 1940, o avião militar biplano Waco CPF F-5 da Base de Aviação Naval de Florianópolis colidiu contra o Morro da Canela, na Ponta dos Ganchos[232]. O avião era pilotado pelo 2º tenente-aviador Renato de Azevedo Borges, 28 anos, da Aviação naval, tendo como passageira a Sr.ª Lila Matana do Cabo, esposa de Álvaro do Cabo, capitão do Porto de São Francisco do Sul. Durante dias equipes de buscas, incluindo o Dr. Nóbrega, o Clube de Caça Couto Magalhães de Florianópolis e o então major Lara Ribas, da PMSC, vasculharam a região sem nada encontrar. O comandante da Base de Aviação Naval Epaminondas Santos chegou a oferecer recompensa em dinheiro de 5:000$000 réis (o cruzeiro só passaria a vigorar a partir de 1942; em valores atuais, seria o equivalente a R$ 3,000,00 reais) a quem informasse o paradeiro do Waco CPF F-5 e de seus ocupantes. Após cinco dias de intensas buscas, no dia 9 de abril, o avião foi encontrado em meio a uma espessa mata virgem com os corpos completamente carbonizados e irreconhecíveis.

Na trilha da face norte, Vieira da Rosa e seus homens já haviam superado com certa dificuldade o íngreme paredão que apresentava, em diversos trechos, inclinações que variavam de 60 a 90 graus de inclinação. Era o trecho mais exposto e perigoso da escalada (mais tarde esse local ficaria conhecido como Setor Intermediário ou Setor 3). Trata-se de um trecho com um forte desnível, de aproximadamente 100 m de altura (equivalente a um prédio de 33 andares), entremeado por pequenos e grandes platôs.

---

[232] Governador Celso Ramos/SC.

Cansados e com o psicológico abalado, em seu íntimo todos desejavam que não houvesse sobreviventes, pois não conseguiam imaginar como alguém poderia ter suportado por praticamente 25 horas aquelas condições, no alto do morro, em total desamparo, expostos aos fortes ventos, às baixas temperaturas do inverno, na mais completa escuridão, sem comida, sem água e certamente gravemente feridos.

Após desembocar da mata e atingir o esporão[233] norte do Cambirela, Vieira da Rosa foi alcançado pelo grupamento do 1º tenente Caetano João Murari e do sargento Pompilio Ceconi Costa, também acompanhados de outros civis e dois padioleiros do 14 BC, que traziam consigo uma pesada bolsa de emergência emprestada do 5º DN. Um desses padioleiros era o soldado 930 Waldir Weiss.

No local conhecido como "Ombro do Cambirela", surgiram os primeiros indícios: o cheiro da morte, um odor que mesclava fumaça, combustível e carne humana queimada. Muitos daqueles homens não estavam preparados para o que estavam prestes a ver no palco daquele teatro de horror, no alto do Cambirela. Ao pressentir que se aproximavam do local do desastre, o 1º tenente-médico Dr. Antônio Carlos Lopes Gomes dos Santos, chefe da FSR do 14 BC, alertou os soldados que seguiam na dianteira: *"Assim que vocês encontrarem o avião, avisem!"*

Os dois padioleiros que iam adiante aceleraram a marcha e, ao se aproximar do "Lombo do Cavalo", depararam-se com um cenário estarrecedor. Logo abaixo, à esquerda de quem sobe, viram uma grande pedra (Pedra da Bandeira) e dezenas de árvores destroçadas. Entre as ferragens fumegantes do C-47, corpos mutilados, disformes ou parcialmente carbonizados. O fogo já havia consumido praticamente toda a fuselagem principal (onde ficava parte da carga e passageiros). Abaixo da aresta, a fila indiana formada pelos militares do 14 BC era tão longa que, quando os primeiros homens alcançaram o local do desastre, os últimos homens estavam separados por uma distancia aproximada de 200 metros ainda escalando o esporão agudo do norte.

Subitamente em meio às nuvens densas que insistiam em cobrir o Morro do Cambirela, surge o soldado de Saúde Waldir Weiss, que aos gritos alertou o 1º tenente-médico Antônio Carlos Lopes Gomes dos Santos: *"Tenente, encontramos o avião!"*

---

[233] Pequena elevação topográfica alongada que se projeta em ângulo forte, como um contraforte, da cadeia da montanha principal.

6.4 PEDRA DA BANDEIRA, O CENÁRIO DA TRAGÉDIA

Escarpa da Bandeira, 15h, hora local

Desde o momento em que o C-47 2023 colidiu com o Morro do Cambirela, às 14h da segunda-feira, dia 6 de junho, até a chegada das equipes de socorro, às 15h de terça-feira, dia 7, 25 horas já haviam transcorrido.

> Ao atingir-se o local da catástrofe, a tragédia, no seu todo era simplesmente esta: de um lado, os destroços do aparelho, partido ao meio, na base da fuselagem, com os motores destruídos e incendiados; espalhados pelas lajes de pedra e pelos peraus, os corpos de algumas vítimas jaziam, despedaçados. Ao meu lado, um Tenente do Exército, ao ver o corpo ferido do seu colega Carlos Rufino Rabelo, não pôde conter as lagrimas. E chorou como criança. Um sargento da Aeronáutica tapou os olhos com as mãos ao deparar o quadro tétrico e, de seus lábios deixou escapar uma prece... Até o fotografo da Polícia técnica- o único profissional que pôde gravar na gelatina os aspectos do drama (todos os demais foram rigorosamente examinados e impossibilitados de fotografar) estava emocionadíssimo diante do fúnebre panorama[234].

À medida que chegavam, os oficiais sargentos e soldados do 14 BC analisavam cuidadosamente o perigoso terreno sem quase acreditar no macabro cenário que se apresentava diante dos seus olhos. Tão impressionante quanto a destruição naquele lugar, era o abismo que teriam que enfrentar, se quisessem encontrar e recuperar todos os corpos. Não lhes restavam alternativas a não ser encarar a perigosa descida. Alguns metros abaixo da Aresta da Bandeira, os socorristas encontraram um monólito de 4 m de altura, bem exposto e visível, na face leste; e, próximo à sua base, a asa direita e quatro corpos que foram arremessados para fora do avião acidentado em decorrência do forte impacto. A pedra ainda apresentava marcas da colisão. A partir daquele momento, esse monólito serviria como um ponto de referência e passaria a se chamar "Pedra da Bandeira", certamente por situar-se exatamente sob a Aresta ou Escarpa da Bandeira. Algumas dezenas de metros mais à frente (para o sul), os soldados encontraram a empenagem (cauda) do Douglas, onde se podia ler claramente o tipo do avião sinistrado, "C-47", e o número da matrícula da FAB, "2023".

Ao deparar-se com aquele funesto cenário, o comandante Vieira da Rosa teve conhecimento da verdadeira extensão da tragédia. Agora ele sabia

---

[234] BOSSLE, Alirio Barreto. A catástrofe do Cambirela. *O Cruzeiro*, Rio de Janeiro, ano 21, n. 37, 2 jul. 1949. p. 74.

que, diante dos olhos e em meio àqueles destroços, havia 28 vidas perdidas, entre homens, mulheres e crianças. Vieira da Rosa, homem de coragem, fibra, exemplo para os seus comandados e que enfrentou bravamente algumas das maiores revoluções que ocorreram no Brasil na década de 1930, ficou visivelmente abalado, não só pelo trágico ocorrido, mas também porque naquele momento lhe veio a lembrança do capitão-aviador Aldo Weber Vieira da Rosa[235] — seu irmão —, que servia na Diretoria de Rotas Aéreas no Rio de Janeiro. Em 1945, Aldo da Rosa fundou a Diretoria de Rotas Aéreas, da qual foi o primeiro diretor da divisão de Pesquisa e Padronização[236]. O fato de imaginar que seu irmão Aldo poderia ser um dos aviadores vitimados naquele acidente abalou seriamente o moral do comandante Vieira da Rosa, que, com a voz embargada pela emoção, determinou ao 1º tenente Caetano João Murari que permanecesse no local com seus homens a fim de resguardar as vítimas até a chegada dos elementos da Aeronáutica e da Polícia Civil.

Mesmo com todos os indícios de que não havia sobreviventes naquele caótico cenário, as ordens eram para que as buscas prosseguissem até que a última vítima, viva ou morta, fosse encontrada e resgatada. Em meio à forte cerração, os socorristas gritavam na esperança de ouvir um pedido de socorro. Horrorizados, alguns homens mal podiam acreditar no que estavam presenciando a cada passo que davam.

> O aspecto do local atestava bem a violência incrível do choque. Ninguém poderia ter sobrevivido ao impacto direto do aparelho contra a penha desnuda e gigantesca. Aqui jazia um amontoado de corpos escapos sob as asas; ali se esparramavam outros perdidos pelas ravinas e nascentes, entre o mato da base da fraga; esfacelados, cabeças arrancadas, membros despedaçados, fraturas em todos os corpos, carbonização de alguns, deformação quase geral. As malas abertas no ar, esparramaram o conteúdo pela ramaria e penhas do precipício num embandeiramento sinistro. Muita miudeza deve ter sumido pelo chão sujo e fofo das locas, a enfratuosidades do alcantil[237].

---

[235] Foi um engenheiro brasileiro, brigadeiro da FAB e professor do Instituto Tecnológico da Aeronáutica entre os anos de 1952 e 1962. Também foi um dos fundadores do Instituto de Pesquisas e Desenvolvimento do Instituto Nacional de Pesquisas Espaciais, presidente do Conselho Nacional de Desenvolvimento Científico e Tecnológico, presidente da Companhia de Desenvolvimento Tecnológico, em Campinas/SP, e participou de Conselhos de Administração de importantes empresas nacionais e estrangeiras. Recebeu, ainda, o título de professor emérito de Engenharia Elétrica da Universidade Stanford nos EUA.

[236] Em 1953, como major-aviador, foi piloto do Correio Aéreo Nacional. Foi engenheiro brasileiro, brigadeiro da FAB e professor emérito da Universidade de Stanford, dos EUA. Entrou para a Reserva como brigadeiro em 1965.

[237] REVISTA DE ENGENHARIA MILITAR, ano 13, jan./fev. 1950. p. 38.

O jornal de Joinville de 18 de junho 1949[238] comparou o local do desastre a um "Espetáculo Shakespeariano", referindo-se à tragédia e ao drama ali presentes:

> O espetáculo era aterrador: aqui um cadáver com fraturas expostas, verdadeira rodilha humana de carne e ossos. Além, uma cabeça e um braço decepados. No grotão, corpos espetados nos ramos das árvores e outros nas saliências abruptos das rochas. Entre ferros retorcidos, uma criança com o rosto e as roupinhas queimadas. Adiante, supremo sacrilégio, uma sra saqueada de todo seu vestuário, a exceção das roupas íntimas.

Em meio aos destroços, o sargento Pompilio era facilmente reconhecido por ser o único elemento do 14 BC que portava a cruz vermelha dentro de um círculo branco pintado na parte frontal do seu capacete M-1; os demais elementos do corpo de Saúde do 14 BC levavam uma braçadeira branca com uma cruz vermelha estampada no braço esquerdo, além da maca padiola e dois bornais de padioleiro repletos de ataduras, curativos, morfina, tesoura, pinça, soro e gazes. Entre os soldados de Saúde, encontrava-se o soldado 9-30 Waldir Weiss.

Enquanto os homens caminhavam nas matas da vertente leste em busca de sobreviventes, o Fairchield PT-19 FAB 0222 tripulado pelo 1º tenente-aviador Carlos da Costa Dantas e o aspirante-aviador Luiz Carlos Prestes Milward de Azevedo sobrevoava pela segunda vez o local do sinistro[239]. Lá embaixo, socorristas iam e voltavam em um frenético vaivém, quase sem saber ao certo o que faziam, embrenhando-se nas matas em meio a toneladas de ferro e alumínio retorcidas ou derretidas como vela pelo incêndio, por vezes caminhando, sobre troncos e galhos despedaçados pelo impacto da aeronave, por vezes "desescalando" a vertente leste à medida que iam encontrando mais corpos e membros espalhados em meio ao que restou do avião e parte da carga e das bagagens que haviam sido remexidas pelos saqueadores. As esperanças de encontrar alguém com vida davam lugar a um enorme sentimento de frustração e impotência.

Os oficiais do 14 BC traziam ordens do capitão Raphael Leocádio, comandante da Base Aérea, para que não tocassem em nada até que os oficiais da Aeronáutica chegassem ao local do desastre para iniciar as investigações. Em Porto Alegre, o comandante da 5ª Zona Aérea, o tenen-

---

[238] N. 138. p. 1.

[239] O FAB 0222 pilotado pelos aviadores Dantas e Azevedo realizou duas missões nesse dia; uma pela manhã, das 8h às 10h 40min; e outra à tarde, das 15h 10min às 16h.

te-coronel-aviador Ernani Pedrosa Hardman, designou o capitão-aviador Nelson Asdrúbal Carpes para instaurar o Inquérito Policial Militar (IPM) e apurar as denúncias de saques aos cadáveres dos tripulantes, passageiros e carga do C-47 2023. O capitão Carpes, por sua vez, nomeou como escrivão do referido IPM o 1º sargento Pedro da Rosa. Aos homens do 14 BC, basicamente competia fazer o reconhecimento do terreno, localizar os corpos e prepará-los para a evacuação.

No local do desastre, preocupado com o bem-estar dos seus homens, que àquela altura já se encontravam visivelmente exaustos, sedentos e famintos, um dos oficiais perguntou em alta voz se alguém conhecia um armazém com bom sortimento na região. *"Eu conheço o armazém de Secos & Molhados do Dorinho Haeming, fica a uns 10 quilômetros daqui, na Palhoça"*, respondeu o civil Roberto André Rodrigues, 22 anos, morador do Furadinho, que ao avistar os destroços pela manhã decidiu subir o morro acompanhado de alguns militares do 14 BC, sob a condição de colaborar com o que fosse necessário. Diante da afirmativa, o oficial retirou uma pequena caderneta de seu bolso, escreveu algo no papel, dobrou-o cuidadosamente e entregou-o para Roberto dizendo: *"Desça com este soldado até o armazém e entregue o bilhete para o Dorinho. Ele vai tomar as devidas providências"*. Após algumas horas, já no armazém em Palhoça, Roberto entregou o bilhete a Dorinho explicando que havia sido enviado por um oficial do Exército. Após ler o bilhete, Dorinho percorreu apressadamente o interior do seu pequeno armazém empilhando algumas caixas com enlatados sobre o balcão. Logo pediu para que fossem colocadas no jipe.

Coube a Dorinho Haeming fornecer uma parte da alimentação daquela tarde/noite para os socorristas. O setor administrativo do 14 BC acertaria o pagamento depois, e o bilhete do oficial do Exército seria o comprovante do pedido. Uma vez embarcadas na viatura do Exército, as caixas com os enlatados foram imediatamente transportadas para a Base de Socorro na Guarda do Cubatão, onde começaram a ser distribuídas para os homens que subiam e desciam do Morro do Cambirela.

Lá no alto, a longa espera por água e comida parecia não ter fim. Apesar das chuvas e do terreno encharcado, obter água potável não era uma tarefa tão simples quanto podia parecer. Na urgência de enviar os homens para o Cambirela, os cantis foram deixados em segundo plano. A sede que já havia se manifestado nas primeiras horas da escalada foi saciada nos riachos que corriam morro abaixo, próximo à base da face norte, mas no alto do morro as fontes para obtenção de água já não eram tão acessíveis. Mesmo em épocas frias, o organismo humano necessita de pelo menos 2 litros de água por dia. No desespero da sede, os homens viravam-se como podiam, alguns consumiam a água acumulada nas bromélias. A água era filtrada na própria gandola, já que não existiam purificadores. Havia ainda quem se alimentasse dos palmitos da espécie "Juçara", que, apesar de serem bem pobres em nutrientes, ao menos proporcionavam uma agradável sensação de saciedade. Tanto as bromélias quanto os palmiteiros eram relativamente acessíveis naquela região de Mata Atlântica, na época, quase intocada.

Mesmo diante de todas as dificuldades impostas, os militares estavam unidos por um forte sentimento de equipe, de cooperação. Sabiam eles que a partir daquele momento precisariam contar uns com os outros. Naquela manhã, quando partiram do quartel do 14 BC, todos acreditavam que tudo se resolveria em poucas horas, mas, à medida que transcorriam as horas, os militares perceberam que a situação não era assim tão simples e que, a partir dali, precisariam se engajar em uma missão árdua, longa, difícil e perigosa. Aqueles homens trabalhariam com o coração e a coragem e sofreriam juntos até o fim, pois formavam um grupo muito especial.

Em dado momento, na ânsia de amenizar o sofrimento de seus homens, marcado não só pela fadiga, mas principalmente pela sede e pela fome, o sargento Pompilio ordenou: *"Se encontrarem algo com que possam se alimentar, comam!"* Não demorou muito para que os soldados que se encontravam na vertente leste encontrassem uma caixa contendo enlatados de pêssegos em calda, que foram avidamente abertos com um sabre "machete" (facão de artilharia do Exército Brasileiro) emprestado por um dos tenentes do 14 BC. Foi um dos raros momentos de otimismo naquele dia chuvoso em meio a tanto sofrimento.

Mais tarde, enquanto o soldado de Saúde Waldir Weiss caminhava entre os destroços, encontrou um revólver[240] calibre 38, provavelmente de um dos tripulantes ou passageiros militares que estavam a bordo. Um soldado que estava próximo a ele se empolgou e quis tomá-lo de suas mãos, ao que Waldir retrucou: *"Não, meu amigo, nem você, nem eu e nem ninguém vai ficar com este revólver. No quartel seremos revistados, e vão fazer uma inspeção em nossos armários. Se encontrarem esta arma, estaremos bem encrencados".*

Em seguida, o soldado 9-30 arremessou com força o revolver para o abismo, para bem longe de onde todos estavam.

---

[240] Além dos tripulantes, muitos dos passageiros eram militares e, como tal, portavam armas, mesmo quando não estavam em serviço.

O revólver não seria o único objeto que o soldado Waldir Weiss encontraria naquela tarde. Algum tempo depois, enquanto procurava por corpos perdidos na mata, algo chamou a atenção do jovem soldado 9-30. Entre os destroços e pertences dos passageiros espalhados pelo chão, estavam duas fotografias[241], que, como por milagre, estavam praticamente intactas; uma delas mostrava o rosto de uma bela jovem com a seguinte dedicatória: "A ti, Deodato. Com muito amor e carinho. Normélia". A outra foto, a qual também trazia uma dedicatória, era de uma jovem de boa aparência: "Para minha querida Normélia com o meu amor. Teu Deodato". Sensibilizado por saber que o portador daquelas fotos estava entre as vítimas, Waldir Weiss guardou-as cuidadosamente no bolso da jaqueta. Teve a esperança de um dia encontrar um familiar daquela vítima e poder entregar as fotos pessoalmente.

Após permanecer por aproximadamente duas horas no topo do Cambirela, Waldir Weiss foi designado pelo sargento Pompilio para retornar imediatamente para o Quartel do Estreito. Depois de avaliar o trágico cenário do desastre, o sargento Pompilio sabia que seria apenas uma questão de tempo até que os socorristas começassem a se apresentar na enfermaria na Base de Socorro da Guarda do Cubatão ou do quartel do 14 BC com dores musculares, bolhas nos pés, cortes, fraturas, luxações, infecções, mal-estar, náuseas etc.

> *Não há mais nada que possamos fazer aqui, Waldir. Os nossos primeiros socorros já não são mais necessários, estão todos mortos. A partir de agora os trabalhos aqui no Cambirela ficarão limitados a localizar e remover os cadáveres, nada mais. Seremos mais úteis no quartel.*

Antes de deixarem o local do desastre, o sargento Pompilio e o soldado 9-30 encontraram um dos rolos de tecido gabardine que eram parte da carga do C-47 2023. Pompilio retirou a faca que trazia na bainha presa em seu cinto, desenrolou alguns metros do tecido enlameado, cortou-o, desenrolou mais alguns metros de tecido limpo, cortou-o novamente e dobrou-o com cuidado para não o sujar novamente. Vendo aquela cena, o soldado 9-30 não se conteve e pediu: *"Sargento Pompilio, posso levar alguns metros deste tecido para fazer um terno para mim?"* Sem pronunciar uma palavra, o sargento Pompilio apenas estendeu o braço e entregou a faca para Waldir Weiss, que sem perder tempo cortou também um bom pedaço de tecido.

---

[241] Tratava-se das fotografias de Normélia (cujo sobrenome não conseguimos descobrir), noiva de Deodato Corrêa Haag, de 19 anos, 3º sargento da IG da FAB.

Quando se voltaram para a vertente da face norte, Pompilio e Waldir ficaram estupefatos: a trilha densamente tomada pelo mato que eles haviam escalado pela manhã agora dava lugar a um enorme caminho aberto por centenas de homens que seguiam subindo e descendo o Morro do Cambirela naquela manhã. Dali para frente, as tarefas de resgate exigiriam enorme resistência física e mental, equilíbrio emocional e noites mal dormidas. Cada minuto que as equipes de resgate permaneciam no alto do Cambirela era um minuto a mais de desespero e aflição para quem estava à espera de seus entes queridos.

Àquela altura, no local do acidente em meio à mata, havia alguns paisanos que permaneciam por lá à procura de objetos de valor. Ao ver a aproximação dos soldados, alguns saqueadores saíram em debandada morro abaixo levando consigo o que podiam. Os que insistiram em permanecer, foram expulsos do local pelos soldados. À medida que os militares da Aeronáutica e da Polícia Civil iam chegando, o local ia sendo isolado para restringir o acesso dos curiosos.

Diante de tantas adversidades no local da tragédia, os oficiais e sargentos perceberam que o número de homens disponíveis naquele momento era insuficiente para o bom andamento da missão. Não sabiam eles que um significativo grupo de homens formado pelos efetivos do 14 BC, do DBAFL, Policia Militar, Corpo de Bombeiros e do Clube de Caça Couto Magalhães havia iniciado a subida pela face Sudoeste as 15h30 min daquele dia e estava a caminho para auxiliar nas árduas tarefas. Diante daquele quadro desolador surgiu um impasse, um momento de tensão na Aresta da Bandeira. Diante daquele cenário dantesco com corpos em adiantado estado de decomposição, praticamente irreconhecíveis; conscientes de que muitos corpos nem sequer haviam sido localizados, por estarem espalhados ao longo da aresta e ocultos em locais perigosos e de difícil acesso, no meio da densa mata primária; e por considerar que o número de socorristas não era o suficiente para realizar aquela dantesca missão, alguns dos tenentes e sargentos liderados pelo tenente Fajardo decidiram dar uma trégua à missão para propor que todos os mortos fossem sepultados lá mesmo, na vertente leste do Morro Cambirela, a aproximadamente 800 metros de altitude acima do nível do mar, no mesmo local onde haviam sucumbido. Aqueles oficiais e sargentos sabiam que cada corpo exigiria enorme empenho de seus homens e que a busca e o resgate de todos os corpos poderiam durar dias; além disso, acreditavam que as probabilidades de ocorrência de acidentes durante as buscas e remoção seriam altas.

A ideia de sepultar os corpos no alto do Morro do Cambirela dividiu os militares, sendo bem aceita por alguns e com certo inconformismo por outros. Como isso seria possível? E como ficariam os familiares e amigos que ansiavam pela volta dos seus entes queridos? E a opinião pública, como reagiria? A notícia da tragédia já havia repercutido em todo o Brasil e em algumas partes do mundo, não ficaria bem para a imagem das instituições militares ali envolvidas abandonar a operação. Além do mais, o moral da tropa ficaria seriamente abalado, pois até aquele momento os homens haviam dado o melhor de si para cumprir a sua missão com bravura e dignidade.

Ao tomar conhecimento da decisão de seus homens, o tenente-coronel Vieira da Rosa, muito a contragosto, decidiu conversar com Raphael Leocádio, comandante do Destacamento da Base Aérea, que também se encontrava na Guarda do Cubatão, deixando claro que não era sua intenção admitir a possibilidade de sepultar os corpos no Morro do Cambirela. Se por um lado Vieira da Rosa compreendia todas as dificuldades que seus homens teriam de enfrentar para resgatar os corpos, por outro também se colocava no lugar dos familiares das vítimas, que esperavam ansiosamente pelo retorno de seus entes queridos. Vieira da Rosa também fez questão de comunicar a Raphael Leocádio que ele já havia estado no cimo do Cambirela, portanto estava em condições de julgar que, mesmo diante de todas as adversidades, a missão era viável e que ele era favorável à remoção das vítimas.

Como era de se esperar, Raphael Leocádio concordou com Vieira da Rosa. O parecer do tenente-coronel Vieira da Rosa foi fundamental para o prosseguimento da missão, a partir daquele momento ambos os comandantes fariam tudo o que estivesse ao alcance de seus homens para recuperar os corpos e devolvê-los aos familiares, o que não só amenizaria o sofrimento das famílias enlutadas, mas, principalmente, permitiria que as vítimas tivessem direito a uma cerimônia religiosa e a um enterro digno. A decisão conjunta dos comandantes do 14 BC e do Destacamento da Base Aérea favorável ao resgate das vítimas deu fim às discussões, e as equipes de socorro retomaram imediatamente as buscas e o translado dos corpos, sob chuva incessante.

> Ignorando que uma turma de Bombeiros e caçadores se encaminhava desde a véspera para o pico, mandou o Ten.[242] Fajardo propor o enterramento no local dos despojos. Não era possível aceitar tal solução. As famílias interessadas nunca

---

[242]   Tenente.

> teriam compreendido essa desistência e nem mesmo o mundo civil sempre tão confiante nas Forças Armadas sem embargo de malévolo ao menor fracasso delas. Além disso tornar-se-ia em péssima resultante moral para a tropa que teria muito mais sofrimentos no combate. [...] Um apelo foi logo lançado ao espírito de corpo, logo respondido de modo ardoroso e unânime pelos comandados, honrando a divisa que lhes dera o General Gehart: "O 14 BC possui ótimo espírito de corpo e elevado padrão disciplinar Este apêlo alcançou logo o pico onde Fajardo não ficara em inútil espera; continuara, com Remor, a busca e reunião dos corpos, bem como da documentação, haveres e material[243].

Em meio ao intenso movimento de socorristas militares e civis, eis que surge o ex-soldado n.º 702, Maurino Leovegildo de Espíndola, morador da Guarda do Cubatão, que havia servido no 14 BC no ano de 1948 (classe de 1927). Motivado por um sentimento de solidariedade, de espírito de corpo militar, de soldado guerreiro, ao saber que os militares do 14 BC, muitos deles seus ex-companheiros, tinham escalado o Cambirela para resgatar os corpos, Maurino decidiu unir-se a eles. Sabia ele, como morador e conhecedor da região, que a missão imposta aos antigos colegas não seria nada fácil. Era necessário arregaçar as mangas e ajudar, afinal, assim como os ex-camaradas, durante o tempo em que permaneceu no 14 BC, Maurino havia participado ativamente dos exercícios tático-militares, portanto tinha experiência e competência para tal tarefa. Se por um lado Maurino se sentia profundamente honrado por ter sido calorosamente acolhido pelos ex-companheiros no Morro do Cambirela, desde os soldados aos oficiais, por outro, sentia-se fortemente horrorizado com a atitude dos saqueadores — aquelas cenas ficariam guardadas na memória pelo resto de sua vida.

> Quando chegamos ao topo do Cambirela ficamos horrorizados. Primeiro, pela violência do choque do avião contra as pedras existentes no local, que vitimou mortalmente os tripulantes e passageiros da aeronave. Segundo, e o pior, pelo fato de vários corpos terem sido mutilados, não só pelo acidente, mas também, pelos saqueadores que feito urubus, tinham chegado ao pico da montanha antes de nós e roubaram os pertences de valor dos mortos...[244]

---

[243] REVISTA DE ENGENHARIA MILITAR, ano 13, jan./fev. 1950. p. 38.

[244] Trecho do depoimento de Maurino Leovegildo de Espíndola a uma de suas filhas, Cida Espíndola, publicado no livro de João José da Silva intitulado *Ao Deus-dará: aos pés do cambirela* (2007, p. 53).

Entre os socorristas, estavam o cabo Pedro Francisco Von Benedeck Bárdio, n.º 869 da 1ª Cia. do 14 BC, e os civis voluntários Lucas Carlos de Souza e Zeca Júlio, moradores da Guarda do Cubatão, que foram um dos primeiros a perceber que, entre os mortos, havia uma mulher que não tinha nenhum ferimento aparente. Ela estava sentada e parecia estar dormindo, pois estava com a cabeça apoiada sobre um xaxim, como se estivesse utilizando a planta como um travesseiro. A maioria dos homens podia jurar que aquela mulher[245] não havia sucumbido na colisão do avião, mas sim por falta de socorro emergencial. No pulso de um dos militares falecidos, foi encontrado um relógio, que parou de funcionar com a força do impacto. O relógio marcava a hora do triste fim: 14h.

Mais tarde, o jornalista Alírio Barreto Bossle, morador de Santo Amaro da Imperatriz e correspondente da revista semanal ilustrada *O Cruzeiro*, do grupo Diários Associados, escreveu:

> Tenho para mim que alguém caiu com vida, pois a parte de trás do aparelho rolou por entre as árvores num choque brando e com certeza algumas vítimas a acompanharam. Na verdade, muitos dos que ajudaram na procura dos cadáveres afirmaram que uma senhora estava como que sentada sob uma pedra; com as mãos por sobre o peito e um sargento deitado com o relógio de pulso desafivelado na altura do estômago[246].

Mesmo que algum ocupante do C-47 2023 tivesse sobrevivido ao acidente, a combinação de ferimentos como fraturas expostas, cortes profundos com hemorragia, além das baixas temperaturas do inverno no mais completo isolamento durante a madrugada no alto do morro, teriam levado rapidamente à hipotermia e consequentemente ao óbito. O socorro chegou tarde demais; mais de 25 horas já haviam transcorrido.

Alheias às chuvas incessantes e ao frio impiedoso de um vento congelante que vinha do sul, as equipes de socorro seguiam trabalhando incansavelmente. Em condições normais, a cada 300 metros de altitude, a temperatura diminui 2º C. Considerando que eles estavam a pouco mais de 800 metros acima do nível do mar, a temperatura tinha baixado quase 3º C, sem falar da sensação térmica, que se agravava por causa dos fortes ventos e da chuva.

---

[245] Evidências levam a crer que se tratava de Wilma Maria Gomes Neves, 21 anos, mãe da menor Maria Regina Neves; e supõe-se que a outra vítima seria o tenente Damião Capobianco Neto, 29 anos.

[246] BOSSLE, Alirio Barreto. A catástrofe do Cambirela. *O Cruzeiro*, Rio de Janeiro, ano 21, n. 37, 2 jul. 1949. p. 74.

As notícias da colisão de um avião da FAB no Cambirela atraíram centenas de moradores de Florianópolis e de cidades vizinhas da porção continental, como São José, Santo Amaro da Imperatriz e Enseada do Brito. Esses cidadãos viravam-se como podiam para chegar até a Guarda do Cubatão, alguns iam a pé, outros a cavalo, de bicicleta, carona ou utilizavam os escassos ônibus que partiam de Florianópolis para o norte e o sul do estado. Os mais abastados davam-se ao luxo de irem de táxi ou em veículo próprio. Autoridades também não paravam de chegar à Base de Socorro da Guarda do Cubatão, entre elas o prefeito de Florianópolis Francisco Tolentino; os deputados Orty Machado, Protógenes Vieira, Cid Ribas e Antenor Tavares; o representante do secretário de Segurança Pública Waldir Campos; e o jornalista Mimoso Ruiz, da Agência Nacional. Até mesmo Francisco de Assis Chateaubriand[247] esteve em Florianópolis do dia 7 ao dia 11 de junho.

No início da tarde, cada vez mais militares e voluntários subiam o Cambirela para reforçar as equipes nas buscas e levar provisões. Entre os técnicos civis, estava o diretor do Gabinete de Identificação da Polícia Civil e médico legista Fernando Emilio Wendhausen com seus auxiliares. Em Palhoça, a única ligação a Florianópolis era pela estrada que atravessava a região central do município[248]. Os moradores que residiam próximo a essa estrada assistiam com certa incredulidade à passagem dos comboios formados pelos caminhões e demais veículos militares e civis que iam de um lado para outro levando e trazendo as equipes de socorro, equipamentos e suprimentos. Para muitos palhocenses, aquilo lembrava um cenário de guerra. Muitas pessoas, principalmente os idosos e as crianças, estavam completamente assustadas com todo aquele alvoroço. Aproximadamente às 16h, o menor Samiro Arcanjo da Silva, de 17 anos, chegou à Base de Socorro da Guarda do Cubatão, onde já se acumulava grande massa de curiosos, comunicando que havia estado sobre uma das asas do avião sinistrado e que lá os soldados haviam encontrado quatro corpos.

Somente ao entardecer, a 2ª Turma de soldados da Base Aérea, que havia partido às 13h de Caiacanga em um caminhão da FAB, chegou à Guarda do Cubatão para auxiliar nas buscas. A demora em chegar se justificava pelo longo trajeto que tinha de ser percorrido entre o Destacamento da Base

---

[247]　Dono, à época, dos Diários Associados (um dos maiores conglomerados de comunicação do país). Foi uma grande personalidade nacional da comunicação, do meio empresarial e do político brasileiro. Também foi um dos grandes incentivadores do desenvolvimento da Aviação civil no Brasil.

[248]　Atuais Ruas João Born, Caetano Silveira de Matos, José Maria da Luz, Vinte e Quatro de Abril, Capitão Augusto Vidal, Vereador Osvaldo de Oliveira.

Aérea até a Guarda do Cubatão. Esse caminho, em muitos trechos, era quase que intransitável. Ainda na Guarda do Cubatão, um cavalo e uma carroça foram removidos de um pequeno estábulo que ficava ao lado do armazém do Fabinho (próximo à Base de Socorro) para dar lugar a uma cozinha de campanha improvisada até que o carro-cozinha do 14 BC chegasse.

Às 17h 30 min, já com a visibilidade muito reduzida e sob uma forte chuva, o 1º tenente Clito Veiga, do Hospital Militar de Florianópolis; e o aspirante a oficial de Infantaria Marcio Agostinho Remor, da 1ª Cia. do 14 BC; acompanhados dos soldados do Batalhão de Infantaria da Guarda do Destacamento da Base Aérea, da Polícia Militar e do Corpo de Bombeiros e de alguns civis, formaram as novas turmas que iniciaram a subida do Morro do Cambirela transportando alimentação, água, abrigo (lonas "meia-praça" de barracas de campanha que seriam improvisadas, como ponchos, capas de chuva e principalmente para envolver os restos mortais) e iluminação (faroletes a bateria), para os militares da Aeronáutica que passariam a noite no local do desastre. Às 19h, com o anoitecer, cessaram todos os trabalhos.

Em geral, quando não planejadas ou previstas, as respostas a emergências são caóticas e desordenadas. A dura lição aprendida no primeiro dia de resgate, quando, na urgência de atender às vítimas, muitos elementos necessários para o bom andamento do resgate e suprimento dos socorristas foram deixados para trás, obrigou os comandantes do 14 BC e DBAFL a reavaliarem os procedimentos da operação, que depois daquele dia teriam que ser amplamente revistos. A partir da manhã de quarta-feira, do dia 8, a operação no Morro do Cambirela seria mais bem planejada e estruturada; além disso, deveria contar com um significativo apoio logístico a começar com os materiais que seriam empregados nas buscas e no resgate dos corpos.

Entre esses equipamentos estavam o cordame composto por centenas de metros de cabo naval fornecidos pela Marinha e cordas fabricados com fibras vegetais torcidas, como a manilha e o sisal. A Segunda Guerra Mundial revelou a corda como uma ferramenta militar de primeira necessidade. O 14 BC, que sempre havia empregado cordas para vários usos em seus acampamentos e veículos, agora precisava empregá-las nos trechos mais críticos, expostos e perigosos no Morro do Cambirela, para garantir a segurança de seus homens (principalmente no trecho dos paredões da face norte, que mais tarde seria classificado como Setor 3). Naquele ambiente com diversos trechos verticais, as cordas eram itens indispensáveis e insubstituíveis. Também foram empregados dezenas de metros de cabo naval na proteção dos socorristas e no içamento de corpos da vertente leste durante as intermináveis subidas e descidas dos paredões da face norte.

Outro item muito importante empregado pelo Exército Brasileiro naquela época era a lona "capichama" ou "duas praças". Durante os exercícios de acampamentos, cada dupla de soldados (canga ou derrancho) era responsável por transportar o seu "meio-pano" ou "meia-praça", que media aproximadamente 1,20 m x 1,20 m. Uma vez nos acampamentos, as duas lonas "meio-pano" eram unidas para formar uma barraca de duas praças. Esse material também foi empregado na operação de resgate no Morro do Cambirela. Por ser resistente e impermeável, o tecido "meio-pano" era ideal para aquela situação e para aquele tipo de terreno e tinha dupla função: a primeira serviria como abrigo ou capa de chuva improvisada para os soldados que permaneceriam resguardando o local nas noites frias e chuvosas; e a segunda, envolver os cadáveres para transportá-los do alto do Morro do Cambirela.

Além dos itens já citados, provavelmente foram empregados na "Operação Cambirela" outros equipamentos similares aos modelos utilizados na Segunda Guerra Mundial pelos militares da Força Expedicionária Brasileira no teatro de operações na Itália e adquiridos pelo Exército Brasileiro no pós-guerra. Entre os equipamentos, de proteção individual podemos citar os dois tipos de cobertura: o capacete com jugular modelo "M1", tipo-padrão US Army de fibra (o capacete de aço seria muito pesado naquele ambiente íngreme e acidentado); e o chapéu de lona conhecido como "chapéu de aba mole"[249], ambos utilizados pelos homens do 14 BC que subiram o Morro do Cambirela. Além dos militares desse destacamento, os militares da FAB usaram o capacete de cortiça "tropical" e/ou bibico; os demais militares do 14 BC, da Marinha (gorro de marinheiro), da Polícia Militar e do Corpo de Bombeiros utilizaram suas respectivas coberturas militares (bibicos) de serviço.

Basicamente, para cada um dos militares envolvidos, seria distribuído um cantil de alumínio com capacidade para um litro e o respectivo porta-cantil de lona (ambos de fabricação nacional), uma marmita de alumínio (com porta-marmita de lona), com garfo, colher e faca (fabricação nacional). Também seria distribuído para alguns militares o bornal de praça

---

[249] O referido chapéu fazia parte do fardamento conhecido pelos soldados da FEB como "Zé Carioca", em alusão ao personagem de Walt Disney, já que o uniforme era de tom verde.

(contendo alimento e outros itens), além de algumas pás portáteis (sapas) e facões com lâmina de aço e cabo de madeira. Os soldados de Saúde do 14 BC utilizavam o bornal de padioleiro com correia para transporte a tiracolo, contendo os *kits* de primeiros socorros. Quanto aos oficiais do 14 BC, é provável que um ou outro tenha utilizado as lanternas TL 122 B padrão Us Army.

O que é certo é que os militares e civis tiveram que recorrer aos lampiões que utilizavam como combustível a gasolina vaporizada ou o querosene. Além disso, foram empregados binóculos (conhecidos na época como aparelho ótico) e uma ou duas bússolas. Além dos oficiais que subiam o Morro do Cambirela armados com pistolas ou revólveres para garantir a segurança dos seus subalternos, bem como a ordem do lugar, alguns civis também portavam armas curtas, entre eles alguns membros do Clube de Caça Couto Magalhães.

Naquele fim de tarde, enquanto o sol se ocultava sob as serras no horizonte ao oeste, os comandantes Vieira da Rosa, do 14 BC, e Raphael Leocádio, do Destacamento da Base Aérea, encontraram-se na Base de Socorro da Guarda do Cubatão. A gigantesca força-tarefa de busca e resgate estava longe de terminar. Era chegada a hora de unir forças e rever procedimentos operacionais. Embora o Exército e a Aeronáutica compartilhassem as responsabilidades dos trabalhos de recuperação e remoção dos corpos, coube ao comandante Vieira da Rosa (talvez, pelo fato de ser o mais antigo na escala hierárquica e o mais experiente) assumir a liderança no planejamento e coordenação da operação, sempre com a ciência e anuência de Raphael Leocádio, afinal, tratava-se de um acidente envolvendo uma aeronave e a tripulação da FAB. Em seu relatório, Vieira da Rosa deixa claro que o Exército tinha não só um efetivo maior que o da FAB, mas também um contingente mais bem preparado e adaptado ao terreno acidentado.

> A unidade de direção não existia. Não cabia ao 14 BC tomá-la. Dados os primeiros passos de impulsão a direção foi deixada obviamente à Aeronáutica. Essa, porém, sem embargo do altíssimo esforço, era parca de elementos sem aquela prática de terreno do Exército. Daí o auxílio que nós dávamos à Força irmã e a invasão que fazia o Comando, felizmente com a compreensão do Comandante do Destacamento da Base Aérea, das atribuições de direção[250].

---

[250] REVISTA DE ENGENHARIA MILITAR, ano 13, jan./fev. 1950. p. 39.

Posteriormente, juntou-se ao comandante Vieira da Rosa e a Raphael Leocádio o então diretor do Hospital Militar de Florianópolis, o major-médico Dr. Sérgio Fontes Jr.. Nas primeiras horas da manhã, quando ainda não se conhecia a verdadeira extensão do acidente, o plano inicial era de que os feridos fossem encaminhados para o Hospital Militar de Florianópolis, situado na Prainha, centro de Florianópolis; e os mortos, trasladados à morgue do referido hospital. Porém, no fim do primeiro dia de buscas, os três líderes de comum acordo descartaram a morgue do Hospital Militar, pois podia comportar talvez até meia dúzia de corpos, mas não 28. Outros hospitais no centro de Florianópolis, como Nereu Ramos e Caridade, contavam com um pequeno necrotério, mas também não eram grandes o suficiente para atender à grande demanda de corpos que começaria a chegar durante as próximas horas. Fazia-se necessário infraestrutura grande o suficiente que pudesse agregar uma morgue improvisada (para as etapas de reconhecimento e embalsamamento dos corpos), um espaço para prestar atendimento e auxílio administrativo, psicológico e religioso aos familiares das vítimas, além de um grande salão que seria transformado em câmara ardente. Logo ficou decidido que o quartel do 14 BC no Estreito reunia todas estas condições além de ser um dos poucos locais na região que oferecia não só ampla infraestrutura compatível como também tinha numeroso efetivo de homens de diversas especialidades. Além disso, o quartel já vinha recebendo, desde as primeiras horas da manhã, familiares das vítimas, que eram acolhidos e orientados pelo segundo-tenente José Figueiredo de Albuquerque e pelo aspirante Ari Capella, da 1ª Cia. A esses oficiais do 14 BC também caberia a imensa responsabilidade de preparar as instalações onde seriam improvisadas a morgue e a câmara ardente.

Da capital, haviam sido enviadas para Guarda do Cubatão ambulâncias do Hospital Militar de Florianópolis, do 5º Distrito Naval (Capitânia dos Portos e EAMSC), além de ambulâncias do Serviço Social do Comércio (Sesc) e do Serviço Nacional de Aprendizagem Industrial (Senai). Contudo, à medida que chegavam à Guarda do Cubatão e recebiam notícias de que as probabilidades de encontrar sobreviventes eram praticamente nulas, as ambulâncias eram aos poucos dispensadas.

Ao passo que retornavam do local do desastre, oficiais e sargentos reuniam-se na Base de Socorro na Guarda do Cubatão com os comandantes do 14 BC e da Base Aérea, para reavaliar a operação de busca e resgate do primeiro dia. Em seu íntimo, todos tinham plena consciência de quão caótico tinha sido aquele dia. Era preciso estabelecer um plano de ação que fosse operacionalmente viável, eficaz, e que não exigisse tanto esforço físico e mental dos socorristas. Por mais que os homens do 14 BC tivessem sólidos conhecimentos de combatentes para lidar com situações extremas, nem em seus piores pesadelos imaginariam que em algum momento teriam de lidar com algo parecido. Sabiam que os próximos dias não teriam hora para começar nem para terminar.

Levando em consideração todos os riscos que o tipo de terreno e as condições climáticas infligiam ficou decidido então que os trabalhos de busca e resgate seriam realizados somente durante o dia, as operações noturnas limitariam-se apenas a vigilância de dois setores que seguiriam guarnecidos por soldados do DBAF e do 14 BC; um no local do desastre na Pedra da Bandeira, para impedir novos saques; e o outro na Base de Socorro da Guarda do Cubatão, onde os soldados fariam a vigilância da entrada da trilha; além da própria base de operações, que durante as noites frias e chuvosas ficava praticamente vazia. Ainda sobre as operações noturnas, somente seriam permitidas subidas pela trilha da face norte para levar materiais e reforços para o alto do morro. Descidas à noite, só seriam permitidas em casos excepcionais. Seria assim durante as três noites seguidas em que duraria a missão.

Objetivando melhorar o desempenho para os próximos dias de operação, o cenário da tragédia foi reavaliado. Os oficiais sabiam que o terreno e as condições adversas reinantes eram potencialmente perigosos e que seus homens estariam expostos a muitos riscos. Para amenizar as ameaças e melhorar a coordenação das operações de busca e resgate dos corpos, os oficiais do 14 BC e do DBAF dividiram a trilha da face norte do Morro do Cambirela (com cerca de 3,5 km de extensão e cerca de 800 m de altitude) classificando-a em cinco setores[251] operacionais, a saber:

Setor 1: o mais plano. Iniciava muito próximo ao do nível do mar, a 6 m de altitude na Base de Socorro da Guarda do Cubatão, localizada no sopé do Cambirela, próximo à ponte[252] do Rio Cubatão do Sul. Da estrada, a trilha seguia por um terreno plano com aproximadamente 600 m de extensão. Apesar de plano, esse trecho estava longe de ser considerado "acessível", pois era entremeado por roças e terreno alagado e lodoso, que, com as chuvas constantes e o vaivém de centenas de socorristas, cada vez

---

[251] Na primeira página do relatório, publicado na *Revista de Engenharia Militar*, do tenente-coronel Paulo Vieira da Rosa, cita esses setores como "trechos".

[252] Tratava-se de uma ponte de madeira com pouco mais de 30 m de extensão, inaugurada em janeiro de 1924. Após as obras de alargamento do Rio Cubatão, foi construída (entre 1984 e 1985) uma ponte-pênsil de madeira de aproximadamente 80 m de extensão sustentada por cabos de aço.

mais se transformava em um grande atoleiro, a ponto de ser "batizado" pelo comandante Vieira da Rosa como a "etapa dos caldeirões infernais". Apesar do terreno lodoso, foi o único local que possibilitou o emprego de carros de bois e padiolas tracionadas por cavalos e "muares de padiola".

Setor 2: a etapa mais extensa. Uma vez superado o caminho de charcos no Setor 1, a trilha seguia pela mata fechada, densa, úmida e escorregadia, por causa do terreno argiloso (barro vermelho), repleta de blocos de pedras e grandes raízes. A trilha tinha aproximadamente 1.900 m de extensão e exigia cuidados redobrados, pois era muito fácil perder-se, visto que havia muitas picadas abertas por caçadores, trilhas traiçoeiras que não levavam a lugar algum. A trilha principal passava pela única fonte de água potável, um pequeno riacho, que seguia paralelo ao caminho por apenas alguns metros. Esse riacho ajudava a saciar a sede dos socorristas e era onde os cantis eram reabastecidos. Um pouco mais acima, estavam os trechos de "escalaminhada", repleto de enormes raízes (que muitas vezes serviam de apoio para mãos e pés). Ao longo da segunda-feira, dia 7, o primeiro dia de salvamento, foram instalados nesse setor alguns metros de cordas para aumentar a segurança dos socorristas. Quando atingia aproximadamente 490 m de altitude, após 1 hora e 50 min de caminhada, a trilha desembocava da mata, permitindo vislumbrar a belíssima paisagem do Vale do Cubatão e entorno.

Setor 3: o mais abrupto e exposto de toda a face norte. Iniciava a cerca de 500 m de altitude e era bem exposto e perigoso. O caminho tinha cerca de 400 m de extensão e seguia fortemente inclinado. Para piorar, após duas extenuantes horas de caminhada, havia um trecho entremeado por paredões de granito que levava ao esporão. O caminho era de tal modo íngreme que demandava o uso contínuo das mãos e dos pés (esca-laminhada) para não se desprender, valendo-se de tudo que estivesse ao alcance, como blocos de rocha, agarras, saliências naturais das rochas e raízes das plantas e arbustos nem sempre confiáveis. Não havia margem para erros: um simples deslize poderia levar a consequências desastrosas. Após diversas tentativas de empregar mulas para subir até onde fosse possível, a ideia foi logo descartada, pois os muares não podiam superar esse setor, repleto de paredões. Nesse trecho[253] também se fazia necessária e urgente a instalação de vários metros de cordas de sisal torcido para auxiliar as subidas e descidas das equipes de socorro. O Setor 3 terminava

---

[253] Atualmente, esse setor conta com escadinhas de aço carbono instaladas em agosto de 2019 pela Acem.

na base do esporão agudo do norte, um local repleto de enormes blocos de pedras a 697 m de altitude acima do nível do mar.

Setor 4: o setor da aresta da Escarpa da Bandeira. A 700 m de altitude partindo do esporão agudo do norte, a trilha passava pelo Ombro do Cambirela e seguia pela aresta (aresta norte/sul) da Escarpa da Bandeira, ladeada por precipícios, que causavam vertigem aos que não estavam habituados às alturas, até chegar finalmente à Pedra da Bandeira, a 800 metros de altitude, no local onde se encontravam os restos do avião e os corpos. A partir do dia 7 de junho, aquele monólito seria uma das principais referências e um marco do local do acidente. Desde o esporão norte, a trilha tinha aproximadamente 450 m de extensão até chegar à Pedra da Bandeira. Próximo a ela, outro local ficou conhecido popularmente como o "Lombo do Cavalo", de onde, por ser muito estreito, era possível avistar as encostas leste e oeste do morro bem abaixo dos pés.

Setor 5: cenário da tragédia. Esse local também ficaria conhecido como "Setor de Operações"; era ali onde se concentraram as etapas mais complexas, desgastantes e perigosas. Para alcançar os corpos na íngreme vertente leste, cordas de sisal torcido foram improvisadas como escadas e corrimãos. Quanto mais o tempo passava, mais se fazia necessário retirar imediatamente os corpos do Setor 5, pois já se passavam dezenas de horas desde o desastre aéreo. As baixas temperaturas do inverno ajudavam a reduzir a velocidade da decomposição e preservavam, em parte, os corpos para a identificação. Se o acidente tivesse ocorrido no verão, bastariam de 12 a 48 horas para acelerar a decomposição dos corpos, o suficiente para torná-los quase irreconhecíveis — as equipes de socorro nesse cenário sofreriam amargamente no corpo as consequências provocadas pelas altas temperaturas, como dores de cabeça, tonturas, desidratação, sede, esgotamento muscular, vômitos crônicos, diarreia, câimbras, entre outras.

Um dos grandes problemas que precisavam de solução urgente eram as transmissões ou comunicações. Por tratar-se de uma grande aérea acidentada e muitos homens envolvidos, as comunicações entre os setores no Morro do Cambirela eram muito deficientes, e por esta razão os oficiais chegaram a estudar a possibilidade de empregar telefones portáteis de campanha. As comunicações via telefone de campanha seriam realizadas por meio de um longo fio que era desenrolado de uma posição estratégica até a outra, nesse caso entre o Setor 5 (Setor de Operações no alto do Cambirela) e o Setor 1 (Base de Socorro da Guarda do Cubatão).

A energia para gerar a linha e possibilitar a fala era feita por meio de uma manivela. No entanto, ainda que fosse considerado um mecanismo de comunicação eficiente para a época, o emprego do telefone de campanha tornou-se inviável, pois o terreno era extremamente íngreme, longo e acidentado, sem falar no volume e peso desses equipamentos (pelo menos um dos telefones deveria ser transportado para o alto do morro, sem contar que os rolos de fios que seriam distribuídos ao longo da trilha na face norte poderiam romper-se facilmente).

O 14 BC contava com soldados sinaleiros-observadores, mas eles não foram empregados devido às nuvens que cobriam o alto do morro, o que comprometia a comunicação do topo do Morro do Cambirela com a Base de Socorro na Guarda. Como certamente isso não se deu, decidiu-se então que a comunicação se daria por meio de soldados mensageiros. No fim do primeiro dia de buscas e resgate, na Guarda do Cubatão os soldados que desceram a aresta norte do morro chegaram contando os horrores que haviam presenciado no cenário da tragédia (Setor 5). Incrédulas, as pessoas que estavam por lá, incluindo alguns familiares das vítimas e curiosos, em sua maioria, quase não podiam acreditar no que ouviam. Alguns socorristas já apresentavam sinais de fadiga extrema, enquanto outros procuravam a enfermaria com muitas queixas de mal-estar e náuseas. Naquela tarde, o vespertino *Diário da Tarde*[254] de Florianópolis foi o primeiro jornal catarinense impresso (e um dos primeiros do Brasil) a noticiar o acidente com o C-47 2023, com a seguinte manchete:

"Enlutada a Aviação Brasileira"

No Setor 5, no alto do Morro do Cambirela, os militares da Aeronáutica escalados para bivacar, ou seja, permanecer de forma temporária e improvisada dormindo ao relento, viravam-se como podiam buscando o maior conforto possível valendo-se das das formações naturais que o lugar oferecia, como reentrâncias, pedras, entre outros elementos que pudessem servir de abrigo (folhas de árvores e plantas, galhos ou até mesmo restos do avião, para construir um abrigo), pelo menos até a chegada das lonas "meia-praça". Cabia a esses homens a responsabilidade de proteger dos saqueadores o corpo das vítimas e o que restou das bagagens e da carga. Exaustos, sedentos, famintos, desabrigados e com frio, tinham certeza de

---

[254] N. 6.871.

que, durante o transcorrer da madrugada, a temperatura cairia ainda mais. Para aliviar a tensão, os soldados contavam apenas com alguns cigarros e, para aquecer-se do frio, uma garrafa de aguardente. Aqueles que não tinham o hábito de consumir álcool sentiram de imediato os efeitos da embriaguez. A ação conjugada da velocidade do vento com as baixas temperaturas resultava em uma sensação térmica quase que insuportável, considerando ainda que nem todos utilizavam as vestimentas adequadas para aquela situação e, para piorar, estavam encharcados. Se imaginarmos que os ventos predominantes no Cambirela por aqueles dias de inverno eram de 8 km/h, com temperatura perto dos 5º C, a sensação térmica estaria perto dos 2,5º C, o que é considerado como "risco leve". Por outro lado, se o vento chegasse a 24 km/h com a mesma temperatura (5º C), a sensação térmica cairia para -8º C e seria considerada como "risco moderado". Por último, com ventos a 48 km/h e ainda com a temperatura a 5º C, a sensação térmica cairia para -10º C, um índice considerado "perigoso"[255]. Durante o inverno, na aresta do Cambirela, onde a exposição aos ventos e as baixas temperaturas são constantes, sensações térmicas que beiram os graus negativos em dias chuvosos são facilmente atingidas, e os riscos de hipotermia são bem reais, ainda mais à noite. A perda do calor corporal resultava em um enorme estresse físico e emocional naqueles homens, pois sabiam eles que a hipotermia em estágios mais avançados poderia levar ao óbito.

Naquela noite, ao retornar para o quartel do 14 BC, o tenente-coronel Vieira da Rosa estava visivelmente preocupado, pois conhecia bem os riscos reais a que todos os envolvidos na operação estavam sujeitos. Tão logo chegou a seu gabinete, Vieira da Rosa reportou ao tenente-coronel-aviador Ernani Pedrosa Hardman, chefe do Estado Maior da 5ª Zona Aérea todas as ocorrências daquele dia, as principais dificuldades encontradas e as medidas que haviam sido tomadas para os trabalhos no dia seguinte.

No Rio de Janeiro, desde que soube do desaparecimento do C-47 2023 na tarde do dia 6, o ministro da Aeronáutica Armando Figueira Trompowsky de Almeida tinha grande preocupação em acompanhar com vivo interesse o andamento de todas as ações que foram tomadas para encontrar e resgatar o corpo das vítimas, bem como procurou disponibilizar todo o apoio necessário aos familiares. Ao longo da terça-feira Trompowsky, por meio da Agência Nacional, distribuiu aos jornalistas credenciados no gabinete ministerial o seguinte comunicado:

---

[255] Valores baseados no Índice ou Tabela de "Wind Chill", referentes à velocidade do vento e valores da temperatura do ar.

> *O ministro da Aeronáutica tem o profundo pesar de comunicar o acidente ocorrido a 6 do corrente com o avião C-47 2023, quando realizava o transporte normal do Rio de Janeiro a Uruguaiana. O avião acidentado foi localizado nas proximidades do Pico do Cambirela, tendo seguido socorro para o local.[256]*

Ao longo do dia 7, instituições e autoridades políticas e eclesiásticas também manifestaram profundo pesar pelo desastre. Ao chegar em casa, à noite, exausto e com o uniforme de cor cáqui da FAB completamente encharcado e enlameado, o 3º sargento da Infantaria Nacôr Oliveira Serapião, do DBAF, foi recebido sob os olhares assustados de sua esposa e seu filho, Literjar Gonçalves Serapião, de apenas 6 anos. Eles não faziam ideia de todas as provações e dificuldades que o sargento Serapião e seus companheiros tinham vivido naquele dia. Assim como os familiares do sargento Serapião, inúmeros outros familiares de civis e militares do 14 BC, da Polícia e do Corpo de Bombeiros receberam pai, esposo ou filho completamente faminto, exausto e enlameado dos pés à cabeça, mas com o grato sentimento de que tinha dado o melhor de si.

Enquanto isso, no Morro do Cambirela, às 23h 30min, após uma torturante subida e com louvável esforço, o 1º tenente Clito Veiga e o aspirante Marcio Agostinho Remor, acompanhados dos soldados do 14 BC, da Base Aérea, do Corpo de Bombeiros da Polícia Militar e de alguns civis, chegaram ao Setor 5, onde reforçariam a guarda com os elementos da Base Aérea que lá se encontravam. Os militares recém-chegados traziam consigo água, alimentos, mantas e lonas meia-praça para todos que ali pernoitariam. Munidos de lampiões, os socorristas conseguiram superar a escuridão e o temido paredão do Setor 3 da face norte. A partir daquele momento, haveria uma trégua. Mesmo diante de todas as adversidades, era preciso descansar, pois o dia seguinte seria carregado de muito trabalho.

Apesar do grande número de pessoas envolvidas na operação (aproximadamente 150 socorristas de Exército, Aeronáutica, Marinha, Polícia e Bombeiro Militar de Santa Catarina, Polícia Civil, CCCM, entre outros civis) e do gigantesco esforço para localizar os corpos, no fim do primeiro dia de buscas (dia 7), apenas 17 dos 28 corpos haviam sido localizados — restava encontrar 11, que seguiam desaparecidos, ocultos em meio às densas matas na vertente leste. Mesmo assim, nenhum corpo foi transladado para o 14 BC no Estreito naquele dia. Ao longo de todo o dia 7, as equipes de socorro limitaram-se a procurar e agrupar os corpos lado a lado em um pequeno

---

[256] A MANHÃ, Rio de Janeiro, 8 jun. 1949.

platô logo abaixo da Aresta da Bandeira, além de recuperar o que restou dos pertences de tripulantes e passageiros (documentos, bagagens etc.) e da carga. Em suma, de um modo ou de outro, todos os 28 mortos (localizados ou não) passariam a segunda noite consecutiva no alto do morro, desta vez porém, sob a guarda dos militares da FAB e do 14 BC.

Da Ilha de Santa Catarina e parte continental, ao longo do dia a população observava apreensivamente a silhueta do Cambirela, com seu cume fustigado por relâmpagos e trovões e envolto por densas camadas de nuvens, que conferiam um ar sinistro e misterioso ao lugar. A impressão que algumas pessoas tinham era de que o morro queria ocultar-lhes toda a destruição e o sofrimento que havia por lá. Naquela manhã do dia 7, primeiro dia de busca e resgate, quando as primeiras equipes de socorro subiram rumo ao Cambirela, familiares, autoridades e a população em geral imaginavam que até a meia-noite daquele dia todos os corpos estariam recolhidos na Base de Socorro na Guarda do Cubatão. Ninguém fazia ideia da complexidade que um resgate daquela natureza exigiria. Na verdade, o tormento das autoridades, dos familiares, dos amigos e de todos os envolvidos direta ou indiretamente com aquela situação estava apenas começando.

6.5 SETOR 5

Quarta-feira, dia 8

Às 3h da madrugada, o incansável 2º tenente Alberto dos Santos Lima Fajardo, comandante da 1ª Cia. do 14º Batalhão de Caçadores, retornaria pelo segundo dia consecutivo ao Morro do Cambirela, dessa vez acompanhado de um novo grupo, formado por 30 homens, com objetivo de atingir o pico com os primeiros raios de sol. Diferentemente do primeiro dia, quando a primeira turma, formada por aproximadamente 80 socorristas, deixou o quartel para enfrentar um cenário completamente desconhecido, desprovida de equipamentos e insuficientemente alimentada, agora a nova turma de militares seguia para o Cambirela motivada e sentindo-se mentalmente preparada para enfrentar todas as adversidades que encontrassem pelo caminho, afinal, já tinham informações sobre o terreno e as dificuldades que enfrentariam; além disso, podiam contar com um bom suporte logístico na Base de Socorro da Guarda do Cubatão, que incluiria o serviço de alimentação e enfermaria, além dos equipamentos necessários para as tarefas de regate, tais como lonas e cordas de sisal (para embrulhar, içar e transportar os corpos).

Às 4h 30min, após os preparativos na Base de Socorro, o tenente Fajardo e seus homens iniciaram a extenuante subida noturna da face norte do Cambirela em meio a muita lama e trilhas que pareciam verdadeiras corredeiras. Assim como outros oficiais e praças do DBAFL e do 14 BC, Fajardo era um atleta, e isso fazia uma grande diferença no momento de liderar aqueles homens diante das dificuldades que o Cambirela impunha. Além do mais, escalar por dois dias consecutivos aquele gigante com idade próxima a 590 milhões de anos, envolto por matas, lama, granito e basalto, não era tarefa para qualquer um. Para poder realizar essa façanha com sucesso, era preciso contar com um excelente condicionamento físico e muita atitude mental. Outro grande atleta era o capitão Nelson Carpes, da Base Aérea de Florianópolis, um destacado jogador de basquete que competia pela Caravana do Ar Esporte Clube do DBAFL e que também fazia parte da operação de busca e resgate, além de ser responsável pelo Inquérito Policial Militar da Aeronáutica.

No alto do Cambirela, os homens que passaram a noite no Setor 5 puderam contemplar entre as nuvens de um céu pesado e cinzento o nascer do sol ao leste sobre a amplidão do mar. Raro e belo espetáculo observado daquela altura, que compensou a noite fria e sombria que pareceu durar uma eternidade.

Perto das 7h 15 min, o tenente Fajardo e seus homens chegaram ao Setor 5 acompanhados de reforços da Base Aérea e do Corpo de bombeiros. Lá foram recebidos pelo aspirante Remor. A maioria dos socorristas estava encarando aquele chocante cenário pela primeira vez, e até mesmo os homens mais aguerridos, habituados com os rigores dos treinamentos militares, ficaram comovidos diante daquele quadro desolador e horripilante.

É importante lembrar que algumas das mais expressivas conquistas e vitórias da FEB durante a Segunda Guerra Mundial deram-se exatamente em terreno montanhoso na Itália, com destaque para Monte Castelo (ocorreu entre novembro de 1944 e fevereiro de 1945) e Montese. Graças aos militares da 1ª Divisão de Infantaria Expedicionária, as últimas resistências alemãs foram definitivamente derrotadas. Entre os militares do 14 BC que fizeram parte da FEB na Itália estavam o 2º sargento Dionísio Crema (IG 301901), da CCS, que serviu na Itália no 11º Regimento de Infantaria da FEB no período de 22/09/1944 a 04/09/1945; bem como o terceiro-sargento Silvio Caetano Marques (5G 23977) da CMM, que recebeu a medalha Cruz de Combate de 1ª Classe por haver combatido em Colecchio, e serviu no 11º Regimento de Infantaria da FEB de 22/09/1944 a 17/09/1945.

Certamente a experiência em ambiente montanhoso na Europa e o exemplo destes dois ex-combatentes serviram de inspiração para os jovens soldados do 14º Batalhão de Caçadores.

Nas primeiras horas da manhã, no quartel do 14 BC, o subcomandante-major Álvaro Veiga Lima recebeu de Curitiba um radiograma do general Newton Estilac Leal, comandante da 5ª Região Militar, em caráter urgente. O referido telegrama era destinado ao tenente-coronel Paulo G. W. Vieira da Rosa, subcomandante do 14 BC, que naquele momento seguia para Palhoça em companhia do comandante do DBAFL Raphael Leocádio, para juntos acompanharem de perto o segundo dia de busca e resgate na Base de Socorro da Guarda do Cubatão. Basicamente o telegrama informava que, conforme ordem do então Exmo. Sr. Ministro de Guerra, o general Canrobert Pereira da Costa, o 14 BC deveria providenciar o enterro do aspirante a oficial Carlos Rufino (passageiro do C-47 2023) em Florianópolis, de acordo com o desejo da família, já que esta não tinha condições financeiras para arcar com as despesas do translado do corpo e até mesmo já havia empregado os poucos recursos em um voo comercial para Florianópolis[257]. Em resposta ao radiograma, Álvaro Veiga Lima informou que as providencias já haviam

---

[257]   Conforme radiograma publicado no *Boletim Diário* n.º 128 do 14 BC, em 13 de junho de 1949, p. 562.

sido tomadas *incontinenti* e pessoalmente pelo próprio tenente-coronel Vieira da Rosa, cujos elementos a quem comandava foram os primeiros a localizar o avião sinistrado. Informou também que os respectivos corpos das vítimas haviam sido localizados na terça-feira, dia 7, aproximadamente às 15h, em local de dificílimo acesso e que, apesar de até aquele momento terem sido empregados cerca de dois terços do efetivo do 14 BC, nenhum dos corpos ainda havia sido transportado para o Quartel do Estreito. Por fim, o subcomandante Álvaro Veiga Lima informou ao general Estilac Leal que Vieira da Rosa, acompanhado de vários oficiais, estava na Guarda do Cubatão providenciando a remoção dos corpos[258].

Ainda no quartel do 14 BC, como o tenente Albuquerque e o aspirante Ari Capella haviam realizado um excelente trabalho no dia 7, foram designados pelo Comando para prosseguir com o atendimento aos familiares bem como com as providências necessárias para receber os corpos, que seriam transladados para o quartel naquele dia. A morgue e a sala de identificação, recomposição e embalsamamento já estava provisoriamente instalada no pavimento térreo do Pavilhão Jerônimo Coelho, localizado entre a Alameda Marechal Mallet e o Pátio de Formaturas Coronel Fernando Machado, onde a equipe médica aguardava com grande aflição a chegada dos primeiros corpos. No mesmo prédio, no segundo pavimento, onde poucos meses antes havia sido inaugurado o Salão de Recreação do 14 BC (e que antes abrigava a 2ª Cia.), foi instalada de forma improvisada uma câmara ardente. Do outro lado do referido prédio, ficava o alojamento dos soldados e, no primeiro andar, a banda de música.

No alto do Cambirela, no Setor 5, sem perder tempo, os socorristas deram início ao içamento dos corpos, que já haviam sido preparados na tarde de segunda-feira, dia 7, e ainda se encontravam na vertente leste. A partir dali, o trabalho de escalonamento nos Setores 5, 4, 3, 2 e 1 seria posto à prova. Em meio a tanto trabalho, os socorristas não conseguiam disfarçar a preocupação com as turmas que haviam iniciado a escalada às 15h 30min no dia anterior, terça-feira, dia 7, subindo o Cambirela da Praia de Fora por meio do falhamento da face sudeste, e até aquele momento ainda não haviam aparecido. Tratava-se dos grupos formados pelo capitão Jaldyr e seus homens do 14 BC; do 1º tenente-médico Dr. Nóbrega e seus homens do DBAF (entre eles o eletricista civil Lauzindo Severiano Machado); e dos membros do Clube de Caça e Tiro Couto de Magalhães.

---

[258] *Idem.*

Mas, tão logo começaram a surgir as preocupações com esses agrupamentos, eis que surgem às 9h 30min de quarta-feira, dia 8, fisicamente exaustos, famintos e psicologicamente abalados pela péssima experiência vivida. Enquanto as demais equipes de socorro levavam 3 horas para superar a trilha da face norte, aqueles homens levaram praticamente 18 horas para chegar ao alto da Escarpa da Bandeira subindo pela face sudeste. Analisando pela Praia de Fora os destroços do avião, eles acreditaram que subindo pela face sudeste reduziriam consideravelmente o tempo de marcha em relação à subida pela Guarda do Cubatão na aresta norte e que chegariam aos destroços antes do comandante Vieira da Rosa e seus homens. Estavam completamente equivocados.

Vários fatores dificultariam a vida daqueles socorristas, a começar pelo peso das mochilas e bornais que levavam com mantimentos (água e alimentos enlatados), além do peso e volume das cordas e lonas. A distância para alcançar a Escarpa da Bandeira era muito maior partindo da Praia de Fora pela trilha da face sudeste do que partindo da Guarda do Cubatão pela face norte; além disso, a mata era densamente fechada e exigia um enorme esforço físico para transpô-la (principalmente quando se transportam volumes como mochilas e cordas, que enroscam o tempo todo nos arbustos) e consequentemente elevado consumo de energia. Para agravar a situação, as encostas no setor do falhamento geológico na face leste eram bem repletas de locais perigosamente escarpados, com muitas cachoeiras tomadas por grandes volumes d'água, devido às chuvas constantes. Basta dizer que o falhamento no setor sudeste do Cambirela é um local úmido, frio, escorregadio, com diversos trechos privados de luz natural, mesmo durante o dia. Um dos piores cenários que alguém poderia encontrar naquela proeminência de rocha em pleno inverno, quando os dias são mais curtos (o nascer do sol ocorria às 6h 40min, e o pôr do sol às 17h 30min). Caçadores como Lauro Batistotti conheciam apenas as encostas da parte baixa do Morro; eles nunca haviam escalado a face leste ou a sudeste. Portanto, ao observar o Cambirela pela Praia de Fora, todos, militares e civis, foram induzidos pelo gigantesco falhamento que de longe parece uma grande estrada desimpedida da densa vegetação que ocorre por aquelas encostas (o que de fato é, em alguns trechos). O grande problema eram trechos verticais com imensos paredões.

Além disso, considerando que os socorristas iniciaram a subida tarde, às 15h 30min, eles tinham pouco mais do que duas horas de luz natural. Ao anoitecer, em meio à mata escura e sem muitas opções diante de um terreno difícil e sem contar com lampiões, já que não imaginavam que seriam forçados a estender seu tempo no alto do Cambirela, os socorristas tiveram que parar e aguardar até as primeiras horas do dia seguinte. Insistir na jornada subindo ou descendo a íngreme face sudeste completamente às cegas seria muito arriscado. Apesar dos contratempos, pelo menos aqueles homens tinham água, comida e lonas para se abrigarem durante a longa noite chuvosa e fria. Assim, com o surgir dos primeiros raios de sol, conseguiram prosseguir a jornada, atingiram a Escarpa da Bandeira pelo setor sul e finalmente chegaram ao local do sinistro.

Com a chegada do Dr. Nóbrega e dos demais integrantes, o tenente Fajardo transferiu-lhe o comando das operações no Setor 5. Apesar de todas as dificuldades que o Dr. Nóbrega e seus homens, assim como o pessoal do Clube de Caça Couto Magalhães, haviam enfrentado ao escalar a face sudeste, como passar a noite na mata e da extrema fadiga, eles não fugiram às suas responsabilidades; entregaram-se com afinco ao compromisso de cooperar com seus semelhantes. Agora os oficiais do 14 BC haviam traçado uma nova estratégia: ao longo do dia seriam enviados reforços para os cinco setores operacionais dispostos ao longo da trilha da face norte do Morro do Cambirela para substituir os socorristas cansados.

Na Guarda do Cubatão, entre centenas de curiosos, estava Gedalvo José Passos, 22 anos, morador do centro de Palhoça, que havia encontrado uma maneira de driblar a guarda e acessar a trilha da face norte. Mesmo com todas as restrições, muita gente deu um jeito de subir e descer. A trilha da face norte lembrava um formigueiro. A presença de paisanos curiosos no local do desastre atrapalhava e incomodava os militares. Qualquer civil desavisado que aparecesse naquele local era imediatamente "convidado" a ajudar na remoção dos corpos. Foi o que aconteceu com Gedalvo. Quando ele mal colocou os pés no alto do morro, um oficial do 14 BC perguntou-lhe:

> — *O que você veio fazer aqui gurizão?*
>
> — *Eu? Vim dar uma olhada.*
>
> — *Aqui não se olha, aqui se trabalha!*

Sentindo-se envergonhado, Gedalvo questionou:

> — *Mas o que eu posso fazer?*

Secamente, o oficial respondeu:

> — *Espera aí!*

Logo surgiu um grupo de soldados que chamou o curioso jovem e lhe ofereceu a ponta dianteira de uma padiola de ombro para que ele lhes ajudasse a transportar um cadáver morro abaixo. Assustado com o terreno acidentado e com a situação, Gedalvo confessou que se sentia fraco e não tinha condições de ajudar.

— *Então não tem problema* — gritou um sargento que observava tudo próximo dali.

Em seguida, foi até um canto, embrulhou uma perna de uma das vítimas, amarrou bem e entregou o macabro fardo para Gedalvo dizendo:

— *Aqui ninguém desce sem trabalhar!*

Mais assombrado ainda com a situação e sem ponderar, colocou o fardo nas costas e iniciou a descida sem olhar para trás, acompanhado de perto por outros militares que também transladavam restos mortais. Esse grupo chegou à Base da Guarda do Cubatão perto das 16h. O local agora estava tomado por familiares que insistiam em subir o morro para ver seus entes queridos. À medida que chegavam à Base de Socorro, os fardos/padiolas com os cadáveres eram colocados lado a lado e não podiam ser abertos sob nenhuma hipótese, apesar dos protestos dos familiares. Quando Gedalvo chegou à Guarda, entregou o embrulho e, muito assustado e arrependido, decidiu escapar furtivamente quando o comandante Paulo Vieira da Rosa anunciou:

— *Ei, você! Pegue ali um cantil com água, uma lata com goiabada e suba novamente...*

— *Mas eu não quero subir mais...*

— *Tu não veio para trabalhar? És um guri novo, pode subir!*

Conhecedor dos caminhos do Cambirela, pois sempre que podia ia para lá, o jovem paisano apanhou o cantil e a goiabada sem questionar e seguiu calado pela trilha, mas, ao chegar ao meio do mato, vendo-se desacompanhado, abandonou o cantil e correu para a chácara do Vadinho, que ficava a poucos metros de onde ele se encontrava. Ao abrir a picada sem facão no meio da mata fechada, ficou levemente ferido, com pequenos arranhões, cortes e perfurações. Depois da frustrada experiência, o jovem Gedalvo foi para casa no centro de Palhoça, onde permaneceu por três dias, sentindo-se péssimo e sem poder dormir direito, atormentado pelas lembranças vividas no Morro do Cambirela. Durante muitos anos, Gedalvo seguiria revelando a seus familiares e amigos o que viu lá no alto do morro: um cenário de guerra, onde terra, pedra e metal retorcido se misturavam aos corpos estraçalhados. Por várias vezes teve pesadelos. Aquela experiência marcaria a sua vida para sempre.

A operação de remoção dos corpos era muito complexa. Para chegar até o quartel do 14 BC, cada uma das vítimas passava pelo seguinte processo: no Setor 5, a aproximadamente 30 m abaixo da aresta norte/sul, um grupo de homens localizava os corpos (ou segmentos corporais, que jaziam espalhados ou ocultos entre o matagal ou entre as saliências rochosas) e agrupava-os lado a lado apoiados em árvores, arbustos ou blocos de pedra, para que não rolassem encosta abaixo, dada a elevada declividade do terreno. Em seguida, os restos mortais eram envolvidos com o encerado "meia-praça" das barracas de campanha ou com tecido de serapilheira[259]. Na sequência, um a um, os funestos "fardos" eram atados a uma resistente corda de sisal torcida e içados pela vertente leste por aproximadamente 30 metros, por meio da força braçal de vários soldados que se acotovelavam no alto da aresta norte/sul. Logo no alto, na Escarpa da Bandeira, outro grupo de homens se encarregava de receber os corpos e colocá-los sobre macas, padiolas portáteis de lonas ou amarrá-los em padiolas de ombro valendo-se de um pedaço de galho de árvore (o mais reto e robusto possível). Cada extremidade (frente e trás) do galho era sustentada por dois socorristas que transportavam o corpo em sistema de revezamento, geralmente em grupos de no máximo seis homens. Do Setor 5, os militares seguiam em grupo descendo para o inicio do Setor 4, e lá entregavam os despojos para os militares daquela seção retornando imediatamente encosta acima para recolher o próximo corpo no Setor 5. Os do Setor 4 repetiam o processo entregando o fardo para os socorristas do Setor 3, e assim sucessivamente, até que o corpo chegasse finalmente ao Setor 1 na base do morro.

O Comando chegou a cogitar a possibilidade de que, ao resgatar os corpos na face leste, os socorristas pudessem descer por esta até chegar à velha estrada Imbituba-Florianópolis (atual BR-101), que ficava na base do morro, na comunidade do Furadinho. A ideia era louvável, pois, além de evitar o enorme desgaste físico para içar os corpos escarpa acima, os homens poderiam acelerar o tempo do resgate enviando os corpos diretamente para baixo. No entanto, essa segunda alternativa foi também descartada, principalmente porque não havia nenhuma picada e a mata era muito densa, além disso o terreno era praticamente desconhecido pelos socorristas, que até sabiam que alguns saqueadores haviam se evadido pela face leste, mas de fato optaram por não se arriscar. Abrir uma nova picada em uma mata tão

---

[259] Manta ou tecido grosseiro usado, por exemplo, para fazer sacos. O mesmo que aniagem.

densa e virgem estava fora de cogitação naquele momento. Mal sabiam os militares que, na verdade, a descida pela face leste teria sido a escolha mais acertada por ser o caminho menos vertiginoso, se comparado às rotas das faces sudeste (via falhamento natural, por onde subiram o capitão Jaldyr, 1º tenente-médico Dr. Nóbrega e os membros do Clube de Caça e Tiro Couto de Magalhães) e norte, principalmente no Setor 3, que era o mais temido de toda a jornada por ser o trecho mais íngreme e exposto.

De volta à face norte, onde os soldados desciam com os cadáveres, a penosa descida ocorria basicamente de três maneiras. As duas primeiras, mais dignas eram: 1) a técnica similar à empregada no alpinismo chamada "segurança pela cintura" ou "segurança pelo corpo", só que nesse caso, em vez de um escalador na ponta da corda para escalar ou baixar, havia um pesado fardo contendo um cadáver para descer. Basicamente a corda de sisal era passada pelas costas do socorrista na altura da cintura, uma das mãos funcionava como "mão guia" e a outra como "mão freio". Como as cordas eram mais grossas, o atrito gerado no corpo do assegurador (socorrista) era o suficiente para frear a descida do corpo parede abaixo. 2) Em alguns casos, ainda nos trechos mais íngremes, os soldados desciam com fragmentos dos cadáveres atados ao corpo, mais precisamente pendurados na cintura. O soldado do 14 BC Maurino Espíndola foi um destes homens — esse momento, assim como o dos saques, ficou para sempre gravado na sua memória.

Existem, porém, relatos narrando que, dado o esgotamento físico e mental, alguns socorristas (principalmente os que atuavam no Setor 3), em uma medida desesperada, soltavam os corpos das bordas do paredão e recuperavam-nos na base da parede, seguindo até a próxima borda, onde as manobras se repetiam. Esse fato fica quase evidente nas "entrelinhas" do relatório de Vieira da Rosa: *"A descida dos despojos pela trilha íngreme, escorregadia, cheia de troncos, caldeirões, pedras, sem arrimos, era sem dúvida uma odisseia, principalmente quando o respeito pelos despojos mais agravava..."*[260]

Como medida desesperada para reduzir o tempo de contato com aqueles corpos em adiantado estado de decomposição, alguns soldados, carentes de recursos materiais e longe dos olhares e da supervisão dos seus superiores, cometiam atos muitas vezes impensados, motivados mais pelo desespero diante da dramática situação a qual estavam sendo submetidos do que pela razão. Ninguém dizia uma só palavra sobre o lançamento dos corpos, mas não era necessário: os olhares de reprovação de uns e do profundo sentimento de arrependimento e vergonha de outros falavam mais alto.

---

[260] REVISTA DE ENGENHARIA MILITAR, ano 13, jan./fev. 1950. p. 39.

O soldado João Alberto Ribeiro, radiotelegrafista da Base Aérea, foi um dos militares que trabalharam no Setor 3 e resume o que viveu lá: *"Onde ficava impossível descer com os encerados nas costas, a gente deixava eles irem rolando morro abaixo, por uns 40 ou 50 metros. Depois pegava de novo, rolava mais adiante, e assim ia"*[261].

Se o Setor 3 era considerado um dos mais difíceis e perigosos, o Setor 1 era exatamente o contrário. Além de possuir terreno praticamente plano e um trecho relativamente curto com aproximadamente 600 metros, os socorristas que atuavam ali ainda podiam contar com o auxílio de cavalos e muares trazidos por moradores das redondezas e do próprio 14 BC. Uma padiola (ou banguê, espécie de padiola feita de cipó trançado) era amarrada no lombo do cavalo e conduzida até outro ponto onde um ou dois corpos eram transferidos para o carro de boi[262] dos irmãos Mário Medeiros e José Manoel Medeiros, até finalmente chegarem à Base de Socorro próximo à Ponte da Guarda do Cubatão. Nesse local os corpos eram novamente colocados lado a lado, até serem transladados por ambulâncias do 5º DN, do 14 BC ou até mesmo no caminhão Chevrolet posto à disposição do 14 BC pelo HMF. O trajeto era de aproximadamente 30 km até o quartel do 14 BC no Estreito, onde eram entregues na morgue improvisada para limpeza, reconhecimento e embalsamamento (um método de conservação total e permanente) e posteriormente colocados à disposição dos familiares em câmara ardente.

No quartel do 14 BC, já funcionava uma espécie de central de atendimento psicológico e religioso aos familiares, amigos das vítimas e imprensa. Como não havia câmaras frias suficientes nos necrotérios dos hospitais de Florianópolis, os corpos que se encontravam na morgue do 14 BC recebiam elevadíssimas aplicações de formol. Considerando que o tempo decorrido entre a morte das vítimas (06/06) e o sepultamento seria superior a cinco dias (alguns corpos seriam sepultados praticamente uma semana após o acidente, nos dias 10, 11 e 12/06), os corpos precisavam ser preparados para os eventos prolongados que estavam por vir: velórios com exposição pública (com ataúdes fechados e lacrados), homenagens no 14 BC e na Base Aérea, translado de carro (para o Destacamento da Base Aérea) e translado interestadual de avião para as cidades de origem, onde ocorreriam novos velórios e homenagens.

---

[261] Depoimento do soldado João Alberto Ribeiro ao jornal *AN Capital* de Florianópolis de 24 de outubro de 1999, p. 4 e 5.

[262] Era um costume na região colocar a dispor das famílias enlutadas o carro de boi para o transporte de defuntos até o Cemitério da Enseada do Brito.

Cabia aos oficiais do Exército major-médico Dr. Sérgio Fontes Jr., diretor do Hospital Militar de Florianópolis; e 1º tenente-médico Dr. Antônio Carlos Lopes Gomes dos Santos, chefe da Formação Sanitária do 14 BC, fazer a identificação e recomposição dos corpos. O embalsamamento ficaria sob a supervisão do médico legista Fernando Wendhausen. O 1º tenente-médico da Aeronáutica Paulo de Oliveira Prates, do Hospital Militar de Canoas, encarregar-se-ia da emissão dos laudos periciais e do atestado de óbito. Auxiliavam o 1º tenente-intendente da FAB Eduardo de Oliveira Bastos; o 1º tenente-aviador Décio Leopoldo de Souza; o sargento de Saúde Pompilio, da FSR do 14 BC; o sargento Waldemar, do HMF; e os médicos da FAB: 1º tenente-médico Antônio José Nóbrega de Oliveira ou Dr. Nóbrega; 1º tenente-médico Tito Lívio Job (um dos médicos que assinaram as certidões de óbito); e 1º tenente intendente Pedro Richard Neto. Todos trabalharam incansavelmente dia e noite a fim de devolver, de forma digna, os corpos aos familiares.

Como se tratava de um desastre fechado[263] (avião, trem, ônibus etc.), onde existe uma lista de passageiros, o processo de identificação dos corpos tornava-se relativamente mais ágil, porém não mais fácil (pelo menos, não no caso das vítimas do Cambirela). Segundo a ficha médica de acidente elaborada pela comissão da 5ª Zona Aérea que investigou o acidente, o reconhecimento dos corpos deu-se da seguinte forma:

Fardamento: os militares em trânsito viajavam fardados, portanto as roupas com distintivos, insígnias, nome, posto, arma (FAB, EB etc.) ajudaram no processo de identificação. É o caso do 3º sargento Orlando A. Borges (identificado pela divisa de 3º Sargento, especialidade Q RT (Quadro de Radiotelegrafista) e iniciais de seu nome: O. B.); do aspirante Carlos Rufino Rabelo (uniforme do EB); do 3º sargento Antônio S. Nems (identificado pelo n.º 360 bordado na camisa e reconhecido pelo pai como sendo o número que usava quando aluno); de Francisco Antônio (uniforme de paraquedista do EB); do 3º sargento João A. Ribas (pelas iniciais J.R. na roupa de baixo); do taifeiro Jair L. Amaral; do cabo José S. Frutuoso (uniforme de fuzileiro naval); e do soldado de 2ª Classe Agenor Silva.

Foram reconhecidos pelos familiares (graças às roupas que as vítimas traziam), os civis: Nelson R. da Cunha; Wilma Neves; Maria L. Campelo; e Mauricio Cysneiros.

Foram identificados pelos documentos de identidade encontrados com o corpo: o 1º tenente Carlos A. Freitas Lima; o 1º tenente Miguel Sampaio; o aspirante Cristovan F. de Luna Freire; e o 3º sargento Deodato C. Haag.

---

[263] Desastres abertos são provocados por causas naturais como enchentes, avalanches etc.

Foram reconhecidas pelas alianças (um método não científico, mas bem aceito naquela época), as senhoras: Lorena (nome do esposo: Hugo) e Elizabeth (nome do esposo: Waldir).

Foi reconhecido por causa do envelope de pagamento da FAB que trazia consigo: o 3º sargento Ciloy J. Pedroso.

O 2º tenente Damião Capobianco foi identificado por sua esposa, Maria da Graça Ribeiro Freire Capobianco, por seu irmão Bayard Ribeiro Freire e pelo 1º tenente-médico da FAB Dr. Prates. O 2º sargento Villas Bôas, identificado pelo 1º tenente Decio Leopoldo de Souza. O 1º tenente Rosenthal Gonçalves, identificado pelo Dr. Prates e pelo Dr. Givaldo Gomes Padilha. O 2º tenente Pedro A. Scheffer, identificado pelo Dr. Décio. O 2º sargento Olavo de Assis, identificado pelo 1º tenente Dr. Nóbrega. E a menor Maria Regina, identificada pelo 1º tenente intendente da FAB Pedro Richard Neto.

Por fim, o sargento Haroldo de Oliveira foi identificado por ser o último corpo a ser encontrado. Olívio Lopes, por ser o último civil que faltava ser identificado. E Lorena, como última criança que faltava ser identificada.

Apesar da morte violenta, os corpos não foram submetidos a autópsia por causa do adiantado estado de decomposição e principalmente pela urgência em devolvê-los aos familiares. Após o embalsamamento, os corpos foram colocados em urnas de zinco, que foram soldadas (lacradas) e depositadas dentro de caixões de madeira (esquifes). Posteriormente, os corpos foram conduzidos por grupos de soldados para o segundo andar do Pavilhão Jerônimo Coelho, ainda no quartel do 14 BC, para finalmente serem velados pelos familiares, encerrando assim a dolorosa espera.

Esse processo longo e penoso foi repetido com cada uma das vítimas do Douglas C-47 2023, à medida que elas iam sendo retiradas das entranhas do Cambirela.

> Não poucos eram os afazeres anormais do Quartel vazio quase de gente pois que tudo ia sendo lançado a aba do sinistro morro. Os trabalhos rudes do embalsamamento, o transporte dos despojos, a preparação das urnas zincadas, a guarda e o contato constante com os parentes ansiosos de quem se devia ocultar o esfacelamento de seus queridos entes para só lhes mostrar depois de recompostos e embalsamados. Mil e uma solicitações, as mais variadas caiam sobre os que dirigiam a

retaguarda e que deveriam ser atendidas pois se combatia célere contra a inexorável decomposição[264].

Entre os primeiros corpos que chegaram ao 14 BC no dia 8, estavam os de Wilma Neves e sua pequena filha Maria Regina, que após embalsamadas seguiram imediatamente em um carro fúnebre acompanhado de um pequeno cortejo até a Base Aérea de Florianópolis, e de lá seguiram em um C-47 da FAB para Porto Alegre, onde eram esperadas por familiares e amigos.

Sobre os trabalhos de busca e resgate dos corpos no Setor 5 no Morro do Cambirela, o jornalista João Frainer, então com 48 anos, descreveu-os como a "EPOPÉIA DE TRANSLADAÇAO DOS CADÁVERES":

> Sim, uma epopéia. Não há outro nome que melhor traduza o trabalho realizado, em virtude dos terríveis acidentes do terreno, da exiguidade de espaço para agir e dos perigos que a todo o instante ameaçam engolir o homem. Com vagar, com cuidado, com esforço inaudito, os corpos foram levados até o paredão. Não esqueçam os leitores, que o morro não tem maior largura do que um metro e que portanto não há lugar para muitos homens se juntarem e fazerem força em comum. Não. Um quase não pode ajudar o outro, porque ambos se arriscam a rolar morro abaixo. Imaginem agora, o trabalho, a ingente, a inacreditável tarefa de erguer aqueles corpos a uns doze metros, subindo por um caminho em espiral, onde a muito custo passa. uma pessoa. Simplesmente obra sobre-humana[265].

Objetivando atender à demanda, o 14 BC começou a distribuir dois tipos de alimentação para os homens envolvidos na operação:

1. Os homens que não podiam abandonar os seus postos no alto do Cambirela, portanto tinham que ter algo sempre à mão para "ludibriar" a fome, receberam, já na chegada à Base de Socorro na Guarda do Cubatão, uma lata de goiabada e outra de legumes ou carne (sardinha ou salsicha), pão e chocolate, que eram de fácil transporte, fácil consumo, não perecíveis e de considerável aporte nutricional, além de cigarros Balisa, Bolívar, Liberty, Astória, Elmo, Belmont, Continental e Hollywood (marcas citadas nos boletins do 14 BC). Além dos maços de cigarros, garrafas de aguardente continuavam sendo distribuídas, a fim de manter o moral dos homens elevado. Isso ajudava a aquecer e esquecer, mesmo que

---

[264] REVISTA DE ENGENHARIA MILITAR, ano 13, jan./fev. 1950. p. 40.

[265] A GAZETA, n. 3.457, 15 jun. 1949. p. 2.

por alguns instantes, o frio e amenizava em parte o sofrimento daqueles homens diante do macabro trabalho. Tudo era entregue diretamente aos soldados, que guardavam o alimento no bornal, na mochila ou nos bolsos do uniforme para que fossem consumidos como e quando o desejassem ao longo do dia.

2. Para os homens que podiam descer até a Guarda do Cubatão, as refeições eram preparadas no carro-cozinha do 14 BC. Eram refeições simples, servidas quentes em marmitas portáteis. Esse tipo de refeição proporcionava maior motivação aos homens, pois oferecia maior variedade de sabores. Não há nada melhor para manter o moral de uma tropa elevado do que uma refeição nutritiva e quente em um dia chuvoso e frio.

Alguns moradores das redondezas mobilizaram-se como podiam para auxiliar os civis envolvidos na operação, fornecendo roupas e comida (carnes de caça, peixes frescos, frutas e verduras colhidas nas roças nas imediações). O jantar dos militares era servido apenas no Quartel do Estreito.

À medida que as condições meteorológicas se tornavam cada vez mais agressivas e extremas, a trilha, já enlameada e escorregadia, exigia das equipes de socorro um esforço sobre-humano. Mesmo enfrentando todo tipo de adversidade, os deslocamentos entre a Base de Socorro da Guarda do Cubatão (Setor 1) e a Pedra da Bandeira (Setor 5) eram realizados por muitos militares e civis em apenas três horas, um excelente tempo, se considerarmos a distância de cerca de 3,5 km e o desnível de aproximadamente 800 m, além das demais dificuldades impostas.

Não bastasse o mau tempo, os perigos do terreno (íngreme e instável), a densa vegetação, pedras soltas, a fome, a sede, o frio e a estafa, muitos soldados acabavam se desidratando de tanto vomitar. Ao consumir a água coletada das chuvas sem fervê-la, muitos homens sofreriam mais tarde baixas hospitalares em função de febre tifoide, doença bacteriana aguda, causada pela *Salmonella enterica sorotipo Typhi*. Temendo a proliferação de bactérias, desde o dia 7 um pequeno caminhão carregado com tonéis de desinfetantes ficou à disposição dos socorristas na Base de Socorro da Guarda do Cubatão para que pudessem lavar as mãos sempre que concluíssem os trabalhos de transladação.

No transcorrer dos dias, ao encerrar as tarefas de socorro, os homens voltavam desesperados por água potável e com uma urgente necessidade de banharem-se. Nesse caso, o Rio Cubatão do Sul era o local perfeito para um banho improvisado e para ao menos tentar "desencardir" as roupas. Eram medidas angustiantes para se livrar das emanações pútridas que os socorristas eram obrigados a suportar por horas seguidas. Apesar de todas essas tentativas, o mau cheiro ficava impregnado nos uniformes e até nas roupas de baixo, tornando-os praticamente inutilizáveis. No fim da missão, muitos uniformes precisaram ser incinerados. Era praticamente impossível encontrar tempo para lavar e desinfetar bem todos os equipamentos, roupas e veículos utilizados para o transporte dos corpos em meio àquele caos.

Havia outros problemas, como a falta de materiais básicos de proteção, como luvas ou calçados adequados, nem sempre era possível realizar a higiene básica (por exemplo, lavar as mãos com frequência). Ao manusear os corpos, os socorristas corriam o risco de contrair a hepatite B e C, tuberculose, além de doenças que causavam diarreia, sem falar que alguns socorristas sofreram ferimentos perfurocortantes enquanto removiam os destroços do avião.

Além de tudo, existia o risco de serem picados por animais peçonhentos, como cobras jararacas, jararacuçus e corais. Esses ofídios infestavam a região naquela época (existem relatos de que, entre 1946 e 1947, um único morador matou 68 cobras venenosas, que variavam entre 40 cm e 1,5 m, prática condenável nos dias de hoje), sem falar de aranhas, vespas, abelhas e até mesmo de mosquitos transmissores da malária, doença que havia sido amplamente combatida nas décadas de 30 e 40 em diversas regiões do país (entre elas, o litoral catarinense e as encostas da Serra do Mar); e do incômodo com moscas e larvas.

Para completar, as matas do Cambirela são infestadas de plantas espinhosas, cortantes ou urticantes. Entre as plantas que mais dificultavam o avanço dos socorristas no interior da mata, estava o carazal (taquarinhas perfurocortantes), a samambaia-das-taperas, a taquara-lixa e o capim-navalha, também conhecido como capação (suas folhas possuem cerdas laterais extremamente cortantes), além das plantas tóxicas que produzem sementes ou frutos que, por serem desconhecidos pelos famintos homens, acabaram sendo ingeridos.

A somatória de todos esses perigos, além dos traumas psicológicos, como ansiedade, pesadelos, insônia, depressão, medo fóbico, lembranças perturbadoras, transtorno de estresse pós-traumático etc., resultou em diversos incidentes, acidentes e consequentemente em baixas hospitalares. Vários socorristas foram parar no Pronto-Socorro da Guarda do Cubatão, nas enfermarias do 14 BC ou no Hospital Militar de Florianópolis[266]. *"Vários soldados que participaram dos árduos trabalhos de socorro estão hospitalizados em virtude de ferimentos recebidos durante a perigosa escalada"*[267].

No Setor 5, além dos esforços para recuperar os corpos, havia também a preocupação de recuperar documentos e o que restou de pertences dos passageiros, além da carga e das correspondências que estavam a bordo do avião. O médico legista Fernando Wendhausen, entre outras orientações, havia determinado que os segmentos corporais (partes dos membros superiores ou inferiores) deveriam ser tratados como corpos completos para ajudar na identificação. Pertences dos passageiros e tripulantes (objetos de uso pessoal e outros documentos) não deveriam ser separados dos corpos a fim de facilitar o trabalho na fase de identificação. No entanto, como houve saques e muita coisa foi queimada ou perdida no matagal, o processo de identificação foi significativamente comprometido. Ainda não se conhecia a extensão dos saques, ou seja, não estava claro o que havia sido efetivamente roubado — somente o Inquérito Policial Militar poderia apontar a verdade.

Naquela manhã, os soldados retiraram a fuselagem principal (estraçalhada e parcialmente fundida pelo fogo), que estava entre árvores semiderrubadas, galhos e cipós. Em seguida, revistaram seu interior para certificar-se de que não havia nada nem ninguém lá dentro. Naquela época, ainda não existiam cães farejadores adestrados no Brasil, que teriam facilitado consideravelmente a vida das equipes de socorro na recuperação dos corpos que estavam perdidos no meio do matagal.

> Nesse dia, prosseguiram, sem desfalecimento, com tenacidade louvável, os trabalhos de remoção dos despojos. Tornara-se para nós como para a Aeronáutica, uma questão de honra, um teste para o espírito de corpo, nesse objetivo já bem mais moral do que material de não deixar no frio túmulo do Cambirela as suas próprias vítimas. Para o comando, atento justamente nesse ponto, tratava-se de por a prova a qualidade moral de sua tropa[268].

---

[266] Alguns documentos citam que militares foram internados no Hospital Psiquiátrico de Colônia de Sant'Ana, mas não citam as causas das internações.

[267] DIÁRIO DE S. LUIZ. São Luíz do Maranhão, n. 1.327. p. 4, A NOTÍCIA, Joinville, n. 4.824. p. 1 e CORREIO PAULISTANO, n. 28.584. p. 3.

[268] REVISTA DE ENGENHARIA MILITAR, ano 13, jan./fev. 1950. p. 38.

No Aeroporto de Florianópolis, já nas primeiras horas da manhã, o capitão José Backes, capelão da Base Aérea de Canoas/RS, procedente de Porto Alegre, chegou com o propósito de prestar conforto espiritual e psicológico aos socorristas e aos familiares das vítimas, que há praticamente três dias padeciam com a morosidade do resgate.

Backes fez questão de seguir primeiro para a Guarda do Cubatão (onde se encontravam alguns familiares das vítimas) em companhia do jesuíta Pe. João Alfredo Rohr[269], diretor do tradicional Colégio Catarinense de Florianópolis; e do Pe. Alvino Bertoldo Braun, ex-diretor do mesmo colégio (1942-1946). Nem mesmo as fortes chuvas impediriam que os decididos religiosos subissem o Morro do Cambirela. Apesar de este não ser um terreno desconhecido para o Pe. Rohr (que já escalava o Morro do Cambirela desde o início da década de 1940 a fim de realizar pesquisas botânicas), os religiosos encontraram muitas dificuldades para escalar o morro.

Os boatos e as especulações sobre saques, número de mortos e demora no resgate dos corpos voltaram a circular nesse dia, ainda com mais força, em todas as regiões da cidade. As rádios divulgavam boletins periódicos, mas pouco se sabia de fato. João Frainer, jornalista e redator do jornal *A Gazeta* de Florianópolis ficou sabendo do acidente às 11h de terça-feira, dia 7, quando entrou por acaso no Armazém do Chico — Francisco Berka —, na Rua Conselheiro Mafra, e ouviu pelo rádio que houvera um grave desastre de avião no Morro do Cambirela.

Na manhã de quarta-feira, dia 8, João Frainer recebeu instruções do então diretor do jornal, Jairo Callado, para que se dirigisse imediatamente para o Cambirela para fazer a cobertura jornalística do ocorrido. Antes de seguir para lá, João Frainer encontrou-se com Paulo Peregrino, delegado regional de Polícia da capital, que estivera na véspera no Setor de Operações e ficou impressionado com os relatos que ouviu sobre a escalada. Ao saber que João Frainer pretendia escalar o Cambirela, o delegado aconselhou para que não o fizese, pois havia inúmeros riscos envolvidos.

Mesmo com todas as evidências de que não seria fácil chegar ao local do acidente, o jornalista não esmoreceu, queria ver tudo com os seus próprios olhos e levar a verdade a seus leitores. Decidiu, então, arriscar-se seguindo inicialmente para o quartel do 14 BC, onde foi informado de que

---

[269] Padre e pesquisador jesuíta. Dedicou grande parte de sua vida à Ciência e à Arqueologia pré-histórica. Fundador do Museu do Homem do Sambaqui, que possui um dos maiores acervos arqueológicos do Brasil.

mais corpos já haviam sido encontrados e que a previsão era de que estes só chegariam ao quartel no início da tarde.

Determinado a subir o morro e cobrir os acontecimentos, João Frainer pensou primeiramente em pegar uma carona com um dos dois caminhões que partiriam do Destacamento da Base Aérea, mas desistiu ao saber que estes deixariam Caiacanga só após o almoço, significando que os caminhões só chegariam à Guarda do Cubatão no fim da tarde — consequentemente, ele só chegaria ao Setor 5 ao anoitecer. Decidiu, então, tomar um táxi saindo do quartel do 14 BC até a Guarda do Cubatão, desembolsando Cr\$ 150.

Ao percorrer o primeiro quilômetro da trilha norte do Cambirela e constatar as dificuldades do terreno, o jornalista limitou-se a permanecer na base do morro na Guarda do Cubatão, pelo menos naquele dia, a fim de obter informações.

À medida que chegavam mais homens e suprimentos, a logística do resgate ia melhorando. As ambulâncias, vez ou outra, iam e voltavam transportando socorristas militares e civis que precisavam de atendimento médico. Um veículo da Marinha do Brasil ocupou-se exclusivamente de transladar os corpos; e entre os poucos militares da Marinha do Brasil (5º DN), estava o sargento radiotelegrafista Sydney Sant'Anna[270], 21 anos, que participou no trabalho de remoção dos corpos do Setor 5, do alto do Cambirela. Outros veículos foram utilizados para transporte de militares, voluntários, alimentação, equipamentos etc.

Às 11h 30min, o tenente Fajardo desceu com seus homens até a Base da Guarda do Cubatão para aquela que seria a sua primeira refeição naquele dia, afinal estavam acordados desde as 3h da manhã sem se alimentar e realizando atividades estafantes, que exigiam elevado consumo calórico. Agora o rancho improvisado na Guarda do Cubatão contava com o valioso apoio do "carro-cozinha" do 14 BC. O tenente Amaral, da IG da Aeronáutica, auxiliava no preparo da alimentação dos socorristas, tendo em vista que havia muitas bocas para alimentar e poucas pessoas para ajudar no preparo das refeições, considerando que a prioridade era concentrar todos os esforços na busca e no resgate dos corpos.

Ao longo do dia, conforme estava previsto, as equipes que se encontravam nos Setores 1, 2, 3 e 4 foram sendo substituídas por outros homens.

---

[270] Nascido em 28 de março de 1928, Sydney Sant'Anna ingressou na EAMSC em 1944, aos 16 anos. Em 1949, já era sargento especialista em Radiotelegrafia.

Muitos socorristas sofreram entorses ou luxações durante constantes subidas e descidas entre esses setores. Durante a descida de uma elevação com as proporções do Morro do Cambirela, a força do impacto sobre os membros inferiores praticamente duplica, gerando elevadas sobrecargas sobre as articulações, provocando microlesões relacionadas ao choque com o solo, ainda mais quando se transporta peso extra. Os joelhos eram submetidos a grande estresse, que se potencializava por causa do peso dos cadáveres. Além disso, o contato constante dos pés com a água e a fricção com o calçado durante a caminhada desencadeavam bolhas.

Como os rumores de que os respectivos corpos dos tripulantes e dos passageiros tinham sido profanados, o tenente Clito, auxiliado pelo tenente Albuquerque, foi designado para dar início às investigações, que acabaram resultando na prisão de dois moradores das redondezas. Em suas residências, foram encontradas e apreendidas as roupas de uma das crianças que estavam no avião. Além de roupas, diversos objetos também foram encontrados na face leste, escondidos nas matas entre as pedras — mais tarde, os investigadores souberam que haviam sido deixados ali pelos saqueadores, que fugiram em debandada quando perceberam que os soldados se aproximavam do local do sinistro; o objetivo dos saqueadores era ocultar os objetos e esperar que os militares fossem embora para recuperá-los mais tarde. É provável que muita coisa tenha permanecido esquecida ou perdida por lá. Alguns suspeitos de saquear foram interrogados, presos e depois liberados por falta de provas.

> Na véspera as autoridades policiais após constatarem que os corpos foram saqueados, tomaram as providencias necessárias prendendo inicialmente os indivíduos Manuel Soares e Antônio Giacomo ambos residentes nas cercanias do Cambirela. Na residência de Antônio foi encontrado um casaco chamuscado e uma saia, ambos pertencentes a uma das vítimas que estava despojada de suas vestimentas. No interrogatório os policiais ficaram sabendo que havia a suspeita de que outros indivíduos também haviam se apossado indevidamente dos pertences das vítimas. Horas mais tarde, a escolta dirigida pelo Delegado Regional de Polícia desta capital, Paulo Peregrino, acompanhado do Delegado do DOPS Tenente Timóteo Braz Moreira, dos comissários João de Souza, Aristides Carlos de Souza e Daniel Bispo e o investigador Gaudencio Calixto prenderam e conduziram para o xadrez da DOPS em Florianópolis os indivíduos acusados de despojarem os cadáveres das vítimas do desastre; Francisco Martins e José Clemente de Souza, residentes na Enseada do Brito e José João da Silva

Sobrinho, Alinor Martins e Raul Manoel Vieira, residentes na Praia de Fora. Todos foram conduzidos para a Delegacia de Ordem Política e Social - DOPS, da Capital[271].

Após essas prisões, os policiais saíram de cena, certamente para não interferir em um setor operacional predominantemente militar. Por essa razão, dois Inquéritos Policiais Militares foram instaurados a fim de apurar todos os crimes cometidos e seus respectivos autores: um inquérito pelo capitão Carpes do Destacamento da Base Aérea e outro pelo tenente Clito do 14 BC.

No Rio de Janeiro, o vice-presidente da República Nereu Ramos recebeu o seguinte telegrama do então secretário de Segurança Pública de Santa Catarina, Othon Gama D'Eça:

> É com pesar que comunico que já foram encontrados dezessete cadáveres do desastre de avião da FAB de anteontem a tarde e somente na manha de ontem confirmado com localização dos destroços do avião. O avião bateu uma das asas no pico mais alto do Cambirela tendo os restos do aparelho depois de espatifar-se no paredão, caído na funda grota existente ali. O Acesso á montanha foi muito penoso devido ao terreno escarpadíssimo, agravado ao mau tempo reinante. Esta secretaria assim que teve conhecimento do fato, colocou logo a disposição da base, todos os elementos disponíveis, tendo feito seguir para o local ambulância, medico, enfermeiro e fotografo e bem assim o Delegado do Ordem Politica e Social, Delegado Regional e meu próprio oficial de gabinete, a fim de informar-me sobre os acontecimentos. Seguiram também todas as viaturas desta Secretaria, contingentes da Polícia Militar e bombeiros, sendo que estes últimos estão tentando abrir a picada pelo lado do Massiambu a fim de tornar possível a descida dos corpos. Governo do Estado está colaborando com elementos do 14º B.C. dirigidos em pessoa pelo próprio comandante, Base Aérea e 5º Distrito Naval, prestando todo o auxilio possível para a remoção dos cadáveres que se encontram espalhados nos lugares de difícil acesso. Mandarei a Vossa Excelência outros detalhes assim que me chegar ao conhecimento. Respeitosas Saudações (a.s). Othon D'Eça. Secretario de Segurança Publica[272].

Entre as autoridades eclesiásticas que formavam as equipes de socorro, vieram cumprir com seu papel solidário e fraterno os sacerdotes da Igreja

---

[271]   O JORNAL, Rio de Janeiro, n. 8.931, 10 jun. 1949. p. 8.

[272]   JORNAL DO BRASIL, Rio de Janeiro, n. 134, 10 jun. 1949. p. 6.

Católica: reverendos capitão-capelão Pe. Backes, da Base Aérea de Canoas; Pe. Bertoldo Braun e Pe. João Alfredo Rohr, este último, acompanhado do tenente Otte Krammer revezou-se durante quase três horas com pequenos intervalos de descanso, no translado do pequeno corpo de Lenora Maria Toschi, de apenas 3 anos, filha de Lorena Rufino Toschi e sobrinha de Carlos Rufino. Na Guarda do Cubatão, o corpo da criança foi colocado na ambulância da Marinha e imediatamente conduzido para o 14 BC. Antes de chegar à Base de Socorro da Guarda do Cubatão, os padres encontraram no caminho o jornalista João Frainer, que descreveu assim essa jornada:

> Teria caminhado quando muito um quilômetro quando encontrei o Padre Rohr, Diretor do Colégio Catarinense e o Tenente Krammer, carregando envolto em uma lona, o cadáver de uma menina de três anos. Em companhia vinha o Padre Bertoldo Braun, Capelão da Base Aérea e mais algumas pessoas. Soube neste momento que o Padre Rohr e o Tenente Krammer vinham trazendo o corpo da inocente menina desde o local do desastre, sem jamais cederem a sua vez a outros para tão pesado trabalho, não só devido à distância e aos acidentes do terreno, como à falta de melhores apetrechos para envolverem o cadáver e tornar mais cômodo o respectivo transporte. Só mesmo quem conhece o morro pode fazer ideia de como deve ser considerada gloriosa a bravura dos distintos e heroicos patrícios[273].

Ao indagar o Pe. Rohr sobre as dificuldades da subida, o jornalista foi novamente aconselhado a não subir, principalmente por causa do adiantado da hora — logo escureceria, e os riscos de perder-se ou ferir-se eram muito grandes. Dessa vez, João Frainer acatou os conselhos do padre jesuíta e acabou desistindo de subir o Cambirela naquele dia[274].

Na Guarda do Cubatão, muitos familiares só se convenceram completamente da morte de seus entes queridos quando constataram o estado deplorável dos restos mortais, que iam sendo colocados lado a lado à medida que chegavam. Aqueles fardos compactos e amorfos davam ideia da condição em que os corpos se encontravam e das proporções da tragédia. Ali se esvaía qualquer esperança de que alguém pudesse ser encontrado vivo. Hugo Alberto Toschi foi um dos familiares que suportaram a dor de deparar-se com o corpo de seus entes queridos: de sua esposa, Lorena; de sua filha Lenora Maria; e de seu cunhado e 1º tenente intendente do Exército Carlos Rufino.

---

[273] A GAZETA, n. 3.457, 15 jun. 1949. p. 1.

[274] O jornalista João Frainer só retornaria ao Morro do Cambirela no dia 10/06.

Do Batalhão da PMSC, o subcomandante-tenente-coronel Antônio de Lara Ribas determinou ao 1º tenente Aderbal Alcântara, comandante da 3ª Cia. do Batalhão de Infantaria da PMSC, que seguisse imediatamente para o Setor de Operações no Cambirela. Logo, acompanhado dos praças cabo Osmar Oliveira (n.º 77) e dos soldados Jaci Bernardes da Silva (342), Lauro Farias (1.055), Isauro Lídio de Andrade (556), Otávio José da Bessa (881) e Pedro José de Oliveira (487), o 1º tenente Alcântara seguiu para a Base de Socorro na Guarda do Cubatão, onde se apresentou ao capitão Jaldyr, do 14 BC, encarregado de organizar e orientar o pessoal de apoio. Como se aproximava o horário do almoço, o capitão Jaldyr logo tomou providências para que o tenente Alcântara e seus homens pudessem alimentar-se no refeitório ali improvisado. Também solicitou ao tenente Alcântara para que deixasse à sua disposição dois de seus homens para cooperarem no transporte de alimentação para os Setores 3, 4 e 5, cujos socorristas não podiam descer, ao que foi prontamente atendido. Em seguida, o tenente Alcântara e comandados rumaram para o Setor 5, última e desafiante fronteira a ser alcançada naquela missão. Em seu relatório, o 1º tenente Aderbal Alcântara resume a participação da PMSC naquele dia:

> Em seguida rumamos para o local do desastre, tendo levado aproximadamente, quatro horas para vencermos o percurso. Chegados ao local, providenciamos na localização dos cadáveres e na cobertura de alguns que já haviam sido localizados, não nos sendo possível ser mais útil, por falta de material compatível a situação. Molhados e exaustos, a noite providenciamos para o regresso, não sendo mais possível exigir demasiado esforço dos meus abnegados auxiliares, apresentamo-nos no dia seguinte[275].

Naquele dia e até aquele momento, aproximadamente 200 pessoas estavam envolvidas diretamente com a operação de resgate, a começar pela Base de Socorro da Guarda do Cubatão, onde militares isolavam e guarneciam as trilhas de acesso; além dos comprometidos com serviços de rancho, dos motoristas das viaturas e dos soldados que se revezavam nos Setores 2, 3, 4 e 5. Aos militares, somavam-se os civis que auxiliavam nas tarefas de busca e resgate, sem contar os indesejados curiosos, que, como sempre, nada ajudavam, pelo contrário, só atrapalhavam, mas que quase sempre acabavam sendo barrados por cordas de isolamento e pelo policiamento implacável do tenente Clito.

---

[275] BOLETIM DO COMANDO-GERAL DA PMSC, n. 133, 21 jun. 1949. p. 689.

Mesmo com toda essa gente envolvida, era evidente que aquele elevado número de pessoas não era suficiente, pois chegavam rapidamente à exaustão e precisavam ser constantemente substituídas, sem contar que muitas pessoas se perdiam ou se feriam nas matas, o que exigia que algumas equipes interrompessem as tarefas de resgate dos corpos para ajudar na busca por socorristas perdidos ou feridos. Assim como em uma guerra, um homem ferido e/ou inconsciente no Cambirela necessitava de pelo menos quatro outros homens para transportá-lo em sistema de revezamento. Isso prejudicava o andamento da operação, sobrecarregava os demais socorristas e retardava consideravelmente o tempo de resgate dos corpos.

> Não era saudável ver aqueles homens enlameados. Vinham todos, militares e civis, trêmulos de exaustão, impressionados pelo tétrico do serviço, não sabendo se comer, beber ou dormir. Nenhuma queixa, nenhuma reação, nenhuma esquivança. Antes pareciam tomados de uma fria, determinação e já um começo de empolgamento e vaidade pelo que estavam fazendo de honesto e honroso. Qualquer apelo encontrava éco imediato na massa fatigada e era necessário selecionar voluntários. A solidariedade humana busca forças ocultas e insuspeitas[276].

Após o almoço, o subtenente João Nunes do 14 BC com seus homens subiram o Cambirela com o objetivo de substituir imediatamente aqueles que haviam ali pernoitado durante a fria madrugada do dia 7 para o dia 8. Por fim, o aspirante Remor, o tenente Fajardo e seus respectivos homens podiam descer o morro para um merecido descanso. Depois de passar a noite no alto do Morro do Cambirela, expostos a fortes ventos e beirando à hipotermia, os homens do 14 BC e do Destacamento da Base Aérea foram dispensados. Em comum, todos ansiavam por satisfazer quatro necessidades quentes e básicas: abrigo, banho, comida e cama.

Na retaguarda, no quartel do 14 BC, o subcomandante-major Álvaro Veiga Lima recebia e verificava uma imensa lista de prioridades, enquanto o aspirante Mesquita, oficial de dia permanente no batalhão, acompanhado de seu então adjunto, o sargento Lídio, recebia e amparava os familiares bem como a imprensa, ávida pelas últimas informações que chegavam a todo instante do Cambirela.

Muitos homens que estavam no batalhão do 14 BC ansiavam por ser requisitados para a missão, contudo seus trabalhos, apesar de discretos, eram

---

[276] REVISTA DE ENGENHARIA MILITAR, ano 13, jan./fev. 1950. p. 39-40.

não menos valiosos, importantes e necessários para a execução de serviços como limpeza, lavanderia, manutenção, saúde (médicos, enfermeiros, dentistas e farmacêuticos), administrativo, logística, almoxarifado, compras etc. Muitos homens, mesmo tendo sido dispensados, fizeram questão de voltar ao quartel ou ao Morro do Cambirela, a fim de ajudar os companheiros no resgate dos corpos, uma verdadeira demonstração de espírito de corpo. Foi o caso do soldado n.º 951 Pedro Armando da Silva, condutor da CMM, que retornou ao Morro do Cambirela e auxiliou a transladar três corpos entre os Setores 2 e 1. Ao longo do dia, seu companheiro, o também condutor de dia, soldado Waldir Furtado Godoy, transportou militares, equipamentos e insumos do quartel para a Guarda do Cubatão e vice-versa.

À tarde, na Alesc, durante a 34º Sessão Ordinária, o líder do Partido Social Democrático Sr. Nunes Varella assumiu a tribuna para ler o seguinte requerimento:

> Exmo. Sr. Presidente da Assembleia Legislativa: Requeiro, ouvido o plenário, se digne v. excia. em mandar inserir, na ala dos trabalhos da presente sessão, um voto de profundo pesar pelo doloroso e grave desastre de aviação ocorrido no morro do Cambirela, em Palhoça, neste Estado, de funestas consequências, no qual perderam a vida os valorosos tripulantes e numerosos passageiros de um aparelho da Força Aérea Brasileira, nomeando v. excia, uma comissão de deputados para visitar, em nome da Assembleia, os corpos das vítimas, que estão sendo removidos para o Quartel do 14º Batalhão de Caçadores, no sub-distrito do Estreito, dando-se da homenagem ciência ao Exmo. Sr. Ministro da Aeronáutica[277].

Às 17 horas, o programa informativo da Rádio Guarujá destacou as principais notícias do dia; e às 18 horas, como de costume, tocou a música "Ave Maria", de Schubert. Durante essa execução, centenas de ouvintes dedicaram as orações às vítimas do terrível acidente e aos bravos homens que lá estavam trabalhando. Mais tarde, as famílias reuniam-se ao redor do rádio para ouvir mais notícias nos boletins que ocorriam entre as 19h 15min e às 21h na programação da rádio BBC de Londres, que tinha um programa semanal denominado BBC – Programa para o Brasil. A Agência Nacional apresentava o seu noticiário às 19h 30min.

---

[277] 34º Sessão Ordinária realizada na Assembleia Legislativa de Santa Catarina, dia 8 jun. 1949, publicada no *Diário da Assembleia Legislativa* de 30 jul. 1949, p. 4.

Nos dias que se seguiram aos resgates no Cambirela, o soldado de Saúde Waldir Weiss permaneceu na enfermaria dando suporte ao sargento Pompilio, enquanto imaginava as imensas dificuldades as quais seus colegas estavam enfrentando no morro. Apesar de sentir-se um privilegiado por permanecer de serviço no quartel, aquecido, bem alimentado, seco e protegido do frio e da chuva, assim como muitos de seus companheiros, também ansiava voltar para o Setor 5 para ajudar.

Enquanto se desenrolava a difícil missão de resgate, os militares ainda tinham que lidar com incursões não autorizadas de jornalistas, como quando dois repórteres fotográficos do jornal *A Vanguarda* (Rio de Janeiro) tiveram suas máquinas fotográficas apreendidas pelo coronel Paulo Vieira da Rosa por estarem fazendo registros fotográficos na câmara ardente sem o consentimento do Comando. Ficaram detidos por algumas horas e foram liberados mais tarde.

Uma vez mais, independentemente de todos os esforços das equipes de socorro, ao finalizar o segundo dia da missão, apenas oito corpos foram removidos do Cambirela e transladados para o quartel do 14 BC. É nesse momento que se pode dimensionar a imensa dificuldade que as equipes de socorro tiveram que enfrentar para encontrar e resgatar as vítimas do desastre aéreo. Transcorridos pouco mais de três dias do acidente, os socorristas haviam transladado para o Quartel do Estreito menos de um terço dos 28 corpos. Vinte corpos já haviam sido localizados, mas permaneceriam no alto do morro pela terceira noite consecutiva, 14 no Setor 5, na vertente leste; 5 logo abaixo da base do paredão do Setor 3, e 1 permaneceria na base do esporão no mesmo setor.

Até aquele momento, a operação de busca e remoção dos corpos já havia envolvido aproximadamente 320 homens, sendo 150 homens no primeiro dia e 170 no segundo dia. A essa altura, os homens já estavam extremamente extenuados, não somente pelo esforço físico como também pela tensão psicológica. Agora, caberia ao aspirante Remor e a seus homens do 14 BC passar a noite de terça-feira, dia 8, no local do sinistro, enfrentando o mau tempo, o frio e o desconforto.

6.6 O PEDIDO DE SOCORRO É LANÇADO

Quinta-feira, dia 9

No frio de mais uma madrugada chuvosa, às 3h 20min, a 1ª Turma do 14 BC, formada pelo 2º tenente José Figueiredo de Albuquerque, acompanhado de 3 sargentos, 2 cabos e 24 soldados, partiu do batalhão uma vez mais rumo ao Cambirela. Ao longo do dia, assim como nos dias anteriores, outras equipes de socorro da FAB, da Polícia Militar, do Corpo de Bombeiros, bem como civis, juntar-se-iam a eles em seus postos de trabalho. Todos ansiavam terminar de uma vez por todas com aquele pesadelo. A situação era desesperadora.

No escuro e sob chuva constante, o tempo de viagem entre o quartel do 14 BC e a Guarda do Cubatão foi de aproximadamente 50 minutos. A maior parte desse caminho era de estrada de chão batido e repleta de curvas apertadas e ziguezagueantes. Com as chuvas incessantes, a estrada ficou ainda mais esburacada, tornando a viagem desconfortável e lenta, além do normal. Às 4h 20min, conforme previsto, o tenente Albuquerque e seus comandados passaram pela Base de Socorro para apanhar mais lonas para envolver os corpos; e às 7h 25min já se encontravam na Escarpa da Bandeira. Envolver os corpos com os encerados ajudava a evitar, por exemplo, que eles fossem devorados por graxains, jaguatiricas, entre outros animais carnívoros, principalmente durante a noite, quando ficavam ainda mais expostos.

Na descida no Setor 5, na vertiginosa vertente leste, o cabo n.º 123 Nirival Pereira, da CCS, atleta do 14 BC, tornou-se mais uma vítima do Cambirela ao escorregar, ferindo-se a ponto de ficar impossibilitado de prosseguir com as buscas. Foi levado por alguns companheiros à enfermaria do 14 BC, onde ficou sob os cuidados do sargento Pompilio e de Waldir Weiss. No local onde ele caiu, os soldados colocaram um grande corrimão feito de cordas, o que reduziu em parte os riscos, tendo em vista que naquele trecho as cordas ficavam completamente cobertas de lama e consequentemente muito escorregadias.

Transcorridas mais de 65 horas do acidente, os corpos estavam tão deteriorados que, quando os socorristas menos advertidos procuravam envolvê-los com a lona para o traslado, membros inferiores ou superiores e até cabeças se desligavam das outras partes ao mais leve toque. Era uma tarefa aterradora. Durante a escalada, na passagem da escarpa, o tenente

Albuquerque encontrou cinco cadáveres; um pouco mais acima, no esporão no Setor 4, encontrou mais um corpo. Os corpos haviam sido deixados ali pelo subtenente Nunes e seus homens na noite anterior.

Às 9h 30min, deram início à remoção dos despojos que já haviam sido preparados, mas que, por falta de luz natural, tiveram que passar mais uma noite no morro. Já no Setor 4 da vertente leste, o tenente Albuquerque e seus homens auxiliavam no hercúleo trabalho de içamento dos 14 corpos que ainda se encontravam no grotão da face leste, abaixo da Aresta da Bandeira. O esforço quase sobre-humano exigia enorme trabalho braçal dos homens, que, em razão do pouco espaço, se acotovelavam na aresta superior enquanto puxavam as cordas.

Assim como nos dias anteriores, os processos repetiam-se. Do fundo da grota do Setor 5, os despojos eram levados para o Setor 4 e logo ao Setor 4, onde o tenente Fajardo os aguardava logo abaixo do esporão. O Setor 5 estava se tornando um dos piores lugares para permanecer, pois, além do cheiro nauseabundo, as condições de trabalho ali eram terríveis. Desde o alto da Aresta da Bandeira, os soldados podiam avistar urubus que, atraídos pelo forte cheiro, rondavam o lugar voando abaixo de seus pés sobre o precipício da vertente leste, enquanto outros voavam acima da aresta norte-sul, sobre a cabeça dos soldados. Uma cena digna de um filme de terror!

Enquanto as equipes davam tudo de si no Morro do Cambirela, no Cartório de Palhoça o 1º tenente intendente Pedro Richard Neto[278], da BACO, apresentou-se com dois atestados de óbito assinados pelo 1º tenente-médico da Aeronáutica Dr. Paulo de Oliveira Prates: o de Wilma Maria Gomes Neves e de sua pequena filha Maria Regina Gomes Neves. Os respectivos corpos das duas vítimas, mãe e filha, haviam sido embarcados no dia anterior (08/06) para o Rio Grande do Sul.

Do Cambirela, às 11h 30min, o tenente Albuquerque partiu para a Base do Cubatão em busca de mais militares e voluntários para reforçar as equipes nos setores de resgate, além de mais alimentos. Para isso, deu ordens aos seus homens que seguissem empenhados na preparação dos corpos que restavam. Ao chegar ao terço médio do morro, encontrou-se com os primeiros soldados da Aeronáutica, que desciam com mais dois corpos. O relógio registrava 12h 30min. Como pretendiam retirar todos os corpos naquele dia, os oficiais faziam o possível para manter o moral dos homens elevado,

---

[278] Primeiro tenente intendente Pedro Richard Neto (Base Aérea), atleta da Delegação Brasileira de Atletismo; em abril 1949 participou do Campeonato Sul-Americano de Atletismo em Lima, Peru.

sabiam que as equipes já estavam completamente exaustas e que eles teriam que fazer em um dia o que não tinham conseguido nos dois dias anteriores. A vantagem é que todos os corpos já haviam sido localizados, e isso reduziu consideravelmente o tempo de translado para o quartel, uma vez que todos os efetivos e esforços foram direcionados exclusivamente para essa atividade.

Enquanto isso, na trilha da face norte, tenente Carqueja, um dos oficiais designados pelo 14 BC para auxiliar no resgate dos últimos corpos, iniciou a sua jornada até o Setor 5 sozinho, mas, à medida que subia e encontrava soldados dispersos ou perdidos, decidiu reagrupá-los e conduzi-los rumo ao setor intermediário (Setor 3), onde se encontravam cinco corpos, logo abaixo do esporão, deixados ali pelos socorristas estafetas do Setor 4. O aspirante Ari Capella, da 1ª Cia., que nos primeiros dias havia permanecido no Quartel do Estreito organizando a morgue e a câmara ardente, e Agostinho Remor agora ficariam responsáveis por organizar a remoção de alguns corpos partindo do Setor 3. No quartel da 3ª Cia. do Batalhão de Infantaria da Polícia Militar de Santa Catarina, Aderbal Alcântara havia solicitado ao então comandante-geral da PMSC, coronel João Candido Alves Marinho, para que lhe fossem liberados mais homens, a fim de reforçar ou substituir os socorristas, que já estavam completamente exaustos, no cenário do resgate. Coube então ao sargento Wilson Destri a responsabilidade de selecionar os elementos da Unidade de Saúde da 3ª Cia. do Batalhão, sendo, então, designados os seguintes elementos:

– Cabos Newton Crespo (1.054); Airton Tomé de Souza (377); Osni Adolfo Vieira (855).

– Soldados: Paulo Ardigó (351), Walmor Ribeiro Soares (166), Teotônio Carpes (735), Joaquim Antônio da Silva (636), Artur Pedro da Silva (525), Durval Gonçalves de Lins (481), Manoel Cecílio Porfirio (1.059), João Sebastião da Silva (516), incluindo três soldados do Corpo de Bombeiros — Pedro Feijó (28), Roberto Maria de Paula (33) e Walmor Ferreira (34).

Antes da partida dos homens da PMSC, o subtenente José Félix Vieira forneceu 11 cantis e 11 mantas para os praças. Ao verificar que não levavam nada para comer em tão fatigante tarefa, o tenente-coronel Antônio de Lara Ribas, subcomandante do Batalhão, chamou o sargento Destri e entregou-lhe uma soma em dinheiro para que este comprasse alimentos para os homens durante a jornada. Os militares da PM chegaram à Base da Guarda do Cubatão às 13h e apresentaram-se ao então comandante da Base Aérea, Raphael Leocádio, tendo este ordenado que seguissem para o

Setor 5. Um oficial do 14 BC que aguardava os policiais militares passou algumas informações e distribuiu cigarros.

Quanto mais o tempo passava, maior era a urgência em convocar homens extras que pudessem auxiliar na operação. No entanto, o processo agora era mais seletivo: para poder atuar na aresta superior, os militares e civis tinham que contar pelo menos com boa resistência física, bom preparo psicológico, além alguma experiência em transitar por terrenos acidentados. A exigência fazia sentido, afinal, sem aquelas qualidades e habilidades, por mais boa vontade e disposição que os voluntários pudessem ter, as probabilidades de incidente ou acidente eram altas, e isso implicava mais pessoas para resgatar, hospitalizar e a consequentemente na redução do efetivo de socorristas.

Até 15h 30min, o serviço de escalonamento entre os cinco setores funcionou perfeitamente, até que um tenente da Aeronáutica que substituía o tenente Albuquerque, talvez, na intenção de agilizar o processo de evacuação, ordenou que os homens passassem a fazer a evacuação direta, isto é, transportar os corpos do Setor 5 até o Setor 1 sem escalonamentos. Esse tipo de operação demandava um grande número de homens (seis a oito por cadáver), o que acabou desfalcando o setor de origem, que necessitava de muitas pessoas, principalmente para a tarefa de içamento dos corpos para o alto da aresta. Ao perceber que essa decisão interferiu no rendimento da operação, o oficial retrocedeu na decisão e decidiu restabelecer o serviço de escalonamento, mas isso custou um tempo precioso e um imenso desgaste físico e psicológico aos socorristas.

A dificuldade de comunicação entre os setores continuava sendo um dos principais obstáculos durante os quatro dias que duraram as tarefas de evacuação. Na Base de Operações da Guarda do Cubatão, o 2º tenente Miraldino Dias, da CMM, e seus homens contavam mais uma vez com a incansável ajuda dos irmãos Medeiros e seu carro de boi para transpor o trecho dos atoleiros. Na ocasião o empresário Jacob Vilain, da Água Mineral Santa Catarina, disponibilizou dois cavalos de sua propriedade para auxiliar os militares no transporte dos corpos. E coube a Jacinto Aníbal Campos, com o menor Samiro Arcanjo da Silva, de 17 anos, conduzir esses cavalos até a Guarda do Cubatão.

Nesse pequeno povoado circulavam alguns rumores de que um dos suspeitos de ter arrancado a aliança de Elizabete Fontoura havia sido detido e levado ao quartel do 14 BC, onde foi vestido pelos praças com um vestido de noiva e obrigado a "desfilar" pelo quartel do 14 BC como forma de castigo; e também de que uma das mulheres que estavam a bordo do C-47 2023 teria sido vítima de necrofilia.

Às 16h de quinta-feira, dia 9, 64 horas depois do desastre aéreo do Cambirela, faltando pouco mais de uma hora e meia para escurecer, 15 corpos ainda aguardavam para ser transladados do abismo da face leste. A situação tornara-se dramática. Era preciso mudar a estratégia urgentemente ou aqueles 15 corpos passariam mais uma noite se decompondo no prolongamento da face norte — a quarta noite. Por mais que se esforçassem, as equipes de socorro não conseguiam otimizar o tempo de resposta; e, para piorar, os poucos homens que restavam no topo não eram suficientes para transladar os corpos, sem contar que já estavam completamente exaustos. Em mais uma medida desesperada, o 2º tenente Luiz Carlos de Souza Amaral, da Infantaria da Guarda da Aeronáutica, pertencente ao efetivo do Destacamento da Base Aérea de Florianópolis, decidiu dividir os seus homens e descer com seis corpos até onde pudessem suportar. A pequena equipe de resgate composta por homens da Polícia Militar de Santa Catarina ajudou na árdua tarefa de remoção.

As chuvas não cessavam, a pressão das autoridades, da Igreja, da opinião pública e principalmente dos familiares só aumentava. Ninguém podia compreender o porquê de tanta demora em recuperar os corpos; poucos podiam imaginar o verdadeiro martírio que os socorristas estavam enfrentando para vencer a pé as encostas daquele gigantesco morro em forma de pirâmide, sob chuvas torrenciais, trovões e raios ameaçadores, em um ambiente extremamente íngreme, repleto de perigos, somado ao sacrifício inicial de procurar pelos corpos no meio da densa floresta primária, infestada de grotões, terreno encharcado, escorregadio e traiçoeiro. A esse respeito, mais tarde Vieira da Rosa escreveria em seu relatório: *"Não há como descrever, porém, a dificuldade que encontrávamos naquele alcantilado morro, tão belo de longe e tão rude de perto".*

Ainda sobre o empenho e abnegação dos seus homens escreveu:

> Não me é possível mais realçar o que de devotamento, de esforço, de espírito de solidariedade tem sido posto em prova pelos meus comandados, pois cada um, em sua espontaneidade e iniciativa, tem feito bem mais do que lhe pede o sentimento de humanidade e a consciência do dever[279].

---

[279] Publicado no *Boletim Diário*, n.º 124 do 14 BC, de 09/06, p. 554.

Pressionadas fortemente pela opinião pública e principalmente pelos familiares das vítimas, as autoridades ligadas à Segurança Pública do Estado de Santa Catarina voltaram a reforçar o pedido de empréstimo do helicóptero modelo Bell 47D[280], prefixo PP-H5, do governo do estado do Paraná, que, diante da extrema urgência e da pressão da opinião pública, autorizou a participação da aeronave. No entanto, o piloto do helicóptero prefixo PP-H5 continuava aguardando uma melhora no tempo para vir para Palhoça. Nem é preciso dizer que o PP-H5 era aguardado com grande expectativa pelas exaustas equipes de socorro e pelos aflitos familiares, muitos dos quais, tomados pelo desespero, insistiam em escalar o Cambirela e auxiliar no que fosse necessário para trazer os últimos corpos para a base do morro. Todos ansiavam colocar de uma vez por todas um ponto-final em tamanho sofrimento.

Ao perceber que a operação de regate dos últimos corpos se estenderia por mais um dia, o então subcomandante do 14 BC, major Álvaro Veiga Lima, que havia permanecido durante todo o dia dirigindo as operações na Base de Socorro em substituição ao tenente-coronel Vieira da Rosa, lançou um angustioso pedido de socorro: Precisamos de mais homens! Onde consegui-los? Inicialmente, pensou-se em trazer cerca de 80 homens do 1º/23º Regimento de Infantaria de Blumenau (atual 23º BI, Batalhão Jacinto Machado de Bittencourt) ou do 13 BC de Joinville (atual 62º BI), mas em ambos os casos a burocracia e a longa viagem tornaria demorado o reforço.

Logo alguém se lembrou do pessoal do Serviço Nacional da Malária de Santa Catarina. Além dos nativos caçadores que viviam nas comunidades de entorno do Cambirela, poucas pessoas conheciam tão bem as matas daquela região quanto os homens do SNM. Conhecidos pela impressa Carioca como "tarzans das florestas do sul", desde a década de 1930, os homens do SNM vinham travando verdadeira batalha contra a malária (impaludismo) na chamada zona de "bromélia-malária", uma área de quase 40 mil km² entre o Oceano Atlântico e as Serras Geral e do Mar. Ao longo da década de 1940, surtos frequentes de malária foram registrados e combatidos em 27 municípios catarinenses, entre eles Florianópolis e Palhoça.

Conhecedor das habilidades e qualidades desses homens, o Comando, por meio do secretário de Segurança Pública Othon Gama D'Eça, solicitou em caráter de urgência a ajuda do Dr. Mário de Oliveira Ferreira, chefe do

---

[280] Alguns meses antes, entre março e abril de 1948, um helicóptero similar, da Armada Argentina, esteve em Santa Catarina (Florianópolis, Brusque e Blumenau) contratado pelo Serviço Nacional da Malária, para auxiliar nas pulverizações de diclorodifeniltricloroetano (DDT) e gamexane nos locais de difícil acesso.

SNM em Santa Catarina, que com certa dificuldade conseguiu convocar 50 dos seus homens, entre eles o cidadão Augusto Manoel da Silva, de Águas Mornas, filho de Manoel Francisco da Silva e de Helena Back. Dos nove irmãos que teve, seis faleceram vitimados pela gripe espanhola (1918-1919) e pela malária (década de 1930). Manoel tinha ingressado no SNM com o forte desejo de ajudar a combater o mal que havia causado muitas tristezas à sua família, bem como a outras tantas famílias catarinenses. Ele com seus companheiros conseguiram. A malária aos poucos estava sendo varrida do mapa de Santa Catarina[281].

Além do contingente da Malária, uniram-se à labuta macabra alguns funcionários da prefeitura, todos liderados pelos aspirantes Remor e Capela, pelo 1º tenente Paulo Mendonça, da CMM, e pelos tenentes Amaral, Saturnino, Cabrera e Nóbrega, do DBAF.

Na câmara ardente do 14 BC, pessoas de várias classes sociais de Florianópolis, autoridades e representantes da imprensa vieram prestar condolências aos familiares que viajaram a Florianópolis para providenciar o translado dos despojos para a suas respectivas cidades de origem. Entre os familiares, estava Manoel Rufino Rabelo, irmão do aspirante Carlos Rufino Rabelo e da Sr.ª Lorena Rufino Toshi e tio da menina Lenora Maria Toshi. Enquanto os médicos se desdobravam na preparação dos restos mortais, o tenente Mesquita não parava um minuto sequer diante das inúmeras solicitações de deslocamentos de militares para o Morro do Cambirela, de relacionamento com os familiares, com o público e da organização das cerimônias fúnebres.

Em cumprimento ao Regulamento de Continências, Honras e Sinal de Respeito das Forças Armadas, todos os militares na ativa que estavam a bordo do C-47 2023 tinham direito ao Cerimonial Militar das Forças Armadas, que previa honras de recepção e despedida, comissão de cumprimentos e de pêsames e honras fúnebres (guarda fúnebre, escolta fúnebre e salva fúnebre). Os homens que integravam a guarda da câmara ardente revezavam-se no transporte dos despojos da sala de embalsamamento situada no primeiro andar do Pavilhão Jerônimo Coelho. Apesar de sonolentos, aqueles soldados estavam atentos a tudo e a todos, o tempo todo. Quando o oficial de dia no quartel, o 2º tenente Delso Lanter Peret Antunes, quis substuí-los, um deles definiu o sentimento do dever militar: *"Tenente, preferimos ficar até o fim, pois já estamos comprometidos com o serviço".*

---

[281] Atualmente, Santa Catarina está livre da malária.

No centro da capital catarinense, a Catedral Metropolitana permaneceu aberta durante todo o dia e recebeu expressivo número de fiéis, que procediam de várias partes da ilha e do continente até aquele templo sagrado, para rezar pela alma das vítimas e pedir pela proteção das equipes de socorro. Às 20h 30min, quando os sinos da Catedral Metropolitana anunciaram a Missa das 21h, a catedral já se encontrava abarrotada. As pessoas espremiam-se como podiam para assistir à cerimônia religiosa. Muitas pessoas não tiveram alternativas senão participar da Missa do lado de fora, no adro da catedral. O Pe. Itamar Luiz da Costa e seus fiéis rezaram pelas equipes de resgate, pelas vítimas e por suas respectivas famílias, que há dias vinham enfrentando o luto pela perda dos parentes. Sabendo das dificuldades que as equipes de socorro estavam encontrando para resgatar os corpos desde a manhã de terça-feira, dia 7, o Pe. Itamar, em emocionantes palavras, fez um apelo dramático a seus paroquianos convocando voluntários para auxiliar as equipes de socorro. O religioso também sabia que alguns militares chegaram a trabalhar dois dias consecutivos na operação de busca e resgate: no primeiro dia foram convocados; e no segundo dia decidiram ir como voluntários — só quem já subiu o Cambirela dois dias consecutivos sabe que se trata de um esforço gigantesco, pois a fadiga muscular compromete seriamente o rendimento físico.

Após a Missa, motivados pelas belas e comoventes palavras do líder religioso, 45 voluntários apresentaram-se, incluídos aí o próprio Pe. Itamar, que lideraria o grupo com outro religioso, o Pe. Quinto Baldessar, como seu auxiliar. Entre os voluntários estava o professor Franklin Cascaes[282], 41 anos. A partida para a Guarda do Cubatão ficou marcada para 7h 30min de sexta-feira, dia 10, de fronte à Catedral Metropolitana.

Com o cair da noite, os homens que permaneceram no alto do Morro do Cambirela para vigiar a área e prevenir novos saques, e onde permaneciam os últimos quatro corpos, decidiram fazer uma fogueira para se aquecer, tentar passar uma noite tranquila na montanha e reiniciar a descida durante as primeiras horas da manhã do dia seguinte. As famílias teriam que aguardar mais uma dolorosa noite para ver completada toda a operação de resgate.

Na Base de Socorro, a jornada terminava às 23h 30min com a chegada do 24º corpo. Ao todo, 16 corpos foram transladados naquele dia do alto do morro, o dobro do dia anterior. Esse feito levantou o moral dos homens,

---

[282] Anos mais tarde, Franklin Cascaes ficaria conhecido por expressar em forma de arte seus estudos sobre a cultura açoriana na Ilha de Santa Catarina (foi pesquisador, folclorista, ceramista, antropólogo, gravurista e escritor brasileiro).

orgulhou os comandantes do 14º Batalhão de Caçadores e da Base Aérea e, é claro, dignificou a imagem das Forças Armadas perante a opinião pública, que passou a reconhecer os esforços de todos os envolvidos — militares e civis.

Em vista da hora adiantada e da intensa escuridão, as equipes de socorro levaram uma média de seis horas para percorrer o trecho entre o Setor 5 e o Setor 1, chegando somente às 23h 30min à estrada da Guarda do Cubatão, onde foram recebidas por soldados e civis, entre eles alguns motoristas de Florianópolis comandados pelo 2º tenente Delso Lanter Peret Antunes, da CMM, que ajudaram a conduzir os corpos até onde se achavam localizadas as ambulâncias. Terminado o trabalho naquele dia, os homens do 14 BC, do DBAF e da PMSC desembarcaram no quartel do 14 BC perto da meia-noite trazendo consigo o 24º cadáver. Exaustos, mas com a sensação de dever cumprido, foram todos recebidos orgulhosamente pelo oficial de dia, o 2º tenente Delso Lanter Peret Antunes, e seu adjunto, 1º sargento Raul Dias da Silva, da 1ª Cia.

Na ocasião, enquanto todos degustavam um chocolate quente para repor parte das energias consumidas, o então subcomandante do 14 BC, major Álvaro Veiga Lima, pediu ao 3º sargento Wilson Destri para que solicitasse ao seu comandante e 1º tenente Aderbal Alcântara a liberação de outro contingente da Polícia Militar para auxiliar no resgate dos últimos corpos na sexta-feira, dia 10.

Ao longo do dia 9, os soldados Cyro Moreira Dias (n.º 79, da CCS) e Mauro Gaspar Schimtz (n.º 941) foram conduzidos à enfermaria do 14 BC. Já o soldado Osny Subtil de Oliveira (n.º 997, da CCS) deu entrada no Hospital Militar de Florianópolis.

Durante a madrugada, no esporão agudo do norte no Morro do Cambirela, um dos soldados, tremendo de frio, reclamou do desconforto que estava sentindo. Enquanto observava os corpos, seu companheiro retrucou:

> *Aqui estamos desconfortáveis, porém mais desconfortáveis ainda estão os familiares que perderam para sempre seus entes queridos e já contam quatro dias aguardando-os para um enterro digno. Neste momento nós somos as pernas e braços desses familiares, temos que cumprir a nossa missão e retirar de uma vez por todas estes corpos daqui. Lá embaixo, em algum lugar, existem pais, esposas, filhos, irmãos contando os segundos para recebê-los.*

6.7 MISSÃO DADA, MISSÃO CUMPRIDA

Sexta-feira, dia 10

No centro de Florianópolis, o jornalista João Frainer acostumado a acordar sempre cedo para ir ao Mercado Público, acabou dormindo um pouco mais do que de costume e, ao se dar conta de que estava atrasado, saltou imediatamente da cama e correu para a catedral, onde, por sorte, o Pe. Itamar e o grupo de voluntários ainda o aguardavam. Da catedral seguiram todos para o ônibus que os levou até o quartel do 14º Batalhão de Caçadores no Estreito. A partir dali, seria disponibilizado um veículo militar que conduziria o grupo de voluntários do Pe. Itamar para a base do morro, na Guarda do Cubatão.

Enquanto todos aguardavam a chegada do caminhão da Escola de Aprendizes de Marinheiros de Santa Catarina, João Frainer tratou de visitar um fotógrafo amigo que vivia nas imediações do quartel, pois precisava conseguir emprestado um chassi de filme para a sua câmera, sem o qual não poderia fazer os registros fotográficos. Antes de ir, porém, procurou um dos voluntários, o fiscal da prefeitura, e solicitou-lhe que, caso o caminhão da EAMSC chegasse, que o aguardassem. De nada adiantou. Pouco depois, o caminhão chegou, todos os voluntários embarcaram e partiram para a Guarda do Cubatão deixando o jornalista João Frainer para trás, o que o deixou profundamente contrariado e aborrecido, principalmente pelo fato de que o jornal *A Gazeta* havia noticiado amplamente, na edição do dia anterior, que o principal jornalista do diário o representaria na caravana. Assustado, João Frainer começou a questionar se realmente deveria prosseguir com a empreitada, afinal, até aquele momento, ele já havia levantado tarde, fora do seu horário habitual, por pouco o Pe. Itamar não o deixara para trás quando se atrasou e agora o caminhão havia prosseguido a viagem deixando-o no quartel do 14 BC. Não seria uma espécie de "aviso" para que ele não seguisse para o Cambirela? Seria muito cômodo pensar assim, mas o que diriam seus leitores? Como poderia ele convencer as pessoas de que fora o caminhão que o deixara, e não ele que o perdera propositalmente para evitar os perigos que se apresentariam durante a jornada?

Desde a manhã de quarta-feira, dia 8, João Frainer vinha tentando subir o Cambirela sem sucesso. Queria realizar uma grande cobertura jornalística para o jornal *A Gazeta* de Florianópolis e estava firmemente decidido a fazer nova investida. Pretendia a qualquer custo honrar o compromisso que havia assumido com os leitores do jornal (do qual ele também era redator) de revelar todos os pormenores da tragédia. As informações sobre o acidente que corriam "boca a boca" eram rápidas como o vento, mas nem sempre verídicas e fundamentadas. Sem perder tempo, João Frainer solicitou um táxi, que o levou até a Guarda do Cubatão. Três horas depois de ter deixado o táxi na base do morro, João Frainer já estava no local do desastre, onde permaneceu por aproximadamente uma hora e meia cumprindo a sua função de repórter.

Obter e transmitir informações eram tarefas difíceis e demoradas, por carência de recursos tecnológicos. Se quisessem divulgar informações corretas sobre a tragédia, embasadas em fatos verídicos, e levar a notícia em primeira mão para os leitores, jornalistas como João Frainer tinham que se deslocar até o Morro do Cambirela, caminhar pelo menos três horas para chegar ao local do desastre, entrevistar as testemunhas, anotar tudo o que viam e ouviam utilizando apenas um bloco de anotações e um lápis, e no máximo tirar algumas fotos. Logo desciam o morro, percorriam quilômetros de estrada de chão em péssimas condições e trancafiavam-se em suas respectivas redações, onde escreviam o texto utilizando uma pesada máquina de escrever ao mesmo tempo que as fotografias iam sendo reveladas. Depois de longas horas de produção textual, revisão, diagramação, entre outros, as notícias eram publicadas nos jornais ou divulgadas nas rádios. Esse processo longo e demorado talvez possa explicar o motivo pelo qual a maioria dos jornais de maior circulação no país só começou a publicar as notícias da tragédia a partir do dia 8, ou seja, dois dias após o desastre com o C-47 2023.

O próprio jornalista João Frainer só conseguiu publicar em seu jornal a primeira notícia detalhada sobre o acidente (sem fotos) no dia 9, e foi só no dia 15 de junho (nove dias após o desastre aéreo) que Frainer finalmente relatou com detalhes a experiência que viveu ao escalar o Cambirela na quarta-feira, dia 8. Esse texto ocupou duas enormes páginas tipo *standard* do jornal *A Gazeta*[283], ilustrado com seis fotografias. A seguir, um pequeno fragmento desse relato:

> Sem qualquer prurido de vaidade, é preciso confessar que vencer esse caminho é ato legítimo de heroísmo. Sim, ato de coragem e heroísmo, porque quem não tiver coragem e não for bastante forte de espírito, além de forte no físico, não sobe o morro. Desanima e recua. E não foram poucos

---

[283]   A GAZETA, n. 3.457. p. 2.

os que recuaram. Eu mesmo tive a ponto de desistir porque há trechos onde a perspectiva dos precipícios ao redor é pavorosa. Qualquer resvalada, qualquer descuido é suficiente para que o corpo comece a rolar perau abaixo, por centenas de metros, sem qualquer esperança de apoio ou de socorro. É a morte certa, inevitável. Em tais circunstâncias, não é vergonha desistir, ainda mais naqueles dias quando a chuva quase constante havia tornado a escalada ainda mais traiçoeira. [...] A minha profissão de jornalista me chamava ao alto da montanha para narrar aos leitores todas as peripécias da ascensão e contar o que se vê no alto do Cambirela. E assim continuei a subir. O caminho cada vez mais íngreme, difícil , perigoso. Enquanto a trilha fica dentro da mata, os obstáculos são superados com maior serenidade, porque em caso de queda, as árvores serão braços naturais a suspender o corpo. Mas quando se atinge a parte pelada do morro, quando ao lado do mísero atalho se abrem gargantas horrendas de precipícios, quando se adquire a consciência de que se falhar a raiz em que nos agarramos ou ceder a pedra em que pretendemos nos apoiar, tudo estará perdido, então são perfeitamente explicáveis os calafrios que nos ecoam pelo corpo. [...] Eis que depois de três horas eternas, suadas e exaustivas estou no alto, no local do desastre. Quase não acredito no que vejo, mas é verdade. Ali, naquela grota, estão os restos da aeronave!

Nas primeiras horas da manhã de sexta-feira, dia 10, o jornal *O Estado*[284] trazia o seguinte comunicado do Destacamento da Base Aérea de Florianópolis:

Em virtude de grandes dificuldades surgidas nos trabalhos de retirada dos corpos das vítimas do acidente ocorrido com o avião C-47 da FAB, n.2023, cujo local é de difícil acesso, retifico a comunicação anterior, onde está determinada a hora do sepultamento para as 16h30 horas de hoje. Será expedida nova comunicação, marcando dia e hora do referido sepultamento, tão logo sejam sanadas as dificuldades existentes.

O sepultamento ao qual o comunicado se referia não era um, mas sim três: tratava-se dos únicos três corpos que seriam enterrados no cemitério do Itacorubi em Florianópolis, o do 2º sargento QAT meteorologista Olavo de Assis; o do civil Nelson Rodrigues da Cunha (que já se encontravam na câmara ardente do 14 BC); e do ex- militar da FAB Mauricio Cordeiro Cysneiro, que ainda se encontrava no esporão da face norte do Cambirela com outros três

---

[284] O ESTADO, n. 10.505. p. 3.

corpos. Por essa razão, as autoridades adiaram o sepultamento, pois temiam que os últimos quatro corpos (entre eles, o de Cysneiro) não chegariam a tempo hábil ao quartel do 14 BC. Além do que, os corpos ainda deveriam passar pelas etapas de reconhecimento e preparativos para o translado e sepultamento. Entretanto, ao longo do dia e sob forte pressão da opinião pública e dos familiares, as autoridades decidiram voltar atrás e manter o enterro de Olavo de Assis e Nelson Rodrigues às 16h no cemitério do Itacorubi. O corpo de Mauricio Cordeiro Cysneiro só seria sepultado às 9h na manhã do dia seguinte, sábado, dia 11, também no Itacorubi. Os demais corpos seriam transladados para o Sul, Porto Alegre e Curitiba; e para Sudeste, São Paulo e Rio de Janeiro. Uma vez que todos os corpos já haviam sido localizados, o 1º tenente intendente Eduardo de Oliveira Bastos, do DBAF, apresentou-se no Cartório de Palhoça com 26 certidões de óbitos assinadas pelo 1º tenente-médico Dr. Tito Livio Job, médico legista designado pela FAB. Duas certidões já haviam sido apresentadas anteriormente na manhã de quinta-feira, dia 9: a de Wilma Neves e de sua filha Maria Regina.

Decorridos três dias de intensas jornadas, mesmo trabalhando em dias alternados e com sistemas de revezamento, muitos homens estavam visivelmente esgotados física e mentalmente. Para recuperar os últimos quatro corpos no esporão, ao menos uma centena de voluntários civis como a turma do Pe. Itamar, funcionários da Prefeitura de Florianópolis e a turma do Serviço Nacional da Malária (esta última, aliás, havia passado a noite no Cambirela), reforçaria as equipes de socorro unindo-se aos oficiais e aos sargentos do 14 BC, do DBAF e da Polícia Militar. Era a primeira vez em quatro dias de trabalho árduo que os militares recebiam um importante e considerável reforço dos civis. Valendo-se desse valioso aporte às equipes de socorro, o comandante do 14 BC decidiu anunciar que pouparia alguns de seus militares (dos praças aos oficiais) da última jornada no Cambirela concedendo-lhes dispensa. Como já havia ocorrido no dia anterior, seus homens recusaram-na, todos queriam prosseguir e finalizar a missão. De uma vez por todas!

O primeiro grupamento comandado pelo 2º tenente José Figueiredo de Albuquerque deixou o quartel do 14 BC, como sempre, bem cedo, às 3h; seguido do pelotão da 1ª Cia., comandada pelo 2º tenente Alberto dos Santos Lima Fajardo, às 7h; e do 2º tenente Miraldino Dias, da CMM, que partiu às 8h 15min. No último dia, a operação estava a cargo do major Álvaro Veiga Lima, subcomandante do 14 BC, auxiliado pelo capitão Fortunato Ferraz Gominho. Já os tenentes Peret e Clito ficariam responsáveis por coordenar a

Base de Socorro da Guarda do Cubatão e não mediriam esforços para atender às solicitações de seus pares. O plano traçado anteriormente pelo major Álvaro Veiga Lima e pelo major Raphael Leocádio dos Santos, comandante do DBAF, tinha tudo para dar certo. A ideia era simples: reduzir o tempo de resgate empregando o maior número de homens. Entre os oficiais que vieram reforçar as equipes estavam o 1º tenente Ivan Dentice Linhares e o 1º tenente Luiz Felipe da Gama Lobo D'Eça.

Às 9h 30min, o caminhão da EAMSC estacionou em frente à Base de Socorro da Guarda do Cubatão trazendo consigo a caravana formada por 44 voluntários civis que haviam atendido aos apelos do Pe. Itamar na Missa da noite anterior na Catedral Metropolitana de Florianópolis. Essa caravana, formada por fiéis católicos e por trabalhadores da Prefeitura Municipal de Florianópolis (postos à disposição pelo prefeito de Florianópolis Dr. Adalberto Tolentino e liderada pelo Pe. Itamar), estava formada e pronta para a missão. O 1º sargento Bruno Mario Cechinel do 14 BC, um dos responsáveis por organizar os grupos de voluntários naquele dia, determinou que a turma do Pe. Itamar fosse dividida em dois grupos, um com os homens mais fortes, que subiriam até o esporão agudo do norte; e outro que permaneceria na base do morro, entre os Setores 1 e 2.

No primeiro trecho da jornada, o Setor 1, os grupos que subiam se deparavam com um lamaçal enorme, provocado pelo excessivo sobe e desce do morro e pelas constantes chuvas que insistiam em cair. Caminhar ali era o primeiro desafio, pois os pés enterravam-se praticamente até metade das canelas. Boa parte da trilha havia se transformado em uma torrente de águas que desciam com fúria das vertentes da face norte. No início da subida, o caminho de barro batido por tantos pés era escorregadio como sabão, e toda a energia empregada era praticamente absorvida pelas constantes resvaladas.

Apesar da enorme força-tarefa formada pelos militares das duas armas (Exército e Aeronáutica), das duas forças auxiliares (Polícia e Corpo de Bombeiros Militares), dos voluntários do Serviço Nacional da Malária e dos voluntários do Pe. Itamar, a chegada do helicóptero Bell PP-H5 (pilotado pelo Sr. Manoel de Oms, funcionário da Secretaria de Agricultura do Paraná) era aguardada com grande expectativa. Contudo, após duas tentativas frustradas de aproximação em função das más condições climáticas que interferiam na visibilidade e, portanto, na segurança do voo, não restou alternativa ao piloto senão retornar com o PP-H5 para Curitiba. Acreditando que as buscas e o resgate dos corpos prosseguiriam, o piloto do helicóptero Manoel de Oms[285] tinha esperanças de retornar ao Cambirela no dia seguinte, dia 11, caso as condições meteorológicas apresentassem melhoras.

No alto do Cambirela, mais precisamente no esporão da face norte, onde os últimos quatro corpos permaneceram durante a noite sob a guarda do 2º tenente Luiz Carlos de Souza Amaral, da Infantaria da Guarda da FAB, com seus homens e os civis do SNM, apareceram também os tenentes Albuquerque, Fajardo, Carqueja, Miraldino e Ayrton, do 14 BC, liderando os voluntários do Pe. Itamar; e mais 15 militares do Corpo de Bombeiros e da Polícia Militar, liderados pelo 3º sargento Wilson Destri. Prontamente, o grande grupo foi dividido em quatro equipes, e a partir dali cada uma delas se encarregaria de descer com um corpo.

Quatro horas mais tarde, a certa altura, na metade do Setor 2, o grupo do Pe. Itamar encontrou-se com o primeiro grupo que descia e prontamente assumiu o translado dos despojos até a estrada na Guarda do Cubatão. Essa manobra seria repetida ainda com cada um dos três grupos que aos poucos desciam a traiçoeira trilha da face norte. Coube ao incansável 1º tenente-médico Dr. Nóbrega, da Base Aérea, liderar a descida dos últimos quatro corpos que faltavam. Por fim, o último corpo a deixar o Cambirela e a Guarda do Cubatão foi o do 3º sargento Haroldo Oliveira de Almeida, 20 anos, radiotelegrafista de Voo (Q RT VO).

O macabro cortejo desceu a face norte do Cambirela em silêncio, com cada um dos militares e civis perdidos em pensamentos. Em seu íntimo, agradeciam aos céus por finalmente, após quatro longos dias e três noites, terem concluído aquela penosa missão. A satisfação do dever cumprido fazia-se notar no semblante de cada um daqueles homens.

Desde as primeiras horas da manhã, no Quartel do Estreito, o aspirante a oficial de Infantaria Marcio Agostinho Remor, oficial de dia em serviço, acompanhado do 2º sargento Acelino Assonipo Cardoso, da CMM, recepcionava a grande massa popular que para lá se dirigiu desejosa de prestar últimas homenagens às "vítimas do Cambirela", como a imprensa se referia. Durante os últimos cinco dias, muitos daqueles cidadãos visivelmente emocionados ouviram pelo rádio ou leram nos jornais todo o desenrolar da operação desde o momento em que o Douglas C-47 2023 foi dado como desaparecido, até o resgate do último corpo.

---

[285] Primeiro piloto de helicóptero do Brasil.

No início da tarde, o jornal vespertino *Diário da Tarde*[286], que recém-começava a circular na cidade, trazia na capa a seguinte manchete, seguida pelo complemento:

> *UM MINUTO DE SILÊNCIO. Quando as infortunadas vítimas do Cambirela deixam hoje e amanhã a terra barriga-verde, fazemos todos nós catarinenses, um minuto de silêncio. À FAB e à família brasileira enlutadas, as nossas condolências.*

Na mesma edição, o jornal *Diário da Tarde* publicou duas notas, transcritas a seguir:

> Visita as vítimas do desastre de Cambirela - O Comandante do 14 B.C. participa as autoridades e ao público que os corpos das vítimas do desastre de aviação do Cambirela, serão expostos a visitação pública a partir das 13 horas de hoje em Câmara Ardente, armada no quartel dessa unidade do Exército Nacional[287].
>
> Ministério da Aeronáutica
>
> COMUNICADO
>
> Acidente do avião C-47 n. 2023
>
> O comandante da 5ª Zona Aérea e o Comandante do Destacamento da Base Aérea de Florianópolis, tem o pesar de comunicar o acidente ocorrido às 14 horas do dia 6 do corrente, no pico do Cambirela, com o avião C-47 n. 2023, no qual faleceram seis tripulantes e vinte e dois passageiros. Os corpos das vítimas em atenção aos desejos das respectivas famílias seguirão, por via aérea, hoje às 14 horas e amanhã às 10 horas, para as cidades onde as mesmas se encontram. Ainda em obediência aos pedidos dos parentes, serão sepultados no cemitério Municipal de Florianópolis o 2º sargento Olavo de Assis e o civil Nelson Rodrigues da Cunha, saindo os féretros do quartel do 14 BC hoje as 16h30[288].

A cerimônia foi rápida, no início da tarde, às 13h, conforme o previsto. O Pe. Braun auxiliado pelo capitão-capelão da Baco José Backes realizaram uma emocionante cerimônia religiosa na presença de 22 caixões fechados e lacrados, organizados frente a frente em duas fileiras de 11 caixões cada uma. Dos seis corpos ausentes, estavam os da Sr.ª Wilma Neves e de sua filha Maria Regina,

---

[286] DIÁRIO da Tarde, n. 6.874, 10 jun. 1949. p. 3.

[287] Nota do 14º Batalhão de Caçadores publicada no jornal DIÁRIO da Tarde, n. 6.874, 10 jun. 1949. p. 3.

[288] Nota do Destacamento da Base Aérea de Florianópolis publicada no jornal DIÁRIO da Tarde, n. 6.874, 10 jun. 1949. p. 3.

que já haviam sido transladados na quarta-feira, dia 8, para o Destacamento da Base Aérea e de lá por via aérea para Porto Alegre; e os quatro corpos que ainda estavam no Morro do Cambirela a caminho do 14 BC. Cada caixão tinha sobre a tampa uma bela coroa de flores com singelas, mas emotivas, dedicatórias e um cartão com o nome completo da vítima e a cidade para onde seria transladada. A Missa de corpo presente foi realizada na câmara ardente.

Também estavam ali presentes autoridades militares, civis e eclesiásticas, alguns familiares e amigos das vítimas, bem como pessoas da alta sociedade, provenientes de várias localidades. Jornalistas e correspondentes da imprensa falada e escrita vieram de várias partes do Brasil para registrar o desfecho de tão longo e penoso resgate, algo nunca visto então em Santa Catarina. Todos estavam envolvidos em um grande sentimento de pesar. Representando a classe política, estavam presentes no velório os deputados estaduais Nunes Varela (Partido Social Democrático); João José de Sousa Cabral (União Democrática Nacional); Braz Joaquim Alves (Partido Trabalhista Brasileiro); e José Maria Cardoso da Veiga (Partido de Representação Popular).

Entre os familiares estavam o Sr. Manuel Rufino Rabelo, procedente de Porto Alegre, irmão do aspirante do Exército Carlos Rufino Rabelo; o Dr. Hugo Alberto Toschi, que havia perdido três familiares na tragédia: seu cunhado, o aspirante Carlos Rufino Rabelo, sua esposa, a Sr.ª Lorena Rufino Tosch, e sua filha, Lenora Maria Tosch; além da Sr.ª Maria da Graça Ribeiro Freire Capobianco, esposa de Damião Capobianco Neto, 2° tenente meteorologista da FAB, acompanhada de seu irmão Bayard Ribeiro Freire. Uma verdadeira multidão visitou a câmara ardente do 14 BC para prestar as últimas homenagens às vítimas do C-47 2023 e manifestar condolências aos familiares. Estes, por sua vez, solicitavam aos jornalistas que externassem seus sentimentos de gratidão aos comandantes das corporações militares pelo heroico empenho de seus homens para recuperar o corpo dos entes queridos.

Exatamente às 14h 30min, enquanto os bravos soldados retornavam da Base de Socorro da Guarda do Cubatão trazendo consigo o 28° corpo (o do 3° sargento Haroldo Oliveira de Almeida, 20 anos, quarto e último daquele dia), os demais despojos deixavam o quartel do 14 BC. A partida dos restos mortais dos tripulantes e passageiros tombados no Cambirela marcou o encerramento da cerimônia realizada naquela tarde chuvosa sob o som da marcha fúnebre (prevista no regulamento de continências das Forças Armadas). Assim como os presentes ao ato, o céu também parecia chorar pelas vítimas.

> As tocantes cerimônias prestadas, como última homenagem, pelas Forças Armadas, pelas autoridades Civis e Eclesiásticas e pelo povo ás vítimas, foram as mais sentidas cenas que Florianópolis já presenciou. As honras militares de estilo, as cerimônias religiosas, a melodia triste da banda musical e as lágrimas abundantes do povo disseram do pesar e da tristeza dos que ficaram, e se isso não bastou para apagar da lembrança de todos nós o luto inconsolável, pôs a prova o reconhecimento dos brasileiros por aqueles que enobrecem e honram a Mãe Pátria[289].

Sob os olhares comovidos de amigos e familiares, os corpos foram conduzidos um a um por militares impecavelmente uniformizados até os dois caminhões que partiram do quartel do 14 BC, no Estreito, para a Base Aérea de Florianópolis. Ao longo do percurso, de aproximadamente 20 km, centenas de pessoas eram vistas à beira da estrada, assistindo em silêncio à passagem do triste cortejo para prestar a última homenagem. No Destacamento da Base Aérea, os respectivos corpos das seguintes pessoas foram embarcados solenemente em um Douglas C-47 da FAB com destino ao Rio Grande do Sul: 1º tenente da Infantaria da Guarda do Exército Rosenthal Gonçalves; 2º tenente da IG da FAB Pedro Arnaldo Scheffer; 1º tenente intendente do Exército Brasileiro Carlos Rufino Rabelo; 3º sargento da IG da FAB Deodato Corrêa Haag; 3º sargento da FAB Antônio Sérgio Nems; 3º sargento da FAB Ciloy João Pedrosa; 3º sargento do Exército Brasileiro João Alberto Ribas; soldado 2ª Classe da Base Aérea de Florianópolis Agenor da Silva; taifeiro de 2º Categoria (T2) da FAB Jair Luzia Amaral. Dos civis: Lorena Rufino Toshi e sua filha, Lenora Maria Toshi; Lélia Pereira Campelo; Maria Elizabete Fontoura; Olívio Lopes; Francisco Antônio.

Somados os respectivos corpos de Wilma Maria Gomes Neves; da filha, Maria Regina Gomes Neves, que haviam viajado para Porto Alegre na quarta-feira, dia 8, e sepultados em Porto Alegre, agora eram 17 os corpos que seguiram para o Sul, onde também eram esperados com grande expectativa. Os oito corpos que seguiriam para o Sudeste do país foram colocados no hangar do Destacamento da Base Aérea, onde permaneceriam em câmara ardente durante toda a noite, até aproximadamente às 9h do dia seguinte,

---

[289] BOSSLE, Alirio Barreto. A catástrofe do Cambirela. *O Cruzeiro*, Rio de Janeiro, ano 21, n. 37, 2 jul. 1949. p. 76.

sábado, dia 11, quando chegaria o corpo de mais duas vítimas que ainda estavam sendo embalsamadas na morgue do 14 BC para o translado. Ainda na sexta-feira, dia 10, às 16h 30min, uma verdadeira multidão acompanhou o sepultamento do civil Nelson Rodrigues da Cunha e do 2º sargento QAT meteorologista Olavo de Assis no Cemitério do Itacorubi em Florianópolis:

> Apesar do mau tempo reinante densa multidão acompanhou os inditosos moços até a sua última morada, comparecendo ao féretro autoridades civis e militares, representantes da Assembléia Legislativa e do Governo do Estado, além de grande número de pessoas jornalistas e militares do exército e da FAB[290].

> Assistiram ao enterro no cemitério municipal, elevado número de pessoas entre as quais o Tenente Nerocy Nunes Neves, representando o Sr. Governador do Estado, comandantes do 14º BC, Base Aérea e Polícia Militar e outras altas autoridades civis, militares, eclesiásticas e jornalistas. Os corpos foram encomendados pelo capelão Padre Backes da FAB, vindo de Porto Alegre. O ilustrado sacerdote pronunciou comovido sermão de despedida[291].

---

[290] DIÁRIO DA TARDE, Florianópolis, n. 6.875, 11 jun. 1949.
[291] A GAZETA, n. 3.454, 11 jun.

6.8 DESTACAMENTO DA BASE AÉREA

Sábado, dia 11

A cerimônia de translado dos últimos oito corpos foi realizada no hangar do DBAF (antigo hangar da Aviação naval). Foi uma cerimônia rápida, em que o capitão José Backes Capelão, da Base Aérea de Canoas, e o então capelão honorário do DBAF, capitão Alvino Bertholdo Braun, convidaram todos os presentes para orar em memória das vítimas. Agora o público presente era formado essencialmente por familiares e amigos das vítimas do C-47 2023, militares da ativa e da Reserva da Marinha, do Exército, da Aeronáutica e da Polícia Militar, além de algumas personalidades religiosas e políticas.

Aproximadamente às 10h do sábado, dia 11, seguiram em um Douglas C-47 para o Norte do país os respectivos corpos das vítimas: a) para o Rio de Janeiro, cabo fuzileiro naval José Serafim Frutuoso; 3º sargento da FAB Haroldo Oliveira de Almeida; 1º tenente-aviador Miguel Sampaio Passos; 2º sargento da FAB Francisco de Assis Villas Bôas Santos; 1º tenente-aviador Carlos Augusto de Freitas Lima; aspirante a oficial-mecânico da FAB Cristovam Fernandes de Luna Freire; e 3º sargento da FAB Orlando Augusto Borges; b) para São Paulo, 2º tenente da FAB Damião Capobianco Neto.

Enquanto o Douglas se preparava para decolar na pista do Aeroporto de Florianópolis, no outro lado da Baía Sul, o helicóptero Bell 47D, prefixo PP-H5, do governo do Paraná dirigia-se para o Cambirela levando a bordo cordas e lastros para o içamento dos corpos. Não sabia o comandante Manoel de Oms que os últimos quatro corpos já haviam sido retirados do Morro do Cambirela na manhã do dia 10.

> Com a melhora verificada no dia de ontem o helicóptero dirigido pelo Sr. Manoel de Oms rumou para Santa Catarina a fim de entregar-se ao árduo trabalho de recolher os corpos das vítimas do avião da FAB. Para isso levou os materiais necessários como cordas, etc... além de levar um contrapeso na cauda, afim de equilibrar-se quando os corpos forem agarrados [292].

---

[292] A história da frustrada participação de Manuel de Oms na operação de resgate no Morro do Cambirela foi contada com base em alguns documentos da época, principalmente o texto publicado no jornal *O Dia* do Paraná, n. 8.131, de domingo, 12 jun. 1949, p. 4.

A vinda de Manuel de Oms para Florianópolis com seu helicóptero evidencia uma enorme falha de comunicação entre as autoridades da Segurança Pública de Santa Catarina e do Paraná. Se as condições meteorológicas tivessem sido favoráveis desde terça-feira, dia 7, quando os destroços do C-47 2023 foram localizados, o emprego do helicóptero teria reduzido significativamente o tempo de resgate dos despojos no Setor 5 e principalmente teria poupado centenas de homens do grande martírio vivido no Morro do Cambirela durante quatro dias e três noites[293].

Ainda no dia 11, foi sepultado no jazigo n.º 12.700, no cemitério São Francisco de Assis, no Itacorubi, Florianópolis, o corpo de Mauricio Cordeiro Cysneiro. Depois de muita espera para decidir se Mauricio seria ou não transladado para Recife, os familiares decidiram sepultá-lo em solo catarinense.

Ao cair da noite, o quartel do 14 BC estava em silêncio, em completo luto. Os homens que faziam parte daquele batalhão — do mais alto escalão ao mais jovem soldado — estavam consternados, mas orgulhosos e com a consciência tranquila do dever cumprido, de que haviam dado tudo de si. A laboriosa e perigosa missão de encontrar e recuperar os corpos havia sido realizada com pleno êxito.

Em São Paulo o C-47 do 2º Grupo de Transportes fez uma escala no Aeroporto de Congonhas para entregar o corpo de Damião Capobianco Neto, que posteriormente foi sepultado no Cemitério do Araçá. Quando o féretro chegou a São Paulo, garantiram a seu irmão Júlio que o caixão não estava vazio. Ao retornar à casa dos seus pais, onde o velório de uma semana transcorrera, Júlio Capobianco não reconheceu a mãe. A alegre e exuberante loira de sangue toscano foi momentaneamente confundida com uma senhora idosa, grisalha e desanimada.

Após deixar o corpo de Capobianco em São Paulo, o Douglas chegou ao Aeroporto Santos Dumont no Rio de Janeiro, onde a fatídica viagem teve início seis dias antes. Autoridades e familiares aguardavam desde as primeiras horas da manhã, com grande expectativa, a chegada do avião do 2º GT. Agora a espera angustiante havia chegado ao fim. Ao se aproximar do hangar da Diretoria de Rotas Aéreas, a aeronave foi cercada por dezenas de parentes, ávidos por receber seus entes queridos.

---

[293] Ainda naquele ano, em dezembro de 1949, o helicóptero Bell 47D, prefixo PP-H5 foi empregado em uma missão bem sucedida ao auxiliar as equipes de resgate na recuperação dos corpos de vários passageiros e tripulantes que estavam a bordo do DC-3 prefixo PP-YPM da REAL quando este colidiu contra a Serra do Ruvina no interior de Ribeirão Claro - PR.

Algumas horas mais tarde, após emocionantes homenagens, os corpos de Carlos Augusto de Freitas Lima e de Miguel Sampaio foram transferidos para a capela principal do Cemitério de São João Batista, enquanto os corpos de Cristovam Fernandes de Luna Freire, de Francisco de Assis Villas Bôas, de Orlando Augusto Borges e de Haroldo de Oliveira Almeida foram transferidos para a capela do Cemitério de São Francisco Xavier, também no Rio de Janeiro. Ao longo do dia e durante toda a noite, os corpos foram velados; e somente às 9h da manhã de domingo, dia 12 de junho (exatamente no dia em que se comemorava o 18º Aniversario de Criação e Voo Inaugural do Correio Aéreo Nacional), todos os tripulantes e passageiros estavam sepultados.

O dia 12 de junho de 1949 marcava festivamente o nascimento do Correio Aéreo Nacional; como contraponto, uma semana do desastre aéreo e, ao mesmo tempo, a amarga e triste despedida de seus oficiais-aviadores e especialistas da FAB. Os Heróis caídos enfim haviam retornado para casa.

Em Florianópolis, aos críticos que ao longo da semana reclamaram da demora da remoção dos corpos do Cambirela, o jornalista João Frainer escreveu:

> Foi muito fácil a certos comentadores de café, valentes nas horas vagas, criticar a morosidade com que foi feita a remoção das vítimas. Esses apressados comentadores deveriam ir ao alto do Cambirela para depois falar... Porque eu posso afirmar, que tirar os cadáveres do meio do mato, erguê-los paredão acima e depois carregá-los morro abaixo, tudo isso em 4 dias apenas, sendo 28 as vítimas, foi um verdadeiro milagre de boa vontade, de sacrifício, de heroísmo épico. Aqui, nestas linhas, tendo diante dos olhos os valentes e intrépidos soldados do Exército, da Polícia Militar e da Base Aérea, das nossas Gloriosas Forças de terra e ar, eu lhes rendo a minha homenagem de admiração e de veneração. Eles a merecem porque foram heróis!![294]

O jornalista João Frainer, como já descrito, permaneceu pouco mais do que uma hora e meia no topo do Morro do Cambirela, mas esse tempo foi suficiente para que ele vivenciasse a imensa amplitude da tragédia. Mais tarde, descreveria o resgate dos corpos como uma "verdadeira epopeia", devido ao terreno acidentado, à exiguidade de espaço para agir e ao constante risco de acidentes. Durante quatro dias e três noites, aqueles bravos homens trabalharam arduamente sob um rigoroso sistema de rodízio

---

[294] A GAZETA, n. 3.457, 15 jun. 1949. p. 2.

vivendo entre o desespero e a esperança, o terror e a fé, entre o pânico e a confiança, para no fim perceber que cada gota de suor derramada valeu a pena. Aqueles homens haviam vivido privações de toda sorte; sede, fome fadiga, sono, noites mal dormidas, marchas forçadas em terreno perigoso, frio. Mas nada os fez recuar. A missão estava cumprida.

Ao finalizar a Operação Cambirela, o então comandante do 14º Batalhão de Caçadores, Paulo Gonçalves Weber Vieira da Rosa, estava tão orgulhoso de seus homens que fez questão de manifestar esse sentimento em duas publicações. A primeira no *Boletim Diário* n.º 126 [295], que trazia o seguinte conteúdo:

> É difícil, no momento, sem um relatório de cada oficial, situar o trabalho de cada um, destacar os que foram além do esperado e assim prestar pelo louvor a todos. Não é porem, bem posto o termo premiar que a satisfação intíma que todos sentimos no vencer a árdua e piedosa tarefa é o melhor dos prêmios. Necessário é, todavia, ressaltar a consciência da elevação moral do ato que vínhamos praticando e melhor se traduz do que o simples episódio abaixo. Eram 22h30 da jornada do dia 9 e a tropa que sairá nessa madrugada as 03h acabava de chegar. Estavam os nossos belos homens exaustos e famintos, os olhos afundavam do cansaço mais brilhavam satisfeitos; nada de desanimo, nada de derrotamento, ante aquela estranha alacridade das grandes emoções vividas, faltavam quatro despojos ainda e os fiz ver isso. Aqueles homens molhados, aguardando o rancho sem impaciência, não esmoreceram. Dentro deles alguém disse nessa expressão de verdadeira força moral, de determinação fria do cumprimento do dever: "ELES NÃO FICARÃO LÁ". E não ficaram. Não ficaram porque souberam todos compreender o grande sentimento moral desta missão que lhes dera na tranquilidade de seu grato cumprimento. Na montanha, na base de salvamento, no quartel todos envidaram o máximo, sem esmorecimentos, sem quebra de resistência, cheios daquele espírito de solidariedade que forma a força da camaradagem. A mim, comandante que era, os louvo, coube o máximo galardão de tê-los comandando a tais comandados.

A segunda manifestação de louvor foi publicada no artigo da *Revista de Engenharia Militar*[296]:

---

[295] Boletim Diário n.º 126, de 13 de junho de 1949, p. 562, parágrafo 5.
[296] REVISTA DE ENGENHARIA MILITAR, ano 13, jan./fev. 1950. p. 45.

Em janeiro, eu vos mostrei a vós que já sois soldados aquela legenda do Gen. Gerhardt que ali vedes no frontal do edifício: "O 14º BC possui um ótimo espírito de corpo e elevado padrão disciplinar". Em junho, naquela montanha abrupta e sinistra, vós ultrapassastes com honra e vigor, o teste supremo e confirmastes para o nosso querido Batalhão o dístico honroso e belo. Foi um dia de orgulho, são e justo, que eu, vosso feliz comandante, e os quadros que vos moldaram, tivemos em nosso coração de soldados do Brasil. Companheiros que entrais agora na nossa caserna. Eu vos conto o que fizeram aqueles que serão vossos companheiros de todo o dia nesse bendito quartel. Quis Deus, na sua vontade divina e inescrutável, que o grande pássaro prateado, perdido na névoa daquela tarde dolorosa caísse ferido contra a rocha implacável do Cambirela. Vinte e oito criaturas, homens, mulheres e crianças, civis como vós, soldados aeronáuticos e marinheiros; tudo se espraiou em despojos esfacelados pelos grotões da montanha. Urgia arrancar da trágica fraga da serra aqueles corpos examines e dar-lhes aos seus entes queridos que choravam a perda imensa. Piedosa mas rude tarefa. O trabalho era duro, os meios parcos. Lutavam contra o terreno agressivo, pleno de escarpas perigosas e trilhas escorregadias. Lutavam contra o tempo que putrefazia os corpos. Tinham fome, tinham sede, tinham sono e quase já não tinham forças. Mas seu comandante lançara o apelo contra a montanha sinistra e renitente: Os corpos não podem ficar ao gélido pico, é uma questão de honra para o Batalhão. E os corpos não ficaram, Eu os vi descer muitas vezes, os nossos companheiros. Estavam exaustos, estavam famintos e sedentos. Nos olhos encovados a fadiga aparecia, mas bailava-lhes ali alguma coisa de triunfal: a mística da solidariedade humana que no brasileiro é grande e no soldado brasileiro é máxima. Sois felizes, novos soldados do 14º BC, sois felizes por terdes tão belos companheiros para o início do vosso Sacerdócio.

Paulo Gonçalves Weber Vieira da Rosa

Tenente-coronel. Comandante do 14º Batalhão de Caçadores.

6.9 O RECONHECIMENTO DO COMANDO DA BASE AÉREA DE FLORIANÓPOLIS

Na quarta-feira, dia 15 de junho de 1949, o então comandante da Base Aérea de Florianópolis, capitão-aviador Raphael Leocádio dos Santos, em companhia de oficiais de sua guarnição, visitou a redação do jornal *O Estado* de Florianópolis e fez publicar na quinta-feira, 16 de junho de 1949, na p. 3, edição 10.509[297], a seguinte mensagem:

Na qualidade de Comandante da Base Aérea de Florianópolis, venho tornar pública a minha profunda gratidão, compartilhada por todos os meus comandados, em face do inestimável auxílio moral e material que nos foi decisivamente prestado por ocasião do trágico acidente ocorrido com o avião C-47 2023. O Governo do Estado, as autoridades civis e militares, os membros da Igreja Católica e o povo de Santa Catarina foram muito além das mais lisonjeiras expectativas, tendo se empenhado com nobreza de espírito e abnegada resolução à piedosa tarefa de remover os corpos das vítimas de um local praticamente inacessível, para possibilitar-lhes um sepultamento condigno, não poupando também esforços no sentido de reconfortar moralmente a todos nós, militares da Força Aérea Brasileira, enlutados pelo maior acidente de aviação verificado no Brasil. Venho, pois, através da imprensa desta capital, com máxima solicitude, inserir em suas colunas todos os comunicados oficiais da Base Aérea, além de haver informado o público com precisão e sobriedade dignas de encômios, testemunhar a nossa imensa gratidão e reafirmar o nosso propósito de nos conservarmos sempre dignos, pelas ações e pelos ideais, do apoio e da amizade dos nossos compatriotas. Cumpro, também, com elevada e comovida satisfação, o dever de salientar o heroico trabalho executado pelo 14 BC, que tendo à frente o seu digno Comandante, Senhor Tenente-Coronel, Paulo Vieira da Rosa, possibilitou decisivamente o cumprimento da nobre e perigosa missão. Esses bravos militares do nosso Exército, Oficiais e Praças, permaneceram engajados dia e noite, sem descanso, no árduo serviço de remoção dos cadáveres, pondo em risco, inúmeras vezes, as suas próprias vidas. O Quartel dessa valorosa Unidade, transformado em câmara ardente, permitiu que fossem velados sob o mesmo teto aqueles que reunidos haviam encontrado a morte no alto do Cambirela. E ainda, na última hora, os prezados camaradas

---

[297]   O agradecimento do comandante da Base Aérea Raphael Leocádio também foi exposto nas seguintes publicações: jornal *A Gazeta* de Florianópolis de 12 de junho, n. 3.458, p. 2; jornal *Diário da Tarde* de 18 de junho, n. 6.879, p. 2; bem como no relatório anual do Colégio Catarinense de 1949, p. 18.

da Infantaria, constituíram o pelotão impecável que prestou as honras fúnebres previstas no Regulamento de Continências das Forças Armadas. A Polícia Militar do Estado e o seu disciplinado Corpo de Bombeiros, em cumprimento às instruções dadas pelo Comandante Geral, Senhor Coronel, João Alves Marinho, coloca-ram-se lado a lado, enfrentando todos os riscos e contribuindo de maneira altamente louvável para a consecução do objetivo comum. Dedicados e incansáveis, esses distintos camaradas tornaram-se credores da nossa mais sincera gratidão. O Serviço Nacional da Malária, chefiado neste Estado por um grande amigo desta Uni-dade, o Doutor Mário de Oliveira, empenhou-se com seu numeroso contingente na verdadeira batalha que fora travada para vencer a montanha e arrebatar de suas grotas e matas sombrias os corpos das vítimas do C-47 2023.

A Igreja Católica, deu-nos por sua vez um vibrante exem-plo de solidariedade humana e de amor ao próximo, tendo o Reverendo Padre, Doutor Itamar da Costa, do púlpito da Catedral Metropolitana, convocado os fiéis para executarem a penosa subida do Cambirela. Devo agradecer a missão cumprida integralmente pelos Reverendos Padres João Alfredo Rorn, e Alvino Bertoldo Braun, este último, Capelão honorário da Base Aérea. Muito nos confortou o delicado gesto do Reverendo Dom Joaquim Domingues de Oliveira, Arcebispo Metropolitano de Florianópolis, por ter mandado celebrar solenes exéquias na Catedral desta cidade.

Torna-se impossível enumerar todos aqueles que nos prestaram o seu valioso auxílio, dentre os quais, posso salientar o Senhor Luiz D'Acâmpora, Presidente do Clube de Caçadores, e vários Sócios dessa Entidade que se prontificaram a guiar a cara-vana da Aeronáutica. O ilustre Prefeito desta Capital, Doutor Adalberto Tolentino de Carvalho, e os egrégios membros do Poder Legislativo de Santa Catarina que visitaram os nossos companheiros mortos, tendo acompanhado o cortejo fúnebre dos que foram sepultados no Cemitério do Itacorubi. Faço menção e agradeço a todos aqueles que anonimamente tomaram parte dos trabalhos desenrolados no Cambirela, bem como aos clubes, agremiações e pessoas que nos enviaram expressivos telegramas de condolências. Cabe especial registro à atuação do Hospital Militar de Florianópolis, tendo à frente o seu dis-tinto Diretor, Major-Médico, Doutor Sérgio Fontes. Foram igualmente inestimáveis os serviços profissionais prestados pelo 1º Tenente-Médico, Doutor Antônio Carlos Lopes Gomes dos Santos, Chefe da Formação Sanitária do 14 BC.

> Venho ainda agradecer sinceramente o espontâneo auxílio que nos foi dado pela gloriosa Marinha de Guerra do Brasil, aqui representada pelo 5º Distrito Naval, Escola de Aprendizes Marinheiros e Capitania dos Portos, cujos Comandos mobilizaram, na medida de suas posses, ambulâncias, viaturas e motoristas abnegados, integrando assim, os valorosos contingentes de militares e civis e os destacamentos sob as minhas ordens, bem como toda a Força Aérea Brasileira.
> RAPHAEL LEOCÁDIO DOS SANTOS.
> Capitão-Aviador, Comandante da Base Aérea de Florianópolis

Figura 7 – O C-47 2023 voando praticamente às cegas em meio às nuvens e fortes ventos. O destino do avião e todos os seus ocupantes já estava traçado

Fonte: arte de Plínio Westphal Verani

Figura 8 – Momento em que a asa direita do C-47 2023 colide contra a Pedra da Bandeira, na Aresta da Bandeira, no Morro do Cambirela. Era o começo do fim

Fonte: arte de Plínio Westphal Verani

Figura 9 – Militares e civis no Setor 1 a caminho do alto do Morro do Cambirela

Fonte: arte de Plínio Westphal Verani

Figura 10 – Caçadores e mateiros locais conduzem os militares abrindo picadas mata adentro

Fonte: arte de Plínio Westphal Verani

Foto 23 – Destroços do C-47 2023 na vertente leste do Morro do Cambirela. Registro feito por Edegar Della Giustina, em junho de 1949

Foto: acervo pessoal de Luiz Carlos Lacerda

Foto 24 – Militar do 14º Batalhão de Caçadores na busca por sobreviventes.
Foto de Alirio Barreto Bossle, *O Cruzeiro* de 2 de julho de 1949, edição 0037, p. 50

Fonte: D.A. Press

Foto 25 – Militares transportando um dos corpos em uma padiola improvisada.
Foto de Alirio Barreto Bossle, *O Cruzeiro* de 2 de julho de 1949, edição 0037, p. 50

Fonte: D.A. Press

Figura 11 – A árdua operação de resgate e traslado dos corpos na Escarpa da Bandeira

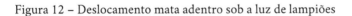

Fonte: arte de Plínio Westphal Verani

Figura 12 – Deslocamento mata adentro sob a luz de lampiões

Fonte: arte de Plínio Westphal Verani

Figura 13 – O carro de boi dos irmãos Medeiros...

Fonte: arte de Plínio Westphal Verani

Figura 14 – ... com o muar de padiola, foram extremamente úteis para transportar os corpos no Setor 1

Fonte: arte de Plínio Westphal Verani

Figura 15 – Cena hipotética em que o helicóptero Bell 47D, prefixo PP-H5, pilotado por Manoel de Oms, aproxima-se do Morro do Cambirela pela Baía Sul. Se as condições climáticas tivessem sido favoráveis a ajuda do PP-H5 teria facilitado a vida dos socorristas

Fonte: arte de Plínio Westphal Verani

Foto 26 – Alunos do Colégio Catarinense posam para a posteridade junto aos destroços do C-47 2023

Fonte: biblioteca do Colégio Catarinense

Foto 27 – Fotografias de Deodato e Normélia encontradas pelo soldado-padioleiro Waldir Weiss

Fonte: acervo pessoal de Silvio Adriani Cardoso

7

O ACIDENTE E POSSÍVEIS FATORES CONTRIBUINTES

7.1 O OLHAR DOS ESPECIALISTAS

Desde o dia 6 de junho de 1999, quando escalei pela primeira vez o Morro do Cambirela para procurar o avião da FAB, até este momento, quando escrevo as últimas linhas deste livro, transcorreram 23 anos. De dezembro de 2016, quando decidi pesquisar a fundo e escrever a história do último voo do C-47 2023, passaram-se seis anos. Ao longo de todo esse tempo, tentei remontar um gigantesco quebra-cabeças e desvendar o que pode ter ocorrido naquela tarde chuvosa e fria de segunda-feira, 6 de junho de 1949, no Morro do Cambirela. Se consegui atingir em parte os meus objetivos, foi graças a determinação, comprometimento e uma boa pitada de teimosia, além, é claro, da disponibilidade dos documentos oficiais da época do acidente, da tecnologia disponível atualmente e, principalmente, da valiosa contribuição dos especialistas que atuam na Aviação em diferentes segmentos: aviadores, tripulantes, meteorologistas, pesquisadores, investigadores de acidentes aeronáuticos, jornalistas; bem como dos depoimentos de alguns familiares e amigos das vítimas, de entusiastas da Aviação que, como eu, passaram anos perguntando a si mesmos quais teriam sido as causas que levaram o Douglas C-47 2023 da FAB a colidir com o Morro do Cambirela.

Estamos falando de uma aeronave que tinha, no dia do acidente, 1.889 horas de voo e menos de 4 anos de uso — para ser mais exato, 3 anos, 9 meses e 17 dias (ou 1.387 dias) — desde que foi disponibilizada na linha de montagem da Douglas Aircraft Company, no dia 19 de agosto de 1945, até o dia do acidente, em 6 de junho de 1949. O Douglas estava equipado com o que havia de melhor em tecnologia de voo por instrumentos naquele momento.

Além disso, era pilotado por dois jovens aviadores que somavam juntos mais de 3 mil horas de voo: o comandante F. Lima, 26 anos, encerrou sua carreira com 2.041[298] horas de voo (sendo 53 horas de voo por instrumentos) + curso de aperfeiçoamento nos EUA; e Miguel, 28 anos, com 1.230 horas de voo. Ambos eram qualificados, tinham experiência na FAB e habilitação para voar por instrumentos (IFR). O comandante frequentemente viajava aos Estados Unidos para participar de treinamentos e chegou a fazer traslados de alguns dos C-47 recém-adquiridos pela FAB dos EUA para o Brasil. Familiares do tenente F. Lima acreditam que o C-47 2023 foi um desses aviões. Se assim for, F. Lima foi um dos primeiros aviadores a voar com o Douglas USAAF 451095 em território norte-americano e o primeiro a voar com com ele em território brasileiro; além disso, viu o avião receber a matrícula FAB 2023 no Brasil e encerrou em Palhoça, no Sul do país, seu último voo com o mesmo avião que trouxera dos EUA. A rigor, todos os tripulantes eram frequentemente submetidos a inspeções de saúde e realizavam constantes cursos de aperfeiçoamento. Ambos os aviadores, F. Lima e Miguel, foram agraciados com a Medalha de Guerra da Campanha do Atlântico Sul por serviços relacionados com a ação da FAB no litoral Brasileiro, no preparo e desempenho de missões especiais confiadas pelo governo, no período de 1942 a 1945. Definitivamente, sobrava-lhes competência.

Além disso, para que os aviões pudessem voar com segurança, fazia-se imprescindível rigorosa manutenção periódica, que era realizada por competentes equipes de mecânicos. No ano de 1949, o índice de manutenção dos aviões do 2º GT atingiu um índice de 80% de eficiência. Em seu livro *Momentos de decidir: fatos e reminiscências. A fase C-47 do C.A.N.*[299], o suboficial Calhao dá-nos uma ideia de como era feita a manutenção dos Douglas C-47 na década de 1940:

> Com o passar do tempo, muita coisa mudou para melhor na manutenção. Ela passou a ser feita rigorosamente de acordo com os manuais, enquanto as ordens técnicas de manutenção passaram a ser atualizadas. De maneira nenhuma, o avião voava com horas de manutenção vencidas." E acrescenta: "Manter o avião sempre em condições de voo, para realizar as viagens de linha e as extras do CAN, passou a ser ponto de honra para nós, tripulantes e técnicos de manutenção. O serviço de manutenção do Parque de Aeronáutica dos Afonsos era impecável.

---

[298] Basicamente, hoje um piloto com um mínimo de 500 horas de voo tem experiência suficiente para conseguir emprego em uma das grandes companhias aéreas brasileiras.

[299] *Momentos de decidir:* fatos e reminiscências. Alcebíades de Barros Calhao. Corumbá: Asa. 2ª ed. 2009. p. 52.

Se o conjunto de todos esses fatores favoráveis — avião relativamente novo, pilotos capacitados e manutenção rigorosamente em dia — aumentava significativamente o nível operacional dos tripulantes bem como a segurança do voo, então o que poderia ter contribuído com o desastre? Analisando o relatório do acidente[300] com o C-47 2023, folha 16, item XV, "Causas do acidente", emitido pela Comissão de Acidentes Aeronáuticos (CAA) em 20 de julho de 1949, encontramos a seguinte descrição:

> Acidente ocasionado pelo fato de o avião ter desviado da rota e abaixo da altitude de segurança. Não existindo problema de subida oficializada em Florianópolis, esta comissão não tem elementos para determinar se o piloto procedeu dentro das normas de segurança. Como fatores que contribuíram para o acidente podem ser citados as péssimas condições atmosféricas no local e o vento que derivou o avião para a direita da rota; quando este se encontrava em uma altitude critica, sobrevoando a região mais acidentada da rota. Devido ao estado em que ficou o avião, não foi possível determinar se houve alguma causa material que contribuísse para o acidente.

Na *Ficha-sumário* de *acidente*[301] n.º 168 (Art. 21 do Regulamento para o Serviço de Investigação de Acidente Aeronáutico) emitida em 29 de agosto de 1949, o Estado Maior da Aeronáutica, mediante a Inspetoria-Geral, emitiu, em caráter reservado, um parecer classificando o desastre do dia 6 de junho de 1949 no Cambirela como "GRAVE". Na ficha-sumário (uma espécie de relatório final resumido) consta o seguinte:

> O avião decolou de Florianópolis, com destino a Porto Alegre, transportando seis tripulantes e vinte e dois passageiros. A 100 metros de altura, atingiu a primeira camada de nuvens, perdendo contato com o solo e iniciando o voo por instrumentos. Devido à turbulência existente na ocasião, o piloto reduziu a razão de subida, iniciando uma curva aberta pela esquerda. Em consequência, a aeronave desviou-se da rota, indo chocar-se com o morro do Cambirela.

A fim de tentar conhecer e compreender um pouco mais sobre os últimos minutos que antecederam a colisão do C-47 2023 com o Cambirela, solicitei ao Centro de Comunicação Social da Aeronáutica todas as informações sobre o acidente que eles pudessem encontrar em seus arquivos. Em maio de 2018, recebi um informe realizado com base nas informações cons-

---

[300] O relatório do acidente com o C-47 2023 foi enviado 44 dias após o desastre no Morro do Cambirela.

[301] Ilustração 45.

tantes em microfilmes arquivados no Cenipa. Com base na microfilmagem dos documentos da época, foi feito um levantamento histórico e produzido um documento no formato de relatório final, informe disponibilizado para este autor com o único propósito de historiar a ocorrência. No documento enviado pelo Cenipa, entre outras informações, constava o seguinte:

> Na época não havia Procedimento de Subida, oficialmente instituído. A aeronave estava adequadamente equipada para o voo por instrumentos, e este tipo de voo era aceito como suficientemente seguro. O voo estava sendo realizado fora de rota prevista e abaixo da altitude de segurança, em região de topografia muito acidentada, havendo ocorrência de péssimas condições meteorológicas. Não foi possível determinar se havia ocorrido alguma falha de causa material que viesse a contribuir para o acidente[302].

Basicamente os documentos apresentados relatório do acidente com o C-47 2023 elaborado pela CCA; a ficha-sumário de acidente elaborada pela Inspetoria-Geral em 1949; e o relatório final enviado pelo Cenipa coincidem em alguns pontos como fatores contribuintes para o acidente:

1. Falta de um procedimento oficial de subida. A RDFL orientou para que o C-47 2023 utilizasse a pista 20 e decolasse diretamente para a proa sul. No entanto, em função do vento de través, a tripulação decidiu utilizar a pista 02 e decolar para a proa norte.

2. Durante a curva ascendente para retomar o rumo para Porto Alegre (220° sudoeste), o C-47 2023 reduziu o ângulo de subida, o que o levou a voar abaixo da altitude mínima de segurança em região muito acidentada.

3. As péssimas condições atmosféricas/climáticas (fortes ventos, nuvens, chuva etc.) resultaram na perda do contato visual com o solo, que obrigou a tripulação do C-47 2023 a voar por instrumentos (IFR).

4. O aumento da velocidade para agilizar o voo aliado aos fortes ventos que sopravam do sentido leste (mar) para o oeste (morros) derivaram o C-47 2023 perigosamente para a face leste do Morro do Cambirela, onde colidiu.

Os pareceres citados vêm ao encontro do que investigadores e especialistas são unânimes em afirmar: acidentes na aviação nunca ocorrem

---

[302] Reconstituição Histórica – CENIPA, Análise, p. 3.

de forma isolada, é preciso que ocorra uma combinação de fatores para que eles aconteçam. Além dos pareceres dos órgãos oficiais, ao longo dos anos — aos quais dediquei minhas pesquisas —, li e ouvi diversos relatos tidos como possíveis fatores contribuintes que culminaram com o desastre do C-47 2023. Para me ajudar a compreender se alguns desses relatos têm ou não algum fundamento, contei com a valiosa ajuda de três inestimáveis colaboradores: o tenente-coronel-aviador da Reserva da FAB Carlos Ari César Germano da Silva; o tenente-coronel-aviador da Reserva da FAB Ivan Irber; e o comandante José Lourenço dos Santos.

O tenente-coronel-aviador da Reserva da FAB Carlos Ari César Germano da Silva[303] trouxe enorme contribuição para esta obra, já que ele é considerado uma autoridade quando o assunto é a pesquisa de acidentes aeronáuticos ocorridos no Brasil. Entre as diversas colaborações, Carlos Ari ajudou-me a interpretar o parecer descrito na ficha-sumário de acidente, bem como o informe do Cenipa, nos quais algumas notas me intrigavam:

1. Se o vento era de través, por que o comandante decolou na proa norte, quando poderia ter decolado na proa sul, na direção de Porto Alegre, que efetivamente era o seu próximo destino?

2. A turbulência existente na ocasião pode realmente ter contribuído para o acidente?

3. Se não havia um procedimento de subida oficialmente estabelecido, qual era a regra adotada pelos aviadores naquele tempo?

4. Por que não foi possível determinar se havia ocorrido alguma falha de causa material que viesse a contribuir para o acidente?

5. Por que (segundo o parecer da FAB) o C-47 2023 estaria voando fora de rota?

Como resposta, recebi um texto tão convincente e esclarecedor que não me animei em resumi-lo. Por essa razão, decidi reproduzi-lo na íntegra:

Caro Silvio Adriani,

Examinando o item 7 - O acidente e seus possíveis fatores contribuintes - da matéria que me enviaste, anotei alguns pontos que considero importantes para a investigação desse acidente, ocorrido

---

[303] Carlos Ari é autor dos livros O rastro da bruxa: história da aviação comercial brasileira no século XX através de seus acidentes. 1928-1996, publicado pela Pontifícia Universidade Católica do Rio Grande do Sul (EDIPUCRS) em 2006; e Ao vento sobranceiro (EDIPUCRS, 2011), que, entre outras histórias, resgata uma parte de sua experiência como comandante do C-47 na FAB, onde contabilizou aproximadamente 1.200 horas de voo.

há tanto tempo. É um clássico "cold case"[304] que despertou em ti o Sherlock Holmes que habita a alma dos que, como nós, sentimo-nos desafiados por mistérios não solucionados. Evidentemente, em tudo há que se aceitar boa margem de intuição, já que as evidências que sustentariam as conclusões perderam-se para sempre.

1. "Se o vento era de través, por que o Comandante decolou na proa norte quando poderia ter decolado na proa sul, na direção de Porto Alegre, que efetivamente era o seu próximo destino?"

    [R.] *Provavelmente isto se deu devido à existência de um morrote[305] nas proximidades do prolongamento da pista Sul. Tanto era importante que, vinte e três anos mais tarde, quando passei a voar no C-47 no 5° ETA, arremetidas no ar de aproximações para pouso por instrumentos na pista Sul eram realizadas com curva ascendente imediata de 180° à direita até a proa do radio-farol localizado no estreito, único auxílio então existente para aproximações para pousos por instrumentos em Florianópolis. Assim, nas circunstâncias, a decisão do Comandante de decolar na proa norte foi correta por ser a mais segura.*

2. "A Turbulência existente na ocasião pode realmente ter contribuído para o acidente?"

    [R.] *Turbulência severa, ou mesmo moderada, prejudica, quando não, impossibilita a precisão do voo por instrumentos. Os pilotos concentram-se em controlar o avião, pois os instrumentos baro-métricos (altímetro e indicador de subida e descida ou climb) variam errática e amplamente, sem contar que, em turbulência severa, o corpo do piloto sacode em descompasso com o painel de instrumentos, tornando-o praticamente ilegível. Caso o 2023 tenha encontrado turbulência severa ou moderada na fase de subida inicial – hipótese compatível com forte vento de superfície turbilhonando violentamente ao passar pelos morros que cercam o aeroporto – é provável que isto tenha reduzido ainda mais a razão de subida do avião, já comprometida pelo peso de combustível, passageiros e carga que transportava.*

3. "Se não havia um procedimento de subida oficialmente estabe-lecido, qual era a regra adotada pelos aviadores naquele tempo?"

---

[304] "Arquivo morto".

[305] Morro do Ribeirão da Ilha, ponto culminante da Ilha de Santa Catarina, com 532 m de altitude.

[R.] *Quando não há procedimento de subida estabelecido, a regra é subir inicialmente em uma proa 45° maior ou menor do que a do eixo da aerovia, de forma tal que o avião nela ingresse, com altitude de cruzeiro. Isto evita conflito de tráfego entre o avião que partiu e os demais que compartilham a mesma aerovia. É possível que a presença de dois outros tráfegos (um DC-3 da Panair do Brasil e outro da Cruzeiro), que se aproximavam de Florianópolis para sobrevoá-la ou pousar, tenham concorrido para a decisão do piloto do 2023 de antecipar a execução da curva pela esquerda, executada pouco depois da decolagem da pista norte. É também possível que um desses dois tráfegos possa ter levado o piloto do 2023 a reduzir a razão de subida para evitar conflito de tráfego aéreo. É importante ressaltar que, naquela época, as posições dos aviões no ar eram determinadas pelo controlador de tráfego aéreo mediante informações fornecidas pelos pilotos, com base em navegação estimada, portanto imprecisa.*

4. **"Por que não foi possível determinar se havia ocorrido alguma falha de causa material que viesse a contribuir para o acidente?"**

[R.] *Embora a hipótese da falha de um dos motores do 2023 ter concorrido para o acidente, considero-a improvável pelas seguintes razões; nenhuma das quais isoladamente conclusiva, porém seu conjunto, a meu ver, reforça a hipótese de que o C-47 chocou-se contra a montanha em perfeitas condições mecânicas.*

a) A tripulação não declarou emergência;

b) O avião colidiu com o Morro na proa de Porto Alegre, seu destino, o que sugere que os pilotos pretendiam prosseguir na viagem, o que não fariam em caso de emergência;

c) A altitude atingida pelo avião no momento da colisão é compatível com uma subida normal, considerados o tempo de voo, a distância do aeroporto à Pedra da Bandeira e a antecipação da curva à esquerda após a decolagem.

d) O exame das pás das hélices sem dúvida revela a condição do motor ao qual ela estava ligada no momento do acidente. Pás em passo bandeira, perfiladas com o vento relativo, indicam a intenção do piloto de evitar o grande arrasto produzido por uma hélice em cata-vento em caso de inoperância do respectivo motor, pois uma hélice em cata-vento torna o voo impraticável. Na maioria dos acidentes, esse costuma ser indício suficiente para se confirmar a falha de motor, porém quando o avião colide frontalmente com uma montanha, a magnitude das forças de impacto pode alterar a verdadeira situação da hélice antes do impacto. Ademais, a qualidade das fotos das hélices do 2023 não nos permite concluir, que alguma delas estivesse embandeirada no momento do choque com a montanha. Assim sendo, considero provável que ambos os motores do 2023 funcionassem perfeitamente até o momento do desastre.

5. "Por que (segundo o parecer da FAB) o C-47 2023 estaria voando fora de rota?

[R.] Na verdade, o 2023 não voava fora de rota, já que a rota direta para Porto Alegre passa pelas proximidades da montanha. Até alguns anos atrás (creio que ainda hoje em dia), a aerovia Florianópolis – Porto Alegre (baixa altitude) era balizada pelo radiofarol de Santa Marta, em Laguna, o que impunha ligeira inflexão à esquerda da rota direta. Sendo assim, o sobrevoo do Cambirela por um avião executando curva aberta à esquerda, após decolar de Florianópolis da pista Norte com destino a Porto Alegre, não chega a ser algo anormal. Creio que, na época do acidente, os pilotos do CAN, especialmente os mais jovens, não operavam com frequência em Florianópolis, não estando, portanto, bem familiarizados com a topografia daquela região. Ademais, pilotos comumente consultam cartas topográficas na fase de planejamento da viagem que irão realizar e/ou para fins de navegação. Dificilmente valem-se delas em outras fases do voo, ainda mais quando este se desenvolve em condições meteorológicas desfavoráveis, pois não tem sentido consultarem cartas topográficas quando não enxergam o solo. Naquela época, o sistema de apoio de navegação em terra e a bordo dos aviões resumia-se à orientação por raros radiofaróis. Para navegar, os aviadores utilizavam-se do sinal das antenas de estações difusoras comerciais (broadcastings), que davam seus prefixos a cada quinze minutos para que os aviadores pudessem identificá-las e por elas navegar. O sistema era precário e muito sujeito a falhas humanas. O que havia de melhor na época, se comparado ao que hoje existe, era um sistema "arco e flecha". A maioria dos acidentes do tipo CFIT ou "voo controlado contra o terreno (solo ou água), como o do 2023, foram causados por desorientação dos pilotos com relação a real posição dos aviões, conclusão que estimulou o aperfeiçoamento do sistema de proteção ao voo, bem como dos equipamentos de navegação embarcados. Assim, pode-se considerar a precariedade do sistema de proteção ao voo da época como um dos fatores contribuintes para o acidente do 2023.

Para fundamentar a teoria do comandante Carlos Ari Germano com relação à Colisão com o Solo em Voo Controlado, reproduzo aqui as definições encontradas em dois *sites*: o primeiro do Aviation Safety Network, que classifica o acidente com o C-47 2023 no Cambirela como *Controlled Flight Into Terrain*. O outro é uma definição para CFIT disponível no *site* da Agência Nacional de Aviação Civil, seção "Anacpedia[306]": "CFIT - É o acidente aeronáutico que ocorre quando uma aeronave, mesmo tendo seus equipamentos e sistemas funcionando bem e estando sob o controle de um piloto, colide com o solo, água ou obstáculo".

O principal fator contribuinte na CFIT está associado a problemas relativos ao fator humano (responsável por mais de 80% dos casos de CFIT), podendo ser desde uma incorreta programação e leitura dos parâmetros dos equipamentos de bordo, passando por um desconhecimento do terreno e seu relevo, até uma completa desorientação espacial, entre outros fatores. Até mesmo profissionais com larga experiência de voo podem submeter-se ao CFIT, devido a fadiga, perda de consciência situacional ou desorientação. Os pilotos geralmente desconhecem o perigo até que seja tarde demais. Segundo Germano, acidentes desse tipo não se devem a "barbeiragens" dos aviadores, mas a limitações humanas e, principalmente, à precariedade do sistema de proteção ao voo. Sem dúvida, a aviação tornou-se cada vez mais segura, porém à custa do sacrifício de seus mártires.

A ficha-sumário de acidente com o C-47 2023 não o classifica como CFIT, porque na década de 1940 não existia tal definição para esse tipo de acidente. Ela só surgiu em 1970, quando técnicos da Boeing que estudavam o assunto constataram que o CFIT liderava as estatísticas como um dos maiores responsáveis por perdas de vidas na Aviação mundial desde o início da era do jato comercial.

Alguns jornais da época do desastre com o 2023 apontam que um dos seus motores pegou fogo; outros dão a entender que houve uma pane. Isso explicaria o porquê de o avião não conseguir ganhar altitude suficiente para passar sobre o Morro do Cambirela. Por essa razão, em janeiro de 2019, apresentei para o coronel-aviador Ivan Irber[307] duas fotos (uma de cada um dos conjuntos de hélices do C-47 2023), ambas desprendidas de seus respectivos motores e parcialmente enterradas na vertente leste do Cambirela (registradas pelos jesuítas do Colégio Catarinense, em 1 de novembro de

---

[306] Colisão com o solo em voo controlado. Definição 2, Disponível em: https://www2.anac.gov.br/anacpedia/por-por/tr800.htm. Acesso em: 23 out. 2022.

[307] Formado na AFA em Pirassununga/SP, em 16 de dezembro de 1974. Além de um experiente aviador, com 3.700 horas de voo, das quais 1.700 horas em EMB-110 Bandeirante (o C-95 EMB-110 sucedeu o Douglas C-47 na FAB), 1.000 horas no jato AT-26 Xavante (emprego tático) e 1.000 horas no Neiva T-25 Universal. Ivan Irber também tem algumas horas de voo como checador do Departamento de Aviação Civil, além de haver participado de um estágio no Cenipa em Brasília em maio de 1981.

1949). Ele fixou os olhos e sentenciou, com convicção: *"As hélices estão bem emblemáticas. Uma delas bateu com potência e outra sem potência".* E acrescentou: *"A hélice do motor inoperante estava embandeirada [perfilada]".*

Apesar de não ser possível afirmar qual é a hélice do motor esquerdo e qual é a hélice do motor direito, para Ivan Irber, uma das fotos (a seguir) evidencia que ela colidiu com potência, ou seja, em pleno funcionamento do motor; e, ao colidir contra o solo com potência, a pá entortou para frente.

Foto 28 – Hélice embandeirada, segundo o coronel Ivan Irber

Fonte: biblioteca do Colégio Catarinense

Na ocasião, também mostrei ao Cel. Irber uma segunda foto (da outra hélice do 2023), que logo sentenciou: *"[...] um dos motores falhou, ou seja, estava sem potência ou parado; e por esta razão entortou para trás, o que evidencia o voo em monomotor".*

Quando um motor sofre uma parada em voo (que vai de uma falha mecânica a um incêndio ou explosão), os aviadores acionam o mecanismo de embandeiramento (passo-bandeira). Isso resulta em uma significativa redução do arrasto produzido pelas hélices afetadas e quase sempre melhora o desempenho do voo, mesmo diante de uma situação crítica. Uma falha no motor durante um voo reto e nivelado e com tempo bom, voando em condições visuais, não chega a ser um grande problema, até mesmo já houve casos em que os pilotos, ao se depararem com situações como essas, simplesmente buscavam um local alternativo para o pouso de emergência e faziam-no sem maiores dificuldades. Durante a Segunda Guerra Mundial, centenas de aviões bimotores como o C-47 voaram apenas com um motor (sem falar em outras avarias, como lemes ou asas seriamente comprometidas) e conseguiram, com razoável esforço, retornar para a base em segurança.

Se realmente ocorreu, essa não seria a última vez que uma falha ou incêndio em um dos dois motores de um avião da DC resultaria em um acidente com trágicas consequências no entorno do Aeroporto de Florianópolis. Além do acidente com o Douglas C-47 2023, em 6 de junho de 1949, quase dois anos depois, em 22 de março de 1951, o Douglas DC-3 (versão civil e comercial), matrícula PP-CCX "Caeté", da Cruzeiro do Sul Serviços Aéreos, procedente de Curitiba, transportando 14 pessoas, sendo 4 tripulantes e 10 passageiros, caiu às 17h 30min nas águas da Baía Sul, a aproximadamente 500 m da Praia da Saudade (praia da elite florianopolitana na década de 1950), em Coqueiros, região continental de Florianópolis, após uma tentativa de pouso e posterior arremetida malsucedida. A falha, quase que simultânea, nos dois motores do DC-3 foi apontada como o principal fator contribuinte para o acidente. Em função da demora do resgate, três passageiros (e um cão da raça São Bernardo) morreram afogados. O dono do cão, Carlos Orila, sobreviveu e conseguiu chegar nadando até a Praia da Saudade, onde ficava sua casa, muito próximo ao local onde o DC-3 PP-CCX fez um pouso forçado no mar. Posteriormente, após uma tentativa fracassada de retirar o avião da praia e transportá-lo até até a Capitania dos Portos (atual Centro Cultural da Marinha em Santa Catarina) no centro de Florianópolis, os cabos de sustentação romperam-se e o PP-CCX submergiu novamente, dessa vez no meio do canal da Baía Sul que separa a Ilha de Santa Catarina e o continente — e lá, ao que tudo parece indicar, permanece até hoje.

Por fim, depois de longas conversas virtuais com meu amigo e comandante José Lourenço dos Santos Jr., experiente aviador e pesquisador da história do Douglas (tanto da versão civil, o DC-3, como da versão militar, o C-47), no Brasil e nos EUA[308], decidi pedir que ele efetuasse alguns experimentos no seu simulador de voo com um Douglas C-47. Com tantas possibilidades e poucas certezas, um exercício de aproximação dos fatos poderia apresentar resultados interessantes. Para essa ação, utilizamos o Microsoft Flight Simulator 2020 em conjunto com o programa Little Navmap; e, claro, apropriamo-nos do maior número possível de informações como as publicadas no relatório de acidente com o C-47 2023, na ficha-sumário, na transcrição de rádio (comunicação entre a RDFL e o C-47 2023), nas condições climáticas descritas no QAM (atual Metar), entre outras referências (como velocidade, altitude,

---

[308] No futuro as pesquisas do comandante José Lourenço sobre os Douglas (DC-3 e C-47, entre outras variações) que operaram no Brasil serão publicadas em um livro.

velocidade estimada dos ventos, baixa visibilidade, rumo de 220°, ângulo de deriva, ângulo de subida, performance do C-47 conforme os manuais de voo, voo por instrumentos (IFR), entre outras.

Com base nessas e em outras informações, o comandante José Lourenço passou algumas horas em frente ao simulador, onde conseguiu obter dados interessantes que resultaram em duas trajetórias hipotéticas (ver Esquema hipotético das rotas do C-47).

A Simulação 1 obedeceu à performance normal (também conhecida como performance militar), ou seja, manteve-se a velocidade de 185 km/h (115 mi/h) em uma subida a 304 m por minuto (1.000 pés). Com esse desempenho, o C-47 atingiu os 1.000 metros de altitude praticamente ainda na metade do voo sobre a Baía Sul, distante a 6 km da Pedra da Bandeira, situada a aproximadamente 800 m de altitude. Isso significa que, quando ele cruzou a vertical desta, estava voando a 1.370 m de altitude (4.419 pés), ou seja, a praticamente 570 m sobre a Pedra da Bandeira. Nessa simulação, o C-47 passou bem longe (um pouco mais a sudeste) da Escarpa da Bandeira no Morro do Cambirela.

Na Simulação 2, o C-47 subiu a uma velocidade aproximada de 249 km/h (155 mi/h) em uma razão de subida de 152 m por minuto (500 pés). Após oito minutos de voo em IFR, o C-47 colidiu contra a face leste do Morro do Cambirela. Em suma, nessa simulação, os valores aqui apresentados (maior velocidade e menor razão de subida), aliados à falta de visibilidade, aos ventos que sopravam de leste para oeste (lestada), somado à falta de apoio à navegação aérea nos procedimentos de subida para voos sob instrumentos, foram os principais fatores contribuintes, o que sugere (com maior ou menor grau de precisão) que esse foi o cenário vivido pelos tripulantes e passageiros naquela fatídica tarde do dia 6 de junho de 1949.

Para José Lourenço, a razão de subida com passageiros a bordo, numa aeronave não pressurizada, era recomendada em cerca de 300 a 500 pés/min, a fim de evitar dores nos tímpanos especialmente nesse voo, que levava duas crianças a bordo. Em suma, a redução de subida aumentava o conforto dos passageiros. Com relação aos ventos, segundo José Lourenço, normalmente os ventos aumentam de intensidade conforme a altitude aumenta (sem falar da turbulência orográfica, que surge do atrito do ar ao soprar contra elevações montanhosas). Curiosamente, os mesmos ventos que sopravam de leste para oeste e que forçaram os pilotos a decolarem para a proa norte, a fim de evitar contratempos, acabaram derivando fatalmente o 2023 contra a encosta leste do Morro do Cambirela. Ainda segundo José

Lourenço, se houve de fato uma falha no motor do C-47 2023, ela ocorreu nos últimos minutos, sem tempo para nenhuma manobra de emergência. Em suma, a simulação do voo levou o comandante José L. a concluir que foram três eventos em conjunto ou isoladamente que podem ter contribuído com a colisão do C-47 2023 na Pedra da Bandeira no Morro do Cambirela.

1. Uma curva com uma pequena inclinação, de 10 a 15 graus, em vez de 25, como seria o padrão;
2. Os ventos soprando de leste para oeste com uma velocidade superior a 25 kt (46.30 km/h); e
3. O aumento na velocidade de subida, 249 km/h (155 mi/h), o que também causaria o aumento no raio da curva, derivando o C-47 2023 para a face leste do Cambirela.

Figura 16 – Esquema hipotético do acidente adaptado do programa Navmap e com base na simulação realizada no Flight Simulator em fevereiro de 2022: (A) pista 02-20 do Aeroporto de Florianópolis (a única que existia na época). Simulação 1: (B) ponto onde o C-47 teria atingido 1.000 m de altitude e teria passado sobre o Morro do Cambirela sem maiores problemas; (C) ponto onde o C-47 2023 estaria prestes a cruzar a vertical (1.370 m de altitude ou 4.419 pés) a sudeste da Pedra da Bandeira (situada a aprox. 800 m de altitude). Observar o pequeno ângulo de correção da deriva. Simulação 2: (D) ponto (vermelho) onde o C-47 2023 colidiu contra a face leste do morro. Colaboradores: José Lourenço dos Santos (simulação de voo) e Douglas Luiz Cardoso (ajustes no *layout* em que foi alterado somente o cenário da pista 02/20) do Aeroporto de Florianópolis, mantendo-se a configuração da ocupação urbana atual)

Fonte: acervo do autor

Outros possíveis fatores contribuintes:

Excesso de peso

Comenta-se que uma das razões pelas quais o C-47 2023 não atingiu a altitude de segurança e colidiu contra a Escarpa da Bandeira no Morro do Cambirela é que ele estaria voando com peso em excesso. Porém, para o comandante José Lourenço dos Santos Jr., um piloto experiente como o 1º tenente F. Lima não sobrevoaria uma montanha como Cambirela com excesso de peso, aliás, ele nem sequer aceitaria o excesso de peso. Na verdade, mesmo que considerássemos que o avião estava voando praticamente no limite de peso (carga, passageiros e combustíveis), teoricamente, o peso de decolagem do C-47 2023 não teria sido suficiente para prejudicar a razão de subida a ponto de levá-lo a colidir com o Cambirela, desde que o avião estivesse voando em perfeitas condições mecânicas, é claro. Como já vimos, o comandante Carlos Ari Germano também opina que o peso não foi um dos fatores contribuintes.

Falha nos altímetros

Carlos Luiz Sholl de Freitas Lima[309] cresceu ouvindo de sua mãe, Gladys, que aviadores da FAB amigos do seu pai comentavam, talvez com boa intenção, que houve uma falha nos altímetros, que pode ter sido mecânica ou de ajuste. Para Carlos Ari Germano, a pressão barométrica local, fornecida pela torre de controle e introduzida nos altímetros pelos pilotos F. Lima e Sampaio antes da decolagem, indica a altitude do aeródromo. Após a decolagem, na fase inicial de subida, os pilotos ajustaram seus altímetros na pressão padrão (1.013 Mb ou 29,92 Pol), isso para que a mesma referência de altitude fosse compartilhada por todos os aviões que dividiam o espaço aéreo. A referência para empregar o ajuste padrão denomina-se altitude de transição (subida) ou nível de transição (descida). Defeitos de funcionamento são raros em altímetros. Na maioria dos casos, indicações inexatas ocorrem por erros de ajuste dos pilotos. Carlos Ari acredita que o acidente do 2023 não decorreu de erro de funcionamento ou de ajuste <u>dos dois altímetros</u>. Segundo ele, naquela época, era comum atribuir colisões controladas de aviões contra o terreno a defeito no altímetro, o que não corresponde à realidade. Jamais saberemos se a falha do altímetro de fato ocorreu ou ela teria sido apenas mais um dos

---

[309] Filho do comandante do C-47 2023, 1º tenente Carlos Augusto de Freitas Lima. Tinha apenas 2 anos de idade quando o pai faleceu no desastre do Cambirela.

elos da corrente de fatores contribuintes que se rompeu. Vale destacar que na década de 1940 não existia o *Flight Data Recorder*, instrumento que registra informações de voo (parâmetros) como altitude, velocidade, hora e direção da aeronave, e muito menos o *Cockpit Voice Recorders*, que pode gravar até duas horas das conversas na cabine, entre outros sons, tais como explosões ou ruídos do motor. Se existissem, esses instrumentos teriam sido cruciais para a análise dos especialistas naquela época.

Basicamente, a Comissão de Acidentes Aeronáuticos limitou-se a recrutar testemunhas, reconstituir o acidente, interpretar os indícios, mapear e fotografar o local, examinar os destroços, preservar os indícios e liberar o local do desastre. Quanto ao recrutamento de testemunhas, ele ocorreu poucas horas após o acidente com o C-47 2023, quando as autoridades do CAA procuraram contatar os pilotos dos aviões que sobrevoavam as vizinhanças de Florianópolis no momento do acidente e colher depoimentos destes sobre as comunicações interceptadas na frequência 4.220 Kc. O primeiro contato foi com o comandante do DC-3 da Panair que pousou cinco minutos antes do 2023 decolar; este, porém, nada tinha a declarar, uma vez que o receptor de rádio do avião foi desligado assim que estacionou no pátio. O segundo contato foi feito com a tripulação do C-47 norte-americano US 6381, porém sem sucesso, uma vez que nenhum dos tripulantes falava português. Por fim, ao prestar seu depoimento a 3-DR-3, o piloto do terceiro avião, o PP-PP[310] da Panair que sobrevoava o entorno do Aeroporto de Florianópolis no momento em que ocorreu o desastre com o 2023, confirmou que o rumo de subida do C-47 2023 foi mesmo de 220°. Isso significa que o avião estava na rota correta; contudo, como já vimos, entre os fatores contribuintes, estavam as péssimas condições visuais, e os fortes ventos que derivaram, ou seja, desviaram o rumo do avião, arremessando-o literalmente contra o Morro do Cambirela.

Finalizo este capítulo deixando claro que ele não é conclusivo, muito pelo contrário: ficam ainda muitas perguntas sem respostas. A única certeza que fica é de que muitos outros acidentes aéreos foram evitados em consequência do desastre com o C-47 2023, e providências foram tomadas para elevar o nível operacional das equipagens do Douglas C-47. Isto fica evidenciado no livro História geral da aeronáutica brasileira (v. 4, 1946-1956), [311]onde encontramos a seguinte informação:

---

[310] Esse prefixo foi citado no documento oficial com apenas quatro letras, quando o normal são 5, o que sugere que ele está incompleto.

[311] História geral da aeronáutica brasileira/ Instituto Histórico Cultural da Aeronautica. Rio de Janeiro INCAER: GR3 Comunicação & Design, 2005, v. 4, 1946-1956, p. 141.

No final de 1949, a Seção de Operações da Diretoria de Rotas Aéreas decidiu organizar um curso para elevar o nível operacional das equipagens de Douglas C-47 e padronizá-los operacionalmente. Foram elaboradas Normas Padrão de Ação (NPA) e um programa de instrução aérea e de instrução terrestre, os quais englobavam instrução aérea (operação do avião, voo monomotor, voo noturno, e voo por instrumentos) e instrução terrestre (sistemas do avião, navegação, meteorologia e tráfego aéreo). Esta padronização foi realizada para todos os pilotos que concorriam à escala de Transporte (C-47).

Figura 17 – Ficha-sumário de acidente n.º 168

ESTADO MAIOR DA AERONÁUTICA
INSPETORIA GERAL

FICHA SUMÁRIO DE ACIDENTE
(ARTIGO 21 DO REGULAMENTO PARA O SERVIÇO DE INVESTIGAÇÃO DE ACIDENTE AERONÁUTICOS)

RESERVADO

FICHA Nº 168.

ACIDENTE: (Grave) ocorrido com o avião C-47-2023, transporte militar.

DATA: 6 de junho de 1949.
LOCAL: Morro do Cambirela - Municipio de Palhoça - Santa Catarina.

AERONAVE: C-47-2023.

A QUEM PERTENCE: 2º Grupo de Transporte.

SUMARIO DO ACIDENTE: O avião decolou de Florianópolis, com destino a Porto Alegre transportanto seis tripulantes e vinte e dois passageiros. A 100 metros da altura atingiu a primeira camada de nuvens, perdendo contacto com o solo e iniciando o vôo por instrumentos. Devido a turbulência existente na ocasião, o pilôto reduziu a razao de subida, iniciando uma curva aberta pela esquerda. Em consequencia, a aeronave desviou-se da rota, indo chocar-se com o morro do Cambirela

CAUSAS DO ACIDENTE: Voo fóra da rota e abaixo da altitude de segurança em regiao muito acidentada, havendo incidencia de pessimas condiçoes atmosfericas.

CONSEQUENCIAS PESSOAES: Morte dos tripulantes e passageiros.

CONSEQUENCIAS MATERIAES: Aeronave totalmente destruida.

DANOS A TERCEIROS: Pêrda total da carga transportada.

INFRACOES COMETIDAS:

PENALIDADES IMPOSTAS:

OBSERVACOES: Nas decolagens do aeroporto de Florianópolis, quando a subida tiver que ser feita por instrumentos, o pilôto devera subir a 45º com o eixo da aerovia V-I, na direçao do mar. Quando a aeronave atingir metade da altitude de Cruzeiro prevista, o pilôto podera retornar ao eixo da aerovia.

Capital Federal em 29/ 8 / 1949

a) [signature]
Inspetor Geral do E. M. Aer.

Fonte: Estado Maior da Aeronáutica

7.2 RELATOS DE FAMILIARES

Muito antes de iniciar as pesquisas para escrever este livro, eu já tinha um grande desejo de conhecer os familiares das pessoas que estavam a bordo do C-47 2023, bem como os familiares dos militares ou civis que tiveram algum tipo de envolvimento com a história aqui descrita. Os relatos desses personagens diretos e/ou indiretos foram de suma importância para a composição deste livro. Se inicialmente tive que procurar esses familiares, mais tarde, com a repercussão das minhas pesquisas, os papéis inverteram-se, e fui encontrado por vários deles. Foi justamente o que aconteceu com os familiares das duas personalidades mais marcantes desta história: o comandante do 14 BC do Exército Brasileiro e o comandante do Douglas C-47 2023 da FAB.

No dia 3 de abril de 2018, recebi a seguinte mensagem via E-mail:

> Soube da publicação, em 2019, do livro sobre o Desastre do Cambirela, que marcou muito todos nós, pois meu pai era Comandante do 14º BC, da 5. R.M. e tenho a revista de Engenharia Militar, onde foi publicado o relatório minucioso para o Ministério da Guerra, do desastre do C.47 número 2023. Meu pai, Paulo Gonçalves Weber Vieira da Rosa, na época Tenente-Coronel e Comandante do 14º BC, e toda guarnição junto com a participação de muitas pessoas, trabalharam na retirada dos mortos do Cambirela. Padre Rohr, Padre Bertoldo Braun e o Capitão-Capelão Backes da Aeronáutica, que desceram com uma das crianças falecidas. Estarei à espera da publicação que guarda um pedacinho triste daquela época.

A mensagem era de Ceci Vieira da Rosa Ulyssea, filha do tenente-coronel Paulo Gonçalves Weber Vieira da Rosa, comandante do 14 BC, este, por sua vez, filho do general de Divisão José Vieira da Rosa (1869-1957), homem que como Alferes participou na repressão da Revolta da Armada/Federalista (1893-1895) e, depois, quando capitão, atuou na Batalha do Taquaruçu e Caraguatá (1914) durante a Guerra do Contestado (1912-1916)[312]. Entre seus feitos extraordinários, escreveu em 1905 a "Chorographia de Santa Catharina" (livro publicado em 1905 e que trata do território catarinense de maneira detalhada).

Alguns dias depois, fui visitar Ceci. Na ocasião, ela me relatou (entre outros fatos muito interessantes) que, uma vez encerrada a missão de eva-

---

[312] Para saber mais da biografia deste icônico catarinense; Memórias: General Vieira da Rosa: participação na Guerra do Contestado [organização editorial Augusto César Zeferino, Gunter Axt, Helen Helen Crystine Corrêa Sanches], Florianópolis: MPSC, 2012.

cuação dos corpos no Morro do Cambirela, seu pai, o comandante Vieira da Rosa, determinou que cada oficial que havia tomado parte direta na evacuação dos despojos do acidente apresentasse em no máximo quatro dias um relatório datilografado comentando em detalhes nomes e episódios marcantes, destacando as falhas observadas e os ensinamentos aprendidos com aquela missão. O objetivo de Vieira da Rosa era avaliar, com maior precisão, o trabalho de seus oficiais desde o momento em que foram acionados no quartel do 14 BC no Estreito, na manhã de terça-feira, dia 7, até o translado do último corpo, na tarde fria e chuvosa de sexta-feira, dia 10 de junho de 1949. Alguns meses mais tarde, com base nos relatórios apresentados, o comandante Vieira da Rosa elaborou um artigo que foi publicado na *Revista de Engenharia Militar*[313] com o título "O desastre do Cambirela".

Antes que nos despedíssemos, Ceci surpreendeu-me com uma cópia do referido artigo escrito por seu pai. Contendo dez páginas (35 a 45), esse documento foi definitivamente uma das minhas principais fontes de pesquisa, e posso até afirmar que se tornou a "espinha dorsal" do capítulo principal deste livro (Capítulo 6).

Dois meses depois da minha conversa com Ceci, em junho de 2018, recebi outra mensagem de E-mail, desta vez de Marcella Sholl, a neta do comandante Carlos Augusto de Freitas Lima:

> Boa noite Silvio, soube, através de um primo, da proximidade do lançamento do seu livro "O Último Voo do C-47 2023: o desastre aéreo que abalou o Brasil". Sou neta do piloto Carlos Augusto de Freitas Lima e fiquei muito emocionada em saber que existe essa pesquisa tão aprofundada sobre o acidente. Gostaria de expressar, em nome da minha família, o agradecimento ao seu trabalho e dedicação por tantos anos sobre o acidente, e dizer que temos pouquíssimas notícias oficiais sobre o ocorrido. Através do seu livro, poderemos saber um pouco mais sobre o acidente que enlutou nossa família por muitos anos.

Marcella sempre nutriu um grande amor e carinho pela história do seu avô, o comandante Carlos Augusto de Freitas Lima, carinhosamente conhecido por seus familiares e amigos como Cazuza, por tudo o que ela ouviu a respeito dele, por intermédio dos amigos, dos parentes e, principalmente, da sua avó Gladys Sholl. Foi com o auxílio de Marcella que eu tive a grata oportunidade de conhecer aspectos muito interessantes da história do seu avô, que passarei a chamar de Cazuza para não confundir o amigo leitor, já

---

[313] REVISTA DE ENGENHARIA MILITAR, ano 14, jan./fev. 1950.

que seus dois filhos têm nomes muito semelhantes aos do pai. O primeiro filho da união de Cazuza e Gladys chama-se Carlos Luiz Sholl. O segundo filho (pai de Marcella) recebeu, em homenagem ao comandante, o nome de Carlos Augusto Sholl de Freitas Lima. Este nasceu em 28 de outubro de 1949, pouco mais de quatro meses após o acidente. Nasceu prematuro e com uma doença pulmonar progressiva, que os médicos suspeitavam ter sido decorrente do trauma que sua mãe sofreu ao saber da morte do marido. Carlos Augusto Sholl de Freitas Lima faleceu aos 54 anos, em junho de 2003, em decorrência de uma pneumonia.

Marcella Sholl relatou-me que na década de 1980 foi acompanhada de seu pai a uma festa de condecoração dos aviadores da turma do comandante Cazuza — todos foram promovidos a brigadeiro. Ela relembra com orgulho quando os oficiais vieram cumprimentá-los falando sobre seu avô com grande saudosismo e profundo respeito. Segundo ela, ninguém jamais atribuiu nenhuma culpa do acidente aos aviadores do C-47 2023.

Entre as dezenas de fotos da família Sholl que Marcella me enviou, uma em especial atraiu a minha atenção: tratava-se de um flagrante (foto a seguir) em que o comandante Carlos Augusto está no comando de um C-47 conversando com seu copiloto (que a família suspeita ser o tenente Miguel Sampaio).

Foto 29 – A última foto...

Fonte: acervo pessoal Marcella Sholl

Foto 30 - Verso da última foto

Fonte: acervo pessoal Marcella Sholl

Poderia ser apenas mais uma foto do álbum de família com o registro de um voo qualquer, mas não é! No verso da foto, encontra-se manuscrito: "última foto", e logo abaixo um selo onde se lê a sigla M.J.N.I. (Ministério da Justiça e Negócios Interiores) e "AGÊNCIA NACIONAL: Laboratório Fotográfico". Marcella não sabe explicar ao certo como essa foto chegou até sua avó Gladys, mas se comenta há décadas na família que provavelmente a fotografia tenha sido registrada a algumas horas (ou minutos) antes do acidente, provavelmente por algum tripulante.

De acordo com minhas pesquisas, o jornalista Alexandre Nogueira Mimoso Ruiz, redator do jornal *A Gazeta* de Florianópolis, esteve no local do acidente no Cambirela. O jornalista era correspondente da Agência Nacional do Rio de Janeiro. Pode-se imaginar então que ele (ou outro jornalista) teve acesso à câmera fotográfica (que supostamente estava a bordo do 2023 no dia do acidente) e enviou o filme para revelar no Laboratório Fotográfico da Agência Nacional no Rio de Janeiro; do contrário, por qual motivo a foto teria no verso o carimbo da Agência Nacional, um órgão governamental? E por que estaria manuscrita a frase "última foto"?

Marcella lembra que sua avó Gladys chegou a acompanhar seu amado Cazuza em algumas viagens ao exterior, principalmente aos EUA, país para o qual ele viajava com frequência. Quando engravidou do segundo filho (Carlos Augusto Sholl de Freitas Lima, pai de Marcella), Gladys deixou de acompanhar o marido. Quando estava na metade da gestação, soube pelo rádio do acidente envolvendo seu esposo. Foi uma angústia imensa esperar por quase 20 horas até a trágica confirmação da morte de todos os ocupantes do C-47 2023. Gladys então voltou a morar com os pais, que a ajudaram a criar os filhos, sozinha e viúva, aos 22 anos.

Alguns dias depois, Marcella apresentou-se seu tio Carlos Luiz Sholl, que tinha 2 anos na época do acidente. Ele também me forneceu informações muito interessantes sobre seu pai, de quem sempre fala com muito orgulho. Até hoje tem guardadas com grande carinho as insígnias de Cadete e a Espada de formatura que pertenceram ao jovem comandante do C-47 2023. Para ele, a presença de Cazuza continua cada vez mais viva e forte em suas lembranças. Carlos Luiz Sholl cursou a Escola de Educação Física do Exército, no Rio de Janeiro, e foi professor de Educação Física da Escola de Especialistas da Aeronáutica, o maior complexo de ensino técnico-militar da América do Sul, situada em Guaratinguetá/SP. Também participou da Companhia de Polícia da Aeronáutica durante o regime de intervenção militar. Foi piloto brevetado pela Diretoria de Aeronáutica Civil e quase se tornou um piloto da Aviação comercial. Um dia, ao chegar em casa e anunciar que iria para Porto Alegre frequentar a Escola da Varig, sua mãe, Gladys, abandonou a mesa durante o almoço para chorar no quarto. Naquele instante, em respeito à sua mãe, Carlos decidiu que deveria deixar de lado seu sonho de fazer carreira na Aviação comercial, porém continuou fazendo seus voos, apenas por lazer ou *hobby*. Também foi por meio de Carlos Luiz Sholl que eu soube que seu pai não era o piloto escalado para o voo do CAN do dia 6 de junho de 1949. Ele acabara de chegar de uma viagem de três dias aos EUA quando, enquanto desmanchava as malas, recebeu um telefonema de um amigo (que até hoje não se sabe o nome) pedindo para substituí-lo naquela missão, por estar muito resfriado. Seu pai, como já sabemos, aceitou a missão! Como bem disse o coronel Ivan Irber: *"Aviador gosta mesmo é de voar"*. Não seria diferente para o comandante Cazuza. A missão da FAB a serviço do CAN não podia esperar. Carlos Luiz Sholl também teve o prazer de voar em um C-47 na Escola de Especialistas com o coronel-aviador Lacerda, que, sabendo do acidente de seu pai, concedeu-lhe uma oportunidade. *"Você não pode imaginar a emoção que senti"*, confessou-me. Também me falou que o capitão-aviador Délio Jardim de Matos (o aviador que confirmou a localização dos destroços do C-47 2023, no dia 7 de junho) era da turma de seu pai e foi ministro da Aeronáutica. *"Na época, o brigadeiro Délio Jardim de Matos trouxe da Itália um acordeão para a minha mãe"*. Isso demonstra quanto Cazuza era bem-quisto por seus pares.

Em síntese: Cazuza era casado com Gladys Sholl e os dois tinham um filho, Carlos Luiz Sholl, de 2 anos. Gladys também estava grávida de outro menino (Carlos Augusto Sholl de Freitas Lima), quando perdeu o marido. Por uma incrível similaridade, o grande amigo de Cazuza Miguel Sampaio Passos (o copiloto do 2023 no dia 6 de junho) era casado com Urânia Sarahyba e tinha um filho de 2 anos, Miguel Sampaio Passos Jr. (em homenagem ao pai); e Urânia, assim como Gladys, também estava grávida de oito meses de Marcos Sampaio Passos, quando também perdeu o marido. Gladys e Urânia foram grandes amigas por muitos anos. Os filhos dos dois aviadores do C-47 2023 cresceram compartilhando os mesmos círculos militares e sociais. Carlos Luiz Sholl ainda lembra com saudades dos momentos vividos com seus amigos e familiares no Clube Militar, na Lagoa de Jacarepaguá. Conversar com Marcella Sholl e Carlos Luiz Sholl reacendeu meu compromisso de seguir com o firme propósito de concluir esta obra.

Marcella não só contribuiu de modo significativo com relatos, como também é criadora do *design* da capa desta obra. Em fevereiro de 2019, Marcella deu à luz a seu primeiro filho, o quinto bisneto do comandante Cazuza: Leonardo Sholl. Com relação a Carlos Luiz Sholl, filho de Cazuza, suas palavras traduzem o tamanho de meu compromisso:

> Estou contente e acreditando que você seja a pessoa certa para desvendar e contar esta história para os jovens amantes da aviação; e que esta história venha a ser útil, esclarecedora e formadora de opiniões, de caráter, de lição de vida e, principalmente, de patriotismo - que está em baixa nos dias de hoje.

Para mim será uma honra, meu amigo Carlos Luiz Sholl!

7.3 AS TRAGÉDIAS DO MACIÇO DO CAMBIRELA E DO MORRO DA VIRGÍNIA

A aeronave colidiu próximo ao topo de um morro, em uma área montanhosa e coberta de vegetação densa, tipo floresta tropical. A colisão com o solo deu-se na vertente NW do morro, em altitude aproximada de 1.000 ft. Inicialmente, a ponta da asa esquerda começou a tocar no topo das árvores e, progressivamente, aumentando sua área de contato, avançou, seccionando os troncos das árvores à sua frente até próximo ao nível do solo. A resistência imposta pelos sucessivos impactos da asa esquerda com as árvores fez com que a aeronave iniciasse uma inclinação para esse lado, ocorrendo o choque dessa asa com uma pedra próxima à base de uma pequena elevação existente na trajetória da aeronave. Este choque provocou a destruição parcial da asa esquerda e uma guinada do avião para o mesmo lado. Quase de imediato, ocorreu o choque do nariz do avião com a base da referida elevação, em uma atitude de asa esquerda e nariz ligeiramente baixos. Neste ponto, a desaceleração foi violenta, provocando o completo esfacelamento da estrutura da aeronave e o espalhamento dos destroços por toda a elevação. A empenagem (parte menos destruída da aeronave), foi projetada para a frente, vindo a permanecer no topo da citada elevação, um pouco à direita da linha geral do deslocamento do aparelho e dos destroços[314].

Essa citação é um fragmento da descrição do relatório final do acidente com a aeronave Boeing 727-27C, prefixo PT-TYS, da Transbrasil, ocorrido em 12 de abril de 1980[315] no Morro da Virgínia, em Ratones, Ilha de Santa Catarina. Ou seja, ocorreu 31 anos depois do desastre com o Douglas C-47, matrícula FAB 2023, em 6 de junho de 1949, no Morro do Cambirela, Palhoça. O que impressiona nessa história são as incríveis coincidências entre esses dois acidentes, que chocaram o Brasil em suas respectivas épocas.

Como já vimos, após anos investigando documentos oficiais da Aeronáutica e do Exército; pesquisando jornais e revistas da época; analisando fotografias; conversando com especialistas e entrevistando testemunhas oculares, consegui (a duras penas) reconstituir de forma hipotética como foram os últimos minutos do fatídico voo do C-47 2023 e do Boeing PT-TYS.

---

[314] Relatório Final de Acidente Aeronáutico. Ministério da Aeronáutica. CIPAER, 16 de novembro de 1981. p. 4.

[315] Exatamente no dia do meu aniversário de 11 anos de idade.

Sendo assim, é possível citar que os referidos desastres ocorreram de forma quase idêntica, o que, confesso, me deixou assombrado, a começar: (1) pelo tipo de acidente (CFIT); (2) as condições climáticas no momento do desastre; tempo chuvoso e visibilidade reduzida; (3) a incipiente e limitada infraestrutura de proteção ao voo em suas respectivas épocas, em um aeroporto cercado de montanhas, como o de Florianópolis; (4) o raio de curva ampliado por causa da velocidade e/ou dos ventos predominantes. Muitas pessoas até hoje confundem o acidente com o C-47 2023 da FAB com o acidente do Boeing 727 da Transbrasil.

O fato é que, quando ocorreu o acidente com o C-47 2023, a maioria dessas pessoas ainda nem era nascida, e muitas nem sequer ouviram falar dele ao longo da vida — há, até mesmo, quem duvide que ele tenha ocorrido. Algumas situações contribuíram para que o desastre aéreo com o Boeing da Transbrasil se tornasse bem mais conhecido, entre eles o fato de ser mais "recente" (ocorreu quase 31 anos depois do acidente com o C-47 2023), com um número maior de vítimas. Além disso, na década de 1980, a população catarinense era muito maior, e a TV já era um dos principais meios de comunicação de massa. Logo, é mais do que normal que as pessoas associem "acidente aéreo" em Florianópolis mais ao Boeing 727 da Transbrasil do que ao C-47 da FAB.

Desde que o primeiro avião passou por Florianópolis, em 1919, muitos outros incidentes e acidentes aéreos envolvendo aviões civis e militares (principalmente os da Aviação naval) ocorreram na região, contudo não tiveram a mesma repercussão dos acidentes com o C-47-2023 e o PT-TYS. É o caso do ocorrido às 8h 42min do dia 28 de março de 1984, quando o Learjet 24D, prefixo PT-LCN, da Líder Táxi Aéreo S/A — considerada a maior empresa do ramo da América Latina — também colidiu a 975 metros de altitude (3.200 pés) contra a uma serra[316], no perímetro do Maciço do Cambirela, quando se aproximava da segunda tentativa de pouso do Aeroporto Hercílio Luz. Com o forte impacto, os quatro ocupantes (dois tripulantes e dois passageiros) morreram instantaneamente. Para as operações de buscas e o resgate dos corpos, foram empregados quatro helicópteros da FAB, sendo dois helicópteros do 5º/8º Grupo de Aviação do Esquadrão Pantera, sediados na Base Aérea de Santa Maria, e dois helicópteros do

---

[316] Jornais da época do acidente citam que o Learjet colidiu contra o Morro do Sangão; já o relatório final do Sistema de Investigação e Prevenção de Acidentes Aeronáuticos cita que o avião colidiu contra a Serra do Capivari. Contudo, tudo parece indicar que o Learjet colidiu nos contrafortes do Maciambu Leste na Serra do Cambirela.

2º/10º Grupo de Aviação do Esquadrão Pelicano, sediados na Base Aérea de Campo Grande.

Essa operação de busca e resgate merece uma reflexão, pois é de se supor que, ao empregar quatro helicópteros, a FAB realizaria a missão de localizar o avião e recuperar os quatro corpos em poucas horas. Na verdade, realizar uma operação aérea de busca e resgate em ambiente montanhoso e com baixa visibilidade não é tarefa tão simples, pois, ao contrário do C-47 2023, que foi localizado no Morro do Cambirela no dia seguinte ao acidente, aproximadamente 25 horas após a colisão, os destroços do PT-LCN bem como o corpo dos ocupantes só foram encontrados sete dias depois, ou seja, no dia 4 de abril de 1984, mesmo com todo o aparato tecnológico disponível na época.

Quanto aos desastres ocorridos com o C-47 2023 em 1949 e com o Boeing Transbrasil em 1980 (ocorridos com praticamente 31 anos de diferença um do outro), as coincidências entre os dois desastres (e o que aconteceu depois) são impressionantes. Em ambos os casos as aeronaves colidiram em pleno voo com obstáculos naturais (morros) em locais remotos e de difícil acesso, voavam sob condições climáticas desfavoráveis: fortes chuvas, trovoadas e baixa visibilidade. Os tripulantes também se comunicaram com a torre de controle notificando que operavam por instrumentos momentos antes da colisão e terminaram colidindo quase no topo — o que significa que, se tivessem passado voando poucos metros acima das arestas dos respectivos morros (Cambirela e Virgínia), teriam prosseguido o voo sem problemas. Os estrondos resultantes dos impactos foram inicialmente confundidos pelos moradores com trovoadas, tendo em vista que, nos dias em que ocorreram ambos os acidentes, chovia abundantemente na região e a visibilidade estava consideravelmente prejudicada por causa da grande concentração de nuvens. Nos dois casos, os aviões transportavam passageiros e cargas; procediam do Rio de Janeiro; haviam feito escala em São Paulo e viajavam com destino a Porto Alegre; e ainda, tinham previstas em suas escalas a cidade de Florianópolis. Ao saber das tragédias, alguns moradores nas comunidades próximas correram para o local do acidente, muitos tinham boas intenções em auxiliar nas buscas e no resgate das vítimas, todavia outros, mal-intencionados, foram ao local para saquear os pertences (dinheiro, joias, roupas...) das vítimas. Durante os deslocamentos de subidas e descidas, muitas pessoas (militares e civis) se perderam ou se feriram nas matas.

Embora ambas as missões de busca e resgate tenham contado com equipes compostas por militares das Forças Armadas (Aeronáutica e Exército) e de forças auxiliares (Polícia Militar e Corpo de Bombeiros), bem como de inúmeros voluntários que tiveram dificuldades devido às fortes chuvas, o número de socorristas envolvidos no Cambirela foi infinitamente maior. As correlações param por aqui. Apesar do número de vítimas do acidente com o Boeing ser quase o dobro, se comparado com o Douglas da FAB, as equipes de resgate (embora em número bem reduzido) levaram apenas dois dias para retirar todos os corpos do Morro da Virgínia, pois contavam com o apoio de pelo menos dois helicópteros (supostamente, seriam o FAB 8533 e o FAB 8539) do 2º/10º GAv do Esquadrão Pelicano de Busca e Salvamento, que na época estava sediado na Base Aérea de Florianópolis.

Para saber mais sobre a trajetória do PT-TYS da Transbrasil (entre outras curiosidades sobre os trijatos Boeing 727), recomendo a leitura da *Enciclopédia 727* (entre cinco volumes, o desastre com o PT-TYS é contado no segundo), de autoria do comandante Sérgio Gonçalves[317].

Quadro 1 – Comparativo entre os desastres aéreos: C-47 2023 e PT-TYS Transbrasil

INFORMAÇÃO	MORRO CAMBIRELA	MORRO DA VIRGÍNIA
Dia	6 de junho de 1949	12 de abril de 1980
Hora	14h	20h 37min
Local	Palhoça: a 15 km a sudoeste de Florianópolis	Ratones, norte da Ilha de SC: a 32 km de Florianópolis
Altura aprox.	800 m ou 2.625 pés	300 m ou 1.000 pés
Aeronave	Douglas C-47	Boeing 727-27C
Fabricante	Douglas Aircraft Company	Boeing Commercial Airplanes
Identificação	Matrícula 2023, pertencente à FAB	Prefixo PT-TYS, pertencente à Transbrasil
Classificação	Avião militar FAB	Avião comercial Transbrasil
Ocupantes	6 tripulantes e 22 passageiros	8 tripulantes e 50 passageiros

---

[317] Disponível em: https://www.enciclopedia727.com.br/. Disponível em: 15 set. 2022.

INFORMAÇÃO	MORRO CAMBIRELA	MORRO DA VIRGÍNIA
Número de mortos	Todos os 28 ocupantes	54
Número de sobreviventes	Nenhum	4 (mas um morreu alguns dias depois)
Velocidade aprox. Impacto	177 km/h (110 milhas)	450 km/h (280 milhas)
Tempo decorrido entre o acidente e o início do resgate dos corpos	25 horas (acidente ocorreu às 14h do dia 6, e equipes chegaram às 15h do dia 7)	1 hora (acidente ocorreu às 20h 37min, e o helicóptero da FAB sobrevoou o local às 20h 50min, levando os 4 sobreviventes; os militares chegaram a pé às 23h)
Tempo decorrido entre o início e o fim do resgate dos corpos	Aprox. 72 horas (início do resgate, às 15h do dia 7, fim às 14h 30min do dia 10)	18 horas (para resgatar 51 dos 54 corpos; início do resgate à meia-noite do dia 12; os últimos 3 corpos foram resgatados no dia 16/04)
Tipo de acidente	CFIT	CFIT

Fonte: pesquisa do autor

8

PROFANAÇÃO E SAQUES

8.1 ENTRE O BEM E O MAL

Chovia sem cessar naquela tarde do dia 6 de junho quando os primeiros moradores das comunidades de Guarda do Cubatão, Praia de Fora, Furadinho, entre outras no entorno do Morro do Cambirela, iniciaram a escalada daquela montanha, movidos pela curiosidade. Muitos deles não acreditavam que um avião acabara de colidir no alto do morro. Era preciso ver para crer, mesmo que isso significasse escalar o Cambirela com tempo ruim e enfrentar um terreno muito perigoso. Com o topo encoberto, sob densa camada de nuvens, era praticamente impossível ver algo pela base da montanha. A maioria desses moradores eram pessoas humildes, trabalhadores que viviam da pesca ou do que conseguiam produzir na roça, nos engenhos de farinha e açúcar ou nos alambiques. Havia ainda os que rachavam lenha para ser transportada em carroças via estrada de Imbituba-Florianópolis ou em pequenas embarcações a vela através da Baía Sul, para ser vendida em Florianópolis. Não havia fogão a gás, só a lenha, muito menos água encanada (que só chegou a partir de 1950 com a construção da adutora do Salto Pilões). A luz elétrica era produzida em uma pequena usina elétrica hidráulica na Cova Funda (atual São Sebastião), que abastecia basicamente o centro de Palhoça. A maioria das casas utilizava somente lâmpada a óleo (lamparinas).

Naquela tarde, à medida que alguns moradores iam chegando ao alto do morro, muitos com os pés descalços ou de chinelos, ficavam horrorizados com o cenário tão assombroso e surreal que se apresentava diante dos seus olhos, fazendo com que os mais sensíveis acabassem detendo a marcha completamente paralisados. Enquanto alguns se limitavam a ficar na aresta do morro, próximo à Pedra da Bandeira, apenas observando, outros se arriscavam na descida íngreme da face leste na ânsia de encontrar sobreviventes e, na medida do possível, socorrê-los. Contudo, ao perceber que não havia indícios de sobreviventes, tampouco autoridades policiais ou militares que pudessem interferir, não demorou muito para que alguns populares fossem tomados por um impulso mais forte do que os valores morais e se rendessem ao deslize de saquear[318] tudo o que encontravam pela frente e que pudessem carregar: pertences das vítimas, partes da carga... Em meio ao caos formado por pessoas mortas, densa neblina, frio, chuva, fogo, fumaça e terreno perigoso, os saqueadores disputavam alguns pertences e parte da carga espalhada em meio a inúmeros pedaços perfurocortantes do avião, pontas de pedras e galhos de árvores destroçadas. Mal sabiam aqueles homens que suas péssimas atitudes repercutiriam de forma negativa no Brasil e em várias partes do mundo por décadas. Inevitavelmente, o mau comportamento de alguns ofuscou a boa ação de outros, e, como diz a velha sabedoria popular: "Os bons pagam pelos maus".

Durante muito tempo, busquei conhecer a verdadeira história do acidente no Cambirela, além do impacto e das consequências que ele causou nas pequenas comunidades do entorno do morro. Não foram poucos os lugares que visitei, nem poucas as pessoas de todas as classes sociais com quem conversei, ou ainda artigos que li, nos quais o assunto sobre os saques dos pertences das vítimas do avião do Cambirela não viesse à tona. De fato, esse assunto incomodou e ainda incomoda muita gente. Se, para algumas pessoas, o assunto virou uma espécie de tabu (evitam falar sobre isso a qualquer custo), há também quem diga que essa ação criminosa realmente aconteceu, como também há quem afirme que os saques jamais ocorreram. É incrível como o fato marcou a vida não só dos familiares dos saqueadores (ou daqueles que foram considerados suspeitos dos saques) como também dos familiares das vítimas do C-47 2023.

Um dos fatos mais marcantes para mim com relação a esse tema foi quando tive minha primeira conversa com Carlos Luiz Sholl, o filho do comandante Carlos Augusto de Freitas Lima, que já no início de nossa conversa me confidenciou: *"Tem um trecho desta história que me entristeceu muito! Quanto ao saque dos pertences das vítimas... Chocante!"*

O sentimento de Carlos reflete-se na sociedade, que condena atitudes como aquelas. O fato é que, desde os primórdios da Aviação no mundo, na maioria das vezes em que ocorreram acidentes aeronáuticos, principalmente próximo a regiões habitadas, sempre houve (e seguirá havendo) registros de saques de carga e de pertences das vítimas. Na verdade, não é um fenômeno exclusivo de desastres aéreos, ele ocorre também nos acidentes rodoviários, ferroviários, entre outros. Vejamos um caso de enorme repercussão mundial, o episódio com o avião do time da Chapecoense, publicado no jornal Folha de São Paulo, em 9 de maio de 2017:

---

[318] Ação ou efeito de saquear, de roubar, de tirar da posse de; roubo.

Nas horas seguintes ao acidente do voo da Chapecoense, em 29 de novembro de 2016, nos arredores de Medelín, na Colômbia, saqueadores foram ao local da queda e levaram objetos das vítimas. Celulares, anéis, carteiras, relógios, camisas, sapatos, uniformes e notebooks foram furtados. O que parecia estar em bom estado foi tomado, enquanto a busca por sobreviventes e a retirada dos corpos eram realizadas[319].

Alguns dias depois do acidente com o avião do time da Chapecoense, moradores da pequena cidade de La Unión, próximo de onde ocorreu a tragédia, circulavam por ruas e praças com pertences das vítimas. Incomodados com a situação, um grupo de 85 voluntários decidiu criar uma associação para recuperar e devolver os pertences a quem de direito. Isso ocorreu em maio de 2017, durante uma cerimônia religiosa em La Unión, quando mais de 200 objetos foram devolvidos aos familiares dos jogadores, membros da comissão técnica e jornalistas que morreram ou sobreviveram ao acidente. No caso da pequena cidade colombiana, estou convencido de que os pertences foram devolvidos em grande parte por causa da pressão popular e da repercussão negativa que o fato gerou nas redes sociais, na TV e nos demais meios de comunicação. Não foi o caso do desastre ocorrido com o C-47 2023 em junho de 1949.

Para algumas pessoas, saquear os pertences das vítimas ou parte da carga naquele local praticamente isolado, a 800 metros de altitude, no meio da mata, passaria despercebido. Mal sabiam os malfeitores que, alguns dias depois do desastre, o local seria invadido por militares do Exército, Aeronáutica, Polícias Militar e Civil, além da imprensa, e que aqueles atos seriam investigados e teriam ampla cobertura da imprensa nacional e até internacional. Tudo tem um preço!

Quando as primeiras notícias do acidente começaram a circular no Brasil e no exterior, veio à tona a divulgação dos saques ocorridos. Para o leitor ter ideia da repercussão que os saques ao avião sinistrado tiveram no Brasil e no exterior, trouxe algumas narrativas selecionadas entre dezenas de jornais, de revistas, de livros e de documentos oficiais que relataram a ocorrência dos saques.

---

[319] Disponível em: https://www1.folha.uol.com.br/esporte/2017/05/1882321-colombianos-se-juntam-para-devolver-bens-saqueados-de-aviao-da-chape.shtml. Acesso em: 9 maio 2017.

Figura 18 – Civis vasculham os destroços do C-47 2023 na vertente leste do Morro do Cambirela

Fonte: arte de Plínio Westphal Verani

8.2 REPERCUSSÕES NO BRASIL E NO EXTERIOR

A edição do vespertino Diário da Tarde de Florianópolis estampou a manchete com letras garrafais: "PUNIÇÃO RIGOROSA!"

> Em meio à tristeza que causou nesta cidade, como em todo o país, o desastre do Cambirela, nova onda de pesar veio abalar a sociedade catarinense, desta vez pelas notícias veiculadas ontem à noite e confirmadas na manhã de hoje. Indivíduos inescrupulosos aproveitaram-se do desastre para levar a efeito um autêntico saque aos objetos pertencentes às infortunadas vítimas, como relógios, alianças e dinheiro.[320]

No jornal A Noite do Rio de Janeiro:

> As autoridades verificaram que quase todos os cadáveres se encontram despojados de objetos de valor, tais como: relógios, anéis, carteiras etc. Nas buscas, foi encontrada apenas uma carteira de homem contendo cerca de Cr$ 1.200,00. As suspeitas de saque avolumam-se com o fato de que, quando chegaram os primeiros socorros oficiais, foram encontrados numerosos caboclos da região.[321]

No Jornal de Joinville de 11/06:

> Está positivamente confirmado que antes da chegada dos primeiros socorros oficiais ao cume do Cambirela, constituídos por elementos do 14 BC e do Corpo de Bombeiros da PM, já haviam estado no local vários moradores das redondezas. Os ditos Oficiais notaram logo que os cadáveres que se encontravam perto da asa desprendida estavam despojados totalmente de objetos de uso frequente, como anéis, relógios, carteiras, etc... os autores do saque eram esses caboclos, sendo posteriormente confirmada tal suspeita com a apreensão dos objetos encontrados em poder de alguns deles que foram detidos. A polícia procura saber os nomes de todos os caboclos que primeiramente chegaram ao local do sinistro.[322]

No Diário Carioca de 12/06/1949:

> Telegrama de Porto Alegre - RS informa que o avião da Força Aérea Brasileira, caído nas proximidades de Florianópolis, foi sinistrado justamente em uma zona infestada de salteadores que investem e saqueiam os viajantes das estradas de

---

[320] Diário da Tarde, 9 de junho de 1949, n. 6.873, p. 1.

[321] A Noite, 09 de junho de 1949, n. 13.201, p. 3.

[322] Jornal de Joinville, 11 de junho de 1949, n. 133, p.1.

rodagem. Os salteadores despojaram os cadáveres de todas as joias que tinham, tendo cortado os dedos das vítimas em seus criminosos intentos, carregando os anéis e roubando suas carteiras, na totalidade encontradas vazias.[323]

Na revista O *Cruzeiro* de 02/07/1949:

"Vários populares residentes nas proximidades e que se encontravam no local ficaram surpresos ao verem a chegada de socorros. Momentos depois, constatou-se alguns cadáveres terem sido saqueados, inclusive a Sra. Vilma Neves, de quem subtraíram toda a sua roupa. Disse-me um soldado do 14 BC que um dos aviadores estava com o dedo cortado para facilitar o roubo do anel. Várias prisões foram efetuadas. E os presos foram recolhidos ao Xadrez da Delegacia de Ordem Política e Social[324].

Quisemos discordar da S.S. quando se referiu à imprensa sensacionalista. O fato, porém, é que o Comandante tem razão, porque até a BBC de Londres, conforme divulgou o "Diário da Tarde" de Florianópolis, disse que "as vítimas do Cambirela foram sequestradas pelos índios que dominam aquela região[325].

No jornal O Estado de 25/05/1952:

O fato é que o golpe deu resultado, e não fosse ele, quem não garantiria que um ser humano vivo tivesse lá chegado a tempo de evitar os fatos tristíssimos que se verificaram quando da queda de um avião militar no Morro do Cambirela, vizinho a nós, onde indivíduos sem escrúpulos deram evasivas a seus instintos mais de animal do que de homem[326].

No livro Ao Deus-dará:

Quando chegamos ao topo do Cambirela, local do acidente, ficamos horrorizados. Primeiro, pela violência do impacto que vitimou os tripulantes e passageiros da aeronave. Segundo, pelo fato de vários corpos terem sido mutilados pelos saqueadores que, feito urubus, tinham chegado antes de nós ao local e saqueado os pertences de valor dos mortos.[327]

No livro Furadinho: fragmentos de sua história:

---

[323] Diário Carioca, 12 de junho de 1949. n. 06429, p.11.

[324] O Cruzeiro, 02 de julho de 1949. Tragédia do Cambirela. Ed. 0037, p. 74.

[325] O Cruzeiro, 02 de julho de 1949. Tragédia do Cambirela. Ed. 0037, p. 76.

[326] O Estado, 25 de maio de 1952, n. 11.411, p. 12.

[327] Ao Deus-dará, as faces de uma cidade em busca do elo perdido. João José da Silva, 1997, p. 48 e 49.

Assim que a notícia se espalhou, muitas pessoas do Furadinho, da Guarda do Cubatão, da Praia de Fora, do Aririú da Formiga e até da Enseada do Brito subiram o Cambirela, e lá chegando algumas pessoas passaram a saquear as joias e outros objetos de valor dos tripulantes e dos passageiros. Na pressa de recolherem tudo, antes que os militares chegassem ao local, os ladrões cometeram atrocidades, que além de causar indignação no grupo de resgate, concorreu para aviltar a imagem da população local. Muitas das vítimas tiveram partes dos corpos mutilados para que os larápios pudessem retirar os objetos de valor, como brincos, colares, anéis e alianças. Alguns corpos foram encontrados com a arcada dentária esfacelada por pancadas de pedras e paus, na busca frenética por dentes de ouro. Há testemunha que uma das vítimas foi estuprada por um dos malfeitores". [...] A perseguição policial aos saqueadores do Cambirela estendeu-se por mais de um mês após o acidente, obrigando muitos a se esconderem no mato para não serem presos. Os mais temerosos chegaram, inclusive, a dormir em esconderijos improvisados, de lá só saindo para buscar refeição[328].

Relatório do comandante do 14 BC Paulo Vieira da Rosa:

Cada oficial ou sargento que ali chegava sentia logo a profanação. A uma senhora deixaram-lhe apenas as calças[329] e de todos aqueles corpos somente um ainda possuía dinheiro nos bolsos. Joias desapareceram rapidamente ou perdidas ou surripiadas na balburdia dos primeiros socorros quando a serra se encheu de uma curiosa paisanada logo expulsa do local[330].

Com o rumor da profanação o ten, Clito, auxiliado pelo ten. Albuquerque, iniciaram investigações que redundaram na prisão de dois piraquaras do lugar em cujas residências foram apreendidas até vestes de uma das crianças vitimadas. Os elementos que chegaram com o Dr. Nóbrega constataram roupas e objetos metidos em tocas, aguardando naturalmente uma quebra de vigilância para serem levadas pelos rapazes matutos da Guarda, Enseada do Brito e Praia de Fora. Erradamente, porém, foram entregues à Polícia Civil, apática e inerte, ao invés de ao Cap.[331] Carpes, encarregado do IMP - Inquérito Policial Militar da Aeronáutica[332].

---

[328] Furadinho: fragmentos de sua história /Antônio Manoel da Silva. Florianópolis; Edição do Autor. 2010.

[329] Definição de "roupa íntima" na época.

[330] REVISTA DE ENGENHARIA MILITAR, ano 13, jan./fev. 1950. p. 38.

[331] Capitão.

[332] REVISTA DE ENGENHARIA MILITAR, ano 13, jan./fev. 1950. p. 39.

Repercussão radiofônica no Brasil e no exterior

Na época do acidente, o rádio era a mais importante fonte de informação de massa, visto que a televisão só seria inaugurada no Brasil em 18 de setembro de 1950. Havia centenas de estações de rádio credenciadas pela Agência Nacional e distribuídas por todo o território brasileiro. Milhões de ouvintes, ávidos de emoção, sintonizavam seus rádios, e foi por meio das estações radiofônicas do Brasil que a BBC de Londres recebeu as notícias e repassou-as a seus ouvintes pelos quatro cantos do mundo, relatando que as vítimas do desastre aéreo tinham sido saqueadas por índios. Alguns dias depois, o jornal *Diário da Tarde* de Florianópolis de 11/06/1949, ed. 6.875[333], publicou em sua capa o título "Os índios de Cambirela", com o seguinte texto:

> "A BBC de Londres avançou demais". Ouvintes da B.B.C. de Londres contam ter ouvido daquela emissora que a profanação das vítimas do desastre de Cambirela fora cometido por índios daquela localidade".

Em 19/06 de 1949, foi a vez do jornal O Estado de Florianópolis:

> Mas, meus amigos, dizer-se que as vítimas do avião da FAB recentemente sinistrado no Morro do Cambirela foram profanadas por índios é mais uma prova do quanto somos desconhecidos no exterior. Houve de fato a profanação, ainda que seja duro dizer-se, foi feita pelo homem branco; pelo homem que se diz civilizado. Mas graças a Deus, não é privilégio dos Brasileiros porquanto em todos os recantos do mundo, onde existir o homem, existe a maldade! São estes conceitos que se fazem do Brasil por este mundo afora... São conceitos depreciativos, mesquinhos mesmo, e com o único intuito de desmoralizar a nossa gente. [334]

Relatos orais

Gelci Coelho, o Peninha, um dos guardiões da história, memória, cultura e arte de Santa Catarina:

> *Nossa, tem umas histórias tão cabulosas que alguém me contou outro dia, de que as pessoas que chegaram lá primeiro saquearam, estupraram mulheres, cortaram os dedos por causa das joias,*

---

[333] Diário da Tarde, 11 de junho de 1949, ed. 6.875, p. 1.
[334] O Estado, 19 de junho de 1949. n. 10.511, p. 1.

> *roupas, gente foi presa. Esta gente que fez isso era gente da região. Quando eles viram isso (o acidente), foram lá, com certeza eles não foram com outra intenção a não ser de ajudar. Mas quando chegaram lá viram aquilo... aquele desespero, as coisas todas espalhadas... acabaram fazendo isso. Aí tinha o folclore. Aparecia alguém com joias e diziam: Huuum! As joias das mortas. Eu vi isto muitas vezes. Sujeito aparecia com uma joia diferente... diziam que era joia das... Porque, além do uso das joias, elas estavam levando também outros pertences.*

Arnoldo Leonel, morador do Furadinho que esteve no local do acidente aos 20 anos de idade:

> *E disseram: "Quem quiser alguma roupa pode pegar". Teve gente que pegou daqui, pegou dali. Eu não peguei nada. Depois disseram: "Agora é hora de pegar os defuntos". Aí eu me mandei! Quando chegou cá embaixo, eles estavam prendendo quem trazia roupa. Dizem que uns cortaram dedos dos passageiros para tirar os anéis. Quem comprava relógio naquela época sabia com certeza que era do avião.*

Manuel Emorgi de Quadros, morador da Guarda do Cubatão na época do acidente:

> *Subia uma turma e descia outra. Uma noite eu estava debruçado na janela e ouvi chegar dois soldados na ambulância onde levavam os mortos. Eles abriram a ambulância e jogaram cada um sua mochila. Aí um perguntou para o outro: "Você vai entregar esta mochila?" "Nem que eu pegue 30 dias de cadeia", respondeu. Os soldados eram ali de São Pedro. Dizem que depois, lá embaixo, eles compraram imóveis... andavam com dinheiro. O paisano é que levou a culpa porque trouxe o que não presta. Se achavam qualquer coisa de valor, o Exército pegava. Das Forças Armadas, quem pegou foi o Exército.*

Waldir Weiss, 90 anos, soldado-enfermeiro do 14 BC que esteve no alto do Cambirela no primeiro dia:

> *A mesa do coronel eu fui ver, porque eu fiquei de serviço 15 dias na guarda e não voltei mais lá (no Cambirela) para ajudar. Era tudo joia de ouro. Dinheiro não havia mais, porque os paisanos já tinham tirado tudo. Foi revistado o armário de cada soldado que esteve lá no Cambirela. Era brinco, colar, relógio. Eu disse: "É muita coragem..." Havia um soldado que tirou o anel do dedo de uma noiva. Ele não ficou no quartel... ele enlouqueceu! Foi parar no hospício.*

Eduvirges Souza Medeiros, moradora da Guarda do Cubatão. Aos 11 anos de idade, subiu com pai, Braz Marcílio de Souza, ao Cambirela algumas semanas após o acidente:

> *Cheguei lá e estava aquele par de sapatos novinho, novinho. Acho que alguém os encontrou e botou ali no ladinho, tinha muita gente cavando para ver se achava algum relógio, estas coisas assim né? Aí eu peguei botei o pé, e serviu direitinho no sapato! Eu fiz a primeira comunhão com ele. E ainda usei bastante tempo.. sapatos de gente rica de certo né? Ainda na hora que eu fiz a primeira comunhão, a minha mãe rezou pela alma "deles" pois não sabia o nome de todos que faleceram lá e por esta pessoa que deixou este sapatinho lá, para que eu pudesse fazer a minha primeira comunhão.*

Maria Irene Soares, filha de Manoel Joaquim Soares, o "Mané Soares", relata que seu pai realmente esteve no local do acidente com mais dois amigos moradores do bairro do Furadinho, no pé do Cambirela. De acordo com Irene, os corpos foram mutilados em razão da colisão com o avião nos paredões e da explosão, e não pelas mãos dos saqueadores. Irene conta que alguns suspeitos, incluindo seu pai, foram parar na cadeia de Palhoça, onde passaram uma noite e foram liberados no dia seguinte por falta de provas. Como já vimos, nas décadas de 1930 e 1940, Manoel Joaquim Soares, o pai de Maria Irene, costumava guiar os padres e os alunos do Colégio Catarinense até o alto do Morro do Cambirela, portanto conhecia a região como poucos.

O nome de alguns supostos saqueadores é citado nos jornais cariocas *O Jornal* do dia 10; e *A Manhã* de 11 de junho de 1949, entre outros.

Diante de todas as comprovações documentais e registros orais apresentados, é impossível negar que houve saques no local do acidente. Contudo, quero deixar aqui a minha impressão sobre tudo o que li e ouvi ao longo destes anos. Para começar, estou convencido de que é mais importante enaltecer as boas ações dos paisanos que arregaçaram as mangas e partiram para o Cambirela com o propósito único de ajudar, de socorrer, e, ao se depararem com um quadro desolador onde não havia mais nada a fazer, retrocederam e não quiseram tomar parte dos saques. Decidiram retornar para casa com a consciência tranquila de que deram o melhor de si e fizeram a sua parte. Houve também os que, durante os quatro dias de operações, colaboraram de diversas maneiras, levando e trazendo sem cessar, e em sistema de revezamento, as equipes de socorro nas trilhas traiçoeiras do Cambirela, bem como auxiliando os soldados no transporte dos corpos, e dos suprimentos, como água, alimentos e materiais, cordas e lonas que seriam utilizadas na recuperação dos corpos. Os moradores que não podiam subir a montanha forneciam o pouco que tinham para alimentar, matar a sede e apoiar moralmente os soldados que chegavam exaustos à Guarda do Cubatão. Também houve pessoas como Jacob Villain, que enviou alguns de seus cavalos para auxiliar nos translados; assim como os irmãos Medeiros, que levaram seu carro de boi para auxiliar no transporte dos corpos entre a base da montanha e a base de operações montada pelo 14 BC na Guarda do Cubatão. Naqueles lugares isolados, o uso do carro de boi já era um costume antigo para transladar os falecidos da Guarda do Cubatão, de Furadinho ou imediações até o cemitério da Enseada do Brito, em um percurso de 11 quilômetros, que geralmente era percorrido em duas horas.

Graças às hemerotecas da Biblioteca Nacional do Rio de Janeiro e da Biblioteca Pública de Santa Catarina, pude ler dezenas de jornais da época, além, é claro, dos documentos oficiais, e cheguei à conclusão de que os jornalistas cometeram alguns exageros. Naquela época, em que se utilizavam as máquinas de escrever, era muito comum a prática da "Gillette press", termo pejorativo que indicava quando um repórter recortava o texto de um jornal, revista ou livro e colocava-o em uma folha de papel conhecida como lauda, que reproduziria exatamente a mesma notícia copiada. Nos dias atuais, o "Gillette press" poderia ser comparado na redação de um jornal com o famoso "Ctrl+C e Ctrl+V", ou o "copia e cola". O que um jornalista escrevia, fosse verdadeiro, fosse falso, era amplamente reproduzido pelos outros jornais. Não estou negando que houve saques, mas, sim, tentando deixar claro que talvez as notícias dos saques não correspondam às proporções com que foram divulgadas. Em seu relatório, o comandante do 14 BC evidenciou esta tese quando escreveu:

> Houve saques, mas talvez sem o vulto aparente que tomou. As malas abertas no choque haviam arremessado ao derredor tudo o que lhe havia dentro e muita coisa miúda se perdeu definitivamente na mata. Todavia, isso facilitava a apanha dos menos sensíveis.[335]

Outro fato que chamou a atenção é de que, apesar da imensa repercussão da notícia dos saques em praticamente todos os jornais que li, foram citados apenas uma "meia dúzia" de suspeitos e apenas esses nomes foram

---

[335] REVISTA DE ENGENHARIA MILITAR, ano 13, jan./fev. 1950. p. 37.

amplamente reproduzidos em dezenas de jornais. Ainda assim, esses poucos homens foram presos, interrogados e, em seguida, liberados por falta de provas. O Inquérito Policial Militar, documento oficial da FAB emitido pelo Ministério da Aeronáutica e da 5ª Zona Aérea (parte 292/SR5, folha 12) que trata da investigação dos roubos cita que:

> Tripulantes e passageiros foram despojados quase completamente de seus haveres tendo sido roubados a bagagem e carga transportada no referido avião, o Capitão Carpes, encarregado do IPM encerrou o mesmo sem que fosse possível apurar os responsáveis pelo saque do avião de passageiros.

Comenta-se que, quando foram investigar a residência de alguns suspeitos de furtar parte da carga e/ou pertences dos ocupantes do C-47 2023, as autoridades eram recebidas pelas respectivas esposas dos suspeitos, que sempre alegavam que os respectivos esposos não se encontravam em casa, mas trabalhando na pesca ou na roça, quando, na verdade, encontravam-se escondidos nas matas nas encostas do morro.

Outra crença muito difundida conta que muita gente ficou "milionária" com os "frutos dos saques". Muitas pessoas podem ter até levado algo de valor do local do desastre, mas não creio que era algo que pudesse torná-las de fato milionárias. É certo que na década de 1940 as estradas eram quase que intransitáveis, uma viagem por terra do Rio de Janeiro a Porto Alegre poderia durar semanas; desse modo, as grandes companhias aéreas como a Varig, a Panair do Brasil, entre outras, encarregavam-se de realizar o transporte de grandes valores para bancos ou grandes corporações. Não se evidencia na pesquisa que tenha sido o caso dos aviões da FAB, que voavam a serviço do Correio Aéreo Nacional. O que de fato ocorria era que as pessoas viajavam, mesmo a passeio, levando consigo alguma soma em dinheiro vivo, pois não havia outra forma de pagar as despesas longe do domicílio. A ficha médica do acidente cita que um dos militares a bordo do 2023 foi identificado pelo envelope de pagamento da FAB contendo seu nome. Provavelmente, outros envelopes com dinheiro foram saqueados, no entanto não creio que, a bordo do Douglas C-47 2023, nenhum passageiro ou tripulante estivesse levando consigo dinheiro ou objetos de valor suficientes a ponto de transformar um morador simples de Palhoça em um milionário.

No caso do avião da Transbrasil acidentado em 12 de abril de 1980, no Morro da Virgínia, na Ilha de Santa Catarina, como era de se esperar também houve saques, o mais famoso foi de uma valise cheia de relógios e joias avaliadas em aproximadamente R$ 400 mil em números atuais, e que foi resgatada da bagagem de um dos passageiros, mas desapareceu em uma delegacia em Florianópolis, caso jamais esclarecido. Talvez, venha daí a crença, que alimenta o imaginário popular até os dias de hoje, de que alguém ficou rico com o "fruto de um furto" resultante de um desastre aéreo em nossa região.

Há que se concordar que os paisanos ou matutos mal-intencionados não tiveram muito tempo para saquear os corpos, considerando que subiram logo após a colisão do C-47 2023, às 14h, e chegaram ao alto do Cambirela não antes das 16h 30min. Era inverno, escurecia rápido, às 18h já era completamente escuro como o breu, e chovia sem cessar. Lanterna era um luxo que aquela gente simples não tinha. Na correria para chegar ao local do desastre, certamente não levaram lampiões ou similares; levaram-se, a chuva e os fortes vento lá no alto da exposta face leste não facilitaram muito o uso daqueles equipamentos rudimentares. Se os saqueadores tiveram tempo para cometer seus crimes, isso ocorreu entre as primeiras horas da manhã de terça-feira, dia 7, até as 15h do mesmo dia, quando os socorristas finalmente chegaram ao local do desastre. A partir dali, o Exército manteve vigilância redobrada durante os quatro dias e três noites em que durou a operação de busca e resgate dos corpos.

Comenta-se que apenas os objetos e corpos que estavam próximo aos destroços do avião (17 corpos) foram saqueados, pois os civis não tiveram tempo para encontrar os outros 11 corpos, que estavam tão ocultos nas matas que os militares do 14 BC levaram até quatro dias para encontrá-los e resgatá-los. No caso dos militares, se realmente saquearam algo, foram casos excepcionais. O que se sabe é que todos os dias, após os exaustivos trabalhos no Cambirela, todos os praças eram revistados, bem como seus respectivos armários. Se alguém foi flagrado com algum pertence das vítimas do C-47 2023 ou parte da carga, este alguém respondeu a um rigoroso Inquérito Policial Militar e foi punido no rigor da lei.

Para encerrar de uma vez por todas esse assunto, quero imaginar que certamente muitos dos que voltaram para casa com aquilo que não lhes pertencia, mais cedo ou mais tarde, deram-se conta do mal que fizeram, não só para o próximo, mas para si mesmos...

9

NÚMEROS FINAIS DA OPERAÇÃO CAMBIRELA

9.1 DO INÍCIO AO FIM

Dia 6. Ocorre a colisão do C-47 2023 com o Morro do Cambirela. 28 mortos. A partir desse dia, foram empregados:

Aeronaves

– Três Fairchield PT-19 do DBAF.
– Pelo dois C-47 do 2º Grupo de Transportes do Rio de Janeiro.
– Um helicóptero modelo Bell 47D, prefixo PP-H5, do governo do Paraná (o primeiro helicóptero certificado para uso civil, em 8 de março de 1946).
– Aviões da Aviação comercial (Cias. aéreas Varig, Panair, TAL e Cruzeiro do Sul), que também participaram das buscas por vestígios do C-47 2023 na rota Florianópolis-Porto Alegre. Não foi possível encontrar documentos que possam comprovar se os aviões (civis) do Aeroclube de Santa Catarina auxiliaram nas buscas.

Veículos

Dezenas de veículos militares e civis foram empregados na missão, entre caminhões, jipes, ambulâncias, ônibus, carro-cozinha, entre outros veículos de apoio do 14 BC, do HMF, do DBAFL, do 5º DN e da EAMSC, auxiliando nos transportes logísticos (alimentação, equipamentos, suprimentos) de cargas e pertences pessoais dos tripulantes e passageiros que foram recuperados, além do transporte de militares, voluntários etc. Os veículos de instituições civis como as ambulâncias do Sesc e do Senai também foram empregados.

Números diversos

– Vinte e cinco horas decorreram desde o momento do acidente, às 14h do dia 6, até a chegada das primeiras equipes de socorro na Pedra da Bandeira, às 15h do dia 7.

– Setenta e duas horas decorreram entre o início do resgate, às 15h do dia 7, e o fim dele, às 14h 30min do dia 10.

– Noventa e seis horas decorreram do momento do acidente, às 14 h do dia 6, até a chegada do último corpo ao Quartel do 14 BC, às 14h do dia 10.

– Cento e quinze horas decorreram desde o acidente, às 14h do dia 6, até o sepultamento do último corpo, às 9h do dia 10, no Cemitério do Itacorubi. Maurício Cysneiro foi o último a ser identificado.

– Vários soldados que participaram dos trabalhos de socorro foram hospitalizados em virtude de ferimentos sofridos durante a perigosa escalada, como publicou o *Diário de S. Luiz*, de São Luís do Maranhão, de 12/06. Existem também, com relação a sequelas sofridas pelos socorristas, relatos de familiares de militares de que alguns dos seus precisaram de tratamento psicológico ou psiquiátrico.

– O último corpo, o de Haroldo Oliveira de Almeida, 3º sargento-radiotelegrafista da FAB, exigiu nada menos que 32 homens, em sistema de revezamento, para descer os 800 metros do Cambirela.

– Os últimos quatro corpos permaneceram cinco dias no alto do Cambirela.

Estima-se que ao longo dos quatro dias de duração da gigantesca força-tarefa, 625 homens (entre militares e civis) trabalharam diretamente nas buscas e no resgate dos corpos (em sistema de revezamento) no Cambirela, entre os dias 7 e 10 de junho de 1949, sem contar as outras frentes de trabalho (transporte de suprimentos, alimentação, logística, apoio, enfermaria, administrativo, guarda, cerimonial de honras militares, entre outras funções não menos importantes). Com base em alguns documentos oficiais, extraoficiais e relatos orais, foi possível elaborar a seguinte tabela:

Tabela 3 – Estimativa da participação dos socorristas entre 7 e 10 de junho de 1949

DATA	SEGUNDA 6/06	TERÇA 7/06	QUARTA 8/06	QUINTA 9/06	SEXTA 10/06	TOTAL 4 DIAS
MILITARES						
EB	0	100	100	50	50	300
FAB	0	30	30	30	30	120
MARINHA DO BRASIL	0	04	04	03	03	10
PM/BM/SC	0	02	06	14	15	37
CIVIS						
POLÍCIA CIVIL	0	05	05	0	0	10
CCCM	0	7	7	0	0	7**
VOLUNTÁRIOS PE. ITAMAR E PREFEITURA DE PALHOÇA	0	0	0	0	41	41
SNM	0	0	0	0	50	50
CIVIS DIV.	0	10	10	10	10	50
TOTAL x DIA	**0**	**148**	**172**	**117**	**209**	**625**

Fonte: pesquisa do autor - Jornais, relatórios, boletins das Organizações militares etc.

Instituições Militares

– Exército Brasileiro: representado pelos homens do 14 BC e do Hospital Militar de Florianópolis.

– FAB: representada pelo DBAFL e pelos oficiais-aviadores do 2º GT do Rio de Janeiro e médicos e capelães da Baco.

– Marinha do Brasil: militares do 5º DN, EAMSC, Capitania dos Portos, condutores e motoristas.

– PMSC e BMSC.

Instituições Civis

– Segurança Pública de Santa Catarina, Polícia Civil (investigadores técnicos, legistas etc.); Clube de Caça Couto Magalhães - CCCM.

– Serviço Nacional da Malária SNM; fiéis da Igreja Católica convocados pelo Pe. Itamar; funcionários da Prefeitura Municipal de Florianópolis; civis diversos (principalmente moradores da região do entorno do Cambirela).

Tabela 4 – Cronograma: corpos encontrados/transladados

DIA DA SEMANA	PERMANECERAM NO CAMBIRELA	DESCERAM DO CAMBIRELA	SOCORRISTAS EMPREGADOS
Segunda-feira, dia 6	28	00	00
Terça-feira, dia 7	28	00	148*
Quarta-feira, dia 8	20**	08	172*
Quinta-feira, dia 9	04	16	117*
Sexta-feira, dia 10	00	04	209*

*Números estimados; ** 20 corpos, sendo 1 no esporão agudo do norte (Setor 3), 5 corpos na escarpa (próximo ao paredão abaixo da escada) e 14 corpos na face leste, Setor 5

Fonte: pesquisa do autor - Jornais, relatórios, boletins das Organizações militares, etc.

9.2 DESASTRES AÉREOS OCORRIDOS NA DÉCADA DE 1940

Segundo o *site* Desastres Aéreos[336], no período entre 1940 e 1949, ocorreram 147 acidentes aéreos no Brasil — 18 com Douglas DC-3/C-47. Só no ano de 1949, ocorreram seis acidentes com DC-3/C-47, um deles foi o descrito nesta obra. Na matéria publicada no jornal *Correio da Manhã* (Rio de Janeiro), o então capitão-aviador Aldo Weber Vieira da Rosa confirma esses dados ao declarar que no ano de 1949 houve menos de sete desastres aéreos no Brasil para cada 100 mil voos, e apenas um acidente estava relacionado ao mau tempo[337].

Segundo o *site* Aviation Safety Network[338], dos 13 mil Douglas DC-3 C-47 construídos, 2.733 foram perdidos em acidentes, que resultaram em

---

[336] Disponível em: https://www.desastresaereos.net/acidentes_brasil_I_1940-1949.htm. Acesso em: 12 abr. 2018.

[337] CORREIO DA MANHÃ, Rio de Janeiro, n. 17.608, 10 ago. 1950.

[338] Disponível em: https://aviation-safety.net. Acesso em: 17 fev. 2020.

892 vítimas fatais. O acidente com o C-47 2023 em Palhoça foi classificado como o 13º pior acidente com um DC-3 no mundo, e o maior acidente aéreo no Brasil até aquele momento. Ainda segundo a mesma fonte, em 2020, o acidente com o C-47 2020 foi classificado como o 65º pior acidente na história da Aviação mundial, posicionando-se em 24º lugar entre os piores acidentes aéreos ocorridos no Brasil.

De acordo com o *site* brasileiro Desastres Aéreos, em 1949 ocorreram seis acidentes com aeronaves Douglas no Brasil, sendo cinco comerciais/civis (DC-3 de diversas cias. aéreas) e um militar (o C-47 2023), que causou o maior número de vítimas. Antes dele, o maior desastre da Aviação brasileira, havia ocorrido em 3 de junho de 1945, quando um Douglas DC-3 da Aerovias Brasil caiu na Barra do Piraí/RJ, vitimando fatalmente 26 pessoas. O número de mortos no desastre aéreo no Morro do Cambirela só foi superado em 28 de julho de 1950, quando, ao se dirigir para a sua terceira tentativa de pouso, o "Constallation" Prefixo PP-PCG da Panair colidiu com o Morro do Chapéu, no município de São Leopoldo/RS, vitimando os 55 ocupantes — 6 tripulantes e todos os 49 passageiros; a maioria deles voltava de férias após a fatídica final da Copa do Mundo de Futebol no estádio do Maracanã, no Rio de Janeiro.

O 14º BATALHÃO DE CAÇADORES

10.1 RESUMO HISTÓRICO[339]

A participação do 14º Batalhão de Caçadores, ou simplesmente 14 BC[340] naquela que foi a maior operação militar de busca e resgate realizada no Sul do Brasil e que envolveu centenas de homens na difícil missão de localizar e resgatar as vítimas do Douglas C-47 2023 a aproximadamente 800 metros de altitude na face leste do Morro do Cambirela, em Palhoça, Santa Catarina, configurou-se de extrema importância para uma época em que não havia especialistas em socorro em ambiente de montanha, muito menos os modernos equipamentos disponíveis hoje. Faltavam os meios, mas sobrava-lhes coragem, determinação e um forte sentimento de solidariedade para com as vítimas e os familiares. Aqueles militares que estavam preparados para enfrentar, se preciso fosse, as piores adversidades de uma batalha encontraram no alto do Cambirela um cenário muito parecido com um teatro de guerra: fragmentos do avião retorcidos pelo impacto contra a rocha e derretidos pelas chamas, corpos mutilados e dispersos por todos os lados, fogo, fumaça, terreno vertiginoso e de difícil acesso; ainda, o cheiro e o medo da morte, a luta pela vida, o sofrimento da fome, a sede, a fadiga extrema e, talvez, os maiores dos inimigos — um inverno rigoroso, com temperaturas tão baixas que beiravam a hipotermia; e o mau tempo, que limitava a visibilidade e tornava o terreno perigosamente escorregadio e traiçoeiro.

Segundo os jornais da época, entre eles o *Correio Paulistano* de 12 de junho de 1949[341], vários soldados que trabalharam no resgate foram hospitalizados, haja vista os ferimentos recebidos durante o transporte dos corpos e a escalada do Morro do Cambirela. Normalmente, os casos menos

---

[339] Após anos de pesquisas, consegui reunir número tão relevante de dados e informações que considerei um desperdício omiti-los. Desse modo, este capítulo sai um pouco do escopo principal do livro para fazer uma viagem na história das corporações, entidades esportivas e curiosidades históricas ocorridas principalmente entre as décadas de 1920 a 1970.

[340] Não confundir com a 14ª Brigada de Infantaria Motorizada de Florianópolis, que, em novembro de 2019, completou seu 48º aniversário de criação.

[341] CORREIO Paulistano, n. 28.584. p. 3.

urgentes eram atendidos na enfermaria do próprio 14 BC; os militares que sofreram consequências mais sérias foram internados (baixaram) no Hospital Militar de Florianópolis[342]. Aqueles que não sofreram traumas físicos ou psicológicos em meio à destruição e ao sofrimento aprenderam a duras penas verdadeiras lições de vida.

Apresento-lhes, enfim, uma pequena parte resumida da história desse batalhão e dos destemidos homens que o serviram, desde a sua transferência para Florianópolis em 10 de janeiro de 1919 até os dias atuais.

O 14º Batalhão de Caçadores originou-se do Regimento de Moura, corporação oriunda da Corte Portuguesa, que chegou ao Brasil em 1767. Em 23 de outubro de 1793, por decreto, passou a chamar-se 3º Regimento de Infantaria do Rio de Janeiro. A partir de então, a unidade teve várias denominações: 3º Batalhão de Fuzileiros da Corte (1818), 4º Batalhão de Caçadores da Corte (1822), 4º Batalhão de Caçadores do Rio (1831), 2º Batalhão de Caçadores do Rio (1832), 10º Batalhão de Caçadores com sede no Rio de Janeiro (1851)... Até que em 1852 passou a se chamar 9º Batalhão de Caçadores do Rio. Foi com essa denominação que participou de diversas campanhas na Guerra da Tríplice Aliança, no período de 1864 a 1870 — nesse mesmo conflito, o coronel Fernando Machado entraria para a história do Exército Brasileiro comandando a 5ª Brigada de Infantaria nas Batalhas de Curuzu, Curupaiti, Potreiro Pires e Itororó, onde foi ferido mortalmente. Com início no Rio de Janeiro, o 9º Batalhão de Caçadores do Rio esteve sediado em Pernambuco, Bahia e Paraná.

Finalmente, em novembro de 1917 (quase um ano após combater na Guerra do Contestado encerrada em agosto de 1916), o 5º Regimento de Infantaria foi transferido para o estado de Santa Catarina, onde foi desmembrado em três Batalhões de Caçadores, designados para as cidades de Joinville (13 BC), Itajaí (14 BC) e Florianópolis (15 BC), que não chegou a receber efetivo militar[343]. Com a reestruturação do Exército em 1919, o 15 BC foi extinto, restando o 13 BC em Joinville e o 14 BC, que foi transferido de Itajaí para Florianópolis, chegando à capital no dia 10 de janeiro de 1919. Desse modo, a primeira fase do 14º Batalhão de Caçadores ocorreu na Ilha de Santa Catarina, entre janeiro de 1919 e agosto de 1936 (quando o 14 BC foi transferido para o novo Quartel do Estreito, no continente).

---

[342] O antigo Hospital Militar de Florianópolis passou a ser denominado Hospital de Guarnição de Florianópolis, a partir de julho de 1953; e, em 5 de abril de 2019, completou 150 anos de existência.

[343] Histórico cronológico elaborado com base no histórico do 63º BI – Batalhão Fernando Machado. Disponível em: http://www.63bi.eb.mil.br/historico. Acesso em: 10 fev. 2020.

O jornal *Republica* registrou a chegada do 14 BC a Florianópolis na coluna "Notícias militares":

> Desembarque do Batalhão. A bordo do "Max" chegaram hontem a esta capital os bravos rapazes do Batalhão do 5º regimento. O Batalhão 14º achava-se aquartelado em Itajahy. O seu desembarque revestiu-se de excepcional brilhantismo tendo afluído ao trapiche municipal compacta massa popular que aclamou delirantemente os distintos rapazes. Uma banda de musica militar executou varias e belas peças do seu vasto repertório[344].

O referido quartel se chamava "Coronel Manoel Soares Coimbra", em homenagem a esse militar, um grande apaixonado pela ilha e que, durante sua gestão como governador da província de Santa Catarina, lançou a pedra fundamental em 16 de maio de 1791, contribuindo de modo significativo para que o quartel fosse construído a duras penas com a valiosa ajuda de seus homens. Essa caserna ficava de frente para a Avenida Hercílio Luz, parte sul do Largo General Osório, conhecido popularmente como Campo do Manejo — situado nos fundos do quartel —, onde os militares do 14 BC realizavam exercícios táticos e físicos.

O dia 13 de maio de 1919 começou festivo, com alvorada ao toque da banda de cornetas e tambores no Quartel Coronel Manoel Soares Coimbra. Às 13h daquele dia, foi realizada a primeira cerimônia de juramento à bandeira dos 426 soldados daquela unidade (14 BC), agora instalada em Florianópolis. A esse grande evento compareceram autoridades civis e militares, entre as quais as Companhias da Força Pública[345], Tiro de Guerra n.º 40, Escola de Aprendizes Marinheiros de Santa Catarina e Gymnasio Catharinense (atual Colégio Catarinense).

O 14 BC era uma unidade do Exército Brasileiro formada por soldados de infantaria ligeira ou infantaria leve, especializada em incursões rápidas. Diferentemente dos soldados de artilharia, os soldados caçadores eram batedores, exploradores e escaramuçadores e levavam consigo equipamentos leves para permitir que o deslocamento sobre o terreno fosse o mais rápido possível. O 14 BC tinha como símbolo uma trompa ou corneta de caça, símbolo histórico que lembra as origens das unidades militares de "Caçadores" do Exército Brasileiro. São Maurício, o patrono dos Exércitos, também era o santo protetor do 14 BC.

---

[344] REPUBLICA, 11 de janeiro de 1919, n. 00111, p. 2

[345] Desde a sua criação, em 1836, a Polícia Militar de Santa Catarina teve as seguintes denominações: 1836 a 1916; Força Policial, de 1916 a 1946; Força Pública; e, a partir de 1946 até os dias de hoje, Polícia Militar de Santa Catarina.

Desde a sua chegada à capital catarinense, o 14 BC participou ativamente dos grandes eventos que aconteciam na cidade, dentre os quais se destacam as missões de auxílio à Força Pública no policiamento em tempos de paz, principalmente durante as grandes festas populares. Outra atividade que frequentemente era realizada em conjunto com a Força Pública dizia respeito às apresentações conjuntas das bandas dos respectivos batalhões. Na maioria das vezes, era a Banda de Música Militar do 14 BC que abrilhantava os grandes eventos sociais e populares. A agremiação musical costumava se apresentar em solenidades de cunho cívico/militar, e contava sempre com a presença de autoridades políticas, civis, eclesiásticas, oficiais e praças do próprio 14 BC, da Marinha, da Força Pública, de personalidades, convidados, imprensa, alunos da rede pública e privada de ensino, além da presença marcante de grande concentração popular e da alta sociedade florianopolitana. Na inauguração da Ponte Hercílio Luz, em 13 de maio de 1926, coube às Bandas da Força Pública e do 14 BC abrilhantarem o evento. Os músicos do batalhão também costumavam tocar no Trapiche do Rita Maria, tanto na recepção quanto na despedida de autoridades ou personalidades que costumavam viajar nos navios da Companhia Nacional de Navegação Hoepcke. O mesmo ocorria no Trapiche do Miramar, na década de 1930, quando os hidroaviões do Syndicato Condor pousavam nas Baías Norte e Sul e estacionavam praticamente em frente ao Mercado Público de Florianópolis.

No início da década de 1930, sensibilizado com a situação precária do antigo quartel e reconhecendo o verdadeiro potencial militar do 14 BC, o deputado federal Dr. Nereu Ramos propôs ao governo federal, mediante o Ministério da Guerra, a troca do velho Quartel Manoel Soares Coimbra e respectivo terreno (o Campo do Manejo) por uma nova área que abrigasse o 14 BC no continente. Entre dezembro de 1932 e janeiro de 1933, os principais jornais da cidade, *O Estado* e *Republica*, davam as primeiras notícias de que o novo quartel seria erguido próximo a uma das cabeceiras da Ponte Hercílio Luz. A primeira possibilidade é que a nova corporação fosse construída na porção continental, defronte a Florianópolis, no distrito de João Pessoa (Estreito), e que na época pertencia ao município de São José. A outra possibilidade é que o quartel seria construído sobre o antigo cemitério que existia na cabeceira da Ponte Hercílio Luz (atual Parque da Luz).

Em julho de 1932, os militares do 14 BC lutaram na Revolução Constitucionalista contra os revoltosos paulistas. Em 25 de outubro do mesmo ano, a tropa retornou a Florianópolis no vapor Bocaina, do Lloyd Brasileiro, onde foram recebidos no Cais Rita Maria pela população e por diversas autoridades. Todos celebravam o retorno de seus jovens conterrâneos. Quando o vapor rasgou as águas da Baía Norte, um grupo de jovens senhoritas que estavam sobre a Ponte Hercílio Luz jogou flores aos soldados, os quais retribuíram, do convés do navio, com calorosas saudações. Enquanto desembarcavam, o então comandante do Centro de Aviação Naval de Santa Catarina, capitão de Corveta Amarílio Vieira Cortez, realizou algumas evoluções com um hidroavião (provavelmente um De Havilland DH-60 Tiger Moth) à cidade em festa. Do Trapiche, a tropa seguiu marchando até o Palácio Cruz e Sousa, na Praça XV de Novembro. Os sinos da Catedral Metropolitana badalavam festivamente, dando boas-vindas aos bravos militares. Posteriormente, a tropa marchou até o seu quartel, na Praça General Osório, sempre seguido por uma grande multidão.

Em 4 de dezembro de 1933, ocorreram no quartel do 14 BC os exames para os candidatos à matrícula na Escola de Aviação do Exército[346].

No início do ano de 1934, a decisão do local para a construção do quartel já estava tomada, e, tão logo foi lançada a pedra fundamental no Estreito, em 15 de julho daquele ano, começaram os rumores de que o Campo de Manejo seria transformado em um campo de aviação, uma vez que a Aviação Comercial e a Aviação Militar (formada pela Aviação do Exército e pela Aviação Naval) estavam em franco crescimento. Sobre esse assunto, o jornal *O Estado*[347] de 21 de dezembro de 1934 publicou:

> Com a ida do 14º BC de Caçadores para o seu novo quartel, logo que prompto, no continente, justifica-se a lembrança da transformação do "Campo de Manejo" em "Campo de Aviação". A aviação é o problema que, por sua magnitude, está já merecendo o maior dos esforços de todos os governos inteligentes: é o transporte do futuro.

---

[346] A Força Aérea Brasileira foi criada somente em janeiro de 1941, antes disso existia apenas a Aviação do Exército e a Aviação Naval.

[347] N. 06354. p. 2.

10.2 A SEGUNDA FASE DO 14 BC EM FLORIANÓPOLIS: DE AGOSTO DE 1936 AOS DIAS ATUAIS

Pouco mais de dois anos, após a inauguração do quartel no Estreito, em 10 de agosto de 1936, a 2ª Cia. e a CMB[348] do 14 BC ocuparam os dois primeiros pavilhões disponíveis (os outros dois pavilhões foram concluídos e assim ocupados; um em 1939, e o outro no início da década de 1940), enquanto a 1ª e a 3ª Cia. permaneceram no velho quartel do Campo de Manejo, que mais tarde, em 1939, foi entregue ao governo do estado e imediatamente demolido[349]. Na época da inauguração, o novo quartel no Estreito foi considerado uma das construções mais importantes do gênero, obedecendo aos mais modernos traçados estéticos e às mais rigorosas exigências técnico-militares.

Segundo a revista *Santa Catarina*[350], o moderno quartel do 14 BC ocupava uma área de aproximadamente 250 mil m² e contava com um pavilhão para a administração (prédio do Comando), três pavilhões para as companhias, um pavilhão para o rancho das praças, um pavilhão para o "stand" de tiro, um pavilhão para as cocheiras, um pavilhão para as oficinas, uma caixa de água com capacidade para 70 mil litros, além de uma ampla piscina. Os dois canhões das armas imperiais portuguesas até hoje situados em frente ao prédio do Comando do Quartel do Estreito foram transferidos do antigo Quartel Coronel Manoel Soares Coimbra na década de 1930.

De 1919 até a década de 1950, os militares do 14 BC realizavam periodicamente manobras militares que incluíam os exercícios táticos de campanha, exercícios de combate, tiro e trincheiras, orientação, busca e resgate de feridos, primeiros socorros, técnicas de acampamento e bivaque em áreas remotas, além dos exercícios de deslocamento de tropa (chegavam a percorrer dezenas de quilômetros a pé), acampamento, entre outras operações tático-militares que eram realizadas na Ilha de Santa Catarina, em locais como Praia dos Ingleses, Sambaqui, Campeche e Lagoa da Conceição. Na porção continental, as operações concentravam-se principalmente nas localidades de Aririú, Praia Comprida, Fazenda Santo Antônio, Barreiros e Biguaçu; e no Litoral Norte do estado de Santa Catarina, em Tijucas,

---

[348] Supõe-se que a sigla CMB seja Companhia de Material Bélico, posteriormente conhecida como Companhia de Metralhadoras e Morteiros (CMM).

[349] Atualmente o local é ocupado pelo Instituto Estadual de Educação.

[350] N. 1, 1939. p. 109.

Camboriú, Itajaí, Blumenau, Jaraguá do Sul e Joinville. Porém, um dos locais mais frequentados para os exercícios militares era a localidade de Sapé, na região continental próximo ao quartel.

Na década de 1930, os alunos do Batalhão Ginasial do Ginásio Catarinense (escola de soldados), vez ou outra, também participavam desses exercícios sob a supervisão dos militares do 14 BC, batalhão este que sempre honrou o lema "Mens Sana in Corpore Sano". Além dos exercícios militares e das marchas diurnas e noturnas, que eram realizadas em diversos pontos da ilha e do continente, da educação física e dos jogos coletivos que eram disputados periodicamente, ao longo de sua história, o batalhão chegou a ter também equipes de alto desempenho no atletismo (corridas de curta e longa distância, lançamentos e saltos), futebol, voleibol, basquetebol, esgrima, tiro, polo, tênis, hipismo, natação, entre outros.

Em 12 de outubro de 1929, um grupo de militares (oficiais e praças do 14 BC), em conjunto com civis, fundaram o Clube Atlético Catarinense (CAC) — filiado à Federação Catarinense de Desportos no mesmo ano —, e em 11 de abril de 1932 foi fundado no quartel do 14 BC, na ilha, a União Desportiva dos Cabos, que tinha como base "Promover a Educação, Moral e Cívica de seus Associados". O time de futebol do CAC tinha duas camisas, uma com uma faixa transversal (como a do Vasco da Gama, do Rio de Janeiro), e outra com as cores da bandeira do estado de Santa Catarina (que em muito lembrava a camisa do Fluminense Futebol Clube, do Rio de Janeiro); por essa razão, era conhecido como o "Esquadrão Tricolor Catarinense".

Era um clube que usufruía de muita tradição, e disputou acirradíssimos clássicos com os times de futebol locais, como Figueirense, Avaí, Paula Ramos Esporte Clube, Bocaiúva Esporte Clube, Caravana do Ar (Base Aérea, a partir da década de 1940), Marinha de Guerra, Força Pública, entre outros, até mesmo se sagrando campeão catarinense de futebol em 1934. O Clube Atlético Catarinense era uma agremiação que reunia as modalidades masculinas de futebol, voleibol, basquetebol e atletismo.

Embora o 14 BC não contasse com mulheres no efetivo, no início do ano de 1950 foi criado o Departamento Feminino do CAC, inicialmente presidido pela civil Marta Spreing, e idealizado e organizado pelo comandante do 14 BC, o tenente-coronel Paulo Gonçalves Weber Vieira da Rosa e pelo major Álvaro Veiga Lima. As modalidades femininas do CAC eram voleibol, atletismo e pingue-pongue, e as atletas eram todas civis. A divisão masculina do CAC disputou competições de futebol profissional até 1966, quando realizou sua última participação.

Esse clube prestou inestimáveis serviços ao desporto catarinense. Geralmente em datas comemorativas, principalmente as de cunho patriótico, o 14 BC apoiava grandes eventos esportivos, como as regatas que eram realizadas nas Baías Norte e Sul da Ilha de Santa Catarina. O envolvimento do 14 BC com os eventos esportivos realizados em Santa Catarina era tão intenso que Vieira da Rosa, comandante daquele batalhão, chegou a presidir a Federação Catarinense de Desportos, durante alguns períodos, entre as décadas de 1940 e 1950. Essas equipes participavam desde competições estaduais até nacionais, geralmente entre instituições militares do Exército Brasileiro, da Força Aérea Brasileira, da Marinha do Brasil e da Polícia Militar de Santa Catarina, além de instituições civis como as Associações Atléticas do Clube Paula Ramos, Martinelli (remo) Lyra Tênis Clube, entre outras. Sem falar das olimpíadas internas, como a de abril de 1949, realizada no Estádio Nilo Chaves Teixeira e em quadras do próprio 14 BC, em que constavam as seguintes modalidades: voleibol, basquetebol, futebol, esgrima (oficiais), tiro e atletismo. Os oficiais, subtenentes e sargentos competiam nas seguintes provas: 200 metros, 1.500 metros, salto em distância e arremesso de dardos e discos. Já os cabos e soldados competiam nas provas de 100 metros, 400 metros, 800 metros e 3 mil metros, salto em altura e a distância, arremesso de peso, dardo e revezamento 4 x 100.

Como vimos, as práticas de atividades físicas e de exercícios físicos eram amplamente estimuladas no 14 BC. Já diz o velho ditado: "Treino árduo, combate fácil". Seguramente, o excelente condicionamento físico e técnico de grande parte dos homens que faziam parte do efetivo do 14 BC contribuiu para o bom desempenho nas diversas missões que lhes foram atribuídas ao longo dos anos, entre elas a dramática missão do Cambirela, em junho de 1949.

Entre os dias 10 e 12 de maio de 1944, 214 praças, oriundos de diversas cidades de Santa Catarina, despediram-se de seus familiares no quartel do 14 BC, no Estreito, para embarcar rumo ao Rio de Janeiro, onde se encontrariam com milhares de outros jovens brasileiros, provenientes de diversos estados do Brasil. Por fim, todos foram enviados à Europa, onde somaram forças com os aliados (Estados Unidos, Inglaterra e União Soviética), em combates na Itália, travados contra países do Eixo (Alemanha, Itália e Japão).

A participação da Força Expedicionária Brasileira na Itália foi vitoriosa, uma vez que em 1944 os militares brasileiros participaram da ocupação de Massarosa, da tomada de Camaiore, da queda de Monte Prano; e, no início de 1945, da conquista de Monte Castelo, Castelnuovo e Montese (coincidentemente, a participação da FEB em território italiano deu-se praticamente em terreno montanhoso), finalizando com a capitulação do último corpo do Exército Alemão.

A vitória teve um preço alto. Dos 25.334[351] brasileiros que formaram a FEB, 454 homens pereceram e foram sepultados no Cemitério de Pistoia, Itália — destes, 30 pertenciam ao efetivo do 14 BC, entre eles o soldado Arnoldo Raulino, que é considerado um herói de guerra e que tem uma estátua em sua homenagem no pátio de formaturas do 63º BI – Batalhão Fernando Machado.

No dia 5 de outubro de 1946, o Douglas C-47B da USAAF, comandado pelo 1º tenente-aviador Ralph D. Cacter, aterrissou no Aeroporto do Destacamento da Base Aérea de Florianópolis trazendo a bordo o general Charles Hunter Gerhardt — homem que comandou o desembarque da 29ª Divisão de Infantaria na Normandia, no "Dia D", em 6 de junho de 1944 — acompanhado de uma comitiva formada por 20 oficiais do Exército Norte-Americano, além do tenente-coronel Júlio de Morais, representando o Exército Brasileiro. Após a Segunda Guerra Mundial, o general Gerhardt foi designado para comandar a "Seção Terrestre da Delegação Norte-Americana" da Comissão Militar mista Brasil-Estados Unidos. A convite do general Góis Monteiro, o general Gerhardt visitava algumas guarnições militares de norte a sul do país. A ideia era reorganizar o Exército Brasileiro nos moldes do Exército Norte-Americano. No Quartel do Estreito, o general Gerhardt foi recebido com honras militares, visitou as instalações do 14 BC e conheceu alguns dos soldados que fizeram parte da Força Expedicionária Brasileira na Campanha da Itália. Após discursar, o general do Exército Norte-Americano passou a tropa do 14 BC em revista e conheceu as instalações do recém-inaugurado Estádio Tenente-Coronel Nilo Chaves Teixeira[352]. No mesmo dia, o general Gerhardt comunicou, por meio de rádio, ao general-comandante da 5ª Região Militar o seguinte — de Florianópolis, em 05/05/1946, n.º 27:

---

[351] Somado o efetivo da FAB, o total de brasileiros combatendo na Europa chegou a 26 mil homens.

[352] Inaugurado em 3 de outubro 1946, o estádio recebeu o nome de seu principal idealizador.

> Foi para mim e minha comitiva grande prazer visitar o 14º
> B.C. sediado em Florianópolis. Na minha opinião, essa uni-
> dade sob o comando V. Excia, possui ótimo espírito de corpo
> e elevado padrão disciplinar. Queira V. Excia aceitar meus
> sinceros cumprimentos pessoais. Cordialmente[353].

Essa mensagem orgulhou tanto a corporação que, posteriormente, uma parte dela foi fixada como uma dística em letras de bronze no alto da fachada do pavilhão do rancho, e por lá permaneceu até 1973:

"O 14º BC possui elevado espírito de corpo e elevado padrão disciplinar"

Apesar das deficiências de recursos, o quartel do 14 BC, no Estreito, era apontado como uma unidade-modelo quanto à disciplina, à coesão, à instrução e à administração. Naquele momento, o batalhão possuía quatro companhias: a 1ª Cia.; a 2ª Cia. — temporariamente dissolvida em 1º de janeiro de 1949 —; a Companhia de Comando e Serviços (a cia. mais numerosa do 14 BC); e a Companhia de Metralhadoras e Morteiros[354], a qual contava com uma enfermaria veterinária e baias ocupadas por cavalos e muares (mulas e burros), que eram utilizados para tração e para montaria. Com o passar dos anos, esses equinos foram dando lugar a viaturas motorizadas e a carros de combate.

Alguns dias depois da passagem do general Gerhardt e sua comitiva pelo 14 BC, no Estreito, o tenente-coronel Nilo Chaves Teixeira, então comandante do 14 BC, recebeu o seguinte telegrama:

> US Army Section Ground - Joint Brazil - United States Military Comission. Rio de Janeiro. 7 October 1946. Refer to Indicate Section, U.S. Navy Section. Air Secretariat. Appo 676 c/o Section Postmaster. Miami Florida. – Caro Cel. Teixeira. Meu mais profundo apreço pela oportunidade de ter visitado sua magnífica unidade e de ter gozado a sua hospitalidade. Em minha opinião, V.S. é um comandante notável, e dirige um Batalhão de Alta Classe. Os seus standards são os melhores. Satisfez-me particularmente a oportunidade de apreciar uma pequena competição atlética e me congratulo com V.S. pela vitória de sua equipe. Asseguro-lhe que foi-nos

---

[353] O ESTADO, n. 9863, 23 out. 1946. p. 2.

[354] Posteriormente passaria a se chamar Companhia de Petrechos Pesados.

proveitosa a visita ao seu comando. Sinceramente, de V.S.
(a) C.H. Gerhardt, Gen. Brigada do Exército Americano.[355]

Charles Hunter Gerhardt nasceu em 6 de junho de 1895 e formou-se na Academia de West Point, em 1917. Serviu na 89ª Divisão até o fim da Primeira Guerra Mundial. Mais tarde, esteve nas 8ª, 11ª e 14ª Divisões de Cavalaria. Também serviu nas Filipinas. Durante a Segunda Guerra Mundial, comandou a 29ª Infantaria durante toda a Campanha na Europa. Após 27 anos de serviços prestados, aposentou-se do Exército Norte-Americano, em 1952. Recebeu a Medalha de Serviço Distinto e a Estrela de Prata. Faleceu na Flórida, EUA, em 9 de outubro de 1976, aos 81 anos.

A história do general Charles H. Gerhardt e do avião Douglas C-47 estão interligadas com a história do 14 BC. Por uma incrível coincidência, o general Gerhardt nasceu no mesmo dia e mês (6 de junho) em que comandou o desembarque na Normandia, durante o "Dia D", operação essa que contou com a participação maciça de centenas de aviões Douglas C-47. Curiosamente, foi também no dia 6 de junho que ocorreu a tragédia com um Douglas C-47 2023, no Morro do Cambirela. Incríveis coincidências!

Em 14 de novembro de 1972, o 14º Batalhão de Caçadores foi transformado em 63º Batalhão de Infantaria[356]. Segundo José Amaro Quint[357], os recrutas que incorporaram em janeiro de 1973 foram incluídos no efetivo do 14 BC e, em fevereiro do mesmo ano, foram excluídos do 14 BC e incluídos no 63º BI, ou seja, esse seleto grupo de militares teve a honra de integrar dois diferentes batalhões em praticamente um mesmo período.

Em 1986, o 63º BI recebeu a denominação histórica de Batalhão "Fernando Machado", em homenagem a esse herói militar brasileiro, nascido na Ilha de Santa Catarina, que, com seus feitos de bravura na Guerra da Tríplice Aliança, dedicou o bem mais precioso — sua vida — em prol da Pátria.

Em 23 de outubro de 2019 (data que coincide com o Dia do Aviador), o 63º BI, Batalhão Fernando Machado, realizou grande solenidade que marcou a passagem do 226º aniversário do batalhão e o centenário[358] da

---

[355] O ESTADO, 26 de outubro de 1936, n. 09.863, p. 2.

[356] SOARES, Iaponan (org.). *Estreito*: vida e memória. 2. ed. Florianópolis: Lunardelli, 1991. p. 96.

[357] Ex-militar do 63º BI e pesquisador.

[358] O ano de 2019 marcou também os 150 anos do Hospital de Guarnição de Florianópolis (1869), o centenário da passagem do primeiro avião por Santa Catarina, pilotado pelo tenente Antônio Locatelli (set. 1919), e dos 70 anos da tragédia aérea do Cambirela.

chegada do 14 BC (posteriormente 63º BI) a Florianópolis. Na ocasião, foi realizado o lançamento do selo comemorativo no salão de honra do 63º BI e inauguração da Praça "Centenário". Emocionado, o comandante do 63º BI, coronel Jaques Flório Simplício, leu um belo discurso que enalteceu os feitos do batalhão, desde os seus primórdios até os dias atuais, como a participação do Batalhão na Revolução Paulista de 1924; reverenciou os 214 militares que partiram do Quartel do Estreito para defender os ideais democráticos nos campos da Itália, e lembrou que o 14 BC atuou em momentos difíceis, como o desastre do avião C-47 2023 da FAB, que se chocou em junho de 1949 contra o Morro do Cambirela, ceifando 28 vidas. Em seu discurso, disse, emocionado:

> *Coube a esta unidade a árdua missão de resgatar corpos. Militares como o Tenente Fajardo, o Aspirante Capela e o Sargento Pompilio, que embora exaustos, famintos e sedentos, persistiram firmemente no cumprimento da missão.*

10.3 OS HERÓIS DA VIDA REAL

Uma vez que as autoridades lançaram o pedido de socorro para localizar e resgatar as vítimas do desastre aéreo no Morro do Cambirela, coube ao 14 BC, por meio de seu então digníssimo comandante, o tenente-coronel Paulo Gonçalves Weber Vieira da Rosa, com o comandante da Base Aérea de Florianópolis, o capitão Raphael Leocádio, liderar a força-tarefa formada pelos militares do 5º Distrito Naval, pela Polícia Militar e pelo Corpo de Bombeiros de Santa Catarina, além da participação voluntária de vários civis. Esses homens, que se empenharam com afinco no cumprimento do dever, enfrentaram inúmeras adversidades, como frio e fome; mesmo assim, foram incansáveis até o fim da missão, merecendo, portanto, lugar de destaque neste livro. Eles não se deixaram abater pela comoção e pela tristeza. Persistiram, pois muito maior era o sentimento de comprometimento com o próximo.

Eu ansiava conhecer as histórias desses heróis contadas por eles mesmos, os principais protagonistas em pessoa. Infelizmente, muitos desses homens, militares ou civis, já não se encontram mais entre nós. Descobrir os ainda vivos foi uma tarefa difícil, e achar quem estivesse lúcido, gozando de boa saúde e disponível para ser entrevistado foi mais complicado ainda. Quando não foi possível conversar com os verdadeiros protagonistas desta história, fosse porque já eram falecidos, fosse por qualquer outro motivo, eu recorria aos familiares; entretanto, houve alguns casos de parentes que não quiseram fornecer informações, pelo simples fato de que esse assunto lhes trazia amargas lembranças, situação perfeitamente compreensível. Afortunadamente, houve também familiares que estavam dispostos a contribuir com este resgate histórico e perpetuar a história de seus antepassados. Foram estes que me forneceram boa parte das informações com base nas histórias que ouviram de pais, tios, avós, ao longo dos anos, além de documentos, fotografias etc.

Entre os grandes protagonistas desta história está Paulo Vieira da Rosa, nascido em Pedras Grandes/SC, no dia 10 de janeiro de 1898, filho do general de Divisão José Vieira da Rosa (1869-1957), militar que, quando capitão, atuou com destaque na Batalha do Taquaruçu (1914) e Caraguatá durante a Guerra do Contestado (1912-1916), e de Júlia Bárbara Weber Vieira da Rosa. O tenente-coronel Paulo teve três irmãos, Aldo Weber Vieira da Rosa, Aracy Vieira da Rosa e Julita Vieira da Rosa. Em 3 de dezembro de 1932, Vieira da Rosa casou-se com Atíllia Tolentino de

Souza (Tilinha). Desse matrimônio nasceram seis filhos: Ceci, Stella, Iza, Alice, José e Paulo Vieira da Rosa.

Paulo Gonçalves Weber Vieira da Rosa, ou simplesmente Vieira da Rosa, iniciou carreira militar em 1918 como soldado no 14º Batalhão de Infantaria – 5º RI. Ingressou na Escola Militar servindo na 4ª Cia. de Estabelecimento, pré-requisito necessário para o ingresso na Escola Militar do Rio de Janeiro, no Realengo. Segundo Ceci Vieira da Rosa Ulyssea, seu pai ocupou vários comandos militares no Nordeste e no Sudeste, sobretudo em São Paulo, prestando inestimáveis serviços à Nação. Por esse motivo, havia recebido uma promessa do Estado Maior do Exército de que, quando surgisse uma vaga para o Comando no 14 BC em Florianópolis — cidade onde Paulo Vieira da Rosa já tinha suas raízes —, seria transferido. Pelo Decreto de 29 de julho de 1948, o tenente-coronel Paulo Vieira da Rosa foi nomeado comandante do 14 BC e da Guarnição Militar de Florianópolis. Em agosto de 1948, o comandante mudou-se definitivamente para a capital catarinense com esposa e quatro filhas. Vieram todos para a capital a bordo de um dos tantos C-47s da FAB que faziam escalas regulares em Florianópolis a serviço do Correio Aéreo Nacional. Aqui, Paulo Vieira da Rosa assumiu em 16 de agosto de 1948 o Comando do 14 BC e da Guarnição Militar de Florianópolis, permanecendo no cargo até agosto de 1951. Nesse período, o 14 BC foi considerado um batalhão-modelo na região. Em agosto de 1948, foi agraciado com a Medalha de Guerra, entregue aos oficiais da ativa e da Reserva do Exército Brasileiro, por ter cooperado no esforço de guerra no Brasil. Além disso, em 1948, foi eleito presidente de Honra do Clube Atlético Catarinense.

Foi no dia 7 de junho de 1949 que o então tenente-coronel Paulo Gonçalves Weber Vieira da Rosa, comandante do 14 BC, escalou o Morro do Cambirela com seus homens para a dura missão de liderar a operação de buscas e resgate das vítimas do desastre aéreo, missão esta que durou quatro dias. Três meses depois do desastre, no dia 7 de setembro de 1949, a Federação Catarinense de Desportos homenageou o comandante do 14 BC com a Taça Tenente-Coronel Paulo Gonçalves Weber Vieira da Rosa, na disputa de um amistoso intermunicipal entre o Figueirense Futebol Clube, de Florianópolis, e o Grêmio Esportivo Olímpico, de Blumenau. O amistoso foi disputado no Estádio Adolfo Konder. Após um jogo disputadíssimo, o Figueirense foi o vencedor. O placar foi Figueirense 4 x Grêmio Esportivo Olímpico 3.

Em 1953, foi promovido a coronel e adido militar na 16ª Circunscrição de Serviço Militar de Florianópolis. Em 23 de julho do mesmo ano, passou à Reserva remunerada do Exército Brasileiro como general de Brigada. Foi presidente da Federação Catarinense de Desportos em 1948 e presidente do Clube Doze de Agosto (1953-1957).

Na vida civil, foi nomeado prefeito de Florianópolis, de 13 de outubro de 1964 a 30 de janeiro de 1966. Para marcar o fim do seu mandato na Prefeitura Municipal de Florianópolis, realizou o concurso Uma Canção para Florianópolis, no qual foi eleita a bela canção — hino da cidade — "O rancho do amor à Ilha", do poeta Cláudio Alvim Barbosa (Zininho). Paulo Vieira da Rosa exerceu o cargo de secretário de Segurança Pública (1966-1971), foi membro do Conselho Estadual de Cultura (1971-1975) e chefe do Escritório Regional da Sudesul (1972-1983). Gostava de música, era poeta e escritor, publicou a obra *Anhatomirim, a Ilha redimida*, pois foi ali na ilha que viveu alguns anos, quando seu pai, o então capitão José Vieira da Rosa, foi comandante. Também foi autor do livro *O Clube Doze de Agosto e sua história*. Foi membro do Instituto Histórico e Geográfico de Santa Catarina e da Academia Catarinense de Letras, ocupando a Cadeira n.º 6.

Além do C-47 2023, curiosamente outro avião da FAB deixaria marcas na vida de Paulo Vieira da Rosa. Às 10h 30min do dia 28 de novembro de 1961, na cidade de Florianópolis, durante uma solenidade em homenagem aos formandos do Curso de Formação de Oficiais da Polícia Militar de Santa Catarina, quatro aviões North American AT-6 Texan (conhecidos popularmente por T-6 ou Tê-meia) da Esquadrilha da Fumaça faziam evoluções sobre a cidade. Ao realizarem a manobra denominada "trevo", o avião de matrícula FAB 1336, pilotado pelo capitão Durval Pinto Trindade, 27 anos, colidiu contra outro avião da esquadrilha, pilotado pelo tenente Oton Monteiro, e, mesmo com um rombo de aproximadamente 50 centímetros na asa, conseguiu pousar no Aeroporto de Florianópolis, enquanto o capitão Durval lutava com o seu T-6 para que o aparelho não caísse sobre a multidão. Em seguida, acabou atingindo violentamente o solo do Largo Benjamim Constant e foi projetado contra a fachada e lateral da casa do então general Vieira da Rosa. Segue a descrição do acidente feita pelo próprio general:

> Ao bater no chão, abrindo forte sulco, o avião saltou e arrancou um banco e uma árvore. Passou a dez metros mais ou menos do varandado da minha casa ante os olhos horrorizados de minha esposa, filhos e netos, que dali assistiam às evoluções do trevo acrobático...[359]

---

[359] Anotações pessoais do General Paulo G. W. Vieira da Rosa. Florianópolis, dez. 1961.

O capitão Durval Pinto Trindade, 27 anos, faleceu no local. Foi a primeira morte de um "fumaceiro" da Esquadrilha da Fumaça em Santa Catarina. Quando foi pavimentado o Largo Benjamin Constant, desenharam no chão (em *petit pavê*) a rota da queda, a data e o designativo da aeronave. Por esses motivos, o local ficou conhecido como a "Praça do Avião".

O general reformado Paulo Gonçalves Weber Vieira da Rosa — personalidade que se destacou nos meios militares, sociais e esportivos, principalmente no estado de Santa Catarina — faleceu dia 22 de outubro de 1988, aos 90 anos, em Florianópolis. Ele figura atualmente na galeria dos comandantes notáveis no salão de honra do 14 BC, no quartel do 63º BI.

É sabido que a base de uma força militar são os soldados, os quais são considerados "pau para toda obra", e no Morro do Cambirela não foi diferente. Tive a oportunidade de conhecer pessoalmente dois desses soldados. O primeiro foi Waldir Weiss, o soldado de Saúde/padioleiro. Waldir Weiss, filho de João Carlos Guilherme Weiss e de Paulina Emily Schütz Weiss, nasceu em 16 de fevereiro de 1930, no distrito de Taquaras, em Rancho Queimado/SC. Na juventude, Waldir ajudava os pais na pequena lavoura da família, mas seu sonho, assim como o da maioria dos jovens daquela idade, era servir no Exército Brasileiro. Na manhã do dia 25 de janeiro de 1949, o jovem Waldir Weiss, então com 19 anos de idade, foi incorporado na 1ª Turma de alistados de 1949 do 14 BC, do Estreito, e matriculado no curso de Soldado Padioleiro, recebendo o n.º 930. Alguns dias após a incorporação, o jovem Waldir Weiss foi convocado para servir junto a alguns de seus companheiros no Rio de Janeiro.

Em uma manhã quente de verão, quando já estava prestes a embarcar no ônibus que o levaria para a capital federal, Waldir Weiss começou a se sentir incomodado. Um pequeno abscesso em uma de suas nádegas certamente transformaria a longa e demorada viagem por terra em uma tortura. Meio a contragosto, Waldir chamou o sargento-enfermeiro Pompilio e explicou-lhe a situação. Foi então encaminhado à enfermaria do batalhão, onde foi examinado pelo próprio sargento Pompilio. Logo foi constatado que o jovem soldado não poderia seguir viagem naquela condição. Sargento Pompilio procurou, então, o comandante Paulo Vieira da Rosa, que decidiu que o soldado Waldir Weiss não mais viajaria para o Rio de Janeiro. Ele permaneceria para servir no Quartel do Estreito.

Em 8 de março do mesmo ano, Waldir foi incluído na Companhia de Metralhadora e Morteiros como soldado n.º 930, e matriculado no curso de Saúde. Apesar de ser um jovem de origem humilde, cujo único ofício foi o de lavrador, seus superiores deram-lhe a oportunidade de servir na enfermaria da Formação Sanitária Regimental ou Serviço de Saúde do 14 BC. Waldir Weiss permaneceu no Exército até 23 de dezembro de 1949. Quando completou 90 anos, em 16 de fevereiro de 2020, Waldir Weiss tinha como legado familiar 8 filhos, 16 netos e 14 bisnetos.

Outro ex-soldado do 14 BC a quem tive o privilégio de conhecer foi Irineu Adolpho Brüggemann, nascido em 17 de dezembro de 1930, na pequena Santo Amaro da Imperatriz. Filho de Augusto Jorge Brüggemann e Catarina Freiberg Baumgarten Brüggemann. Antes de servir no 14 BC, Irineu foi seminarista franciscano do Seminário São João Batista de Luzerna, onde estudou por quase dez anos. Frequentou os Seminários de Blumenau e de Bom Retiro, em Santa Catarina; e em Rio Negro, no Paraná, de onde retornou com o alistamento pronto. Não queria mais ser padre.

Em 25 de janeiro de 1949, foi julgado apto para o serviço do Exército e foi designado para a 1ª Companhia. Para Irineu, ser um soldado da 1ª Cia. significava ser o "primeiro" em tudo, pois a 1ª Cia. era considerada a melhor! De 9 a 12 de maio, participou do acampamento (instrução do batalhão) na Fazenda Santo Antônio. 1º de julho, Irineu foi aprovado em primeiro lugar (em uma turma de aproximadamente 30 homens) no Curso de Cabos e Sargentos e ganhou o livro *Reminiscências da Campanha do Paraguai*, autografado por todos os oficiais, subtenentes e sargentos da 1ª Cia. Foi promovido a cabo. Antes da baixa, em dezembro, o comandante Vieira da Rosa chamou o cabo Irineu em seu gabinete e perguntou-lhe se queria seguir carreira no Exército, já que ele reunia todas as condições para tal. Além disso, Irineu dominava os idiomas latim e grego culto. Irineu aceitou, e Vieira da Rosa enviou os documentos para dar prosseguimento ao processo de reengajamento do cabo Irineu, que acabou sendo negado por ter ele um sobrenome alemão: Brüggemann. Segundo o próprio Irineu, após a Segunda Guerra Mundial, e durante muito tempo, nomes alemães não eram bem-vindos por aqui, ainda mais quando se tratava de seguir carreira militar.

Eu achava que as histórias dos soldados Waldir Weiss e de Irineu Brüggemann na missão do Cambirela eram bem interessantes, até conhecer a história de Maurino Leovegildo de Espíndola, ex-soldado n.º 702 do 14 BC, que, infelizmente, já não se encontra entre nós. Em abril de 2017, tive a oportunidade de conhecer a história de Maurino pelo relato emocionado de uma de suas filhas, Cida Espíndola, atualmente casada com o colunista

João José da Silva, fundador do jornal O *Palhocense* e grande incentivador da preservação da memória palhocense. Cida recorda com saudades dos vários momentos da infância e da adolescência em que passou ouvindo histórias contadas pelo pai, no bairro Ariríú da Formiga, no município de Palhoça. Ela lembra que, sempre que podia, Maurino chamava os filhos, apontava para o Cambirela e dizia, emocionado, que já havia estado no alto daquele morro auxiliando nas buscas e no resgate do corpo das vítimas de um avião que havia se acidentado. *"Um dia eu levo vocês lá"*, dizia ele. Em outras vezes, as histórias vinham à tona iluminadas pela luz de um lampião nas noites escuras de uma casa humilde e sem televisão. Cida lembra com nostalgia que Maurino, sua mãe, Geni de Espíndola, e seus irmãos sempre se reuniam ao redor da mesa da cozinha ou no sofá da sala para conversar. Não foram poucas vezes em que Maurino relatou emocionado tudo o que podia recordar daqueles dias difíceis nos quis permaneceu no alto do morro.

Maurino Leovegildo de Espíndola nasceu em 6 de agosto de 1927, em Palhoça/SC. Em janeiro de 1948, aos 20 anos de idade, o sétimo filho de Leovegildo de Espíndola e Jordina Amélia Espíndola mudou-se da Guarda do Cubatão para o Quartel do Estreito, com o intuito de, finalmente, realizar o seu sonho: tornar-se um militar do Exército Brasileiro. Partiu com uma pequena mochila nas costas e seguiu determinado, porém com o coração partido por ter deixado para trás a mãe sozinha com seus irmãos. O pai, Leovegildo Espíndola, havia falecido quando Maurino tinha apenas 14 anos.

Segundo Cida, durante o tempo em que serviu no 14 BC, Maurino participou de diversos exercícios tático-militares e acampamentos, exercícios esses que, como já vimos, eram frequentemente realizados no 14 BC. Ela conta também que, durante essas operações, não era raro os soldados se alimentarem de répteis (cobras, lagartos, entre outros "pratos exóticos"), atravessar rios sobre cordas, debaixo de um intenso frio de inverno, sem falar das tantas vezes que seu pai teve de dormir encharcado após o toque de recolher. De um modo ou de outro, esses rigorosos treinamentos ao qual o soldado Espíndola e seus companheiros estavam sendo submetidos preparavam-nos para o pior, pelo que estava por vir, como um prenúncio do resgate no Cambirela, uma situação real, penosa e perigosa.

Entre os familiares de militares do Exército, da Marinha e da Aeronáutica que eu tive a oportunidade de conhecer, Cida Espíndola foi a que mais me chamou a atenção, pelo fato de não só tentar manter viva a história de seu pai, mas principalmente porque descreve tudo o que consegue lembrar com grande entusiasmo, paixão e brilho nos olhos.

Maurino foi incorporado em 25 de janeiro de 1948 na CMM, logo recebeu o n.º 702 e foi transferido para a 2ª Cia., onde permaneceu até 30 de setembro de 1948 quando foi licenciado do serviço ativo do Exército e, consequentemente, excluído do serviço ativo do 14 BC, ficando considerado reservista de primeira categoria. Maurino costumava dizer: *"Todo homem, para dar valor à vida e aprender a ser homem, tem que servir no Exército"*. Por ironia do destino, nenhum dos seus quatro filhos serviu em nenhuma outra Arma. Maurino, porém, serviu, e com seus companheiros e superiores soube honrar com louvor a missão que lhes foi confiada.

Atualmente, o cidadão Maurino tem uma rua em sua homenagem, a Rua Maurino Leovegildo de Espíndola, localizada no bairro de Aririú da Formiga, na cidade de Palhoça. Alguns anos após a sua baixa no Exército, Maurino casou-se com Geni de Espíndola, e tiveram dez filhos, quatro homens e seis mulheres. Viveram juntos por 45 anos, até 7 de abril de 1994, quando Maurino faleceu, vitimado por um câncer.

As histórias da participação do tenente-coronel Vieira da Rosa e dos soldados Maurino Leovegildo de Espíndola e Waldir Weiss, bem como de outros militares do Exército Brasileiro, da Força Aérea Brasileira, da Marinha do Brasil, da Polícia e do Corpo de Bombeiros Militar de Santa Catarina na Operação Cambirela estão contadas no Capítulo 8, que versa sobre "O último Voo do C-47 2023".

Foto 31 – Militares do 14 BC, alguns dos heróis do Morro do Cambirela: (01) Maurino Leovegildo de Espíndola; (02) Waldir Weiss, (03) Irineu Adolpho Brüggemann e (04) Pedro Armando da Silva

Fonte: acervo do autor

10.4 O EFETIVO DO 14 BC EM JUNHO DE 1949

Conhecer qual era o número aproximado de homens que formavam o efetivo do 14 BC em junho de 1949 foi para mim tarefa complexa porém necessária. Mais complicado ainda foi estimar, com a maior precisão possível, quantos homens do efetivo do 14 BC participaram das tarefas de busca e resgate do corpo das vítimas do desastre aéreo do Morro do Cambirela, no período de 7 a 10 de junho de 1949.

Para chegar a um número mais próximo do real, realizei uma ampla análise documental nos arquivos do 63º BI pesquisando o livro do tombo, boletins diários, radiogramas, relatório do tenente-coronel Vieira da Rosa[360] além de relatos de testemunhas oculares que serviram no 14 BC em 1949. Minhas primeiras referências foram testemunhas oculares; depois, os depoimentos do coronel Carqueja (2º tenente na época), de Waldir Weiss e de Irineu Brüggemann (ex-soldados).

Em junho de 1949, o efetivo do 14 BC contava com aproximadamente 600 homens[361], distribuídos em três[362] companhias: 1ª Companhia, a Companhia de Comandos e Serviços e a Companhia de Metralhadoras e Morteiros. Esses números são muito próximos aos apontados na previsão de movimento de rancho do dia 27/06/1949 publicada no *Boletim Diário* n.º 138, de 27/06/1949 (p. 608), que aponta um total de 556 praças (entre sargentos, cabos e soldados), sendo 177 homens da 1ª Cia., 148 homens da CMM e 231 homens da CCS (sem contar os oficiais).

Contudo, as previsões de movimento de rancho apresentadas durante o período em que durou a operação de busca e resgate dos corpos no Morro do Cambirela e publicadas no *Boletim Diário* dos dias 7 (n.º 122, p. 122); 8 (n.º 123, p. 552) e 9 (n.º 124, p. 549) indicavam o mesmo número de praças (da 1ª Cia., da CMM e da CCS) citados em cada um desses dias: 329, sem contar os oficiais. Por que justamente em um momento tão crítico o efetivo do 14 BC havia reduzido? A resposta estava nos livros de alterações dos praças e oficiais da 1ª Cia., da CCS e da CMM do 14 BC.

Analisando o referido livro com muita atenção no período compreendido entre o dia 7 ao dia 10 de junho de 1949 (período das operações de busca e resgate dos corpos no Morro do Cambirela), percebi que diversos militares

---

[360] REVISTA DE ENGENHARIA MILITAR, ano 13, jan./fev. 1950.

[361] A 2ª Cia. havia sido temporariamente suspensa em 1º de janeiro de 1949.

[362] Relatos obtidos entre junho de 2018 e janeiro de 2020.

se encontravam em férias, com dispensa médica, baixados, em instrução, detidos, presos (entre outros). Ao verificar os militares que se encontravam ATIVOS, ou seja, em condições de servir no referido período (7 a 10 de junho), pude contabilizar 288 homens, sendo: 2 oficiais superiores (1 tenente-coronel e 1 major, comandante e subcomandante, respectivamente); 5 oficiais intermediários (5 capitães), 16 oficiais subalternos (8 primeiros-tenentes, 5 segundos-tenentes e 3 aspirantes a oficial) e 288 graduados (5 subtenentes, 9 primeiros-sargentos, 20 segundos-sargentos, 46 terceiros-sargentos, 29 cabos e 179 soldados). Esses números estão próximos aos apresentados nas previsões de rancho no período de 7 a 9 de junho citados. Em suma, com base na análise dos documentos anteriormente citados, concluí que, apesar de o 14 BC contar com um efetivo aproximado de 600 homens, tudo indica que, no referenciado período, o 14 BC contava com, talvez, no máximo 300 homens ativos, ou seja, 50% do seu efetivo.

Na manhã de quarta-feira do dia 8 de junho de 1949, o então subcomandante do 14 BC, major Álvaro Veiga Lima, enviou em caráter de urgência um radiograma para o general Newton Estilac Leal, comandante da 5ª Região Militar e da 5ª Divisão de Infantaria, em que, entre outros assuntos, comunicava:

> [...] informo providência incontinente tomadas pessoalmente pelo próprio Coronel, Comandante do 14 BC, cujos elementos foram os primeiros a localizar o avião sinistrado. Corpos das vítimas localizados ontem cerca das 15 horas em local de dificílimo acesso, ainda hoje não transportados apesar de empregados cerca de dois terços do nosso efetivo[363].

Se considerarmos então que, no período de 7 a 10 de junho, o 14 BC contava com cerca de 300 homens no efetivo ativo, dois terços desse valor representam um total de aproximadamente 200 homens (empregados até o dia 08/06, conforme radiograma enviado ao general Estilac Leal). Isso explica por que o Comando do 14 BC precisou contar com a valiosa ajuda dos efetivos militares do DBAFL, da Marinha, da PMSC e do CBMSC, além de instituições civis tais como: SNM, Prefeitura de Florianópolis, voluntários do Pe. Itamar, da Catedral Metropolitana de Florianópolis, bem como tantos outros civis, como os caçadores e mateiros das comunidades do entorno do Morro do Cambirela, principalmente no terceiro dia de resgate dos corpos (dia 9), quando, sentindo-se pressionado pelos familiares das vítimas, pelas autoridades e, sobretudo, pela opinião pública, Vieira da

---

[363] Trecho do radiograma publicado no *Boletim Diário* n.º 126, de 13 jun. 1949, p. 562, grifo meu.

Rosa pensou em acionar os efetivos do 1º/23º Regimento de Infantaria de Blumenau ou os efetivos do 13º Batalhão de Infantaria de Joinville, o que não se deu basicamente por questões logísticas e pela escassez do tempo.

O que se sabe, com base nos dados amplamente citados nos jornais da época, é que o comandante do 14 BC fez a primeira investida no Morro do Cambirela com uma leva aproximada de 80 homens (somente do 14 BC), contudo, ao perceber a imensa complexidade e o elevado grau de exigência que a missão disporia, Vieira da Rosa solicitou reforços em caráter emergencial. Ao longo dos quatro dias da "Operação Cambirela", aproximadamente 630 homens (entre militares do Exército, Aeronáutica, Marinha, Polícia Militar e Corpo de Bombeiros, além, é claro, dos civis) estiveram envolvidos diretamente com o resgate dos corpos, sem falar dos militares que auxiliaram de forma indireta permanecendo nos quartéis do 14 BC, Base Aérea de Florianópolis, Marinha, Polícia e Bombeiros Militar de Santa Catarina, ocupando-se de serviços essenciais como os de rancho (alimentação), saúde (enfermaria e farmácia) almoxarifado, administrativo e, claro, guarda.

Para se ter uma ideia, a escala de serviço do 14 BC em um dia normal contava com, pelo menos, 31 militares, a saber: 1 oficial de dia, 1 sargento adjunto, 1 sargento-comandante da guarda, 1 cabo da guarda, 3 soldados da guarda do quartel, 3 soldados de reforço da guarda do quartel, 1 soldado corneteiro de piquete, 1 cabo corneteiro, 2 soldados para as cavalariças (guarda e faxina), 1 soldado-enfermeiro, 1 soldado F.V.R (faxineiro), 1 cabo para o rancho, 1 soldado eletricista, 1 soldado motorista, 1 soldado-ordenança do Comando, 6 soldados para faxina pátio e setor administrativo, 1 soldado para serviço de aprovisionamento (almoxarife), 1 cabo da guarda do pavilhão, 1 soldado da sala recreação (extinta 2ª Cia.), 1 soldado (marujo) para o serviço de embarcações e 1 soldado para a garagem dos barcos. Além disso, como já vimos, essas guarnições foram reforçadas para receber as centenas de pessoas, entre familiares, amigos das vítimas do desastre aéreo bem como autoridades, imprensa e grande massa popular, que se dirigiram para o Quartel do Estreito durante os quatro dias de buscas e traslado dos corpos.

Encerro este capítulo com uma singela porém expressiva frase do capitão Jaldyr Bhering Faustino da Silva, um dos homens que participaram da força-tarefa do Cambirela, que diz: *"As páginas da história em que são exaltadas a bravura e o espírito de sacrifício dos que serviram são os depositários das maiores relíquias da existência de um povo".*

Foto 32 – Tenente-coronel Paulo G. W. Vieira da Rosa, o comandante do 14 BC

Fonte: acervo pessoal de Ceci Vieira da Rosa

Foto 33 – Militares do 14º Batalhão de Caçadores em forma, em frente ao prédio do Comando no Quartel do Estreito, na década de 1940

Fonte: Comunicação Social 63º BI

OS HERÓIS DO CAMBIRELA

Por detrás de grandes histórias, sempre existem grandes personagens. Contudo, neste caso em especial, os homens aqui citados são muito mais que meros personagens: eles são verdadeiros heróis. Heróis sem capa nem poderes especiais, mas munidos de valores humanos; patriotismo, honra, lealdade, responsabilidade, abnegação, coragem e, acima de tudo, um forte senso de solidariedade, todos atributos necessários para que pudessem superar, de forma excepcional, as provações extraordinárias às quais foram submetidos.

Após a dramática missão de busca e resgate dos respectivos corpos (de 7 a 10 de junho) das 28 vítimas do desastre aéreo ocorrido em 6 de junho de 1949, esses homens receberam o merecido reconhecimento da opinião pública e das autoridades mediante referências elogiosas publicadas nos boletins diários e nos principais jornais de Florianópolis, mas, em minha opinião, deveriam ter recebido muito mais; pelo menos uma medalha de distinção cada um.

Dos aproximadamente 600 homens (a maioria jovens, com idade entre 18 e 25 anos) que trabalharam na missão, consegui elaborar uma considerável listagem histórica citando alguns desses militares (e suas respectivas graduações), além dos civis. Isso só foi possível graças à enorme dedicação aos anos de pesquisas, bem como ao apoio de instituições militares, entre outros órgãos públicos das esferas municipal, estadual, federal e civil, que me disponibilizaram importantes documentos oficiais, e ainda das entrevistas realizadas com amigos e familiares das vítimas e dos resgatistas, incluindo, porém raramente, os próprios que participaram da operação.

A referida listagem não foi organizada por ordem de precedência (antiguidade) entre as Forças Armadas do Brasil, mas, sim, com base no número de participantes, que neste caso foi liderada pelos militares do Exército Brasileiro, representado pelos homens do 14 BC e do Hospital Militar de Florianópolis, seguida pelos militares da FAB, representados pelo DBAFL, da Baco e dos oficiais-aviadores do 2º GT do Rio de Janeiro.

A Segurança Pública de Santa Catarina foi representada pelos efetivos da PMSC e do CBMSC e da Polícia Civil. O efetivo da Marinha do Brasil foi representado por alguns poucos militares da EAMSC, 5º DN e da Capitania dos Portos. A lista inclui, ainda, nomes e cargos ligados a instituições civis como: a Igreja Católica, que convocou dezenas de "fiéis voluntários", a Prefeitura Municipal de Florianópolis, o Clube de Caça Couto Magalhães e o Serviço Nacional da Malária.

Apesar de todo o esforço, sei que essa lista não está completa, no entanto estou convencido de que, com o transcorrer dos anos, outros nomes poderão surgir (com as devidas comprovações), permitindo assim que essa lista seja atualizada e, quem sabe, até mesmo corrigida e ampliada.

A quantidade de nomes citados aqui nos dá uma dimensão da grandiosa força-tarefa de busca e resgate realizada ao longo dos quatro dias e três noites (7 a 10/06) no Morro do Cambirela. É importante deixar claro que, considerando a elevada exigência física e psicológica dessa missão, houve raríssimos casos de militares que trabalharam mais de um dia no Morro do Cambirela, a maioria dos militares e civis participou apenas um dia e foi dispensada nos demais dias, enquanto outros sofreram baixas hospitalares, sem contar os que desistiram muito antes de chegar ao alto da Escarpa da Bandeira. Isso explica a alta rotatividade de homens envolvidos na missão.

Merece destaque que muitos dos homens cujos respectivos nomes foram citados nesta lista foram homenageados em vários estados brasileiros e emprestaram seu nome, rua, praça, escola, entre outros espaços. É mais do que justo escrever no livro da nossa história algumas páginas de glória em memória a esses bravos soldados e civis. A eles a nossa sincera homenagem.

Os nomes sinalizados com dois asteriscos (**) não foram obtidos de documentos oficiais, mas, sim, de relatos de familiares ou amigos. Os nomes sinalizados com apenas um asterisco (*) dizem respeito a autoridades civis ou militares que fizeram questão de acompanhar e dirigir o andamento da missão, a distância, mediante telefonemas, telegramas, radiogramas, entre outros meios. Os nomes sem asterisco foram obtidos de fontes documentais oficiais e extraoficiais e indicam que aquelas pessoas tiveram algum tipo de envolvimento na missão, fosse no Morro do Cambirela, fosse nos seus respectivos quartéis, por intermédio dos serviços de guarda (recepção dos visitantes, familiares, autoridades, imprensa, entre outros); serviços de saúde (médicos, legistas, enfermeiros e soldados de saúde); serviço de rancho (cozinha) cerimonial (músicos, intendentes), lavanderia, almoxarifado, garagem (motoristas e mecânicos); cavalariça, entre outros. Em tempo, o emprego de civis, pessoas simples, sem treinamento militar, evidencia o desespero das autoridades em empregar o maio número de pessoas para reduzir o tempo do resgate.

Enfim, a satisfação de poder nominar alguns desses heróis, que, com o passar dos anos, tiveram seus respectivos nomes apagados da memória popular, não tem preço. Para mim, pesquisar e produzir essa relação, tirar esses homens do anonimato e prestar-lhes o devido reconhecimento e homenagem teve um significado mais do que especial.

HOMENAGEM PÓSTUMA AOS HERÓIS DO MORRO DO CAMBIRELA

Missão de busca e resgate dos corpos

7 a 10 de junho de 1949

A ordem das instituições militares e civis apresentadas na lista a seguir foi elaborada com base decrescente, ou seja, das organizações que disponibilizaram mais participantes para a que disponibilizaram menos.

EXÉRCITO BRASILEIRO

Participação: do dia 7 ao dia 10, aproximadamente 300 homens trabalharam em sistema de revezamento.

14º Batalhão de Caçadores

Companhias[364]: 1ª Companhia; Companhia de Comandos e Serviços; Companhia de Metralhadoras e Morteiros.

Oficiais-generais

Ministro de Guerra: general Canrobert Pereira da Costa*

Comandante da 5ª Região Militar e 5ª Divisão de Infantaria: general Newton Estilac Leal*

Oficiais superiores

Chefe do Estado Maior da 5ª Região Militar: coronel Oscar de Barros Falcão*

Comandante do 14 BC: tenente-coronel Paulo Gonçalves Weber Vieira da Rosa

---

[364] A 2ª Cia. estava temporariamente paralisada em 1949.

Subcomandante do 14 BC: major Álvaro Veiga Lima

Major-médico: Dr. Sérgio Fontes Jr., diretor do Hospital Militar de Florianópolis

Oficiais intermediários

Capitão Américo D'Ávila

Capitão Ayrton Capella, 1ª Cia.

Capitão Fortunato Ferraz Gominho, CMM

Capitão Henrique Klappoth Jr., CMM, ex-combatente da FEB

Capitão Jaldyr Bhering Faustino da Silva, comandante da CMM

Oficiais subalternos: primeiros-tenentes

1º tenente Antônio Carlos Lopes Gomes dos Santos, médico

1º tenente Benhour de Castro Romariz

1º tenente Caetano João Murari

1º tenente Clito Veiga, médico-dentista, HMF

1º tenente Ivan Dentice Linhares, comandante da 1ª Cia.

1º tenente Luiz Felipe da Gama Lobo D'Eça, encarregado de Comunicações

1º tenente Paulo Mendonça, CMM

1º tenente Paulo Oliveira Prates

Oficiais subalternos: segundos-tenentes

2º tenente Alberto dos Santos Lima Fajardo, comandante da 1ª Cia.

2º tenente Delso Lanter Peret Antunes, CMM

2º tenente José Figueiredo de Albuquerque, chefe do Serviço de Recreação e Religioso

2º tenente Miraldino Dias, CMM

2º tenente Murilo de Andrade Carqueja, CMM

Oficiais subalternos: aspirantes

Aspirante Ary Canguçú de <u>Mesquita</u>, 1ª Cia.
Aspirante Ari <u>Capella</u>, 1ª Cia.
Aspirante Márcio Agostinho <u>Remor</u>, 1ª Cia.

Graduados: subtenentes

Subtenente Eugênio Joaquim de <u>Freitas</u>, CCS
Subtenente José Marcos <u>Rosar</u>, CCS
Subtenente José Rodrigues <u>Huies</u>, 1ª Cia.
Subtenente Laudelino Saraiva Caldas, CMM
Subtenente João <u>Nunes</u>

Praças: primeiros-sargentos

1º sargento Bruno Mário Cechinel, n.º 4, CMM
1º sargento Floriano da Silva Vieira, n.º 68. CCS (Músico)
1º sargento José Aurélio Malta, n.º 5, CCS
1º sargento Maurílio Jerônimo dos Santos, n.º 64, CCS (músico)
1º sargento Orival Dias Batista, n.º 66, CCS (músico)
1º sargento Osni José Garcez, n.º 8, CCS (músico)
1º sargento Otemar Cruz, n.º 67, CCS (músico)
1º sargento Raul Dias da Silva, n.º 3. 1ª Cia. (ilustrador)
1º sargento Waldemar, HMF

Praças: segundos-sargentos

2º sargento Acelino <u>Assonipo</u> Cardoso, n.º 11, CMM
2º sargento Adolfo Martins, n.º 71, CCS (músico)
2º sargento Alpreste Speck, n.º 14, CMM (setor administrativo)
2º sargento Arnaldo Viana, n.º 21, CCS
2º sargento Benes Farias Neves, n.º 26, CCS (músico)

2º sargento Carlos Gandolfi, n.º 19, CCS

2º sargento Dionísio Crema, n.º 22, CCS

2º sargento Emílio Garriga Martins, n.º 13. 1ª Cia.

2º sargento Francisco Tomaz Peres, n.º 9, CCS

2º sargento João Pedro Huies, n.º 2, 1ª Cia.

2º sargento José Antônio Bento, n.º 15, CCS

2º sargento Lídio do Espírito Santo, n.º 18, CCS

2º sargento Luiz Roberto Prudêncio, n.º 17, CCS

2º sargento Manoel Francisco Tavares, n.º 20, CCS

2º sargento Mário Antônio Luiz, n.º 16, CCS (setor administrativo)

2º sargento Nereu Cruz, n.º 73, CCS (músico)

2º sargento Orlando Martins, n.º 77, CCS (músico)

2º sargento Osny Ramos Garcia, n.º 12, 1ª Cia.

2º sargento Oteral Bueno da Silva, n.º 69, CCS (músico)

2º sargento Pedro Manoel do Nascimento, CCS

Praças: terceiros-sargentos

3º sargento Agenor César da Silva, n.º 75, 1ª Cia.

3º sargento Alcindo Rosa, n.º 76, CCS (músico)

3º sargento Altamiro Silveira, n.º 78, CCS (músico)

3º sargento Antenor Correia Rocha, n.º 27

3º sargento Argemiro Machado Vieira, n.º 33, CCS

3º sargento Ari Egídio Gil, n.º 49, CCS

3º sargento Armando Cardoso, n.º 54, 1ª Cia.

3º sargento Armando Quadros, n.º 40, CCS (rancho), ex-pracinha da FEB

3º sargento Ataliba Silva, n.º 25, CCS

3º sargento Bráz Francisco de Assis Moreira, n.º 848, 1ª Cia.

3º sargento Cyro Moreira Dias, n.º 79, CCS (músico)

3º sargento Dijalma Hipólito da Silva, n.º 56, CMM (atleta)

3º sargento Ernesto Carvalho, n.º 840, 1ª Cia. (Serviço de Recreação do 14 BC)

3º sargento Hilberto Speck, n.º 38, CMM

3º sargento Irassú da Costa Silva, n.º 42, CMM (atleta)

3º sargento Ivo Brites Ramos, n.º 62, CMM

3º sargento Ivo Manoel da Silva, n.º 862, 1ª Cia. (almoxarifado)

3º sargento Ivo Seemann, n.º 30, CCS (furriel)

3º sargento Jaime Medeiros, n.º 23, CCS

3º sargento João Corrêa de Souza Jr., n.º 61, CCS

3º sargento João Minelli, n.º 62, CCS (músico)

3º sargento Jorge Fernandes, n.º 137, CCS

3º sargento José Acácio Cardoso, n.º 52, CMM

3º sargento José Luiz, n.º 26, CCS

3º sargento José Nicolau Ouriques Filho, n.º 59, 1ª Cia.

3º sargento Lindolfo Francisco, n.º 48, CCS

3º sargento Lino Manoel de Sousa, n.º 24, CCS

3º sargento Manoel Pedro da Luz, n.º 13, 1ª Cia.

3º sargento Moacir João Dutra, n.º 53, CCS

3º sargento Nestor Miguel de Souza, n.º 35, 1ª Cia.

3º sargento Osni Jorgino da Silva, n.º 50, CCS

3º sargento Osny Alves Monteiro, n.º 43, CCS

3º sargento Osvaldo Farias, n.º 39, 1ª Cia. (tesoureiro)

3º sargento Osvaldo Hercílio de Oliveira, CCS

3º sargento Paulo Andrade, n.º 46, 1ª Cia.

3º sargento Pedro João Pereira, n.º 34, CCS

3º sargento Pompilio Ceconi Costa, n.º 44, CCS

3º sargento Raimundo Bessa, HMF

3º sargento Romalino José de Andrade, CCS

3º sargento Rubens Pedro Nascimento, n.º 37, CCS

3º sargento Sério Cambruzzi, n.º 60, 1ª Cia.

3º sargento Sílvio Caetano Marques, n.º 47, CMM

3º sargento Valmor Albino Martins, n.º 36, CCS

3º sargento Viriato Garcia, n.º 31, 1ª Cia.

3º sargento Vitor Elói de Oliveira, n.º 40, 1ª Cia.

Praças: cabos

Cabo Ajor de Souza, n.º 85, CCS (radiotelegrafista)

Cabo Alcebíades Alves de Souza, n.º 80, CMM (chefe do Grupo de Padioleiros/atleta)

Cabo Alfredo Roedel, n.º 125, CCS

Cabo Clodoaldo Amaral, n.º 141, CCS (músico)

Cabo Dário Ramos de Aguiar, n.º 144, CCS (músico)

Cabo Dinak Fidêncio da Costa, n.º 83, 1ª Cia.

Cabo Eduardo D'Andrade Silva, n.º 138, CCS

Cabo Estevão Generoso Rios, n.º 791, CCS (músico)

Cabo Harmagio Amâncio da Silva, n.º 143, CCS (músico)

Cabo Hildelfonso Dalcenter, n.º 139, CCS (músico)

Cabo Índio Machado Vieira, n.º 140, CCS (músico)

Cabo Jorge Fernandes, n.º 137, CCS (corneteiro)

Cabo José Bittencourt, n.º 93, 1ª Cia.

Cabo José Burg Jr., n.º 116, CCS

Cabo Mário José Leal, n.º 865, 1ª Cia.

Cabo Mauro Gaspar Schimitz, n.º 941, CMM

Cabo Nirival Pereira, n.º 123, CCS (atleta/atletismo)

Cabo Ocy Souza, n.º 101, CCS

Cabo Osvaldo Euclides de Freitas, n.º 864, CCS

Cabo Osvaldo Pedro da Luz, n.º 68, CCS

Cabo Osvaldo Westarb, n.º 949, CMM

Cabo Paulo Sealviu, n.º 105, 1ª Cia. (sinalizador observador)

Cabo Pedro Francisco Von Benedeck Bárdio, n.º 869, 1ª Cia.

Cabo Pedro Luiz Gomes, n.º 113, CCS

Cabo Sebastião Moreira Dias, n.º 1.028, CCS (músico)

Cabo Vidal Alves Monteiro, n.º 119, CCS

Cabo Waldir Lamarque, n.º 135, CCS (armeiro)

Praças: soldados

Soldado Achylles Spyros Diamantaras, n.º 888, 1ª Cia.

Soldado Aciole Brasher Costa, n.º 924, CMM

Soldado Adelino Anfilóquio Pires, n.º 847, 1ª Cia.

Soldado Aderbal Vicente Pereira, n.º 878, CMM

Soldado Adolfo Braud, n.º 820, CCS

Soldado Adolpho José das Chagas, n.º 971, CCS (condutor)

Soldado Aenor Demétrio de Freitas, n.º 596, 1ª Cia.

Soldado Agenor Albano, n.º 958, CMM (condutor)

Soldado Aires Luís da Silveira, n.º 948, CMM (datilógrafo)

Soldado Alberto Cipriani Bastiani, n.º 902, CCS

Soldado Alcebíades Alves de Sousa, n.º 889, CMM

Soldado Alcides Claudio Sgrott, n.º 861, 1ª Cia. (promovido a cabo em julho)

Soldado Aldo Floriani Xavier, n.º 1.017, CCS (rancho)

Soldado Alécio Olegário da Silva, n.º 890, 1ª Cia.

Soldado Alescio Martins n.º 853, CCS (rancho)

Soldado Alzerino Jose Marcelino, n.º 911, 1ª Cia.

Soldado Amadeu Fiúza de Carvalho, n.º 925, CMM (observador)

Soldado Andolfo José Linhares, n.º 871, CCS

Soldado Anildo Souza, n.º 987, CMM (motorista)

Soldado Anoraldo Borba, n.º 928, CMM (radiotelegrafista)

Soldado Antônio Avelino Martins n.º 835, CCS

Soldado Antônio Costa, n.º 998, CCS (sapateiro)

Soldado Antônio Euclides Pereira, n.º 1.020, CCS

Soldado Antônio Jacy Meneguel, n.º 881, 1ª Cia.

Soldado Antônio Luiz Pereira, n.º 1.013, CCS

Soldado Antônio Nunes Pereira, n.º 1.014, CCS (rancho)

Soldado Antônio Rosa de Matos, n.º 917, 1ª Cia. (motorista)

Soldado Ari Alves de Moura, n.º 1.023, CCS

Soldado Ari Herculano da Cruz, n.º 965, CMM

Soldado Armando Vieira Freitas, n.º 919, 1ª Cia.

Soldado Artur Borgonovo, n.º 907, 1ª Cia.

Soldado Artur Moura Ramos, n.º 1.012, CCS

Soldado Ary José Coelho, n.º 931, CMM (padioleiro)

Soldado Áureo Tomé de Sousa, n.º 1.004, CCS (rancho)

Soldado Ayres Rosa, n.º 936, CMM (telefonista)

Soldado Benjamim Jacob Briok, n.º 956, 1ª Cia.

Soldado Bento Benjamin Rosa, n.º 854, CCS (padioleiro)

Soldado Bruno Augustinho Schmidt, n.º 954, CMM (condutor)

Soldado Candido Macedo Lopes, n.º 981, CCS (atleta)

Soldado Carlos Cordeiro, n.º 887, 1ª Cia.

Soldado Carlos Ferreira, n.º 963, 1ª Cia. (sapador)

Soldado Carlos Jose Barbosa n.º 856, 1ª Cia. (condutor)

Soldado Carlos Silva do Lago, n.º 886, 1ª Cia.

Soldado Celso Antunes da Silva, n.º 921, CCS (ferrador)

Soldado Clóvis Goss, n.º 980, CCS

Soldado Cristiano Amaro, n.º 967, 1ª Cia.

Soldado Dacy Farias, n.º 923, CMM (observador)

Soldado Deoli Becker, n.º 984, CCS (armeiro)

Soldado Durismundo Pinto de Barros Filho, n.º 990, CCS

Soldado Dylceu Testi Maia, n.º 870, CCS

Soldado Edézio José de Oliveira, n.º 1.000, CCS

Soldado Edolino Vicente de Souza, n.º 970, CCS (condutor)

Soldado Ênio Moscato Chiochetta, n.º 1.025, CMM (datilografista)

Soldado Ernani Maffezolli, n.º 897, CCS (carpinteiro)

Soldado Evandro Moura, n.º 940, CMM (datilógrafo)

Soldado Francisco Bonin, n.º 899, CMM (sinaleiro-observador)

Soldado Francisco João da Silva, n.º 975, CMM (tambor-corneteiro)

Soldado Francisco Xavier da Silva, n.º 851, CCS (pedreiro)

Soldado Getúlio de Brito Andrade, n.º 885, 1ª Cia.

Soldado Guilhermino Pereira, n.º 900, 1ª Cia.

Soldado Hélio Acelino Sant'Ana, n.º 991, CCS (fileira)

Soldado Henrique Jensen Jr., n.º 1.024, CMM (sinalizador-observador)

Soldado Henrique Pacheco, n.º 953, CMM (condutor)

Soldado Hermínio Gonçalves, n.º 876, 1ª Cia.

Soldado Hugo Tetto, n.º 1.027, 1ª Cia. (radiotelegrafista/sinaleiro)

Soldado Hugolino Prá, n.º 866, CCS

Soldado Hylvio Correa Garcia, n.º 884, 1ª Cia.

Soldado Inácio Raimundo de Oliveira Rosa, n.º 1.005, CCS (rancho)

Soldado Inocêncio Chaves de Souza, n.º 874, CMM (telefonista)

Soldado Irineu Adolpho <u>Brüggemann</u>, n.º 867, 1ª Cia.

Soldado Ivannei Lobo Montenegro, n.º 1.007, CMM. (radiotelegrafista)

Soldado Ivo Manoel da Silva, n.º 862, 1ª Cia. (almoxarifado)

Soldado Ivo Pereira, n.º 906, CMM (telefonista)

Soldado Ivonei Ramos da Costa, n.º 1.018, 1ª Cia. (ordenança)

Soldado Jair Fontão, n.º 973, CMM (motorista)

Soldado Jerônimo Juvenal de Souza, n.º 939, CMM (telefonista)

Soldado João Batista Paes Branco, n.º 895, CMM (tambor-corneteiro)

Soldado João Berteli, n.º 993, CCS

Soldado João Carlos Carsten, n.º 1.011, CCS

Soldado João da Rocha Melo, n.º 1.009, 1ª Cia.

Soldado João dos Passos Abreu, n.º 994, CCS

Soldado José Alencar da Silva, n.º 879, 1ª Cia.

Soldado José Brito de Freitas, n.º 843, CMM (ordenança)

Soldado José Calazans dos Santos, n.º 926, CMM (radiotelegrafista)

Soldado José de Oliveira Rosa, n.º 896, 1ª Cia. (sapador)

Soldado José do Nascimento Goulart, n.º 977, CCS

Soldado José Elias Simas, n.º 873, CCS

Soldado José Leôncio Martins, n.º 983, CCS

Soldado José Manoel de Oliveira, n.º 883, 1ª Cia. (ordenança do subcomandante)

Soldado José Maria Alves, n.º 1.021, CCS (armeiro)

Soldado José Maria Gomes, n.º 1.015, CCS

Soldado José Maria Muniz, n.º 844, CCS

Soldado José Martins Rocha, n.º 355, 1ª Cia.

Soldado José Peres da Silveira, n.º 875, 1ª Cia.

Soldado José Teixeira de Oliveira, n.º 852, CCS

Soldado José Vicente da Silva, n.º 942, CMM (datilógrafo)

Soldado Júlio Rubik, n.º 1.026, 1ª Cia.

Soldado Juracy Livino Clemer, n.º 996, CCS (sapateiro)

Soldado Laercio Vieira de Córdova, n.º 918, CCS (bombeiro)

Soldado Laudelino Belmiro da Silva, n.º 912, 1ª Cia.

Soldado Lealdino Bernardo dos Santos, n.º 842, CMM

Soldado Lindomar Passos de Farias, n.º 1.003, CCS (rancho)

Soldado Lineu Muniz, n.º 945, 1ª Cia. (soldado de fileira)

Soldado Longino de Castro, n.º 910, 1ª Cia.

Soldado Lourival Uller, n.º 985, CCS (armeiro)

Soldado Luiz de Souza Corrêa, n.º 947, CMM (datilógrafo)

Soldado Luiz Manerich, n.º 872, CMM (sinaleiro-observador)

Soldado Manoel Archanjo Garbelotti, n.º 868, CCS

Soldado Manoel Baptista de Arruda, n.º 892, CMM

Soldado Manoel de Moraes Borges, n.º 905, 1ª Cia.

Soldado Manoel Esperândio, n.º 995, 1ª Cia.

Soldado Manoel Francisco Martins, n.º 914, CMM (área da Saúde)

Soldado Manoel Hilário Francisco, n.º 846, CCS

Soldado Manoel José Felix, n.º 999, CCS (seleiro-correeiro)

Soldado Manoel Marcelino Dias, n.º 937, 1ª Cia.

Soldado Marçal Melo Filho, n.º 944, CMM (datilógrafo)

Soldado Mário dos Santos Canhola, n.º 989, CCS

Soldado Mário José Leal, n.º 865, 1ª Cia.

Soldado Mauro Gaspar Schmitz, n.º 941, CMM (datilógrafo)

Soldado Maurino Leovegildo de Espíndola, n.º 702, ex-soldado da 2ª Cia./1948

Soldado Miguel João dos Santos, n.º 978, CCS (ferrador)

Soldado Moisés José de Almeida, n.º 920, 1ª Cia.

Soldado Narciso Corrêa, n.º 968, CCS (condutor/padioleiro)

Soldado Nardir João Luiz, n.º 950, 1ª Cia. (ordenança do comandante da 1ª Cia.)

Soldado Nelson Bernardo de Córdova, n.º 916, CCS

Soldado Nelson Miguel da Costa, n.º 938, CMM (telefonista)

Soldado Nelson Vicente de Sousa, n.º 1.001, CCS

Soldado Nereu Alves de Moura, n.º 1.006, CCS (rancho)

Soldado Neri João José da Rosa, n.º 1.008, 1ª Cia.

Soldado Nestor dos Santos, n.º 964, CCS

Soldado Nilo José Bogart, n.º 898, CMM (observador)

Soldado Nilton Leo Gonçalves, n.º 929, CMM (radiotelegrafista)

Soldado Nilvo Weingartner, n.º 952, CCS (rancho)

Soldado Noecy Farias Guedes, n.º 969, CCS

Soldado Odail Venceslau de Araújo, n.º 922, CMM

Soldado Odilo Kretzer, n.º 979, CCS (estafeta)

Soldado Olíndio José Nascimento, n.º 976, CCS

Soldado Omaro Santos de Oliveira, n.º 988, CCS

Soldado Onildo João Alves, n.º 943, CMM (datilógrafo)

Soldado Oscar Fernandes, n.º 915, CMM (observador/atleta)

Soldado Oscar Westphal, n.º 962, 1ª Cia.

Soldado Osni de Sousa, n.º 857, 1ª Cia. (condutor)

Soldado Osni Subtil de Oliveira, n.º 997, CCS

Soldado Osny Machado de Souza, n.º 946, CCS (datilógrafo)

Soldado Osvaldino Domingos, n.º 992, CCS

Soldado Osvaldo Euclides de Freitas, n.º 864, 1ª Cia.

Soldado Osvaldo Martins Jr., n.º 1.002, CMM

Soldado Osvaldo Westarb, n.º 949, CMM

Soldado Osvino Silvestre Pauli, n.º 877, 1ª Cia.

Soldado Paulo Artur Heller, n.º 860, 1ª Cia. (condutor)

Soldado Pedro Abílio da Silva, n.º 901, 1ª Cia.

Soldado Pedro Armando da Silva, n.º 951, CMM (condutor)

Soldado Pedro de Amorim, n.º 960, 1ª Cia.

Soldado Pedro dos Santos, n.º 957, CCS (rancho)

Soldado Pedro Francisco Benedeck Bárdio, n.º 869, CCS

Soldado Pedro Galdino Marcelo, n.º 909, 1ª Cia.

Soldado Pedro Manoel Mangrich, n.º 859, CCS

Soldado Pedro Paulo de Aguiar, n.º 903, CMM (sinaleiro-observador)

Soldado Protásio Pereira de Andrade, n.º 1.019, 1ª Cia. (ordenança)

Soldado Raimundo Antunes de Oliveira, n.º 904, CMM

Soldado Rainoldo Scheidt, n.º 908, 1ª Cia.

Soldado Ricardo Francisco Ferrari, n.º 880, 1ª Cia.

Soldado Romualdo Durval Borba, n.º 1.016, CCS

Soldado Rubens Cardoso Rocha, n.º 1.010, CMM (ordenança)

Soldado Rubens Rodrigues, n.º 959, 1ª Cia. (condutor)

Soldado Silvio Siegel, n.º 891, 1ª Cia.

Soldado Targino Antunes de Oliveira, n.º 88, 1ª Cia. (tambor-corneteiro)

Soldado Vacotim Rampelloti, n.º 961, 1ª Cia.

Soldado Valdemiro Pedro da Silveira, n.º 913, 1ª Cia.

Soldado Valderedo Machado Bitencurti, n.º 1.022, CCS

Soldado Valmiro Januário da Rosa, n.º 955, 1ª Cia. (manutenção)

Soldado Valmor Oliveira, n.º 986, CCS

Soldado Valter José Vilain, n.º 882, 1ª Cia.

Soldado Vitor Natividade, n.º 974, CMM (motorista)

Soldado Waldemar Domingos da Silveira, n.º 858, CMM (condutor)

Soldado Waldemar Felipe Machado, n.º 934, CCS

Soldado Waldir Furtado Godoy, n.º 972, CMM (motorista)

Soldado Waldir Weiss, n.º 930, CMM (Saúde/padioleiro)

Soldado Wilmar Nicolau, n.º 927, CMM (radiotelegrafista)

Soldado Estefano Nicolau Savas**

FORÇA AÉREA BRASILEIRA

Participação: estima-se que, do dia 7 ao dia 10, aproximadamente 130 homens da FAB trabalharam em sistema de revezamento.

Destacamento da Base Aérea de Florianópolis

2º Grupo de Transportes do Rio de Janeiro

Base Aérea de Canoas

Oficiais-generais

Ministro da Aeronáutica: tenente-brigadeiro Armando Figueira Trompowsky de Almeida*

Tenente-brigadeiro do Ar: Eduardo Gomes, Diretoria-Geral de Rotas Aéreas*

Oficiais superiores

Comandante da 5ª Zona Aérea: tenente-coronel-aviador Ernani Pedrosa Hardman*

Comandante do 2º GT: major-aviador Átila Gomes Ribeiro

Oficiais intermediários

Comandante do DBAFL: capitão-aviador Raphael Leocádio dos Santos

Capitão-aviador: Délio Jardim de Matos, 2º GT do Rio de Janeiro

Capitão-aviador: Nelson Asdrúbal Carpes

Capelão da BACO: capitão José Backes

Capelão honorário do DBAFL: capitão Alvino Bertholdo Braun

Oficiais subalternos: primeiros-tenentes

1º tenente-aviador Antônio Godofredo Aliverti

1º tenente-aviador Carlos da Costa Dantas

1º tenente-aviador Décio Leopoldo de Souza

1º tenente-intendente Eduardo de Oliveira Bastos

1º tenente-intendente Pedro Richard Neto, BACO

1º tenente-médico Antônio José Nóbrega de Oliveira

1º tenente-médico Givaldo Gomes Padilha, BACO, CAA

1º tenente-médico Tito Lívio Job, médico-legista (assinou as certidões de óbito)

1º tenente-médico Paulo de Oliveira Prates, legista de Canoas

1º tenente Saturnino Barbosa Lima

Oficiais subalternos: segundos-tenentes

2º tenente Haroldo Sauer Guimarães

2º tenente Lourenço Calandrini Coelho

2º tenente Luiz Carlos de Souza Amaral, IG

2º tenente-aviador Walter Cabrera da Costa

Oficial subalterno: aspirante

Aspirante-aviador Luiz Carlos Prestes Milward de Azevedo

Graduados: suboficiais

Suboficial José de Oliveira

Suboficial Timótheo Poeta

Praças: primeiros-sargentos

1º sargento Altamiro Di Bernardi

1º sargento Blunc

1º sargento Edgar Perdigão Pereira

1º sargento Feijó

1º sargento Flores

1º sargento Hélio Sarmento Salles

1º sargento José Vicente dos Santos

1º sargento Malagoli

1º sargento Otílio Alves

1º sargento Pedro da Rocha Linhares

Praças: segundos-sargentos

2º sargento Airão

2º sargento Alberti

2º sargento Almeida

2º sargento Alécio Sarti

2º sargento Euclides Canuto da Rosa

2º sargento José Procópio da Silva

2º sargento Luiz Pinheiro de Lima

2º sargento Manoel da Paixão Tourinho

2º sargento Natividade

2º sargento Orlando Amaral

2º sargento Otávio de Souza

2º sargento Pedro Ferreira Wanderley

2º sargento Porfírio Abel Apolinário

2º sargento Salomão Maria de Jesus Corrêa

2º sargento Stein

2º sargento Tolomiote

Praças: terceiros-sargentos

3º sargento Antônio Banzato

3º sargento Assis Joaquim Tabalipa (mecânico de voo)

3º sargento Ataíde Manoel Dias

3º sargento Aurélio

3º sargento Bernardini

3º sargento Botelho

3º sargento Clailton

3º sargento Clayton

3º sargento Colvara

3º sargento Conrado Coelho Costa

3º sargento Durismundo

3º sargento Esperândio

3º sargento Francisco de Paula da Silva Filho

3º sargento Gonçalo Rodrigues dos Santos

3º sargento João Dionizio Rodrigues

3º sargento João Peralta Montes

3º sargento Jorge Campos

3º sargento José Lopes Gontijo

3º sargento Júlio

3º sargento Martins

3º sargento Medeiros

3º sargento Meneghel

3º sargento Miro Mayeta

3º sargento Nacôr de Oliveira Serapião (mecânico de avião)

3º sargento Natividade

3º sargento Nelson Storck Cabral

3º sargento Pedro Martins Filho

3º sargento Santchuck

3º sargento Silva Filho

3º sargento Silvino

3º sargento Walter de Oliveira

3º sargento Daniel S. Diniz

Cabos

Cabo Alcione Sucupira

Cabo Bispo

Cabo Felisbino

Cabo Gouvêa

Cabo Hélio Emílio Gouvêa Lins

Cabo Hermenegildo
Cabo Irineu
Cabo Mílton
Cabo Moraci Gomes
Cabo Navegantes
Cabo Rafael
Cabo Rubens Fonseca
Cabo Sucupira
Cabo Zenon Rosa

Soldados de 1ª Classe

S1 Adriano
S1 Balduíno Justin
S1 João Rosa Filho
S1 José Corrêa
S1 Malagoli
S1 Manoel de Oliveira
S1 Martins
S1 Saldanha
S1 Ubirajara
S1 Veríssimo

Soldados de 2ª Classe

S2 Adolfo José Perassa
S2 Ailton Sandri
S2 Alexandre Estevam Lemasnki
S2 Almo Fraga
S2 Antoninho Santoro
S2 Antônio Lucas da Rosa
S2 Ariberto Adiers

S2 Athaídes Alves da Silva

S2 Carlos Alberto Soares

S2 Ciro Manoel Levis

S2 Dênis José Corso

S2 Elmo Lima

S2 Emires

S2 Ernani Guilherme Noikirschen

S2 Getúlio Monteiro

S2 Getúlio Motta

S2 Gonçalves Maurício Cândido

S2 Grendene

S2 Heitor Garcia Ferraz

S2 Hélio Dani

S2 Idalino Francisco da Silva**

S2 Iedo Rodrigues Assumpção

S2 João Alberto Ribeiro (radiotelegrafista)

S2 José Joaquim Brikelski

S2 Kurt Alois Endres

S2 Manoel Boaventura Marques

S2 Marcos Vinícius Codolphin

S2 Mário Aguiar Moraes

S2 Mílton Sandri

S2 Nelson da Silva

S2 Ney Waldemar de Alcântara

S2 Olavo S. Martins

S2 Plínio Gomes Goulart

S2 Ramon P. dos Santos

S2 Ramon Pereira dos Santos

S2 Santilino João Thomé

S2 Sebastião Paulino da Silva

S2 Sualpa de Nedéia Marques

S2 Waldemiro Parastchuck

S2 Wílson <u>Silva</u>
S2 Wílson <u>Natorf</u>
Taifeiro 1ª Classe Carlos Verzola**
Taifeiro 1ª Classe Jair Silva
Taifeiro 1ª Classe Júlio Durval da Rosa
Taifeiro 2ª Classe Mauro Bezerra
Taifeiro José Severiano Machado**
Civil Estevam Antônio Soares (almoxarifado)**
Civil Lauro Barbosa Fontes
Civil Pedro Ophszka
Civil Adílio Severiano Machado (manutenção**)
Eletricista civil Lauzindo Severiano Machado
Motorista civil extranumerário Acácio
Motorista civil extranumerário Orlando
Motorista civil extranumerário Procópio
Motorista civil extranumerário Abelardo
Motorista civil extranumerário João Leocádio de Melo
Motorista civil extranumerário Isidoro

SEGURANÇA PÚBLICA

Polícia Militar de Santa Catarina

Corpo de Bombeiros Militar

Participação: estima-se que, do dia 7 ao dia 10, aproximadamente 40[365] homens da PMSC e do CBM trabalharam em sistema de revezamento.

---

[365] O relatório do tenente-coronel Paulo Vieira da Rosa declara que, na sexta-feira, dia 10/06, 15 militares da Polícia Militar e do CBMSC estiveram no Morro do Cambirela, bem como no dia 7 (primeiro dia das buscas), no entanto o nome desses militares não foi citado no relatório.

Oficiais superiores

Comandante da PMSC: coronel João Cândido Alves Marinho*
Subcomandante da PMSC: tenente-coronel Antônio de Lara Ribas*
Subtenente da PMSC: José Félix Vieira
Comandante da 3ª Cia. do Batalhão de Infantaria: 1º tenente Aderbal <u>Alcântara</u>

Praças

Sargento PM Wilson Destri
Cabo PM Arlindo Rosa Peres**
Cabo PM Osmar Oliveira, n.º 77
Cabo PM Airton Tomé de Souza, n.º 377
Cabo PM Osni Adolfo Vieira, n.º 855
Cabo PM Newton Crespo, n.º 1.054
Cabo BM Oscar Farias**
Soldado PM Walmor Ribeiro Soares, n.º 166
Soldado PM Jaci Bernardes da Silva, n.º 342
Soldado PM Paulo Ardigó, n.º 351
Soldado PM Durval Gonçalves de Lins, n.º 481
Soldado PM Pedro José de Oliveira, n.º 487
Soldado PM João Sebastião da Silva, n.º 516
Soldado PM Artur Pedro da Silva, n.º 525
Soldado PM Isauro Lídio de Andrade, n.º 556
Soldado PM Joaquim Antônio da Silva, n.º 636
Soldado PM Teotônio Carpes, n.º 735
Soldado PM Otávio José da Bessa, n.º 881
Soldado PM Lauro Farias, n.º 1.055
Soldado PM Manoel Cecílio Porfírio, n.º 1.059
Soldado PM Germano Amorim**
Soldado BM Armando Firmino Cardoso**

Soldado BM Pedro Feijó, n.º 28

Soldado BM Roberto Maria de Paula, n.º 33

Soldado BM Walmor Ferreira, n.º 34

Soldado BM Válter Souto*

DELEGACIA DE POLÍCIA CIVIL

Delegado regional de Polícia: Dr. Paulo Peregrino Ferreira

Delegado do Departamento de Ordem Política e Social: tenente Dr. Timóteo Braz Moreira

Diretor do Gabinete de Identificação da Polícia Civil: médico-legista Fernando Emilio Wendhausen

Comissário João de Sousa

Comissário Daniel Bispo

Comissário Aristides Carlos de Souza

Investigador Gaudêncio Calixto

CATEDRAL METROPOLITANA

COLÉGIO CATARINENSE

OUTRAS

Arcebispo metropolitano de Florianópolis: Dom Joaquim Domingues de Oliveira*

Catedral Metropolitana/capelão honorário do 14 BC: Pe. Dr. Itamar Luiz da Costa

Diretor do Colégio Catarinense: Pe. João Alfredo Rohr

Pe. Quinto Baldessar

Voluntários convocados pelo Pe. Itamar

Participação: 41 voluntários auxiliaram na recuperação dos corpos no dia 10/06.

Amador Gonçalves

Antônio da Rosa Luz

Antônio Íris Campos

Aristides Matos

Bartolomeu Hames

Benjamim Gesser

Bento João da Silva

Bernardo Berka

Cesário Teixeira

Domingos Firmino Ramos

Elpídio Bernardino Corrêa

Euclides Manoel Ferreira

Francisco J. da Costa

Hélio de Freitas

Hudson Rosa

Idalino Silveira de Abreu

Izidro Manoel Cardoso

João Nunes da Silva

Joaquim Pereira de Abreu

Jorge Barbosa

João Frainer (jornalista e redator do jornal *A Gazeta* de Florianópolis)

José Airton de Andrade e Silva

José Figueiredo

José Manoel Lopes

Josué Gesser

Júlio Vieira

Laodácio Francisco da Silva

Manoel Zeferino Teixeira

Mílton Lopes

Osmar de Oliveira

Osni de Oliveira

Osnildo de Oliveira

Osvaldo Ramos
Osvaldo Silva
Paulo Cardoso
Prof. Franklin Cascaes
Prof. João Francisco da Rosa
Tomé Santos
Valentino Souza
Waldemar Grüdel
Zani Melo

CLUBE DE CAÇA COUTO MAGALHÃES

Participação: sete voluntários auxiliaram na recuperação dos corpos nos dias 7 e 8/06.

Diretor Sr. Luiz D'Acâmpora
Diretor Sr. Licério Camargo
Sócio Dr. Antônio de Almeida
Lauro Batistotti
Álvaro Milen da Silveira Amin
Pedro Mendes

CIVIS

Aldo Leonel (morador do Furadinho)
Avelino João da Silva
Carmelo Mário Faraco**
Gedalvo José dos Passos (morador do centro de Palhoça)
Germano José Schlichting* (morador do Furadinho)
Jacinto Aníbal Campos**
João Campos**
João Cândido da Silva**
João Maneca (morador do Aririú**)

João Vicente da Silva (funcionário da Prefeitura de Palhoça**)
José Goedert
José Manoel Medeiros (morador da Guarda do Cubatão)
Laudelino Vitorino Rodrigues (morador da Guarda do Cubatão)
Lucas Carlos de Souza, caçador (morador da Guarda do Cubatão**)
Luiz Carlos de Souza**
Mário Medeiros (morador da Guarda do Cubatão)
Roberto André Rodrigues (morador do Furadinho)
Samiro Arcanjo da Silva (morador da Guarda do Cubatão)
Zeca Júlio* (morador do Furadinho)

MARINHA DO BRASIL

Participação: estima-se que, do dia 8 ao dia 10, aproximadamente dez homens (principalmente motoristas) do 5º Distrito Naval e da Escola de Aprendizes Marinheiros de Santa Catarina trabalharam em sistema de revezamento.

5º Distrito Naval

Comandante: contra-almirante Antão Álvares Barata*

Capitania dos Portos de Santa Catarina

Capitão de Fragata: Plínio da Fonseca Mendonça Cabral*.

Escola de Aprendizes Marinheiros de Santa Catarina

Capitão de Corveta: João Batista Francisconi Serran*
Soldado Sydney Sant'Anna, marinheiro, radiotelegrafista**

SERVIÇO NACIONAL DA MALÁRIA

Participação: segundo o relatório do tenente-coronel Paulo Vieira da Rosa, aproximadamente 50 voluntários auxiliaram na recuperação dos corpos nos dias 9 e 10/06. Os nomes não são citados no relatório.

Mário Ferreira, médico e chefe do SNM

Augusto Manoel da Silva**

Nazário Tancredo Knabben, chefe administrativo da Malária em Florianópolis**

Entre outros militares e civis que se tornaram anônimos, mas não esquecidos.

AUTORIDADES POLÍTICAS

Presidente da República do Brasil Eurico Gaspar Dutra*

Vice-presidente da República do Brasil Nereu de Oliveira Ramos*

Governador do estado de Santa Catarina Aderbal Ramos da Silva (afastado para tratamento de saúde)*

Substituto do governador do estado de Santa Catarina José Boabaid*

Governador do estado do Paraná Moisés Lupion*

Deputado, presidente da Assembleia Legislativa de Santa Catarina e governador interino do estado José Boabaid

Deputado estadual Orty Machado

Deputado estadual Protógenes Vieira

Deputado estadual Cid Ribas

Deputado estadual Antenor Tavares

Prefeito de Florianópolis Adalberto Tolentino de Carvalho

Prefeito de Palhoça Ivo Silveira

Secretário de Segurança Pública do Estado de Santa Catarina Dr. Othon Gama D'Eça

JORNALISTAS CATARINENSES

Jornalista Alexandre Nogueira Mimoso Ruiz (redator de *A Gazeta* de Florianópolis e correspondente da Agência Nacional do Rio de Janeiro)

Jornalista João Frainer (*A Gazeta* de Florianópolis)

Jornalista Alírio Barreto Bossle (de Santo Amaro da Imperatriz, correspondente da revista *O Cruzeiro* do Rio de Janeiro)

FONTES

Documentos oficiais e extraoficiais que serviram como referência para a elaboração dessa listagem:

14º Batalhão de Caçadores

– Livro de alterações dos oficiais e praças constantes nos livros da 1ª Cia., da 2ª Cia. (extinta em jan. 1949), da CMM e da CCS. Todos os nomes supramencionados pertenciam ao efetivo ativo do 14 BC e estão referenciados nesses livros, no período compreendido entre 7 a 10 de junho de 1949, período que durou a missão dos militares do 14 BC no Cambirela, ou seja, os militares que estavam presos, detidos, baixados, de licença, de férias, dispensados, entre outros, não aparecem na lista.

– Artigo do tenente-coronel Paulo Vieira da Rosa, comandante do 14 BC, elaborado com base no relatório dos oficiais que participaram da missão de busca e resgate dos corpos no Cambirela, publicado na *Revista de Engenharia Militar*, jan./fev. 1950.

Destacamento da Base Aérea de Florianópolis

– Livros de alterações dos oficiais e praças do efetivo ativo (período compreendido entre 7 a 10 de junho de 1949).

– *Boletim Diário* n.º 111, de 05/06/1949, p. 557 e 558.

– *Boletim Diário* n.º 112, de 06/06/1949, p. 560, 604-606.

– *Boletim Diário* n.º 113, de 07/06/1949, p. 565.

– *Boletim Diário* n.º 114, de 08/06/1949, p. 570.

– *Boletim Diário* n.º 115, de 09/06/1949, p. 576.

– *Boletim Diário* n.º 116, de 10/06/1949, p. 578.

– Agradecimentos do comandante da Base Aérea de Florianópolis capitão Raphael Leocádio publicados nos seguintes jornais:

– *Jornais*.

Jornal *A Gazeta* de Florianópolis de 12/06/1949, p. 2.

Jornal *O Estado* de Florianópolis de 16/06/1949, p. 3.

Jornal *Diário da Tarde* de 18/06/1949, p. 2.

– Outros

– Relatório anual do Colégio Catarinense de 1949, p. 18.

– *Boletim do Comando-Geral da PMSC* n.º 133, de 21 de junho de 1949, p. 689.

– Listagem dos convocados pelo Pe. Dr. Itamar Luiz da Costa e Pe. Quinto Baldessar na novena do dia 9 de junho na Catedral Metropolitana, publicada no jornal *A Gazeta* de 16/06/1949, edição 3.458, p. 2.

– Entrevistas com familiares dos socorristas militares e civis.

CONQUISTE O TOPO DA SUA MONTANHA!

Não existe felicidade maior para um indivíduo que decide escalar uma montanha do que colocar seus pés sobre a mesma. É o momento do ápice, de celebrar a conquista, às vezes pessoal, às vezes coletiva, compartilhada! É no topo que nos vem à mente todas as etapas superadas para chegar até ali, desde a preparação física, mental e técnica, passando pelos desafios de lidar com as incertezas, os medos, a superação dos obstáculos, das adversidades. Como bem disse, certa vez, Horace Jackson Brown, escritor estadunidense; "todos querem viver no topo da montanha, mas toda felicidade e crescimento ocorrem quando você a está escalando". Compartilho os sentimentos de H. J. Brown acrescentando que os desafios que a vida nos impõe podem ser comparados ao de escalar uma montanha. Desde que comecei a pesquisar para escrever este livro até o momento que encerrei o projeto de produção textual, passei por muitos desafios, desde os físicos e mentais, aos burocráticos, financeiros, entre outros. Sem falar das provações, dentre elas, a de ter perdido o emprego durante a pandemia no local onde trabalhei por mais de uma década, e de ter dividido o meu tempo indo e vindo a clínicas ou hospitais para cuidar de três pessoas que amo; meu pai, internado em plena pandemia devido a problemas cardíacos em um hospital em Itajaí Santa Catarina (faleceu no mesmo ano; 2020), minha esposa, diagnosticada com câncer de mama em janeiro de 2019 (até hoje faz tratamentos) e meu filho mais novo, Daniel, acometido por uma psoríase grave, o que implica até hoje em constantes visitas a um hospital especializado em patologias de pele. Ter concluído esta obra, ter vencido ao atingir a minha meta, apesar de todas as adversidades, me leva a comparar a forma análoga de se chegar ao topo onde escrevi meu nome não só "no livro de cume", mas também, em um livro ainda mais especial, este que o amigo leitor tem em mãos, que se bem resgata uma história triste, com perdas irreparáveis de vidas humanas, também resgata muitas histórias de superação, de desafios e obstáculos superados. Desde que escalei o Morro do Cambirela pela primeira vez, em busca do C-47 2023 da FAB em junho de 1999, até o momento que consegui obter as respostas (em junho de 2022) para a maior parte de minhas perguntas, vinte e três anos se passaram. De dezembro de 2016, momento que decidi escrever este livro, até o presente momento (dezembro de 2022) seis anos de intensas pesquisas, sangue, suor e lágrimas (literalmente) foram derramados. Pesquisar e escrever, foi para mim, uma atividade extremamente apaixonante e acima de tudo, gratificante! Por este motivo, quero deixar para o amigo leitor minha singela contribuição com base em tudo o que vivi e experimentei durante esta jornada ao longo de todos estes anos; ouça a sua voz interior, procure ouvir o "chamado da montanha", acredite nos seus sonhos, não importando o tamanho nem a intensidade dos desafios que por aventura se apresentem, persiga seus sonhos até atingir a sua meta! E lembre-se, não é a "ALTITUDE" (desafios/obstáculos), mas sim a ATITUDE que faz a verdadeira diferença. A sua vida jamais será a mesma depois que você atingir o topo!

ANEXO A – TERMO DE RECONHECIMENTO DE RISCO DOS CONDUTORES DE VISITANTES CREDENCIADOS PELO IMA E PAEST

Termo de Reconhecimento de Risco

Eu, _____, condutor de visitantes, portador de CPF nº _____, telefones: fixo _____ e celular _____, DECLARO que conheço os riscos inerentes a atividade de condução de visitantes em áreas naturais abertas no interior do Parque Estadual da Serra do Tabuleiro e, portanto, me responsabilizo pela segurança dos visitantes conduzidos por mim nas áreas abertas permitidas, isentando o PARQUE ESTADUAL DA SERRA DO TABULEIRO /INSTITUTO DO MEIO AMBIENTE DE SANTA CATARINA de qualquer responsabilidade em caso de acidente.

DECLARO ESTAR CIENTE DE QUE:

A atividade possui alto potencial de risco. Praticá-la implica em assumir o risco de ocorrência de lesões permanentes, acidentes graves ou mesmo fatais. Os riscos envolvidos nas atividades incluem, mas não se limitam a: (i) Ataques de animais, incluindo os peçonhentos, tais como: cobras, aranhas, escorpiões, insetos, abelhas, marimbondos, podendo causar alergias e outras reações; (ii) Exposição a condições climáticas adversas, tais como: frio, calor extremo, tempestades, chuva, vento forte, deslizamentos, raios, e às consequências diretas dessas condições, por exemplo: insolação, hipertermia, hipotermia, exaustão, desidratação; (iii) Realização de atividades em terrenos escorregadios, instáveis, expostos e de grande altura; (iv) Quedas de objetos: pedras, galhos, equipamentos, entre outros; (v) Comportamentos inadequados, inapropriados, negligentes ou imprudentes de outras pessoas ou meus, que colocam em risco a segurança e a vida de todos os participantes das atividades; (vi) Perigos subjetivos, tais como: medo, erro de julgamento, falha na avaliação dos riscos, cansaço, entre outros; (vii) Torções, luxações, arranhões, fraturas de ossos e lesões em geral; (viii) Estresse físico e psicológico; (ix) Quedas e impactos; (x) Morte. As atividades dependem de preparo físico, psicológico e também da avaliação dos riscos acima (cuja lista não é exaustiva). Cabe exclusivamente a mim, e a ninguém mais, a responsabilidade pela avaliação dos perigos e riscos e pela minha preparação técnica, física e psicológica para praticar as atividades. Estou ciente de que a minha segurança e a dos envolvidos na atividade dependem do meu próprio julgamento, baseado na minha experiência e conhecimento de minhas habilidades e aptidões. Esse julgamento inclui (a) a avaliação das condições onde as atividades se desenvolvem, tais como as características do terreno, a técnica e os equipamentos exigidos, o clima, (b) a avaliação das condições físicas, técnicas e psicológicas dos envolvidos na atividade. Estou também ciente da complexidade que é tomar decisões sob condições físicas e psicológicas adversas, inerentes à atividade. As situações adversas que podem ocorrer são inúmeras e imprevisíveis e, por isso, as decisões devem ser tomadas de acordo com o contexto, baseadas nas circunstâncias do momento e levando em conta as medidas técnicas cabíveis e adequadas. Ou seja, cabe a cada um a responsabilidade sobre a tomada de decisão em relação às suas ações, aos procedimentos adotados durante as atividades e, consequentemente, sobre os riscos assumidos.

ANEXO B – GUIA DE EXPEDIÇÃO CAN NÚMERO 023

```
                              C Ó P I A       H        - Fôlha nº 15 -
                        MINISTÉRIO DA AERONÁUTICA
                         DIRETORIA DE ROTAS AÉREAS
                        SECÇÃO DE TRANSPORTES AÉREOS
                         GUIA DE EXPEDIÇÃO Nº 023
                       TIPO Douglas
  R O T A:              AVIÃO Nº  2023              PILOTO    Ten. F. Lima
                                                   CO-PILOTO  Ten. Miguel
```

Etiqueta	ESPECIFICAÇÃO	PESO	PROCEDÊNCIA	DESTINO	RECIBO
0896	Correspondência Oficial	18.400	C.A.N.Rio	C.A.N. de S.Paulo	
0905	Correspondência Oficial	2.900	C.A.N.Rio	C.A.N. de Curitiba	
0907	Correspondência Oficial	1.900	C.A.N.Rio	C.A.N. de Florianopolis	
28250	5 Caixas com vacina	117.000	Min.Ed. e Saude	Insp.Reg.da D.D.S.A.-Fnolis.	
0904	Correspondência Oficial	6.900	C.A.N.Rio	C.A.N. de Canoas	
0906	Correspondência Oficial	2.200	C.A.N.Rio	Q.G. 5a. Zonaer.-P.Alegre	
28246/1-2	2 Malas contendo roupas	39.000	Ten.Assis(Em transito)	Ten.Assis-Basaer Canoas	
28247	1 Mala com roupas	19.000	Ten.Luiz Neves(Em ")	Ten.Luiz Neves-P.Alegre	
28243	1 Mala com roupas	16.000	Sra.Celia Campelo	Sra.Celia Campelo-P.Alegre	
28245	1 Volume com roupas	4.000	Lauro Schuck	Lauro Schuck-P.Alegre	
15528/12	1 Caixote -Vol 3-3	95.000	Pq.Aer.Afonsos	Pq.Aer.P.Alegre	
15549/6	1 Caixote -Vol.DJ-23-299-1	76.000	Dep.Aer.Rio de Janeiro	Pq.Aer.P.Alegre	
28152	1 Caixa	29.000	Dep.Naval R.Janeiro	Cav.Portos R.G.Sul	
15540/2	1 Caixa	35.000	Dep.Aer.Rio de Janeiro	Pq.Aer.P.Alegre	
15549/5	1 Caixote	41.000	Dep.Aer.Rio de Janeiro	Pq.Aer.P.Alegre	
28226	1 Volume	3.000	Gen Dalton	Dr.Jose da Rocha-Sta.Maria	
28238/1a3	2 Caixotes e 1 volume	39.000	Corpo Fuz.Navais	Cb.Jose Frutuoso-Uruguaiana	
28229	1 Caixa nº 138	17.000	Dep.Mat.Jan.Ex.	8º Reg.Cav.-Uruguaiana	

```
              C.A.N.        562.300

              D.C.T.         87.500

         T O T A L......   649.800


         Aeroporto Santos Dumont, 7 de Junho de 1949

              (a) EPIPHANIO ALVES TENORIO
                  Encarregado do C.A.N.Rio
```

ANEXO C – CORRESPONDÊNCIA OFICIAL E BAGAGENS A BORDO DO C-47 2023

```
                    C Ó P I A    - Fôlha nº 14 -


   MINISTÉRIO DA AERONÁUTICA - DIRETORIA DE RÓTAS AÉREAS - SEÇÃO DE TRANSPOR-
   TES AÉREOS

                  CORRESPONDÊNCIA - OFICIAL
        Cópia da Guia nº 0906.
              Mala S/N.            Pêso: 2.200 Grs.
        Procedência: C.A.N/Rio (ST-3).    Destino: Q.G. 5a. Zona Aérea/RS.
        Rota: Rio -Uruguaiana Avião  Tipo: C-47.
                                     Nº 2023. Equipagem{Pil.:_____
                                                       {OBS.:_____
```

Nº.	ESPECIFICAÇÃO	REMETENTE	DESTINATÁRIO
1	Of.Reg.SC-41355.	D.A.C.	Cmt.5a.Z.Aer.
2	Of.Reg.SC-41354.	Idem.	Cmt.5a.Z.Aer.
3	Bols.124 e 125.	D.Eng.Aer.	S.Eng.5a.Z.Aer.
4	Bols.124 e 125.	Idem.	Cmt.5a.Z.Aer.
5	Of.Reg.SC-41353	E.E.Aer.	Cmt.5a.Z.Aer.
6	Doc.1349-DP1-5272-c/anx.	S.C.Aer.	Cmt.5a.Z.Aer.
7	Bol.127.	Idem	Q.G.5a.Z.Aer.
8	Of.Reg.SC-41029.	Idem	Cmt.5a.Z.Aer.
9	Bols.126/127.	D.S.Aer.	Cmt.5a.Z.Aer.
10	Bols.126/127.	Idem.	Chf.S.S.5a.Z.Aer.
11	Almanaque 134.	D.Pessoal.	Dir.Dep.I.5a.Z.Aer.
12	Desp.1329-1330-1331.	M.Aer.	Cmt.5a.Z.Aer.
13	2 Vols-DO.	I.Nacional.	5a.Z.Aer.
14	1 Vol. (Pequeno).	Ten.Arnaldo C.Lage/D.E.Naval/	Ten.Jayme S.Peixoto 5a.Z.Aer.

```
xxxxxxxxxxxxxxxxxxxxxxxxxxxxxxxxxxxxxxxxxxxxxxxxxxxxxxxxxxxxxxxxxxxxxxxxxxxxx

        PROCEDÊNCIA                              DESTINO:

   (a) Epiphanio Tenorio
       DESPACHANTE                               CONFERENTE

        6/VI/1949
         DATA                                      DATA

                              *
                             ***
                            *****
                           *******
                          *********

                  MINISTÉRIO DA AERONÁUTICA
                  DIRETORIA DE ROTAS AÉREAS
                    CORREIO AÉREO NACIONAL
                        -oooOooo-
   RELAÇÃO DAS MALAS TRANSPORTADAS PARA DIVERSOS DESTINOS PELO AVIÃO DOUGLAS
   Nº2023, QUE PARTIU DESTA CAPITAL PARA URUGUAIANA NO DIA 6 DE JUNHO DE 1949, LE-
   VANDO COMO PILOTO O TENENTE F. LIMA E CO-PILOTO O TENENTE MIGUEL.
```

PROCEDÊNCIA	DESTINO	Nº DA MALAS	PESO
Rio-8a Secção	Florianópolis	72.938	20.000
" " "	Santa Maria	45.702	3.500
" " "	PÔRTO ALEGRE	31.426	34.000
" " "	PÔRTO ALEGRE	93.455	30.000

```
xxxxxxxxxxxxxxxxxxxxxxxxxxxxxxxxxxxxxxxxxxxxxxxxxxxxxxxxxxxxxxxxxxxxxxxxxxx

        Aeroporto Santos Dumont, 7 de Junho de 1949

                            (a) EPIPHANIO ALVES TENORIO
                                 Encarregado do C.A.N.
```